ŒUVRES

DE

RABELAIS

Paris.— Imp. GUIRAUDET et JOUAUST, r. S.-Honoré, 338.

ŒUVRES
DE
RABELAIS

SEULE ÉDITION
Conforme aux derniers textes revus par l'auteur

AVEC LES VARIANTES
DE TOUTES LES ÉDITIONS ORIGINALES

Des Notes et un Glossaire

Tome I

A PARIS
Chez P. Jannet, Libraire

MDCCCLVIII

AVERTISSEMENT

DU LIBRAIRE.

Cette édition des œuvres de Rabelais diffère essentiellement de toutes celles qui ont paru jusqu'à présent.

On sait que chaque livre du roman de Rabelais fut publié séparément. A chaque réimpression de ces livres séparés faite avec son concours, l'auteur fit des changements considérables, modifiant par-ci, retranchant par-là, ajoutant en maintes places. Ces changements, dont nous essayerons d'indiquer les motifs dans la Biographie de Rabelais que nous joindrons à cette édition, n'ont jamais été signalés d'une manière satisfaisante; pour la première fois on les trouvera tous indiqués ici.

Le plan que nous avons suivi étoit tracé d'avance : M. J. Ch. Brunet, le savant auteur du *Manuel du libraire*, a donné quelque part[1] des *Conseils aux édi-*

---

2. *Recherches bibliographiques et critiques sur les éditions originales des cinq livres du roman satirique de Rabelais...*, par J. C. Brunet. Paris, Potier, 1852, in-8, p. 138.

teurs futurs de Rabelais : nous avons scrupuleusement suivi ces conseils.

Six années se sont écoulées depuis la publication du travail de M. Brunet, et ce travail contient encore aujourd'hui le dernier mot sur la question. Jusqu'à de nouvelles découvertes, les éditions qu'il indique sont les seules dont il faille se préoccuper. Nous les avons confrontées avec tout le soin possible.

Nous avons reproduit exactement le texte des éditions regardées comme les dernières publiées avec le concours de l'auteur. Nous donnons en notes les variantes de toutes les éditions qu'il avoit données précédemment.

Pour les trois livres contenus dans ce volume, nous avons fait usage des éditions suivantes :

LIVRE I. *Texte* : Edition de Lyon, François Juste, 1542, in-16 [1].

Variantes : 1° De l'édition antérieure à 1535 [2]; nous désignons ces variantes par : A. 1535.

2° De l'édition de Lyon, François Juste, 1535 [3]; nous les désignons par la date : 1535.

---

1. V. le titre, p. 1, de notre édition.
2. Le seul exemplaire connu de cette édition, découvert par M. le marquis de la Garde, et actuellement en la possession de M. de la Roche la Carelle, qui a bien voulu nous le communiquer, est incomplet du premier feuillet, de sorte que l'on ignore s'il portoit une date ; mais il est évident qu'il a dû sortir des presses de François Juste, et antérieurement à l'édition de 1535. Voy. Brunet, *Recherches...*, *Additions au chapitre III*.
3. GARGANTUA. ΑΓΑΘΗ ΤΥΧΗ. *La vie inestimable du grand Gargantua, pere de Pantagruel, iadis côposée par L'abstracteur*

AVERTISSEMENT.

3° De l'édition de Lyon, François Juste, 1537[1]; nous les désignons par la date : 1537.

LIVRE II. *Texte* : Edition de Lyon, François Juste, 1542[2].

Variantes : 1° De l'édition de Lyon, Claude Nourry, sans date, in-4[3]; elles sont désignées par la lettre A.

2° De l'édition de Lyon, François Juste, 1533[4]. Elles sont désignées par la lettre B.

---

de quîte essêce. Livre plein de Pantagruelisme. MDXXXV. On les vend a Lyon chés Fraçoys Juste, devât nostre dame de Confort. In-24 gothique.

1. *La vie inestimable du grand Gargantua, pere de Pâtagruel, iadis côposee par l'abstracteur de quinte essence. Livre plein de pantagruelisme.* M.D.XXXVII. *On les vend a Lyon chés Francoys Juste, devant nostre dame de Confort.* In-16 gothique de 119 feuillets.

2. Voir le titre, p. 171 de notre édition.

3. PANTAGRUEL. *Les horribles et espovétables faictz et prouesses du tresrenômé Pantagruel, Roy des Dipsodes, filz du grand geât Gargantua, côposez nouvellement par maistre Alcofrybas Nasier. On les vend a Lyon en la maison de Claude Nourry, dict le Prince, pres nostre dame de Confort.* In-4 gothique (Bibliothèque impériale).

4. PANTAGRUEL. *Jesus Maria. Les horribles et espouventables faicts et prouesses du tresrenommé Pantagruel, Roy des Dipsodes, filz du grât geant Gargantua. Côpose nouvellement par maistre Alcofrybas Nasier. Augmête et corrige fraichement par maistre Jehan Lunel, docteur en theologie.* MDXXXIII. *On les vend a Lyon en la maison de Françoys Juste, demourant deuant nostre dame de Confort.* In-24. Le seul exemplaire connu de cette édition appartient à la Bibliothèque royale de Dresde. Nous avons donné les variantes d'après Regis.

AVERTISSEMENT.

3° De l'édition de Lyon, François Juste, 1534[1]; elles sont désignées par la lettre C.

LIVRE III. *Texte* : Edition de Paris, Michel Fezendat, 1552 [2].

Variantes de l'édition de Paris, Wechel, 1546 [3]; elles sont désignées par la lettre A.

Nous indiquerons en tête du second volume les éditions dont nous aurons fait usage pour les livres IV et V.

Si le texte de Rabelais offre des variantes d'une édition à l'autre, l'orthographe subit des modifications plus importantes encore. Dans les premières éditions des premiers livres, elle est très simple et se rapproche à la fois de l'orthographe du moyen âge et de celle de nos jours; dans les dernières éditions, au contraire, et surtout dans les dernières éditions des derniers livres, elle se ressent beaucoup des efforts faits au sei-

---

1. PANTAGRUEL. ΑΓΑΘΗ ΤΥΧΗ. *Les horribles faictz et prouesses espouëtables de Pantagruel, Roy des Dipsodes, composés par M. Alcofribas, abstracteur de quinte essence.* M.D.XXXIIII, in-24, avec le monogramme de François Juste sur le titre. M. J. Ch. Brunet a bien voulu nous permettre de relever les variantes sur son exemplaire, qui n'est pas un des volumes les moins précieux de sa riche bibliothèque.

2. Voir le titre, p. 389 de notre édition.

3. *Tiers liure des faictz et dictz heroïques du noble Pantagruel; côposez par M. Franç. Rabelais, ducteur en medicine, et callöer des Isles Hieres. L'auteur susdict supplie les Lecteurs beneuoles, soy reseruer a rire au soixante et dixhuytiesme liure. A Paris: par Chrestien Wechel, en la rue Sainct Iacques, a l'escu de Basle, et en la rue Saict Iehan de Beauuoys, au Cheual uolant.* M.D.XLVI. *Avec privilege du Roy pour six ans.* In-8.

zième siècle par les partisans du système étymologique. Elle est encombrée d'une foule de lettres inutiles et qui ne servent qu'à rendre la lecture plus difficile. C'est, du reste, ce qu'on peut remarquer dans tous les auteurs du seizième siècle reproduits souvent depuis. L'orthographe de Montaigne, par exemple, est très simple, très naturelle, dans la première édition des *Essais*; elle est d'une complication rebutante dans les éditions données après sa mort. Pour notre édition de Rabelais, nous n'avions pas à hésiter : dans le texte, nous reproduisons rigoureusement l'orthographe de l'édition qui nous a servi de copie; dans les variantes, celle des éditions qui les fournissent. En même temps qu'on trouvera dans notre édition les changements faits par Rabelais à son livre, on suivra les modifications qu'a subies son orthographe. Cette double étude ne peut manquer d'intérêt pour le public sérieux auquel nous nous adressons. Après ce système, qui nous étoit rigoureusement imposé, le plus raisonnable, nous le disons hardiment, est celui qu'ont suivi MM. Burgaud des Marets et Rathery dans l'édition publiée chez MM. Didot. Des diverses manières dont un mot est écrit dans les différentes éditions de Rabelais publiées du vivant de l'auteur, ils ont adopté invariablement celle qui se rapproche le plus de l'orthographe actuelle. Il s'ensuit que, dans leur édition, on peut lire presque des pages entières sans rencontrer un mot écrit autrement que dans la dernière édition du Dictionnaire de l'Académie. C'est un système très convenable pour une édition destinée au grand nombre des lecteurs.

Le premier volume que nous publions aujourd'hui contient les trois premiers livres du roman de Rabelais.

Le second volume sera composé des deux derniers livres et des autres œuvres ; il est sous presse et ne tardera pas à paroître. Il sera suivi d'un troisième, qui contiendra la Biographie de Rabelais, un Glossaire, et... ce que vous verrez, *bénévole Lecteur*, en la table des matières dudit volume. Par ce temps de concurrence, il est prudent de ne pas faire connoître ses projets d'avance.

P. JANNET.

LA VIE TRESHORRIFICQUE

DU GRAND GARGANTUA

Père de Pantagruel

Jadis composée par M. Alcofribas

Abstracteur de quinte essence

Livre plein de Pantagruelisme

M.D.XLII

*On les vend à Lyon, Chez Françoys Juste
devant Nostre-Dame de Confort*

AUX LECTEURS.

Amys lecteurs qui ce livre lisez,
Despouillez vous de toute affection,
Et le lisant ne vous scandalisez.
Il ne contien mal ne infection.
Vray est qu'icy peu de perfection
Vous apprendrez, si non en cas de rire :
Aultre argument ne peut mon cueur elire,
Voyant le dueil qui vous mine et consomme;
Mieulx est de ris que de larmes escripre,
Pource que rire est le propre de l'homme[1].

1. Dans l'édition de 1535, ces vers sont suivis de ces deux mots en lettres capitales : VIVEZ JOYEUX.

PROLOGE[1] DE L'AUTEUR.

Beuveurs tresillustres, et vous Verolez tresprecieux (car à vous, non à aultres, sont dediez mes escriptz), Alcibiades ou[2] dialoge de Platon, intitulé le Bancquet, louant son precepteur Socrates, sans controverse prince des philosophes, entre aultres parolles le dict estre semblable ès Silenes. Silenes estoient jadis petites boites telles que voyons de present ès bouticques des apothecaires, pinctes au dessus de figures joyeuses et frivoles, comme de Harpies, Satyres, oysons bridez, lievres cornuz, canes bastées, boucqs volans, cerfz limonniers, et aultres telles pinctures contrefaictes à plaisir pour exciter le monde à rire : quel fut Silene, maistre du bon Bacchus. Mais au dedans l'on reservoit les fines drogues, comme baulme, ambre gris, amomon, musc, zivette, pierreries, et aultres choses precieuses. Tel disoit estre Socra-

---

1. A. 1535, 1535, 1537 : Prologue.—2. A. 1535 : en un dialoge.

tes, par ce que, le voyans au dehors et l'estimans par l'exteriore apparence, n'en eussiez donné un coupeau d'oignon, tant laid il estoit de corps et ridicule en son maintien, le nez pointu, le reguard d'un taureau, le visaige d'un fol, simple en meurs, rustiq en vestimens, pauvre de fortune, infortuné en femmes, inepte à tous offices de la republique, tousjours riant, tousjours beuvant d'autant à un chascun, tousjours se guabelant, tousjours dissimulant son divin sçavoir. Mais, ouvrans ceste boyte, eussiez au dedans trouvé une celeste et impreciable drogue, entendement plus que humain, vertus merveilleuse, couraige invincible, sobresse non pareille, contentement certain, asseurance parfaicte, deprisement incroyable de tout ce pourquoy les humains tant veiglent, courent, travaillent, navigent et bataillent.

A quel propos, en voustre advis, tend ce prelude et coup d'essay ? Par autant que vous, mes bons disciples, et quelques aultres foulz de sejour, lisans les joyeux tiltres d'aulcuns livres de nostre invention, comme Gargantua, Pantagruel, Fessepinte, La dignité des braguettes, Des poys au lard cum commento, etc., jugez trop facilement ne estre au dedans traicté que mocqueries, folateries et menteries joyeuses, veu que l'ensigne exteriore (c'est le tiltre), sans plus avant enquerir, est communement receu à derision et gaudisserie. Mais par telle [1] legiereté ne convient estimer les œuvres des humains, car vous mesmes dictes que l'habit ne

---

1. 1537 : celle.

PROLOGE.

faict poinct le moine, et tel est vestu d'habit monachal qui au dedans n'est rien moins que moyne, et tel est[1] *vestu de cappe hespanole qui en son couraige nullement affiert à Hespane*[2]. *C'est pourquoy fault ouvrir le livre, et soigneusement peser ce que y est deduict. Lors congnoistrez que la drogue dedans contenue est bien d'aultre valeur que ne promettoit la boite, c'est à dire que les matieres icy traictées ne sont tant folastres comme le tiltre au dessus pretendoit.*

Et posé le cas qu'au sens literal vous trouvez matieres assez joyeuses et bien correspondentes au nom, toutesfoys pas demourer là ne fault, comme au chant des Sirenes, ains à plus hault sens interpreter ce que par adventure cuidiez dict en gayeté de cueur.

Crochetastes vous oncques bouteilles? Caisgne! Reduisez à memoire la contenence qu'aviez. Mais veistes vous onques chien rencontrant quelque os medulare? C'est, comme dict Platon, lib. ij. de Rep., *la beste du monde plus philosophe. Si veu l'avez, vous avez peu noter de quelle devotion il le guette, de quel soing il le guarde, de quel ferveur il le tient, de quelle prudence il l'entomme, de quelle affection il le brise, et de quelle diligence il le sugce. Qui le induict à ce faire? Quel est l'espoir de son estude? Quel bien pretend il? Rien plus q'un peu de mouelle. Vray est que ce peu, plus est delicieux que le beaucoup de toutes aul-*

---

1. A. 1535, 1535, 1537 : est, manque. — 2. A. 1535, 1537 : Hispagnole. — 1535 : Hispagne.

*tres, pource que la mouelle est aliment elabouré à
perfection de nature, comme dict Galen, iij, facu.
natural., et xj, de usu pti.*

A l'exemple d'icelluy vous convient estre saiges
pour fleurer, sentir et estimer ces beaulx livres de
haulte gresse, legiers au prochaz et hardiz à la
rencontre ; puis, par curieuse leçon et meditation
frequente, rompre l'os et sugcer la substantificque
mouelle, c'est à dire ce que j'entends par ces symboles Pythagoricques, avecques espoir certain d'estre faictz escors et preux à ladicte lecture ; car en
icelle bien aultre goust trouverez et doctrine plus
absconce, laquelle[1] vous revelera de treshaultz sacremens et mysteres horrificques, tant en ce qui[2]
concerne nostre religion, que aussi l'estat politicq
et vie œconomicque.

Croyez vous en vostre foy qu'oncques Homere,
escrivent l'Iliade et Odyssée, pensast ès allegories
lesquelles de luy ont calfreté[3] Plutarche, Heraclides
Ponticq, Eustatie[4], Phornute, et ce que d'iceulx
Politian a desrobé ? Si le croiez, vous n'approchez
ne de pieds ne[5] de mains à mon opinion, qui decrete icelles aussi peu avoir esté songées d'Homere
que d'Ovide en ses Metamorphoses les sacremens
de l'Evangile, lesquelz un frere Lubin, vray croquelardon, s'est efforcé demonstrer, si d'adventure
il rencontroit gens aussi folz que luy, et (comme
dict le proverbe) couvercle digne du chaudron.

---

1. A. 1535, 1535, 1537 :
que vous.—2. A. 1535 : que.
—3. A. 1535, 1535, 1537 : ont
beluté. — 4. 1537 : et.—5. A.
1535, 1535, 1537 : ny.

Si ne le croiez, quelle cause est pourquoy autant n'en ferez de ces joyeuses et nouvelles chronicques, combien que les dictans n'y pensasse en plus que vous, qui paradventure beviez comme moy? Car à la composition de ce livre seigneurial je ne perdiz ne [1] *emploiay oncques plus ny aultre temps que celluy qui estoit establyà prendre ma refection corporelle, sçavoir est : beuvant et mangeant. Aussi est cela juste heure d'escrire ces haultes matieres et sciences profundes, comme bien faire sçavoit Homere, paragon de tous Philologes, et Ennie, père des poètes latins, ainsi que tesmoigne Horace* [2], *quoy qu'un malautru ait dict que ses carmes sentoyent plus le vin que l'huile.*

Autant en dict un Tirelupin de mes livres; mais bren pour luy! L'odeur du vin, ô combien plus est friant, riant, priant, plus celeste et delicieux que d'huille! Et prendray autant à gloire qu'on die de moy que plus en vin aye despendu que en huyle, que fist Demosthenes quand de luy on disoit que plus en huyle que en vin despendoit. A moy n'est que honneur et gloire d'estre dict et reputé bon gaultier et bon compaignon; et en ce nom suis bien venu en toutes bonnes compaignies de Pantagruelistes. A Demosthenes fut reproché par un chagrin que ses oraisons sentoient comme la serpilliere d'un ord et sale huillier. Pourtant interpretez tous mes faictz et mes dictz en la perfectissime partie; ayez en reverence le cerveau caseiforme qui vous paist

---

1. 1537 : ny. — 2. A. 1535, | 1537 : Horate.

de ces belles billes vezées, et à vostre povoir tenez-
moy tousjours joyeux.

Or esbaudissez vous, mes amours, et guayement
lisez le reste tout à l'aise du corps et au profit des
reins. Mais escoutez [1], vietz dazes, que le maulubec
vous trousque : vous soubvienne de boyre à my pour
la pareille, et je vous plegeray tout ares metys.

1. A. 1535, 1535 : escoutaz. | — 1537 : escotaz.

De la genealogie et antiquité de Gargantua. —

Chapitre I.

Je vous remectz à la grande chronicque Pantagrueline recongnoistre la genealogie et antiquité dont nous est venu Gargantua. En icelle vous entendrez plus au long comment les Geands nasquirent en ce monde, et comment d'iceulx par lignes directes yssit Gargantua, père de Pantagruel; et ne vous faschera si pour le present je m'en deporte, combien que la chose soit telle que, tant plus seroit remembrée, tant plus elle plairoit à voz seigneuries; comme vous avez l'autorité de Platon *in Philebo et Gorgias*[1], et de Flacce, qui dict estre aulcuns propos, telz que ceulx cy sans doubte[2], qui plus sont delectables quand plus souvent sont redictz.

Pleust à Dieu qu'un chascun sceust aussi certainement sa genealogie, depuis l'arche de Noë jusques à cest eage! Je pense que plusieurs sont aujourd'huy empereurs, Roys, ducz, princes et Papes en la terre, lesquelz sont descenduz de quelques porteurs de rogatons et de coustretz. Comme au rebours, plusieurs sont gueux de l'hostiaire, souffreteux et miserables, lesquelz sont descenduz de sang et de ligne[3] de grandz roys et empereurs, attendu l'admirable transport des règnes et empires,

Des Assyriens ès Medes;

---

1. A. 1535 : de Platon *in Philebo et Gorgias*, manque.— 1537 : Gorgia. — 2. A. 1535, 1535, 1537 : sans doubte, manque. — 3. A. 1535, 1535, 1537 : de sang et ligne.

Des Medes ès Perses ;
Des Perses ès Macedones ;
Des Macedones ès Romains ;
Des Romains ès Grecz ;
Des Grecz ès Françoys.

Et pour vous donner à entendre de moy, qui parle, je cuyde que soye descendu de quelque riche roy ou prince au temps jadis ; car onques ne veistes homme qui eust plus grande affection d'estre roy et riche que moy [1], affin de faire grand chere, pas ne travailler, poinct ne me soucier, et bien enrichir mes amys, et tous gens de bien et de sçavoir. Mais en ce je me reconforte qu'en l'aultre monde je le seray, voyre plus grand que de present ne l'auseroye soubhaitter. Vous en telle ou meilleure pensée reconfortez vostre malheur, et beuvez fraiz si faire se peut.

Retournant à noz moutons, je vous dictz que par don [2] souverain des cieulx nous a esté reservée l'antiquité et genealogie de Gargantua plus entiere que nulle autre [3], exceptez celle du Messias, dont je ne parle, car il ne me appartient ; aussi les diables (ce sont les calumniateurs et caffars) se y opposent ; et fut trouvée par Jean Audeau, en un pré qu'il avoit près l'Arceau Gualeau [4], au dessoubz de l'Olive, tirant à Narsay. Duquel faisant lever les fossez, toucherent les piocheurs de leurs marres un grand tombeau de bronze long sans mesure, car onques n'en trouverent le bout, par ce qu'il entroit trop avant les excluses de Vienne. Icelluy ouvrans en certain lieu, signé au dessus d'un goubelet, à l'entour duquel estoit escript en lettres ethrusques *Hic bibitur*, trouverent neuf flaccons en tel ordre qu'on assiet les quilles en Guascoigne. Des quelz celluy qui au mylieu

---

1. A. 1535, 1535, 1537 : grand chere et pas ne travailler, et bien enrichir. — 2. A. 1535, 1535, 1537 : par un don souverain de Dieu. — 3. A. 1535, 1535, 1537 : de Dieu je ne parle, car il ne me appartient. — 4. 1537 : Galeau.

estoit couvroit un gros, gras, grand, gris, joly, petit,
moisy livret, plus mais non mieulx sentent que roses.

En icelluy fut ladicte genealogie trouvée escripte au
long, de lettres cancelleresques, non en papier, non
en parchemin, non en cere, mais en escorce d'ulmeau,
tant toutesfoys usées par vetusté, qu'à poine en povoit
on troys recongnoistre de ranc.

Je (combien que indigne) y fuz appellé, et à grand
renfort de bezicles practicant l'art dont on peut lire lettres
non apparentes, comme enseigne Aristoteles, la trans-
latay, ainsi que veoir pourrez, en Pantagruelisant[1], c'est-
à-dire beuvans à gré et lisans les gestes[2] horrificques de
Pantagruel. A la fin du livre estoit un petit traicté intitulé : *Les Fanfreluches antidotées.* Les ratz et blattes, ou
(affin que je ne mente) aultres malignes bestes, avoient
brousté le commencement; le reste j'ay cy dessoubz
adjousté, par reverence de l'antiquaille.

*Les Fanfreluches antidotées trouvées en un monument
antique.* — CHAPITRE II.

♉ i? enu le grand dompteur des Cimbres,
♄ ᴮsant par l'aer, de peur de la rousée.
 ᶜ sa venue on a remply les timbres
♃ ᵖ beurre fraiz, tombant par une housée.
⹀ uquel quand fut la grand mere arrousée,
Cria tout hault : Hers, par grace pesche le ;
Car sa barbe est presque toute embousée ;
Ou pour le moins tenez luy une eschelle.

Aulcuns disoient que leicher sa pantoufle
Estoit meilleur que guaigner les pardons ;
Mais il survint un affecté marroufle,
Sorti du creux où l'on pesche aux gardons,
Qui dict : Messieurs, pour Dieu nous engardons,

---

1. A. 1535, 1535, 1537 : ès pantagruelisants.—2. A. 1535 : les histes.

L'anguille y est, et en cest estau musse ;
Là trouverez (si de près regardons)
Une grand tare, au fond de son aumusse.
    Quand fut au poinct de lire le chapitre,
On n'y trouva que les cornes d'un veau.
Je (disoit-il) sens le fond de ma mitre
Si froid, que autour me morfond le cerveau.
On l'eschaufa d'un parfunct de naveau,
Et fut content de soy tenir és atres,
Pourveu qu'on feist un limonnier noveau
A tant de gens qui sont acariatres.
    Leur propos fut du trou de sainct Patrice,
De Gilbathar, et de mille aultres trous,
S'on les pourroit reduire à cicatrice,
Par tel moien que plus n'eussent la tous :
Veu qu'il sembloit impertinent à tous,
Les veoir ainsi à chascun vent baisler.
Si d'adventure ilz estoient à poinct clous,
On les pourroit pour houstage bailler.
    En cest arrest le courbeau fut pelé
Par Herculès, qui venoit de Lybie.
Quoy ? dist Minos, que n'y suis-je appellé ?
Excepté moy tout le monde on convie :
Et puis l'on veult que passe mon envie,
A les fournir d'huytres et de grenoilles :
Je donne au diable en quas que de ma vie
Preigne à mercy leur vente de quenoilles.
    Pour les matter survint Q. B. qui clope.
Au sauconduict[1] des mistes Sansonnetz,
Le tamiseur, cousin du grand Cyclope,
Les massacra. Chascun mousche son nez :
En ce gueret peu de bougrins sont nez,
Qu'on n'ait berné sus le moulin à tan.
Courrez y tous et à l'arme sonnez :

1. 1537 : sauf-conduit.

Plus y aurez que n'y eustes antan.
  Bien peu après, l'oyseau de Jupiter
Delibera pariser pour le pire ;
Mais les voyant tant fort se despiter,
Craignit qu'on mist ras, jus, bas, mat, l'empire :
Et mieulx ayma le feu du ciel empire
Au tronc ravir où l'on vend les soretz
Que aer[1] serain, contre qui l'on conspire,
Assubjectir es dictz des Massoretz...
  Le tout conclud fut à poincte affilée,
Maulgré Até, la cuisse heronniere,
Que[2] là s'asist, voyant Pentasilée
Sus ses vieux ans prise pour cressonniere.
Chascun crioit : Vilaine charbonniere,
T'appartient-il toy trouver par chemin ?
Tu la tolluz la romaine banière,
Qu'on avoit faict au traict du parchemin.
  Ne fust Juno, que dessoubz l'arc celeste
Avec son duc tendoit à la pipée,
On luy eust faict un tour si tresmoleste,
Que de tous poincts elle eust esté frippée.
L'accord fut tel, que d'icelle lippée,
Elle en auroit deux œufz de Proserpine,
Et si jamais elle y estoit grippée,
On la lieroit au mont de l'Albespine.
  Sept moys après, houstez en vingt et deux,
Cil qui jadis anihila Carthage
Courtoysement se mist en mylieu d'eux,
Les requerent d'avoir son heritage,
Ou bien qu'on feist justement le partage
Selon la loy que l'on tire au rivet,
Distribuent un tatin du potage
A ses facquins[3] qui firent le brevet.

1. A. 1535, 1535, 1537 : Que l'aer. — 2. A. 1535, 1535 : Qui. — 3. A. 1535 : Amis.

Mais l'an viendra, signé d'un arc turquoys
De v. fuseaulx et troys culz de marmite,
Onquel le dos d'un roy trop peu courtoys
Poyvré sera soubz un habit d'hermite.
O¹ la pitié! Pour une chattemite
Laisserez-vous engouffrer tant d'arpens?
Cessez, cessez, ce masque nul n'imite :
Retirez vous au frere des serpens.

Cest an pessé, cil qui est regnera
Paisiblement avec ses bons amis.
Ny brusq ny smach lors ne dominera.
Tout bon vouloir aura son compromis.
Et le solas qui jadis fut promis
Es gens du ciel, viendra en son befroy.
Lors les haratz qui estoient estommis,
Triumpheront en royal palefroy.

Et durera ce temps de passe passe
Jusques à tant que Mars ayt les empas.
Puis en viendra un qui tous aultres passe.
Delitieux, plaisant, beau sans compas.
Levez vos cueurs, tendez à ce repas,
Tous mes feaulx, car tel est trespassé
Qui pour tout bien ne retourneroit pas,
Tant sera lors clamé le temps passé.

Finablement, celluy qui fut de cire
Sera logé au gond du Jacquemart.
Plus ne sera reclamé, Cyre, Cyre,
Le brimbaleur qui tient le cocquemart.
Heu, qui pourroit saisir son bracquemart!
Toust seroient netz les tintouins cabus
Et peurroit on à fil de poulemart
Tout baffouer le maguazin d'abus.

1. 1537 : Ou.

Comment Gargantua fut unze moys porté ou ventre de sa mère. — CHAPITRE III.

Grandgousier estoit bon raillard en son temps, aymant à boyre net autant que homme qui pour lors fust au monde, et mangeoit voluntiers salé. A ceste fin avoit ordinairement bonne munition de jambons de Magence et de Bayonne, force langues de beuf fumées, abondance de andouilles en la saison et beuf sallé à la moustarde. Renfort de boutargues, provision de saulcisses[1], non de Bouloigne (car il craignoit ly boucon[2] de Lombard) mais de Bigorre, de Lonquaulnay, de la Brene et de Rouargue. En son eage virile espousa Gargamelle, fille du roy des Parpaillos, belle gouge et de bonne troigne. Et faisoient eux deux souvent ensemble la beste à deux doz, joyeusement se frotans leur lard, tant qu'elle engroissa d'un beau filz et le porta jusques à l'unziesme moys.

Car autant, voire dadvantage, peuvent les femmes ventre porter, mesmement quand c'est quelque chef d'œuvre, et personnage qui doibve en son temps faire grandes prouesses. Comme dict Homere, que l'enfant duquel Neptune engroissa la Nymphe nasquit l'an après revolu, ce fut le douziesme moys. Car (comme dict A. Gelle, lib. iij.) ce long temps convenoit à la majesté de Neptune, affin qu'en iceluy l'enfant feust formé à perfection. A pareille raison, Jupiter feist durer quarante huict heures la nuyct qu'il coucha avecques Alcmene. Car en moins de temps n'eust-il peu forger Hercules, qui nettoia le monde de monstres et tyrans.

Messieurs les anciens Pantagruelistes ont conformé ce que je dis, et ont declairé non seulement possible,

---

1. Il manque ici un feuillet au seul exemplaire connu de l'édition antérieure à 1535. — 2. 1535, 1537 : ly boucone.

mais aussi legitime, l'enfant né de femme l'unziesme moys après la mort de son mary.

Hippocrates, lib. *de Alimento.*
Pline, lib. vij, cap. v.
Plaute *in Cistellaria.*
Marcus Varro en la satyre inscripte *Le Testament*, allegant l'autorité d'Aristoteles à ce propos.
Censorinus, li. *de die natali.*
Aristotel., lib. vij, cap. iij et iiij, *de nat. animalium.*
Gellius, lib. iij, cap. xvj.
Servius *in Egl.* exposant ce metre de Virgile :

    Matri longa decem, etc.[1]

Et mille autres folz; le nombre desquelz a esté par les legistes acreu, *ff. de suis, et legit. l. intestato. § fin.*

Et *in Autent. de restitut. et ea que parit in* xj *mense.*

D'abondant en ont chaffourré leur robidilardicque[2] loy, Gallus. *ff. de lib. et post. et l. septimo, ff. de stat. homin.* et quelques aultres, que pour le present dire n'ause.

Moiennans lesquelles loys, les femmes vefves peuvent franchement jouer du serrecropiere à tous enviz et toutes restes deux moys après le trespas de leurs mariz. Je vous prie par grace, vous aultres mes bons averlans, si d'icelles en trouvez que vaillent le desbraguetter, montez dessus et me les amenez. Car si au troisiesme moys elles engroissent, leur fruict sera heritier du deffunct; et, la groisse congneue, poussent hardiment oultre, et vogue la gualée, puis que la panse est pleine ! Comme Julie, fille de l'empereur Octavian, ne se abandonnoit à ses taboureurs sinon quand elle se sentoit grosse, à la forme que la navire ne reçoit son pilot que premie-

1. 1535, 1537 : Ces deux dernières lignes manquent. — 2. 1537 : robilardique.

rement ne soit callafatée et chargée. Et si personne les
blasme de soy faire rataconniculer ainsi suz leur groisse,
veu que les bestes suz leurs ventrées n'endurent jamais
le masle masculant, elles responderont que ce sont
bestes, mais elles sont femmes, bien entendentes les
beaulx et joyeux menuz droictz de superfetation, comme jadis respondit Populie, selon le rapport de Macrobe, lib. ij, *Saturnal.* Si le diavol ne veult qu'elles engroissent, il fauldra tortre le douzil, et bouche clouse.

*Comment Gargamelle estant grosse de Gargantua,
mengea grand planté de tripes*[1]. —CHAPITRE IV.

L'occasion et maniere comment Gargamelle enfanta fut telle; et si ne le croyez, le fondement vous escappe! Le fondement luy escappoit une apres disnée, le iij^e jour de febvrier, par trop avoir mangé de gaudebillaux. Gaudebillaux sont grasses tripes de coiraux. Coiraux sont beufz engressez à la creche et prez guimaulx. Prez guimaulx sont qui portent herbe deux fois l'an. D'iceulx gras beufz avoient faict tuer troys cens soixante-sept mille et quatorze, pour estre à mardy gras sallez, affin qu'en la prime vere ilz eussent beuf de saison à tas, pour au commencement des repastz faire commemoration de saleures[2], et mieulx entrer en vin.

Les tripes furent copieuses, comme entendez, et tant friandes estoient que chascun en leichoit ses doigtz. Mais la grande diablerie à quatre personnaiges estoit bien en ce que possible n'estoit longuement les reserver, car[3] elles feussent pourries, ce qui sembloit indecent: dont fut conclud qu'ilz les bauffreroient sans rien y perdre. A ce faire convierent tous les citadins de Sainnais, de Suillé, de la Roche Clermaud, de Vaugaudray, sans

1. A. 1535, 1535, 1537 : se porta à manger tripes. — 2. A. 1535 : pour au commencement des repatz faire commemoration de saleures, manque. — 3. 1537 : celles... ce que.

laisser arriere le Coudray, Montpensier, le Gué de Vede et aultres voisins, tous bons beveurs, bons compaignons et beaulx joueurs de quille la. Le bon homme Grandgousier y prenoit plaisir bien grand, et commendoit que tout allast par escuelles. Disoit toutesfoys à sa femme qu'elle en mangeast le moins, veu qu'elle aprochoit de son terme, et que ceste tripaille n'estoit viande moult louable. Celluy (disoit-il) a grande envie de mascher merde, qui d'icelle le sac mange[1]. Non obstant ces remonstrances, elle en mangea seze muiz, deux bussars et six tupins[2]. O belle matiere fecale qui doivoit boursouffler en elle !

Apres disner, tous allèrent (pelle melle) à la Saulsaie, et la, sus l'herbe drue, dancerent au son des joyeux flageolletz et doulces cornemuses, tant baudement, que c'estoit passetemps celeste les veoir ainsi soy rigouller[3].

Les propos des bienyvres. — CHAPITRE V.

Puis entrerent en propos de resieuner on propre lieu.

Lors flaccons d'aller, jambons de troter, goubeletz de voler, breusses de tinter. Tire, baille, tourne, brouille. Boutte à moy, sans eau : ainsi mon amy ; fouette moy ce verre gualentement ; produiz moy du clairet, verre pleurant. Treves de soif. Ha faulse fiebvre ! ne t'en iras tu pas ? Par ma fy, ma commere, je ne peuz entrer en bette. Vous estez morfondue, m'amie ? Voire. Ventre sainct Qenet, parlons de boire[4] ; je ne boy que à mes heures, comme la mulle du pape. Je ne boy que en mon breviaire, comme un beau pere guardian. Qui feut premier, soif ou beuverye ? Soif,

---

1. A. 1535, 1537 : mangeue. — 2. 1535 : teupins. — 1537 : tepins. — 3. A. 1535, 1535, 1537, ce chapitre et le suivant n'en font qu'un seul. — 4. A. 1535, 1535, 1537 : Après parlons de boire, vient : Ceste main vous guaste le nez, trente lignes plus bas.

car qui eut beu sans soif durant le temps de innocence? Beuverye, car *privatio presupponit habitum*. Je suys clerc : *Fœcundi calices quem non fecere disertum?* Nous aultres innocens ne beuvons que trop sans soif. Non moy, pecheur, sans soif; et si non presente, pour le moins future, la prevenent comme entendez. Je boy pour la soif advenir. Je boy eternellement. Ce m'est eternité de beuverye, et beuverye de eternité. Chantons, beuvons, ung motet entonnons. Où est mon entonnoir? Quoi! je ne boy que par procuration.

Mouillez-vous pour seicher, ou vous seichez pour mouiller? Je n'entens poinct la theoricque; de la praticque je me ayde quelque peu. Haste! Je mouille, je humecte, je boy, et tout de peur de mourir. Beuvez tousjours, vous ne mourrez jamais. Si je ne boy, je suys à sec, me voylà mort. Mon ame s'en fuyra en quelque grenoillère. En sec jamais l'ame ne habite. Somelliers, o createurs de nouvelles formes, rendez-moy de non beuvant beuvant. Perannité de arrousement par ces nerveux et secz boyaulz. Pour neant boyt qui ne s'en sent. Cestuy entre dedans les venes, la pissotiere n'y aura rien. Je laveroys voluntiers les tripes de ce veau que j'ay ce matin habillé. J'ay bien saburré mon stomach. Si le papier de mes schedules beuvoyt aussi bien que je foys, mes crediteurs auroient bien leur vin quand on viendroyt à la formule de exhiber. Ceste main vous guaste le nez. O quants aultres y entreront avant que cestuy-cy en sorte! Boyre à si petit gué, c'est pour rompre son poictral. Cecy s'appelle pipée à flaccons. Quelle difference est entre bouteille et flaccon? Grande : car bouteille est fermée à bouchon, et flaccon à viz[1]. De belles[2]! Nos pères beurent bien et vuidèrent les potz. C'est bien chié chanté, beuvons!

1. 1535, 1535, 1537 : flaccon à vitz. — 2. A. 1535, 1535, 1537 : De belles, manque.

Voulez-vous rien mander à la rivière? cestuy cy va laver les trippes. Je ne boy en plus qu'une esponge¹. Je boy comme un templier. Et je *tanquam sponsus.* Et moy *sicut terra sine aqua.* Un synonyme de jambon? c'est une compulsoire de beuvettes², c'est un poulain. Par le poulain, on descend le vin en cave, par le jambon, en l'estomach. Or çà, à boire, boire çà! Il n'y a poinct charge. *Respice personam, pone pro duos : bus non est in usu.* Si je montois aussi bien comme j'avalle, je feusse pieçà hault en l'aer³. Ainsi se feist Jacques Cucur riche. Ainsi profitent boys en friche. Ainsi conquesta Bacchus l'Inde. Ainsi philosophie Melinde. Petite pluye abat grand vend. Longues beuvettes rompent le tonnoire. Mais si ma couille pissoit telle urine, la vouldriez vous bien sugcer? Je retiens après. Paige, baille : je t'insinue ma nomination en mon tour. Hume Guillot, encores y en a il un pot⁴. Je me porte pour appellant de soif comme d'abus. Paige, relieve mon appel en forme. Ceste roigneure. Je souloys jadis boyre tout; maintenant, je n'y laisse rien. Ne nous hastons pas et amassons bien tout. Voy cy trippes de jeu et guodebillaux d'enuy, de ce fauveau à la raye noire. O pour Dieu, estrillons-le à profict de mesnaige. Beuvez, ou je vous... Non, non, beuvez, je vous en pryè. Les passereaux ne mangent si non que on leurs tappe les queues. Je ne boy si non qu'on me flatte. Lagona edatera. Il n'y a raboulliere en tout mon corps où cestuy vin ne furette la soif. Cestuy-cy me la fouette bien. Cestuy-cy me la bannira du tout. Cornons icy à son de flaccons et bouteilles que quiconques aura perdu la

1. A. 1535, 1535, 1537 : Je ne boy en plus qu'une esponge, manque. — 2. A. 1535, 1535, 1537 : C'est une compulsoire de beuvettes, manque. — 3. A. 1535, 1535, 1537 : Après : en l'aer, vient : Mais si ma couille pissoit, cinq lignes plus bas. — 4. A. 1535, 1535, 1537 : Après : un pot, vient : Remède contre la soif, vingt-une lignes plus bas.

soif ne ayt à la chercher ceans. Longs clystères de beuverie l'ont faict vuyder hors le logis. Le grand Dieu feist les planettes et nous faisons les platz netz. J'ay la parole de Dieu en bouche : *Sitio*. La pierre dicte ἄβεστος n'est plus inextinguible que la soif de ma Paternité. L'appetit vient en mangeant, disoyt Angest on Mans ; la soif s'en va en beuvant. Remède contre[1] la soif? Il est contraire à celluy qui est contre morsure de chien : courrez tousjours après le chien, jamais ne vous mordera ; beuvez tousjours avant la soif, et jamais ne vous adviendra[2]. Je vous y prens, je vous resveille. Sommelier eternel, guarde-nous de somme. Argus avoyt cent yeulx pour veoir, cent mains fault à un sommelier, comme avoyt Briareus, pour infatigablement verser. Mouillons, hay, il faict beau seicher. Du blanc, verse tout, verse de par le diable! verse deçà, tout plein ; la langue me pelle. Lans, tringue : à toy, compaing, de hayt, de hayt! La, la, la, c'est morfiaillé, cela. *O lachryma Christi !* c'est de la Deviniere ; c'est vin pineau. O le gentil vin blanc! et, par mon ame, ce n'est que vin de tafetas. Hen, hen, il est à une aureille, bien drappé et de bonne laine[3]. Mon compaignon, couraige! Pour ce jeu, nous ne voulerons pas, car j'ay faict un levé. *Ex hoc in hoc.* Il n'y a poinct d'enchantement ; chascun de vous l'a veu. Je y suis maistre passé[4]. A brum, à brum[5]! je suis prebstre Macé. O les beuveurs! O les alterez! Paige, mon amy, emplis icy et couronne le vin, je te pry. A la cardinale. *Natura abhorret vacuum* : diriez-vous qu'une mouche y eust beu? A la mode de Bretaigne. Net, net, à ce pyot. Avallez, ce sont herbes.

1. 1537 : contra. — 2. A. 1535, 1535, 1537 : Après : adviendra, vient. Du blanc, verse, cinq lignes plus bas.— 3. A. 1535 : Après : de bonne laine, vient : Diriez-vous qu'une mousche — 4. 1537 : Maistre passé de passé. — 5. 1535, 1537 : A brun, à brun !

Comment Gargantua nasquit en façon bien estrange.
Chapitre VI[1].

Eulx tenens ces menuz propos de beuverie, Gargamelle commença se porter mal du bas, dont Grandgousier se leva dessus l'herbe et la reconfortoit honestement, pensant que ce feut mal d'enfant, et luy disant qu'elle s'estoit là herbée soubz la saulsaye[2], et qu'en brief elle feroit piedz neufz ; par ce luy convenoit prendre couraige nouveau au nouvel advenement de son poupon, et encores que la douleur luy feust quelque peu en fascherie, toutesfoys que ycelle seroit briefve, et la joye qui toust succederoit luy tolliroit tout cest ennuy, en sorte que seulement ne luy en resteroit la soubvenance[3]. Couraige de brebis (disoyt-il); depeschez-vous de cestuy-cy, et bien toust en faisons un aultre. — Ha (dist-elle), tant vous parlez à vostre aise, vous aultres hommes! Bien de par Dieu, je me parforceray, puis qu'il vous plaist. Mais pleust à Dieu que vous l'eussiez coupé. — Quoy ? dist Grangousier. — Ha (dist-elle), que vous estes bon homme ! vous l'entendez bien. — Mon membre (dist-il) ? Sang de les cabres ! si bon vous semble[4], faictes apporter un cousteau. — Ha (dist-elle), ja à Dieu ne plaise ! Dieu me le pardoint, je ne le dis de bon cueur, et pour ma parolle n'en faictes ne plus[5] ne moins. Mais je auray prou d'affaires aujourd'huy, si Dieu ne me ayde, et tout par vostre membre, que vous feussiez bien ayse !

---

1. A. 1535, 1535, 1537 : Chapitre V. — 2. 1537 : saullaye. — 3. A. 1535, 1535, 1537 : Je le prouve (disoit-il). Nostre Saulveur dict en l'evangile, Joannis, 16 : La femme que est à l'heure de son enfantement, a tristesse : mais lorsqu'elle a enfanté, elle n'a souvenir aulcun de son angoisse. — Ha (dist-elle), vous dictes bien, et ayme beaucoup mieulx ouyr telz propos de l'evangile, et mieulx m'en trouve, que de ouyr la vie de saincte Marguerite, ou quelque autre capharderie. Mais pleust à Dieu… — 4. A. 1535, 1535, 1537 : S'il vous semble bon. — 5. A. 1535, 1535, 1537 : ne pys ne moins.

Couraige, couraige (dist-il)! ne vous souciez au reste, et laissez faire aux quatre bœufz de devant. Je m'en voys boyre encores quelque veguade. Si ce pendent vous survenoit quelque mal, je me tiendray près ; huschant en paulme, je me rendray à vous.

Peu de temps après, elle commença à souspirer[1], lamenter et crier. Soubdain vindrent à tas saiges femmes de tous coustez. Et la tastant par le bas, trouverent quelques pellauderies assez de maulvais goust, et pensoyent que ce feust l'enfant ; mais c'estoit le fondement qui luy escappoit, à la mollification du droict intestine, lequel vous appellez le boyau cullier, par trop avoir mangé des tripes, comme avons declairé cy dessus[2].

Dont une horde vieille[3] de la compaignie, laquelle avoit réputation d'estre grande medicine, et là estoit venue de Brizepaille, d'auprès Sainct-Genou, devant soixante ans, luy feist un restrinctif si horrible que tous ses larrys tant feurent oppilez et reserrez, que à grande poine avesques les dentz vous les eussiez eslargiz, qui est chose bien horrible à penser. Mesmement que le diable à la messe de sainct Martin, escripvant le quaquet de deux gualoises, à belles dentz alongea son parchemin.

Par cest inconvenient feurent au dessus relaschez les cotyledons de la matrice, par lesquelz sursaulta l'enfant, et entra en la vene creuse, et gravant par le diaphragme jusques au dessus des espaules (où ladicte vene se part en deux), print son chemin à gauche, et sortit par l'aureille senestre.

Soubdain qu'il fut né, ne cria[4] comme les aultres enfans : Mies, mies ! Mais à haulte voix s'escrioit : A boire ! à boire ! à boire ! comme invitant tout le monde à boire,

---

1. A. 1535, 1535 : à souspirer, manque. — 2. A. 1535, 1535 : dont avons parlé cy dessus. — 3. 1535, 1537 : vieigle. — 4. A. 1535, 1535 : Il ne cria pas.

si bien qu'il fut ouy de tout le pays de Beusse et de Bibaroys [1].

Je me doubte que ne croyez asseurement ceste estrange nativité. Si ne le croyez, je ne m'en soucie [2]; mais un homme de bien, un homme de bon sens, croit tousjours ce qu'on luy dict et [3] qu'il trouve par escript.

Est-ce contre nostre loy, nostre foy, contre raison, contre la saincte escripture? De ma part, je ne trouve rien escript ès bibles sainctes qui soit contre cela. Mais si le vouloir de Dieu tel eust esté, diriez-vous qu'il ne l'eust peu faire? Ha! pour grace, ne emburelucocquez jamais vous espritz de ces vaines pensées, car je vous diz que à Dieu rien n'est impossible. Et s'il vouloit, les femmes auroient doresnavant ainsi leurs enfans par l'aureille.

Bacchus ne fut il [4] engendré par la cuisse de Jupiter?

Rocquetaillade [5] nasquit il pas du talon de sa mère?

Crocquemouche de la pantofle de sa nourrice [6]?

Minerve nasquit elle pas du cerveau par l'aureille de Jupiter?

Adonis par l'escorce d'un arbre de mirrhe?

Castor et Pollux de la cocque d'un œuf pont et esclous par Leda [7]?

Mais vous seriez bien dadvantaige esbahys et estonnez si je vous expousoys presentement tout le chapitre

---

1. A. 1535: si bien qu'il fut ouy de tout le pays de Beusse et de Bibaroys, manque. — 2. A. 1535: pas. — 3. A. 1535, 1535, 1537: et ce qu'il trouve par escrit. Ne dict pas Salomon Proverbiorum XIV, *innocens credit omni verbo*, et Sainct Paul, prim. Corinthio. xiij, *caritas omnia credit*. Pourquoy ne le croiriez-vous? Pour ce, dictes vous, qu'il n'y a nulle apparence; je vous dis que pour ceste seule cause vous le devez croire en foy parfaicte, car les sorbonistes disent que foy est argument des choses de nulle apparence. — 4. A. 1535, 1535, 1537: pas. — 5. 1537: Roquetaille. — 6. A. 1535: Cette ligne manque. — 7. A. 1535, 1535, 1537: Ces trois dernières lignes manquent.

de Pline, auquel parle des enfantemens estranges et contre nature. Et toutesfoys je ne suis poinct menteur tant asseuré comme il a esté. Lisez le septiesme de sa Naturelle histoire, cap. iij, et ne m'en tabustez plus l'entendement.

Comment le nom fut imposé à Gargantua, et comment il humoit le piot. — CHAPITRE VII[1].

Le bon homme Grandgousier beuvant et se rigollant avecques les aultres, entendit le cry horrible que son filz avoit faict entrant en lumiere de ce monde, quand il brasmoit demandant à boyre, à boyre, à boyre! dont il dist: que grand tu as, *supple* le gousier! Ce que ouyans les assistans, dirent que vrayement il debvoit avoir par ce le nom Gargantua, puis que telle avoit esté la première parolle de son père à sa naissance [2], à l'imitation et exemple des anciens Hebreux. A quoy fut condescendu par icelluy, et pleut très bien à sa mère. Et pour l'appaiser, luy donnerent à boyre à tyre larigot, et feut porté sus les fonts, et là baptisé, comme est la coustume des bons christiens.

Et luy feurent ordonnées dix et sept mille neuf cens treze vaches de Pautille et de Brehemond, pour l'alaicter ordinairement; car de trouver nourrice suffisante[3] n'estoit possible en tout le pays, consideré la grande quantité de laict requis pour icelluy alimenter. Combien qu'aulcuns docteurs scotistes ayent affermé que sa mère l'alaicta, et qu'elle pouvoit traire de ses mammelles quatorze cens deux pipes neuf potées [4] de laict pour chascune foys. Ce que n'est vray semblable. Et a

---

1. A. 1535, 1535, 1537 : Chapitre VI. — 2. A. 1535, 1535 : nativitée. — 3. A. 1535 : convenante. — 4. A. 1535, 1535, 1537 : quatorze cents pipes de laict pour chascune foys.

esté la proposition declairée mammallement¹ scandaleuse, des pitoyables aureilles offensive, et sentent de loing heresie.

En cest estat passa jusques à un an et dix moys, onquel temps, par le conseil des Medecins, on commença le porter, et fut faicte une belle charrette à bœufs par l'invention de Jehan Denyau; dedans icelle² on le pourmenoit par cy par là joyeusement : et le faisoit bon veoir, car il portoit bonne troigne et avoit presque dix et huyt mentons, et ne cryoit que bien peu ; mais il se conchioit à toutes heures : car il estoit merveilleusement phlegmaticque des fesses, tant de sa complexion naturelle, que de la disposition accidentalle qui luy estoit advenue par trop humer de purée septembrale. Et n'en humoit goutte³ sans cause.

Car s'il advenoit qu'il feust despit, courroussé, fasché, ou marry; s'il trepignoyt, s'il pleuroit, s'il crioit, luy apportant à boyre, l'on le remettoit en nature, et soubdain demouroit coy et joyeulx.

Une de ses gouvernantes m'a dict, jurant sa fy⁴, que de ce faire il estoit tant coustumier, qu'au seul son des pinthes et flaccons il entroit en ecstase, comme s'il goustoit les joyes de paradis. En sorte qu'elles, considerans ceste complexion divine, pour le resjouir au matin faisoient davant lui sonner des verres avecques un cousteau, ou des flaccons avecques leur toupon, ou des pinthes avecques leur couvercle. Auquel son il s'esguayoit, il tressailloit, et luy-mesmes se bressoit en dodelinant de la teste, monichordisant des doigtz et barytonant du cul.

---

1. A. 1535, 1535, 1537 : au lieu de : mammallement, il y a : par Sorbone. — 2. 1537 : et là dedans. — 3. A. 1535 : point. — 4. A. 1535, 1535, 1537 jurant sa fy, manque.

Comment on vestit Gargantua. — CHAPITRE VIII[1].

Luy estant en cest eage, son pere ordonna qu'on luy feist[2] habillemens à sa livrée, laquelle estoit[3] blanc et bleu. De faict on y besoigna, et furent faictz, taillez et cousuz à la mode qui pour lors couroit.

Par les anciens[4] pantarches qui sont en la chambre des comptes à Montsoreau, je trouve qu'il feut vestu en la façon que s'ensuyt :

Pour sa chemise furent levées neuf cens aulnes de toille de Chasteleraud, et deux cens pour les coussons en sorte de carreaulx, lesquelz on mist soubz les esselles. Et n'estoit poinct froncée, car la fronsure des chemises n'a esté inventée sinon depuis que les lingieres, lorsque la poincte de leur agueille estoit rompue, ont commencé besoigner du cul.

Pour son pourpoinct furent levées huyt cens treize aulnes de satin blanc, et pour les agueillettes quinze cens neuf peaulx et demye de chiens. Lors commença le monde attacher les chausses au pourpoinct, et non le pourpoinct aux chausses, car c'est chose contre nature[5], comme amplement a declaré Olkam sus les exponibles de M. Haultechaussade.

Pour ses chausses furent levez unze cens cinq aulnes et ung tiers d'estamet blanc, et feurent deschisquetez en forme de colomnes striées et crenelées par le derriere, affin de n'eschaufer les reins. Et flocquoit par dedans la deschicqueture de damas bleu, tant que besoing estoit. Et notez qu'il avoit tres belles griefves et bien proportionnez au reste de sa stature.

Pour la braguette feurent levées seize aulnes un quartier d'icelluy mesme drap, et fut la forme d'icelle

---

1. A.1535, 1535, 1537 : Chapitre VII. — 2 A. 1535, 1535, 1537 : des. — 3. A. 1535 : de. — 4 A. 1535, 1535, 1537 : anciennes. — 5. A.1535 : Les deux lignes qui suivent manquent.

comme d'un arc boutant, bien estachée joyeusement à deux belles boucles d'or, que prenoient deux crochetz d'esmail, en un chascun desquelz estoit enchassée une grosse esmeraugde de la grosseur d'une pomme d'orange. Car (ainsi que dict Orpheus *libro de lapidibus*, et Pline *libro ultimo*) elle a vertu erective et confortative du membre naturel. L'exiture de la braguette estoit à la longueur d'une canne, deschicquetée comme les chausses, avecques le damas bleu flottant comme davant. Mais voyans la belle brodure de canetille, et les plaisans entrelatz d'orfeverie garniz de fins diamens, fins rubiz, fines turquoyses, fines esmeraugdes, et unions persicques, vous l'eussiez comparée à une belle corne d'abondance, telle que voyez ès antiquailles, et telle que donna Rhea ès deux nymphes Adrastea et Ida, nourrices de Jupiter. Tousjours gualante, succulente, resudante, tousjours verdoyante, tousjours fleurissante, tousjours fructifiante, plene d'humeurs, plene de fleurs, plene de fruictz, plene de toutes delices. Je advoue Dieu s'il ne la faisoit bon veoir. Mais je vous en exposeray bien dadvantaige au livre que j'ay faict De la dignité des braguettes. D'un cas vous advertis, que si elle estoit bien longue et bien ample, si estoit elle bien guarnie au dedans et bien avitaillée, en rien ne[1] ressemblant les hypocriticques braguettes d'un tas de muguetz, qui ne sont plenes que de vent, au grand interest du sexe feminin.

Pour ses souliers furent levées quatre cens six aulnes de velours bleu cramoysi, et furent deschicquettez[2] mignonement par lignes paralleles joinctes en cylindres uniformes. Pour la quarreleure d'iceulx furent employez unze cens peaulx de vache brune, taillée à queues de merluz.

1. 1537 : ne, manque. — barbe d'écrevisse bien mignonement. Pour...
2. A. 1535, 15 35, 1537 : à

Pour son saie furent levez dix et huyt cens aulnes de velours bleu tainct en grene, brodé à l'entour de belles vignettes, et par le mylieu de pinthes d'argent de canetille, enchevestrées de verges d'or avecques force perles, par ce denotant qu'il seroit un bon fessepinthe en son temps.

Sa ceincture feut de troys cens aulnes et demye de cerge de soye, moytié blanche et moytié bleu, ou je[1] suis bien abusé.

Son espée[2] ne feut valentienne, ny son poignard sarragossoys, car son pere hayssoit tous ces Indalgos Bourrachous marranisez comme diables; mais il eut la belle espée de boys, et le poignart de cuir bouilly, pinctz et dorez comme un chascun soubhaiteroit.

Sa bourse fut faicte de la couille d'un oriflant que luy donna Her Pracontal, proconsul de Libye.

Pour sa robbe furent levées neuf mille six cens aulnes moins deux tiers de velours bleu comme dessus, tout porfilé d'or en figure diagonale, dont par juste perspective yssoit une couleur innommée, telle que voyez ès coulz des tourterelles, qui resjouissoit merveilleusement les yeulx des spectateurs.

Pour son bonnet furent levées troys cens deux aulnes ung quart de velours blanc, et feut la forme d'icelluy large et ronde à la capacité du chief. Car son pere disoit que ces bonnetz à la marrabeise faictz comme une crouste de pasté, porteroient quelque jour malencontre à leurs tonduz.

Pour son plumart pourtoit une belle grande plume bleue prinse d'un onocrotal du pays de Hircanie la saulvaige, bien mignonement pendente sus l'aureille droicte.

Pour son image avoit en une platine d'or pesant

---

1. A. 1535 : ou je suis bien abusé, manque. — 2. 1537 : espase.

soixante et huyt marcz, une figure d'esmail competent ; en laquelle estoit pourtraict un corps humain ayant deux testes, l'une virée vers l'autre, quatre bras, quatre piedz, et deux culz, telz que dict Platon *in Symposio* avoir esté l'humaine nature à son commencement mystic, et autour estoit escript en lettres ioniques, ΑΓΑΠΗ ΟΥ ΖΗΤΕΙ ΤΑ ΕΑΥΤΗΣ.

Pour porter au col eut une chaine d'or pesante vingt et cinq mille soixante et troys marcz d'or, faicte en forme de grosses bacces, entre lesquelles estoient en œuvre gros jaspes verds, engravez et taillez en dracons tous environnez de rayes et estincelles, comme les portoit jadis le roy Necepsos. Et descendoit jusque à la boucque du hault[1] ventre. Dont toute sa vie en eut l'emolument tel que sçavent les medecins Gregoys.

Pour ses guands furent mises en œuvre seize peaulx de lutins, et troys de loups guarous pour la brodure d'iceulx. Et de telle matiere lui feurent faictz par l'ordonnance des Cabalistes de Sainlouand.

Pour ses aneaulx (lesquelz voulut son pere qu'il portast pour renouveller le signe antique de noblesse) il eut au doigt indice de sa main gauche une escarboucle grosse comme un œuf d'austruche, enchassée en or de seraph bien mignonement. Au doigt medical d'icelle, eut un aneau faict des quatre metaulx ensemble, en la plus merveilleuse façon que jamais feust veue, sans que l'assier froissast l'or, sans que l'argent foullast le cuyvre. Le tout fut faict par le capitaine Chappuys, et Alcofribas son bon facteur. Au doigt medical de la dextre eut un aneau faict en forme spirale, auquel estoient enchassez un balay en perfection, un diament en poincte, et une esmeraulde de Physon, de pris inestimable. Car Hans Carvel, grand lapidaire du roy de Melinde, les estimoit à la valeur de soixante neuf

---

1. A. 1535, 1535, 1537 : du | petit ventre.

millions huyt cens nonante et quatre mille dix et huyt moutons à la grand laine; autant l'estimerent les Fourques d'Auxbourg.

Les couleurs et livrée de Gargantua.
Chapitre IX[1].

Les couleurs de Gargantua feurent blanc et bleu, comme cy dessus avez peu lire. Et par icelles vouloit son pere qu'on entendist que ce luy estoit une joye celeste. Car le blanc luy signifioit joye, plaisir, delices et resjouissance, et le bleu, choses celestes.

J'entends bien que lisans ces motz, vous vous[2] mocquez du vieil beuveur, et reputez l'exposition des couleurs par trop indague et abhorrente; et dictes que blanc signifie foy, et bleu fermeté; mais sans vous mouvoir, courroucer, eschaufer ny alterer (car le temps est dangereux) respondezmoy si bon vous semble. D'aultre contraincte ne useray envers vous, ny aultres quelz qu'ilz soient. Seulement vous diray un mot de la bouteille.

Qui vous meut? qui vous poinct? qui vous dict que blanc signifie foy, et bleu fermeté? Un (dictes-vous) livre trepelu qui se vend par les bisouars et porteballes au tiltre : le Blason des couleurs. Qui l'a faict? Quiconques il soit, en ce a esté prudent qu'il n'y a poinct mis son nom. Mais au reste, je ne sçay quoy premier en luy je doibve admirer, ou son oultrecuidance, ou sa besterie.

Son oultrecuidance, qui sans raison, sans cause, et sans apparence, a ausé[3] prescripre de son autorité privée quelles choses seroient denotées par les couleurs; ce que est l'usance des tyrans, qui voulent leur arbitre

---

1. A. 1535, 1537 : Chapitre VIII. Des couleurs.—2. 1537 : vous mocquez. — 3. 1537 : Causé.

tenir lieu de raison ; non des saiges et sçavans, qui par raisons manifestes contentent les Lecteurs.

Sa besterie, qui a existimé que sans aultres demonstrations et argumens valables le monde reigleroit ses devises par ses impositions badaudes.

De faict (comme dict le proverbe, à cul de foyrad [1] toujours abonde merde) : il a trouvé quelque reste de niays du temps des haultz bonnetz, lesquelz ont eu foy à ses escripts, et selon iceulx ont taillé leurs apophthegmes et dictez, en ont enchevestré leurs muletz, vestu leurs pages, escartelé leurs chausses, brodé leurs guandz, frangé leurs lictz, painct leurs enseignes, composé chansons, et (que pis est) faict impostures et lasches tours clandestinement entre les pudicques matrones.

En pareilles tenebres sont comprins ces glorieux de court et transporteurs de noms [2], lesquelz voulens en leurs divises signifier espoir, font protraire une sphere, des pennes d'oiseaulx pour poines, de l'ancholie pour melancholie, la lune bicorne pour vivre en croissant, un banc rompu pour bancque roupte, non et un halcret, pour non durhabit, un lict sans ciel pour un licentié [3]. Que sont homonymies tant ineptes, tant fades, tant rusticques et barbares, que l'on doibvroit atacher une queue de renard au collet, et faire un masque d'une bouze de vache à un chascun d'iceulx qui en vouldroit dorenavant user en France après la restitution des bonnes lettres [4].

Par mesmes raisons (si raisons les doibz nommer, et non resveries), ferois je paindre un penier, denotant qu'on me faict pener. Et un pot à moustarde, que c'est mon cueur à qui moult tarde. Et un pot à pisser, c'est

---

1. A. 1535 : à cul brenous. — 2. A. 1535 : transporteurs de noms, manquent. — 3. A. 1535 : Un lict sans ciel pour un licentié, manque. — 4. 1535, 1535, 1537 : après la restitution des bonnes lettres, manque.

un official, et le fond de mes chausses, c'est un vaisseau de petz. Et ma braguette, c'est le greffe des arrestz. Et un estront de chien, c'est un tronc de ceans, où gist l'amour de m'amye.

Bien aultrement faisoient en temps jadis les saiges de Egypte, quand ils escripvoient par lettres qu'ils appelloient hieroglyphiques, lesquelles nul n'entendoit qui n'entendist, et un chascun entendoit qui entendist la vertu, proprieté et nature des choses par icelles figurées, desquelles Orus Apollon a en grec composé deux livres, et Polyphile au Songe d'amours en a davantaige exposé. En France vous en avez quelque transon en la devise de monsieur l'admiral, laquelle premier porta Octavian Auguste.

Mais plus oultre ne fera voile mon equif entre ces gouffres et guez mal plaisans. Je retourne faire scale au port dont suis yssu. Bien ay je espoir d'en escripre quelque jour plus amplement, et monstrer tant par raisons philosophicques que par auctoritez receues et approuvées de toute ancienneté, quelles et quantes couleurs sont en nature, et quoy par une chascune peut estre designé, si[1] Dieu me saulve le moule du bonnet[2]; c'est le pot au vin, comme disoit ma mere grand.

De ce qu'est signifié par les couleurs blanc et bleu.
CHAPITRE X[3].

Le blanc doncques signifie joye, soulas et liesse, et non à tort le signifie, mais à bon droict et juste tiltre. Ce que pourrez verifier si, arriere mises vos affections, voulez entendre ce que presentement vous exposeray.

Aristoteles dict que supposent deux choses contraires

---

1. 1537 : si le Dieu. — 2. A. 1535 : Au lieu de : si Dieu me saulve..., il y a : si le prince le veult et commende : s'il qui en commendant ensemble donne et pouvoir et sçavoir. — 3. A. 1535, 1535, 1537 : Chapitre IX.

en leur espece, comme bien et mal, vertu et vice, froid et chauld, blanc et noir, volupté et doleur, joye[1] et dueil, et ainsi de aultres, si vous les coublez en telle façon qu'un contraire d'une espece convienne raisonnablement à l'un contraire d'une aultre, il est consequent que l'autre contraire compete avecques l'autre residu. Exemple : Vertus et Vice sont contraires en une espece, aussy sont Bien et Mal. Si l'un des contraires de la premiere espece convient à l'un de la seconde, comme Vertus et Bien, car il est sceut que vertus est bonne; ainsi seront les deux residuz, qui sont mal et vice, car vice est maulvais.

Ceste reigle logicale entendue, prenez ces deux contraires, joye et tristesse, puis ces deux, blanc et noir : car ilz sont contraires physicalement. Si ainsi doncques est que noir signific dueil, à bon droict blanc signifiera joye.

Et n'est[2] cette signifiance par imposition humaine instituée, mais receüe par consentement de tout le monde, que les philosophes nomment *Jus Gentium*, droict universel, valable par toutes contrées.

Comme assez sçavez que tous peuples, toutes nations (je excepte les antiques Syracusans et quelques Argives, qui avoient l'âme de travers), toutes langues voulens exteriorement demonstrer leur tristesse, portent habit de noir, et tout dueil est faict par noir. Le quel consentement universel n'est faict que Nature n'en donne quelque argument et raison, laquelle un chascun peut soubdain par soy comprendre sans aultrement estre instruict de personne, laquelle nous appellons droict naturel.

Par le blanc, à mesmes induction de nature, tout le monde a entendu joye, liesse, soulas, plaisir et delectation.

---

1. A. 1535. dueil et tristesse. | — 2. 1537 : point ceste.

Au temps passé les Thraces et Cretes signoient les jours bien fortunez et joyeux de pierres blanches, les tristes et defortunez de noires.

La nuyct n'est elle funeste, triste et melancholieuse? Elle est noire et obscure par privation. La clarté n'esjouit elle toute nature? Elle est blanche plus que chose que soit. A quoy prouver je vous pourrois renvoyer au livre de Laurens Valle contre Bartole ; mais le tesmoignage evangelicque vous contentera. Matth. xvij est dict que à la transfiguration de nostre Seigneur, *vestimenta ejus facta sunt alba sicut lux* : ses vestemens feurent faictz blancs comme la lumiere. Par laquelle blancheur lumineuse donnoit entendre à ses troys apostres l'idée et figure des joyes eternelles. Car par la clarté sont tous humains esjouiz. Comme vous avez le dict d'une vieille que n'avoit dens en gueule, encores disoit elle : *Bona lux*. Et Tobie, cap. v, quand il eut perdu la veue, lors que Raphael le salua, respondit[1] : Quelle joye pourray je avoir, qui poinct ne voy la lumiere du ciel? En telle couleur tesmoignerent les Anges la joye de tout l'univers à la resurrection du saulveur, Joan. xx, et à son ascension, Act. j. De semblable parure veit sainct Jean evangeliste, Apocal. iiij et vij, les fideles vestuz en la celeste et beatifiée Hierusalem.

Lisez les histoires antiques tant grecques que romaines : vous trouverez que la ville de Albe (premier patron de Rome) feut et construicte et appellée à l'invention d'une truye blanche.

Vous trouverez que si à aulcun, après avoir eu des ennemis victoire, estoit decreté qu'il entrast[2] à Rome en estat triumphant, il y entroit sur un char tiré par chevaulx blancs. Autant celluy qui y entroit en ovation; car par signe ny couleur ne pouvoyent plus cer-

1. A. 1535 : respondt il pas. | — 1537 : en Rome.
— 2. A. 1535 : entrast Rome. |

tainement exprimer la joye de leur venue, que par la blancheur.

Vous trouverez que Pericles, duc des Atheniens, voulut celle part de ses gensd'armes ésquelz par sort estoient advenues les febves blanches passer toute la journée en joye, solas et repos, cependant que ceulx de l'aultre part batailleroient. Mille aultres exemples et lieux à ce propos vous pourrois je exposer, mais ce n'est icy le lieu.

Moyennant laquelle intelligence povez resouldre un probleme, lequel Alexandre Aphrodisé a reputé insoluble : Pourquoy le leon, qui de son seul cry et rugissement espovante tous animaulx, seulement crainct et revere le coq blanc? Car (ainsi que dict Proclus *Lib. de sacrificio et magia*), c'est par ce que la presence de la vertus du Soleil, qui est l'organe et promptuaire de toute lumiere terrestre et syderale, plus est symbolisante et competente au Coq blanc, tant pour icelle couleur que pour sa proprieté et ordre specificque, que au leon. Plus dict, que en forme leonine ont esté diables souvent veuz, lesquelz à la presence d'un coq blanc soubdainement sont disparuz.

C'est la cause pourquoy Galli (ce sont les Françoys, ainsi appellez parceque blancs sont naturellement comme laict, que les Grecz nomme γάλα) voluntiers portent plumes blanches sus leurs bonnetz. Car par nature ilz sont joyeux, candides, gratieux et bien amez, et pour leur symbole et enseigne ont la fleur plus que nulle autre blanche, c'est le lys.

Si demandez comment par couleur blanche nature nous induict entendre joye et liesse, je vous responds que l'analogie et conformité est telle. Car comme le blanc exterieurement disgrege et espart la veue, dissolvent manifestement les espritz visifz, selon l'opinion d'Aristoteles en ses problemes, et des perspectifz : et le voyez par experience quand vous passez les montz couvers de neige, en sorte que vous plaignez de ne pouvoir bien reguarder, ainsi que Xenophon escript estre advenu à ses gens : et comme Galen expose amplement lib. x, *de usu partium*. Tout ainsi le cueur par joye excellente est interiorement espart, et patist manifeste resolution des esperitz vitaulx, laquelle tant peut estre acreue, que le cueur demoureroit spolié de son entretien, et par consequent seroit la vie estaincte par ceste perichairie[1], comme dict Galen[2], lib. xij, *Metho.*, lib. v, *de locis affectis*, et lib. ij, *de symptomaton causis*. Et comme estre au temps passé advenu tesmoignent Marc Tulle, lib. j, *Quæstio. Tuscul.*, Verrius, Aristoteles, Tite-Live, après la bataille de Cannes[3], Pline, lib. vij, c. xxxij et liij., A. Gellius, lib. iij, xv et aultres, à Diagoras Rodien, Chilo, Sophocles, Dionys, tyrant de Sicile, Philippides, Philemon, Polycrata, Philistion, M. Juventi, et aultres, qui moururent de joye. Et comme dict Avicenne, *in ij. Canone*, et *Lib. de Viribus cordis*, du zaphran, lequel tant esjouist le cueur qu'il le despouille de vie, si on en prend en dose excessifve, par resolution et dilatation superflue[4]. Icy voyez Alex. Aphrodisien, *Lib. primo problematum*, cap. xix. Et pour cause. Mais quoy? j'entre plus avant en ceste matiere que n'establissois au commencement. Icy doncques calleray mes voilles, remettant le reste au livre en ce consommé du tout. Et diray en un mot que le bleu signifie certainement le ciel et choses celestes, par mesmes symboles que le blanc signifioit joye et plaisir.

1. A. 1535 : par ceste perichairie, manque. — 2. A. 1535 : comme le demontre le dict Galen. — Lib. xij, *Meth.*, manque. —3. 1537 : des Cannes. — 4. A. 1535, 1535, 1537 : Icy voyez .. jusqu'à : Mais quoy ? manque.

De l'adolescence de Gargantua. — **Chapitre XI**[1].

Gargantua, depuis les troys jusques à cinq ans, feut nourry et institué en toute discipline convenente, par le commandement de son père, et celluy temps passa comme les petitz enfans du pays, c'est assavoir : à boyre, manger et dormir ; à manger, dormir et boyre ; à dormir, boyre et manger.

Tousjours se vaultroit par les fanges, se mascaroyt[2] le nez, se chauffourroit le visaige, aculoyt ses souliers, baisloit souvent aux mousches, et couroit voulentiers après les parpaillons, desquelz son père tenoit l'empire. Il pissoit sus ses souliers, il chyoit en sa chemise, il se mouschoyt à ses manches[3], il mourvoit dedans sa soupe et patroilloit par tout lieux, et beuvoit[4] en sa pantoufle, et se frottoit ordinairement le ventre d'un panier. Ses dens aguysoit d'un sabot, ses mains lavoit de potaige, se pignoit d'un goubelet[5], se asseoyt entre deux selles le cul à terre, se couvroyt d'un sac mouillé, beuvoyt en mangeant sa souppe, mangeoit sa fouace sans pain, mordoyt en riant, rioyt en mordent, souvent crachoyt on bassin, pettoyt de greysse, pissoyt contre le soleil, se cachoyt en l'eau pour la pluye, battoyt à froid, songeoyt creux, faisoyt le succré, escorchoyt le renard, disoit la patenostre du cinge, retournoit à ses moutons ; tournoyt les truyes au foin, battoyt le chien devant le lion, mettoyt la charrette devant les beufz, se grattoyt où ne lui demangeoyt poinct, tiroit les vers du nez, trop embrassoyt et peu estraignoyt, mangeoyt son pain blanc le premier, ferroyt les cigalles, se chatouilloyt pour se faire rire, ruoyt très bien en cuisine, faisoyt

---

1. A. 1535, 1535, 1537 : Chapitre X. — 2. 1537 : mascoroit. — 3. A. 1535, 1535, 1537 : il se mouschoyt à ses manches, manque. — 4. A. 1535 : et beuvoit... jusque : les petits chiens de son père, 36 lignes plus bas, manque. — 5. 1535, 1537 : se asseoyt... jusque : les petits chiens, manque.

gerbe de feurre aux dieux, faisoyt chanter *Magnificat* à matines, et le trouvoyt bien à propous, mangeoyt chous et chioyt pourrée, cognoissoyt mousches en laict, faisoyt perdre les pieds aux mousches, ratissoyt le papier, chauffourroyt le parchemin, guaignoyt au pied, tiroyt au chevrotin, comptoyt sans son houste, battoyt les buissons sans prandre les ozillons, croyoit que nues feussent pailles d'arain, et que vessies feussent lanternes, tiroyt d'un sac deux moustures, faisoyt de l'asne pour avoir du bren, de son poing faisoyt un maillet, prenoit les grues du premier sault, vouloyt que maille à maille on feist les haubergeons, de cheval donné tousjours reguardoyt en la gueulle, saultoyt du coq à l'asne, mettoyt entre deux verdes une meure, faisoyt de la terre le foussé, gardoyt la lune des loups. Si les nues tomboient esperoyt prandre les alouettes, faisoyt de necessité vertus, faisoyt de tel pain souppe, se soucioyt aussi peu des raitz comme des tonduz. Tous les matins escorchoyt le renard, les petitz chiens de son père mangeoient en son escuelle : luy de mesmes mangeoit avecques eux. Il leurs mordoit les aureilles, ilz luy graphinoient le nez ; il leurs souffloit au cul, ilz luy leschoient les badigoinces.

Et sabez quey, hillots? Que mau de pipe vous byre, ce petit paillard tousjours tastonnoit ses gouvernantes cen dessus dessoubs, cen devant derrière, harry bourriquet : et desjà commençoyt exercer sa braguette, laquelle un chascun jour ses gouvernantes ornoyent de beaulx boucquets, de beaulx rubans, de belles fleurs, de beaulx flocquars, et passoient leur temps à la faire revenir entre leurs mains [1], comme ung magdaleon d'entraict. Puis s'esclaffoient de rire quand elle levoit les aureilles, comme si le jeu leurs eust pleu.

L'une la nommoit ma petite dille, l'autre ma pine,

1. A. 1535 : comme la paste | dedans la met.

l'aultre ma branche de coural, l'autre mon bondon, mon bouchon, mon vibrequin, mon possouer, ma teriere, ma pendilloche, mon rude esbat roidde et bas, mon dressouoir[1], ma petite andoille vermeille, ma petite couille bredouille. Elle est à moy, disoit l'une. — C'est la mienne, disoit l'aultre. — Moy (disoit l'aultre) n'y auray je rien ? par ma foy, je la couperay doncques. - Ha couper ! (disoit l'aultre) vous luy feriez mal, ma dame ; coupez vous la chose aux enfans ? Il seroit monsieur sans queue[2].

Et pour s'esbattre comme les petitz enfans du pays, luy feirent un beau virollet des aesles d'un moulin à vent de Myrebalays.

Des chevaulx factices de Gargantua. — CHAPITRE XII[3].

Puis, affin que toute sa vie feust bon chevaulcheur, l'on luy feist un beau grand cheval de boys, lequel il faisoit penader, saulter, voltiger, ruer et danser tout ensemble, aller le pas, le trot, l'entrepas, le gualot, les ambles, le hobin, le traquenard, le camelin et l'onagrier. Et luy faisoit changer de poil, comme font les moines de Courtibaux, selon les festes : de bailbrun, d'alezan, de gris pommellé, de poil de rat, de cerf, de rouen, de vache, de zencle, de pecile, de pye, de leuce.

Luy mesmes[4] d'une grosse traine fist un chaval pour la chasse ; un aultre d'un fust de pressouer à tous les jours, et d'un grand chaisne une mulle avecques la housse pour la chambre. Encores en eut il dix ou douze à relays, et sept pour la poste ; et tous mettoit coucher auprès de soy.

Un jour le seigneur de Painensac visita son père en

---

1. A. 1535, 1535, 1537 : ma pendilloche, mon rude esbat roide et bas, mon dressouoir, manque. — 2. A. 1535, 1535, 1537 : Il seroit monsieur sans queue, manque. - 3. 1535, 1535, 1537 : Chapitre XI. — 4. 1537 : Et luy mesme.

gros train et apparat, auquel jour l'estoient semblablement venuz veoir le duc de Francrepas et le comte de Mouillevent. Par ma foy, le logis feut un peu estroict pour tant de gens, et singulierement les estables ; donc le maistre d'hostel et fourrier dudict seigneur de Painensac, pour sçavoir si ailleurs en la maison estoient estables vacques, s'adresserent à Gargantua, jeune garsonnet, luy demandans secrettement où estoient les estables des grands chevaulx, pensans que voluntiers les enfans decellent tout.

Lors il les mena par les grands degrez du chasteau, passant par la seconde salle, en une grande gualerie par laquelle entrerent en une grosse tour, et eulx montans par d'aultres degrez, dist le fourrier au maistre d'hostel : Cest enfant nous abuse, car les estables ne sont jamais au hault de la maison.—C'est, dit le maistre d'hostel, mal entendu à vous : car je sçay des lieux à Lyon, à la Basmette, à Chaisnon et ailleurs, où les estables sont au plus hault du logis ; ainsi peut estre que derriere y a yssue au montouer. Mais je le demanderai plus asseurement. Lors demanda à Gargantua : Mon petit mignon, où nous menez vous ?—A l'estable (dist il) de mes grands chevaulx. Nous y sommes tantost, montons seulement ces eschallons.

Puis, les passant par une aultre grande salle, les mena en sa chambre, et retirant la porte : Voicy (dist il) les estables que demandez ; voilà mon Genet, voilà mon Guildin, mon Lavedan, mon Traquenard ; et les chargent d'un gros livier : Je vous donne (dist il) ce Phryzon ; je l'ay eu de Francfort, mais il sera vostre ; il est bon petit chevallet, et de grand peine : avecques un tiercelet d'autour, demye douzaine d'hespanolz et deux levriers, vous voylà roy des perdrys et lièvres pour tout cest hyver.—Par sainct Jean ! (dirent ilz) nous en sommes bien ; à ceste heure avons nous le moine.

— Je le vous nye, dist il. Il ne fut troys jours a ceans [1].

Devinez icy duquel des deux ilz avoient plus matière, ou de soy cacher pour leur honte, ou de ryre pour le passetemps.

Eulx en ce pas descendens tous confus, il demanda : Voulez vous une aubeliere ? — Qu'est ce, disent ilz ? — Ce sont (respondit il) cinq estroncz pour vous faire une museliere.

— Pour cejourd'huy (dit le maistre d'hostel) si nous sommes roustiz jà au feu ne bruslerons, car nous sommes lardez à poinct, en mon advis. O petit mignon, tu nous as baillé foin en corne ; je te voirray quelque jour pape. — Je l'entendz (dist il) ainsi ; mais lors vous serez papillon, et ce gentil papeguay sera un papelard tout faict. — Voyre, voyre, dist le fourrier.

— Mais (dist Gargantua) divinez combien y a de poincts d'agueille en la chemise de ma mere. — Seize, dist le fourrier. — Vous (dist Gargantua) ne dictes l'evangile : car il y en a sens davant et sens derriere, et les comptastes trop mal. — Quand ? (dist le fourrier). — Alors (dist Gargantua) qu'on feist de votre nez une dille pour tirer un muy de merde, et de votre gorge un entonnoir pour la mettre en aultre vaisseau, car les fondz estoient esventez. — Cor dieu (dist le maistre d'hostel) nous avons trouvé un causeur. Monsieur le jaseur, Dieu vous guard de mal, tant vous avez la bouche fraische.

Ainsi descendens à grand haste, soubz l'arceau des degrez laisserent tomber le gros livier qu'il leurs avoit chargé : dont dist Gargantua : Que diantre vous estes maulvais chevaulcheurs ! Vostre courtault vous fault au besoing. Se il vous falloit aller d'icy à Cahusac, que aimeriez vous mieulx, ou chevaulcher un oyson ou

---

1. A. 1535 : Je vous le nye, dit-il. Il ne fut troys jours à ceans, manque.

mener une truye en laisse? — J'aymerois mieulx boyre, dist le fourrier.

Et ce disant entrerent en la sale basse, où estoit toute la briguade, et, racontans ceste nouvelle histoire, les feirent rire comme un tas de mousches.

Comment Grandgousier congneut l'esperit merveilleux de Gargantua à l'invention d'un torchecul.

Chapitre XIII[1].

Sus la fin de la quinte année, Grandgousier, retournant de la defaicte des Canarriens, visita son filz Gargantua. Là fut resjouy comme un tel pere povoit estre voyant un sien tel enfant; et le baisant et accollant l'interrogeoyt de petitz propos pueriles en diverses sortes. Et beut d'autant avecques luy et ses gouvernantes, esquelles par grand soing demandoit entre aultres cas si elles l'avoient tenu blanc et nect. A ce Gargantua feist response qu'il y avoit donné tel ordre qu'en tout le pays n'estoit guarson plus nect que luy. — Comment cela? dist Grandgousier.

J'ay (respondit Gargantua) par longue et curieuse experience inventé un moyen de me torcher le cul[2], le plus seigneurial, le plus excellent, le plus expedient que jamais feut veu. — Quel? dict Grandgousier. — Comme vous le raconteray (dist Gargantua) presentement. Je me torchay une foys d'un cachelet de velours de une damoiselle, et le trouvay bon : car la mollice de sa soye me causoit au fondement une volupté bien grande.

Une aultre foys d'un chapron d'ycelles, et feut de mesmes.

Une aultre foys d'un cachecoul, une aultre foys des aureillettes de satin cramoysi ; mais la dorure d'un tas

---

1. A. 1535, 1535 : Chapitre XII. — Tout ce chapitre a été sauté dans l'édition de 1537, et le chapitre suivant n'en est pas moins chiffré XIII.—2. A. 1535 : le plus royal, le plus seigneurial.

de sphères de merde qui y estoient m'escorcherent tout le derriere ; que le feu sainct Antoine arde le boyau cullier de l'orfebvre qui les feist et de la damoiselle que les portoit !

Ce mal passa me torchant d'un bonnet de paige, bien emplumé à la Souice.

Puis, fiantant derriere un buisson, trouvay un chat de Mars : d'icelluy me torchay ; mais ses gryphes me exulcererent tout le perinée.

De ce me gueryz au lendemain, me torchant des guands de ma mere, bien parfumez de maujoin.

Puis me torchay de saulge, de fenoil, de aneth, de marjolaine, de roses, de feuilles de courles, de choulx, de bettes, de pampre, de guimaulves, de verbasce (qui est escarlatte de cul), de lactues et de fueilles de espinards. Le tout me feist grand bien à ma jambe ; de mercuriale, de persiguiere, de orties, de consolde ; mais j'en eu la cacquesangue de Lombard. Dont feu gary me torchant de ma braguette.

Puis me torchay aux linceux, à la couverture, aux rideaulx, d'un coissin, d'un tapis, d'un verd, d'une mappe, d'une serviette[1], d'un mouschenez, d'un peignouoir. En tout je trouvay de plaisir plus que ne ont les roigneux quand on les estrille.

— Voire, mais (dist Grandgousier) lequel torchecul trouvas tu meilleur ? — Je y estois (dist Gargantua) et bien toust en sçaurez le *tu autem*. Je me torchay de foin, de paille, de bauduffe, de bourre, de laine, de papier. Mais,

Tousjours laisse aux couillons esmorche,
Qui son hord cul de papier torche.

— Quoy ! dist Grandgousier, mon petit couillon, as tu prins au pot, veu que tu rimes desjà ? — Ouy dea (res-

---

1. 1535. A. Au lieu de : d'une serviette, il y a : d'un couvre-chief.

pondit Gargantua) mon roy, je rime tant et plus, et en rimant souvent m'enrime. Escoutez que dict notre retraict aux fianteurs.

>Chiart,
>Foirart,
>Petart,
>Brenous,
>Ton lard,
>Chappart,
>S'espart
>Sus nous,
>Hordous,
>Merdous,
>Esgous.

Le feu de sainct Antoine te ard,
>Sy tous
>Tes trous
>Esclous,

Tu ne torche avant ton depart.

En voulez vous dadventaige? — Ouy dea, respondist Grandgousier. — Adoncq dist Gargantua.

RONDEAU.

En chiant l'aultre hyer senty
La guabelle que à mon cul doibs,
L'odeur feut aultre que cuydois :
J'en feuz du tout empuanty.
>O ! si quelc'un eust consenty
>M'amener une que attendoys
>>En chiant,
>Car je luy eusse assimenty
Son trou d'urine ; à mon lourdoys
Cependant eust avec ses doigtz
Mon trou de merde guaranty
>>En chiant.

Or dictes maintenant que je n'y sçay rien. Par la mer dé, je ne les ay faict mie ; mais les oyant reciter à dame grand que voyez cy, les ay retenu en la gibbesiere de ma memoire.

— Retournons (dist Grandgousier) à nostre propos. — Quel ? (dist Gargantua) chier ? — Non, dist Grandgousier, mais torcher le cul. — Mais (dist Garguantua) voulez vous payer un bussart de vin breton si je vous foys quinault en ce propos ? — Ouy vrayement, dit Grandgousier.

— Il n'est, dist Garguantua, poinct besoing torcher le cul, sinon qu'il y ayt ordure ; ordure n'y peut estre si on n'a chié ; chier doncques nous fault davant que le cul torcher. — O (dist Grandgousier) que tu as bon sens, petit guarsonnet ! Ces premiers jours je te feray passer docteur en gaie science[1], par Dieu, car tu as de raison plus que d'aage.

Or poursuiz ce propos torcheculatif, je t'en prie. Et par ma barbe, pour un bussart tu auras soixante pippes, j'entends de ce bon vin breton, lequel poinct ne croist en Bretaigne, mais en ce bon pays de Verron.

— Je me torchay après (dist Gargantua) d'un couvrechief, d'un aureiller, d'ugne pantophle, d'ugne gibbessiere, d'un panier ; mais o le mal plaisant torchecul ! puis d'un chappeau. Et notez que des chappeaulx les uns sont ras, les aultres à poil, les aultres veloutez, les aultres taffetassez, les aultres satinizez. Le meilleur de tous est celluy de poil : car il faict très bonne abstersion de la matiere fecale.

Puis me torchay d'une poulle, d'un coq, d'un poulet, de la peau d'un veau, d'un lievre, d'un pigeon, d'un cormoran, d'un sac d'advocat, d'une barbute, d'une coyphe, d'un leurre.

Mais concluent je dys et maintiens qu'il n'y a tel tor-

---

1. A. 1535, 1535 : docteur en Sorbonne, au lieu de : en gaie science.

checul que d'un oyzon bien dumeté, pourveu qu'on luy tienne la teste entre les jambes. Et m'en croyez sus mon honneur : car vous sentez au trou du cul une volupté mirificque, tant par la doulceur d'icelluy dumet que par la chaleur temperée de l'oizon, laquelle facilement est communicquée au boyau culier et aultres intestines, jusques à venir à la region du cueur et du cerveau. Et ne pensez que la beatitude des heroes et semidieux qui sont par les champs Elysiens soit en leur Asphodele, ou Ambrosie, ou Nectar, comme disent ces vieilles ycy. Elle est (selon mon opinion) en ce qu'ilz se torchent le cul d'un oyzon. Et telle est l'opinion de maistre Jehan d'Escosse [1].

Comment Gargantua feut institué par un Sophiste en lettres latines. — CHAPITRE XIIII [2].

Ces propos entenduz, le bon homme Grandgousier fu ravy en admiration, considerant le hault sens et merveilleux entendement de son filz Gargantua.

Et dist à ses gouvernantes : Philippe roy de Macedone congneut le bon sens de son fils Alexandre, à manier dextrement un cheval. Car ledict cheval estoit si terrible et efrené, que nul [3] ausoit monter dessus, par ce que à tous ses chevaucheurs il bailloit la saccade : à l'un rompant le coul, à l'aultre les jambes, à l'aultre la cervelle, à l'aultre les mandibules. Ce que considerant Alexandre en l'hippodrome (qui estoit le lieu où l'on pourmenoit et voultigeoit les chevaulx), advisa que la fureur du cheval ne venoit que de frayeur qu'il prenoit à son umbre. Dont montant dessus, le feist courir encontre le soleil, si que l'umbre tumboit par derrière, et par ce moïen rendit le cheval doulx à son vouloir.

1. A. 1535 : Et telle est l'opinion de maistre Jehan d'Escosse, manque. — 2. A. 1535, 1535, 1537 : Chapitre XIII. Par un théologien, au lieu de : par un sophiste. — 3. 1535 : Ne ausoit.

A quoy congneut son pere le divin entendement qui en luy estoit, et le feist tresbien endoctriner par Aristoteles, qui pour lors estoit estimé sus tous philosophes de Grece.

Mais je vous diz qu'en ce seul propos que j'ay presentement davant vous tenu à mon filz Gargantua, je congnois que son entendement participe de quelque divinité, tant je le voy agu, subtil, profund et serain[1]. Et parviendra à degré souverain de sapience, s'il est bien institué. Pourtant[2], je veulx le bailler à quelque homme sçavant, pour l'endoctriner selon sa capacité. Et n'y veulx rien espargner.

De fait, l'on luy enseigna un grand docteur sophiste[3], nommé maistre Thubal Holoferne, qui luy aprint sa charte si bien qu'il la disoit par cueur au rebours; et y fut cinq ans et troys mois. Puis luy leut Donat, le Facet, Theodolet et Alanus *in parabolis*; et y fut treze ans six moys et deux sepmaines.

Mais notez que ce pendent il luy aprenoit à escripre gotticquement, et escripvoit tous ses livres, car l'art d'impression n'estoit encores en usaige.

Et portoit ordinairement un gros escriptoire, pesant plus de sept mille quintaulx, duquel le gualimart estoit aussi gros et grand que les gros pilliers de Enay: et le cornet y pendoit à grosses chaines de fer, à la capacité d'un tonneau de marchandise.

Puis luy leugt *De modis significandi*, avecques les commens de Hurtebize, de Fasquin, de Tropditeulx, de Gualehaul, de Jean le Veau, de Billonio, Brelinguandus, et un tas d'aultres : et y fut plus de dixhuyt ans et unze moys. Et le sceut si bien que au coupelaud il le rendoit par cueur à revers. Et prouvoit sus ses

---

1. A. 1535 : Et ne fait doubte aulcun qu'il ne parviegne à un degré... — 2. A. 1535, 1535, 1537 : Par ainsi, je veulx... — 3. A. 1535, 1535, 1537 : docteur en théologie.

doigtz à sa mere que *de modis significandi non erat scientia*.

Puis luy leugt le Compost, où il fut bien seize ans et deux moys, lors que son dict precepteur mourut : et fut l'an mil quatre cens et vingt, de la verolle qui luy vint.

Après en eut un aultre vieux tousseux, nommé maistre Jobelin Bridé, qui luy leugt Hugutio, Hebrard, Grecisme, le Doctrinal, les Pars, le *Quid est*, le *Supplementum*, *Marmotret*, *De moribus in mensa servandis*, Seneca *de quatuor Virtutibus cardinalibus*, Passavantus *cum commento* et *Dormi secure* pour les festes, et quelques aultres de semblable farine ; à la lecture desquelz il devint aussi saige qu'onques puis ne fourneasmes nous.

Comment Gargantua fut mis soubz aultres pedagoges.
CHAPITRE XV[1].

A tant son pere aperceut que vrayement il estudioit tresbien et y mettoit tout son temps, toutesfoys qu'en rien ne prouffitoit. Et qui pis est, en devenoit fou, niays, tout resveux et rassoté.

De quoi se complaignant à Don Philippe des Marays, Viceroy de Papeligosse, entendit que mieulx luy vauldroit rien n'aprendre, que telz livres soubz telz precepteurs aprendre. Car leur sçavoir n'estoit que besterie, et leur sapience n'estoit que moufles, abastardisant les bons et nobles esperitz, et corrompent toute fleur de jeunesse. Qu'ainsi soit [2], prenez (dist-il) quelc'un de ces jeunes gens du temps present, qui ait seulement estudié deux ans : en cas qu'il ne ait meilleur jugement, meilleures parolles, meilleur propos que vostre filz, et meilleur entretien et honnesteté entre le monde,

1. A. 1535, 1535, 1537 : | 1537 : Et qu'ainsy.
Chapitre XIV. — 2. 1535,

reputez-moy à jamais ung taillebacon de la Brene. Ce que à Grandgousier pleut tresbien, et commanda qu'ainsi feust faict.

Au soir en soupant, ledict des Marays introduict un sien jeune paige de Ville Gongys, nommé Eudemon, tant bien testonné, tant bien tiré, tant bien espousseté, tant honneste en son maintien, que trop mieulx resembloit quelque petit angelot qu'un homme. Puis dist à Grandgousier :

Voyez vous ce jeune enfant? il n'a encor douze ans[1] : voyons, si bon vous semble, quelle difference y a entre le sçavoir de vos resveurs mateologiens du temps jadis et les jeunes gens de maintenant. L'essay pleut à Grandgousier, et commanda que le paige propozast.

Alors Eudemon, demandant congié de ce faire audict viceroy son maistre, le bonnet au poing, la face ouverte, la bouche vermeille, les yeulx asseurez et le reguard assis sus Gargantua, avecques modestie juvenile se tint sus ses pieds, et commença le louer et magnifier[2], premierement de sa vertus et bonnes mœurs, secondement de son sçavoir, tiercement de sa noblesse, quartement de sa beaulté corporelle. Et pour le quint doulcement l'exhortoit à reverer son pere en toute observance, lequel tant s'estudioit à bien le faire instruire; enfin le prioit qu'il le voulsist retenir pour le moindre de ses serviteurs. Car aultre don pour le present ne requeroit des cieulx, sinon qu'il luy feust faict grace de luy complaire en quelque service agreable.

Le tout feut par icelluy proferé avecques gestes tant propres, pronunciation tant distincte, voix tant eloquente et languaige tant aorné et bien latin, que mieulx resembloit un Gracchus, un Ciceron ou un Emilius du temps passé, qu'un jouvenceau de ce siècle.

---

1. A. 1535 : il n'a pas encor seze ans. — 1535, 1537 : il n'a encore seize ans. — 2. 1535, 1537 : glorifier.

Mais toute la contenence de Gargantua fut qu'il se print à plorer comme une vache, et se cachoit le visaige de son bonnet, et ne fut possible de tirer de luy une parolle, non plus qu'un pet d'un asne mort.

Dont son pere fut tant courroussé, qu'il voulut occire maistre Jobelin. Mais ledict des Marays l'enguarda par belle remonstrance qu'il luy feist; en maniere que fut son ire moderée. Puis commenda qu'il feust payé de ses guaiges, et qu'on le feist bien chopiner sophisticquement[1]; ce faict, qu'il allast à tous les diables. Au moins (disoit-il) pour le jourd'huy ne coustera il gueres à son houste, si d'aventure il mouroit ainsi sou comme un Angloys.

Maistre Jobelin party de la maison, consulta Grandgousier avecques le viceroy quel precepteur l'on luy pourroit bailler, et feut avisé entre eulx que à cest office seroit mis Ponocrates, pedaguoge de Eudemon, et que tous ensemble iroient à Paris, pour congnoistre quel estoit l'estude des jouvenceaulx de France pour icelluy temps.

Comment Gargantua fut envoyé à Paris, et de l'enorme jument qui le porta, et comment elle deffit les mousches bovines de la Beauce. — CHAPITRE XVI [2].

En ceste mesmes saison Fayoles, quart roy de Numidie, envoya du pays de Africque à Grandgousier une jument la plus enorme et la plus grande que feut oncques veue, et la plus monstrueuse, comme assez sçavez que Africque aporte tousjours quelque chose de noveau.

Car elle estoit grande comme six oriflans et avoit les pieds fenduz en doigtz, comme le cheval de Jules Cesar, les aureilles ainsi pendentes comme les chievres

---

1. A. 1535, 1535, 1537 : Chachopiner theologalement. —

2. A. 1535, 1535, 1537 : Chapitre XV.

de Languegoth[1], et une petite corne au cul. Au reste, avoit poil d'alezan toustade, entreillizé de grizes pommelettes ; mais sus tout avoit la queue horrible, car elle estoit poy plus poy moins grosse comme la pile Sainct Mars, auprès de Langès, et ainsi quarrée, avecques les brancars ny plus ny moins ennicrochez que sont les espicz au blé.

Si de ce vous esmerveillez, esmerveillez vous dadvantaige de la queue des beliers de Scythie, qui pesoit plus de trente livres, et des moutons de Surie, esquelz fault (si Tenaud dict vray) affuster une charrette au cul pour la porter, tant elle est longue et pesante. Vous ne l'avez pas telle, vous aultres paillards de plats pays. Et fut amenée par mer en troys carracques et un brigantin, jusques au port de Olone en Thalmondoys.

Lorsque Grandgousier la veit : Voicy (dist il) bien le cas pour porter mon filz à Paris. Or ça, de par Dieu, tout yra bien. Il sera grand clerc on temps advenir. Si n'estoient messieurs les bestes, nous vivrions comme clercs.

Au lendemain après boyre (comme entendez) prindrent chemin Gargantua, son precepteur Ponocrates, et ses gens, ensemble eulx Eudemon le jeune paige. Et par ce que c'estoit en temps serain et bien attrempé, son pere luy feist faire des botes fauves : Babin les nomme brodequins.

Ainsi joyeusement passerent leur grand chemin, et tousjours grand chere, jusques au dessus de Orleans.

Auquel lieu estoit une ample [2] forest de la longueur de trente et cinq lieues, et de largeur dix et sept, ou environ. Icelle estoit horriblement fertile et copieuse en mousches bovines et freslons, de sorte que c'estoit une vraye briguanderye pour les pauvres jumens, asnes et

---

1. A. 1535, 1535, 1537 : de Languedoc.—2. A. 1535 : une horrible forest.

chevaulx. Mais la jument de Gargantua vengea honnestement tous les oultrages en icelle perpetrées sus les bestes de son espece, par un tour duquel ne se doubtoient mie.

Car soubdain qu'ilz feurent entrez en la dicte forest, et que les freslons luy eurent livré l'assault, elle desguaina sa queue, et si bien s'escarmouchant les esmoucha, qu'elle en abatit tout le boys, à tord, à travers, deçà, delà, par cy, par là, de long, de large, dessus, dessoubz, abatoit boys comme un fauscheur faict d'herbes. En sorte que depuis n'y eut ne boys ne freslons, mais feut tout le pays reduict en campagne.

Quoy voyant Gargantua, y print plaisir bien grand, sans aultrement s'en vanter, et dist à[1] ses gens : Je trouve beau ce; dont fut depuis appelé ce pays la Beauce[2]. Mais tout leur desjeuner feut par baisler : en memoire de quoy encores de present les gentilz hommes de Beauce desjeunent de baisler, et s'en trouvent fort bien et n'en crachent que mieulx.

Finablement arriverent à Paris, auquel lieu se refraischit deux ou troys jours, faisant chere lye avecques ses gens, et s'enquestant quelz gens sçavans estoient pour lors en la ville, et quel vin on y beuvoit.

Comment Gargantua paya sa bien venue ès Parisiens, et comment il print les grosses cloches de l'église[3] nostre Dame. — CHAPITRE XVII[4].

Quelques jours après qu'ilz se feurent refraichiz, il visita la ville, et fut veu de tout le monde en grande admiration. Car le peuple de Paris est tant sot, tant badault, et tant inepte de nature, qu'un basteleur, un porteur de roga-

---

1. 1535, 1537 : à tous ses gens. — 2. A. 1555, 1535, 1537: Mais tout leur desjeuner...jusqu'à : et n'en crachent que mieulx, manque. — 3. 1535, 1537 : ecclise. — 4. A. 1535, 1535, 1537 : Chapitre XVI.

tons, un mulet avecques ses cymbales, un vielleux au mylieu d'un carrefour, assemblera plus de gens que ne feroit un bon prescheur evangelicque.

Et tant molestement le poursuyvirent, qu'il feut contrainct soy reposer suz les tours de l'église [1] nostre Dame. Auquel lieu estant, et voyant tant de gens à l'entour de soy, dist clerement :

Je croy que ces marroufles voulent que je leurs paye icy ma bien venue et mon proficiat ? C'est raison. Je leur voys donner le vin, mais ce ne sera que par rys.

Lors, en soubriant, destacha sa belle braguette, et, tirant sa mentule en l'air, les compissa si aigrement qu'il en noya deux cens soixante mille quatre cens dix et huyt, sans les femmes et petiz enfants.

Quelque nombre d'iceulx evada ce pissefort a legiereté des pieds. Et quand furent au plus hault de l'Université, suans, toussans, crachans, et hors d'halene, commencerent à renier et jurer [2], les ungs en cholere, les aultres par rys. Carymary, Carymara ! Par saincte Mamye, nous son baignez par rys : dont fut depuis la ville nommée Paris, laquelle au paravant on appelloit Leucèce, comme dict Strabo, lib. iiij, c'est à dire, en grec, Blanchette, pour les blanches cuisses des dames dudict lieu.

Et par aultant que à ceste nouvelle imposition du

1. 1535 et 1537 mettent toujours ecclise, au lieu d'église. — 2. A. 1535, 1535, 1537 : Les plagues Bieu. Je renie Bieu. Frandiene voy tu ben, la merDe, po cap de bious, das dich gots leyden schend, pote de Christo, ventre saint Quenet, vertus guoy, par sainct Fiacre de Brye, sainct Treignant, je foys veu à sainct Thibaud, pasques Dieu, le bonjour Dieu, le diable m'emport, foy de gentihomme, par sainct Andouille, par sainct Guodegrain qui feut martyrizé de pommes cuyttes, par sainct Foutin l'apostre, par sainct Vit, par saincte Mamye... En outre les éditions de 1535 et 1537 portent : « ia martre schend », au lieu de « pote de Christo »; « Carimary, Carimara », au lieu de « foy de gentilhomme »; « nê diâ mà diâ », au lieu de « par sainct Vit. »

nom tous les assistans jurèrent chascun les saincts de sa paroisse, les Parisiens, qui sont faictz de toutes gens et toutes pieces, sont par nature et bons jureurs et bons juristes, et quelque peu oultrecuydez. Dont estime Joaninus de Barranco, *Libro de copiositate reverentiarum*, que sont dictz Parrhesiens en grécisme, c'est à dire fiers en parler.

Ce faict, considera les grosses cloches que estoient esdictes tours, et les feist sonner bien harmonieusement. Ce que faisant, luy vint en pensée qu'elles serviroient bien de campanes au coul de sa jument, laquelle il vouloit renvoier à son pere, toute chargée de froumaiges de Brye et de harans frays. De faict, les emporta en son logis.

Ce pendant vint un commandeur jambonnier de sainct Antoine, pour faire sa queste suille, lequel, pour se faire entendre de loing et faire trembler le lard au charnier, les voulut emporter furtivement; mais par honnesteté les laissa, non parce qu'elles estoient trop chauldes, mais parce qu'elles estoient quelque peu trop pesantes à la portée. Cil ne fut pas celluy de Bourg, car il est trop de mes amys.

Toute la ville feut esmeue en sedition, comme vous sçavez que à ce ils sont tant faciles, que les nations estranges s'esbahissent de la patience[1] des Roys de France, lesquelz aultrement par bonne justice ne les refrenent, veuz les inconveniens qui en sortent de jour en jour. Pleust à dieu que je sceusse l'officine en laquelle sont forgez ces chismes et monopoles, pour les mettre en evidence ès confraries de ma paroisse[2]. Croyez que le lieu auquel convint le peuple tout folfré et habaliné, feut Nesle[3], où lors estoit, maintenant n'est plus, l'oracle de

1. A. 1535 : ou pour mieulx dire de la stupidité des roys de France. — 2. A. 1535 : Au lieu de ces mots on lit : pour veoir si je n'y ferois pas de beaux placquars de merde. — 3. A. 1535, 1535, 1537 : feut Sorbonne.

Lucèce. Là feut proposé le cas, et remonstré l'inconvenient des cloches transportées.

Après avoir bien ergoté *pro et contra*, feut conclud en *Baralipton* que l'on envoyroit le plus vieux et suffisant de la Faculté[1] vers Gargantua, pour luy remonstrer l'horrible inconvenient de la perte d'icelles cloches. Et nonobstant la remonstrance d'aulcuns de l'Université, qui alleguoient que ceste charge mieulx competoit à un orateur que à un sophiste [2], feut à cest affaire esleu nostre maistre Janotus de Bragmardo.

Comment Janotus de Bragmardo feut envoyé pour recouvrer de Gargantua les grosses Cloches.

Chapitre XVIII [3].

Maistre Janotus, tondu à la Cesarine, vestu de son lyripipion à l'antique [4], et bien antidoté l'estomac de coudignac de four et eau beniste de cave, se transporta au logis de Gargantua, touchant davant soy troys vedeaulx à rouge muzeau, et trainant après cinq ou six maistres inertes, bien crottez à profit de mesnaige.

A l'entrée les rencontra Ponocrates, et eut frayeur en soy, les voyant ainsi desguisez, et pensoit que feussent quelques masques hors du sens. Puis s'enquesta à quelqun desdictz maistres inertes de la bande, que queroit ceste mommerie? Il luy feut respondu qu'ilz demandoient les cloches leurs estre rendues.

Soubdain ce propos entendu, Ponocrates courut dire les nouvelles à Gargantua, affin qu'il feust prest de la responce, et deliberast sur le champ ce que estoit de faire. Gargantua, admonesté du cas, appella à part Ponocrates son precepteur, Philotomie son maistre d'hostel, Gymnaste son escuyer, et Eudemon, et sommai-

---

1. A. 1535, 1535, 1537 : Faculté théologale. — 2. A. 1535, 1535, 1537 : qu'à un theologien. — 3. A. 1535, 1535, 1537 : Chapitre XVII. — 4. A. 1535, 1535, 1537 : theologale.

rement confera avecques eulx sus ce que estoit tant à faire que à respondre.

Tous feurent d'advis que on les menast au retraict du goubelet, et là on les feist boyre rustrement[1]; et affin que ce tousseux n'entrast en vaine gloire pour à sa requeste avoir rendu les cloches, l'on mandast cependent qu'il chopineroit querir le Prevost de la ville, le Recteur de la Faculté, le vicaire de l'eglise, esquelz, davant que le Sophiste[2] eust proposé sa commission, l'on delivreroit les cloches. Après ce, iceulx presens, l'on oyroit sa belle harangue. Ce que fut faict, et les susdictz arrivez, le Sophiste[3] feut en plene salle introduict, et commença ainsi que s'ensuit, en toussant.

La harangue de maistre Janotus de Bragmardo, faicte à Gargantua pour recouvrer les cloches.

CHAPITRE XIX[4].

Hen, hen, hen! *Mna dies*, Monsieur, *Mna dies*. Et *vobis* Messieurs. Ce ne seroyt que bon que nous rendissiez noz cloches, car elles nous font bien besoing. Hen, hen, hasch! Nous en avions bien aultresfoys refusé de bon argent de ceulx de Londres en Cahors, sy avions nous de ceulx de Bourdeaulx en Brye, qui les vouloient achapter pour la substantificque qualité de la complexion elementaire que est entronificquée en la terreistreité de leur nature quidditative pour extraneizer les halotz et les turbines suz noz vignes[5], vrayement non pas nostres, mais d'icy auprès. Car si nous perdons le piot, nous perdons tout, et sens et loy. Si vous nous les rendez à ma requeste, je y guaigneray six pans de saulcices, et une bonne paire de chausses, que me feront grand

---

1. A. 1535, 1535, 1537 : theologalement. — 2 et 3. A. 1535, 1535, 1537 : le theologien. — 4. A. 1535, 1535 : Chapitre XVIII. Dans l'édition de 1537, le chiffre du chapitre a été sauté. — 5. 1537 : vrayement noz vignes.

bien à mes jambes, ou ilz ne me tiendront pas promesse. Ho par Dieu, *Domine*, une pair de chausses est bon [1] : *Et vir sapiens non abhorrebit eam* [2]. Ha, ha, il n'a pas pair de chausses qui veult. Je le scay bien quant est de moy. Advisez, *Domine*, il y a dixhuyt jours que je suis à matagraboliser ceste belle harangue. *Reddite quæ sunt Cæsaris Cæsari, et quæ sunt Dei Deo. Ibi jacet lepus* [3].

Par ma foy, *Domine*, si voulez souper avecques moy *in camera*, par le corps Dieu, *charitatis, nos faciemus bonum cherubin. Ego occidi unum porcum, et ego habet bon vino.* Mais de bon vin on ne peult faire maulvais latin.

Or sus, *de parte Dei, date nobis clochas nostras.* Tenez, je vous donne de par la Faculté ung *Sermones de Utino*, que *utinam* vous nous baillez nos cloches. *Vultis etiam pardonos? Per diem vos habebitis, et nihil poyabitis.*

O Monsieur *Domine*, *clochidonnaminor nobis. Dea, est bonum urbis.* Tout le monde s'en sert. Si vostre jument s'en trouve bien, aussi faict nostre Faculté *quæ comparata est jumentis insipientibus, et similis facta est eis, Psalmo nescio quo*; si l'avoys je bien quotté en mon paperat, *et est unum bonum* Achilles [4], hen, hen, ehen, hasch!

Ça je vous prouve que me les doibvez bailler. *Ego sic argumentor.*

Omnis clocha clochabilis in clocherio clochando, clochans clochativo clochare facit clochabiliter clochantes. Parisius habet clochas. Ergo gluc, ha, ha, ha! C'est parlé cela. Il est *in tertio primæ* en *Darii* ou ailleurs. Par mon ame, j'ay veu le temps que je faisois diables de

---

1. 1535, 1537 : une paire de chausses sont bonnes. — 2. A. 1535 : Ha, ha, il n'a pas... jusqu'à Advisez, manque.—3. A. 1535, 1537 : *Ibi jacet lepus*, manque. — 4. A. 1535, 1537 : *Et est unum bonum* Achilles, manque.

arguer. Mais de present je ne fais plus que resver. Et ne me fault plus dorenavant que bon vin, bon lict, le dos au feu, le ventre à table et escuelle bien profonde.

Hay, *Domine*, je vous pry *in nomine Patris et Filii et Spiritus Sancti, Amen*, que vous rendez nos cloches : et Dieu vous guard de mal, et nostre Dame de santé, *qui vivit et regnat per omnia secula seculorum, Amen.* Hen, hasch, ehasch, grenhenhasch !

Verum enim vero quando quidem dubio procul. Edepol quoniam ita certe meus deus fidus, une ville sans cloches est comme un aveugle sans baston, un asne sans cropiere, et une vache sans cymbales. Jusques à ce que nous les ayez rendues nous ne cesserons de crier après vous comme un aveugle qui a perdu son baston, de braisler comme un asne sans cropiere, e de bramer comme une vache sans cymbales.

Un quidam latinisateur demourant près l'hostel Dieu dist une foys, allegant l'autorité d'ung Taponnus, je faulx, c'estoit Pontanus, poete seculier, qu'il desiroit qu'elles feussent de plume, et le batail feust d'une queue de renard, pource qu'elles luy engendroient la chronique aux tripes du cerveau, quand il composoit ses vers carminiformes. Mais nac petetin petetac, ticque, torche, lorne, il feut declairé hereticque : nous les faisons comme de cire. Et plus n'en dict le deposant. *Valete et plaudite. Calepinus recensui.*

Comment le Sophiste[1] *emporta son drap, et comment il eut procès contre les aultres maistres*[2].

CHAPITRE XX[3].

Le Sophiste[4] n'eutsi toust[5] achevé que Ponocrates et Eudemon s'esclafferent de rire tant profondement, que en[6] cuiderent rendre l'ame à Dieu, ne plus ne moins que Crassus voyant un asne couillart qui mangeoit des chardons, et comme Philemon, voyant un asne qui mangeoit les figues qu'on avoit apresté pour le disner, mourut de force de rire. Ensemble eulx commença[7] rire maistre Janotus, à qui mieulx mieulx, tant que les larmes leurs venoient ès yeulx, par la vehemente concution de la substance du cerveau, à laquelle furent exprimées ces humiditez lachrymales, et transcoullées jouxte les nerfz optiques. En quoy par eulx estoyt Democrite heraclitizant, et Heraclyte democritizant representé [8].

Ces rys du tout sedez, consulta Gargantua avecques ses gens sur ce qu'estoit de faire. Là feut Ponocrates d'advis qu'on feist reboyre ce bel orateur. Et veu qu'il leurs avoit donné de passetemps, et plus faict rire que n'eust Songecreux, qu'on luy baillast les dix pans de saulcice mentionnez en la joyeuse harangue, avecques une paire de chausses, troys cens de gros boys de moulle, vingt et cinq muitz de vin, un lict à triple couche de plume anserine, et une escuelle bien capable et profonde, lesquelles disoit estre à sa vieillesse necessaires.

De tout fut faist ainsi que avoit esté deliberé, excepté que Gargantua, doubtant que on ne trouvast à l'heure

---

1. A. 1535, 1535, 1537 : *le theologien*. — 2. A. 1535, 1535, 1537 : contre les Sorbonistes. — 3 A. 1535, 1535, 1537 : Chapitre XIX. — 4. A. 1535, 1535, 1537 : Le theologien. — 5. 1537 : n'eut point si toust. — 6. A. 1535 : que en riant cuiderent. — 7. 1535, 1537 : de rire. — 8. A. 1535, 1535, 1537 : En quoy... representé, manque.

chausses commodes pour ses jambes[1], doubtant aussy de quelle façon mieulx duyroient audict orateur, ou à la martingualle, qui est un pont levis de cul[2] pour plus aisement fianter; ou à la mariniere, pour mieulx soulaiger les roignons; ou à la Souice, pour tenir chaulde la bedondaine; ou à queue de merluz, de peur d'eschauffer les reins, luy feist livrer sept aulnes de drap noir, et troys de blanchet pour la doubleure. Le boys feut porté par les guaingnedeniers; les maistres ez ars porterent les saulcices et escuelles; maistre Janot voulut porter le drap.

Un desdictz maistres, nommé maistre Jousse Bandouille, luy remonstroit que ce n'estoit honeste ny decent à son estat[3], et qu'il le baillast à quelqu'un d'entre eulx.

Hà (dist Janotus), Baudet, Baudet, tu ne concluds poinct *in modo et figura*. Voylà dequoy servent les suppositions, et *parva logicalia.— Pannus pro quo supponit?— Confuse* (dist Bandouille), *et distributive.*— Je ne te demande pas (dit Janotus), Baudet, *quomodo supponit*, mais *pro quo* : c'est, Baudet, *pro tibiis meis*. Et pour ce le porteray je *egomet, sicut suppositum portat appositum*. Ainsi l'emporta en tapinois, comme feist Patelin son drap.

Le bon feut quand le tousseux, glorieusement, en plein acte tenu chez les Mathurins[4], requist ses chausses et saulcisses, car peremptoirement luy feurent deniez, par autant qu'il les avoit eu de Gargantua, selon les informations sus ce faictes. Il leurs remonstra que ce avoit esté de *gratis*, et de sa liberalité, par laquelle ilz n'estoient mie absoubz de leurs promesses.

---

1. A. 1535 : Après : ses jambes... passe à : luy feist livrer. — 2. 1535, 1537 : qui est un pont levis de cul, manque. — 3. A. 1535, 1535, 1537 : decent à l'estat théo'ogal. — 4. A. 1535, 1535, 1537 : Au lieu de : tenu chez les Mathurins, il y a : de Sorbone.

Ce nonobstant, luy fut respondu qu'il se contentast de raison, et que aultre bribe n'en auroit.

—Raison! (dist Janotus), nous n'en usons poinct ceans. Traistres malheureux, vous ne valez rien ; la terre ne porte gens plus meschans que vous estes, je le sçay bien ; ne clochez pas devant les boyteux : j'ay exercé la meschanceté avecques vous. Par la ratte Dieu, je advertiray le Roy des enormes abus qui sont forgez ceans, et par vos mains et menéez, et que je soye ladre s'il ne vous faict tous vifz brusler comme bougres, traistres, hereticques et seducteurs, ennemys de Dieu et de vertus.

A ces mots, prindrent articles contre luy; luy, de l'aultre costé, les feist adjourner. Somme, le procez fut retenu par la court et y est encores. Les magistres[1], sur ce poinct, feirent veu de ne soy descroter; maistre Janot, avecques ses adherens, feist veu de ne se moucher, jusques à ce qu'en feust dict par arrest difinitif.

Par ces veuz sont jusques à present demourez et croteux et morveux, car la court n'a encores bien grabelé toutes les pieces : l'arrest sera donné ès prochaines Calendes grecques, c'est à dire jamais, comme vous sçavez qu'ilz font plus que nature et contre leurs articles propres. Les articles de Paris chantent que Dieu seul peult faire choses infinies. Nature rien ne faict immortel, car elle mect fin et periode à toutes choses par elle produictes; car *omnia orta cadunt*, etc. Mais ces avalleurs de frimars font les procès davant eux pendens et infiniz et immortelz. Ce que faisans, ont donné lieu et verifié le dict de Chilon, Lacedemonien, consacré en Delphes, disant misere estre compaigne de procès et gens playdoiens miserables, car plus tost ont fin de leur vie que de leur droict pretendu.

---

1. A. 1535, 1535, 1537 . Les Sorbonicoles.

L'estude[1] *de Gargantua, selon la discipline de ses precepteurs sophistes* [2]. — CHAPITRE XXI[3].

Les premiers jours ainsi passez et les cloches remises en leur lieu, les citoyens de Paris, par recongnoissance de ceste honnesteté, se offrirent d'entretenir et nourrir sa jument tant qu'il luy plairoit, ce que Gargantua print bien à gré, et l'envoyerent vivre en la forest de Biere. Je croy qu'elle n'y soyt plus maintenant [4].

Ce faict, voulut de tout son sens estudier à la discretion de Ponocrates; mais icelluy, pour le commencement, ordonna qu'il feroit à sa maniere accoustumée, affin d'entendre par quel moyen, en si long temps, ses antiques precepteurs l'avoient rendu tant fat, niays et ignorant.

Il dispensoit doncques son temps en telle façon que ordinairement il s'esveilloit entre huyt et neuf heures, feust jour ou non : ainsi l'avoient ordonné ses regens antiques[5], alleguans ce que dict David : *Vanum est vobis ante lucem surgere.*

Puis se guambayoit, penadoit et paillardoit parmy le lict quelque temps pour mieulx esbaudir ses esperitz animaulx, et se habiloit selon la saison, mais voluntiers portoit il une grande et longue robbe de grosse frize fourrée de renards; après se peignoit du peigne de Almain, c'estoit des quatre doigtz et le poulce, car ses precepteurs disoient que soy aultrement pigner, laver et nettoyer, estoit perdre temps en ce monde.

Puis fiantoit, pissoyt, rendoyt sa gorge, rottoit, pet-

---

1 1535, 1537 : et diette. — 2. A. 1535, 1535, 1537 : Sorbonagres. — 3. A. 1535, 1535, 1537 : Chapitre XX. — 4. A. 1535, 1535, 1537 : Je croy qu'elle n'y soyt plus maintenant, manque. — 5. A. 1535, 1535, 1537 : theologiques.

toyt, baisloyt, crachoyt, toussoyt, sangloutoyt[1], esternuoit et se morvoyt en archidiacre, et desjeunoyt pour abatre la rouzée et maulvais aer : belles tripes frites, belles charbonnades, beaulx jambons, belles cabirotades et force soupes de prime.

Ponocrates luy remonstroit que tant soubdain ne debvoit repaistre au partir du lict sans avoir premierement faict quelque exercice. Gargantua respondit : Quoy ! n'ay je faict suffisant[2] exercice ? Je me suis vaultré six ou sept tours parmy le lict devant que me lever. Ne est ce assez ? Le pape Alexandre ainsi faisoit, par le conseil de son medicin juif, et vesquit jusques à la mort, en despit des envieux. Mes premiers maistres me y ont acoustumé, disans que le desjeuner faisoit bonne memoire ; pourtant y beuvoient les premiers. Je m'en trouve fort bien et n'en disne que mieulx.

Et me disoit maistre Tubal (qui feut premier de sa licence à Paris), que ce n'est tout l'advantaige de courir bien toust, mais bien de partir de bonne heure : aussi n'est ce la santé totale de nostre humanité, boyre à tas, à tas, à tas, comme canes, mais ouy bien de boyre matin : *Unde versus :*

> Lever matin n'est poinct bon heur
> Boyre matin est le meilleur.

Après avoir bien à poinct desjeuné, alloit à l'eglise, et luy pourtoit on dedans un grand penier un gros breviaire empantophlé, pesant, tant en gresse que en fremoirs et parchemin, poy plus poy moins unze quintaulx six livres[3] ; là oyoit vingt et six ou trente messes ; ce pendent venoit son diseur d'heures en place, empaletocqué comme une duppe, et tresbien antidoté son

---

1. A. 1535, 1535, 1537 : pettoyt, baisloyt, crachoyt, toussoyt, sangloutoyt, manque. — 2. A. 1535 : bel, au lieu de suffisant. — 3. 1535, 1537 : six livres, manque.

alaine à force syrop vignolat; avecques icelluy marmonnoit toutes ses kyrielles, et tant curieusement les espluschoit qu'il n'en tomboit un seul grain en terre.

Au partir de l'eglise, on luy amenoit sur une traine à beufz un faratz de patenostres de sainct Claude, aussi grosses chascune qu'est le moulle d'un bonnet, et, se pourmenant par les cloistres, galeries ou jardin, en disoit plus que seze hermites.

Puis estudioit quelque meschante demye heure, les yeulx assis dessus son livre. Mais (comme dit le Comicque) son ame estoit en la cuysine.

Pissant doncq plein urinal[1], se asseoyt à table. Et par ce qu'il estoit naturellement phlegmaticque, commençoit son repas par quelques douzeines de jambons, de langues de beuf fumées, de boutargues, d'andouilles, et telz aultres avant coureurs de vin.

Ce pendent quatre de ses gens luy gettoient en la bouche l'un après l'autre continuement[2] moustarde à pleines palerées; puis beuvoit un horrificque traict de vin blanc pour luy soulaiger les roignons. Après, mangeoit, selon la saison, viandes à son appetit, et lors cessoit de manger quand le ventre luy tiroit.

A boyre n'avoit poinct fin ny canon. Car il disoit que les metes et bournes de boyre estoient quand, la personne beuvant, le liége de ses pantoufles enfloit en hault d'un demy pied.

Les Jeux de Gargantua. — CHAPITRE XXII[3].

uis tout lordement grignotant d'un transon de graces, se lavoit les mains de vin frais, s'escuroit les dens avec un pied de porc, et devisoit joyeusement avec ses gens. Puis, le

1. A. 1535, 1535, 1537 : plein official. — 2. A. 1535 : de la. — 3. Ce chapitre et le précédent n'en font qu'un dans les trois éditions de A. 1535, 1535, 1537.

verd estendu, l'on desployoit force chartes, force dez, et renfort de tabliers. Là jouoyt[1] :

Au flux,
A la prime,
A la vole,
A la pille,
A la triumphe,
A la Picardie,
Au cent,
A l'espinay,
*A la malheureuse,
*Au fourby,
*A passe dix,
A trente et ung,
A pair et sequence,
A trois cens,
Au malheureux,
A la condemnade,
A la charte virade,
Au maucontent,
*Au lansquenet,
Au cocu,
A qui a si parle,
A pille, nade, jocque, fore,
A mariaige,
Au gay,
A l'opinion,
A qui faict l'ung faict l'aul-
tre,
A la sequence,
Au luettes,
Au tarau,
A coquinbert qui gaigne perd,
Au Beliné,
Au torment,
A la ronfle,
Au glic,
Aux honneurs,
A la mourre,
Aux eschetz,
Au renard,
Au marelles,
Au vasches,
A la blanche,
A la chance,
A trois dez,
Au tables,
A la nicnocque,
Au lourche,
A la renette,
Au barignin,
Au trictrac,
A toutes tables,
Au tables rabatues,
Au reniguebieu,
Au forcé,
Au dames,
A la babou,
A *primus secundus*,
Au pied du cousteau,
Au clefz,
Au franc du carreau,
A pair ou non,
A croix ou pille,
*Au martres,

1. Les noms de jeux précédés d'un * ont été ajoutés dans l'édition de F. Juste, 1542.

Au pingres,
A la bille,
Au savatier,
Au hybou,
Au dorelot du lièvre,
A la tirelitantaine,
A cochonnet va devant,
Au pies,
A la corne,
Au beuf violé,
A la cheveche,
A je te pinse sans rire,
A picoter,
A deferrer l'asne,
A la jautru,
Au bourry bourry zou,
A je m'assis,
A la barbe d'oribus,
A la bousquine,
A tire la broche,
A la boutte foyre,
A compère prestez moy vostre sac,
A la couille de belier,
A boute hors,
A figues de Marseille,
A la mousque,
A l'archer tru,
*A escorcher le renard,
A la ramasse,
Au croc madame,
A vendre l'avoine,
A souffler le charbon,
Au responsailles,
Au juge vif et juge mort,
A tirer les fers du four,
Au fault villain,
Au cailleteaux,
Au bossu aulican,
A Sainct Trouvé,
A pinse Morille,
Au poirier,
A pimpompet,
Au triori,
Au cercle,
A la truye,
A ventre contre ventre,
Aux combes,
A la vergette,
Au palet,
Au j'en suis,
A foucquet,
Au quilles,
Au rampeau,
*A la boulle plate,
*Au vireton,
*Au picquarome,
*A rouchemerde,
*A angenart,
A la courte boulle,
A la griesche,
A la recoquillette,
Au cassepot,
A montalent,
A la pyrouète,
Au jonchées,
Au court baston,
Au pyrevollet,
A cline muzete,
Au picquet,
A la blancque,
Au furon,

A la seguette,
Au chastelet,
A la rengée,
A la foussette,
Au ronflart,
A la trompe,
Au moyne,
Au tenebry,
A l'esbahy,
A la soulle,
A la navette,
A fessart,
Au ballay,
A Sainct Cosme je te viens adorer,
*A escharbot le brun,
*A je vous prens sans verd,
*A bien et beau s'en va quaresme,
Au chesne forchu,
Au chevau fondu,
A la queue au loup,
A pet en gueulle,
A Guillemin baille my ma lance,
A la brandelle,
Au treseau,
Au bouleau,
A la mousche,
A la migne migne beuf,
Au propous,
A neuf mains,
Au chapifou,
Au pontz cheuz,
A Colin bridé,
A la grolle,
Au cocquantin,
A Colin Maillard,
A myrelimofle,
A mouschart,
Au crapault,
A la crosse,
Au piston,
Au bille boucquet,
Au roynes,
Au mestiers,
A teste à teste bechevel,
*Au pinot,
*A male mort,
*Aux croquinolles,
A laver la coiffe ma dame,
Au belusteau,
A semer l'avoyne,
A briffault,
Au molinet,
A *defendo*,
A la virevouste,
A la bacule,
Au laboureur,
A la cheveche,
Au escoublettes enraigées,
A la beste morte,
A monte monte l'eschelette,
Au pourceau mory,
A cul sallé,
Au pigonnet,
Au tiers,
A la bourrée,
Au sault du buisson,
A croyzer,
A la cutte cache,

A la maille bourse en cul,	Au picandeau,
Au nid de la bondrée,	A croqueteste,
Au passavant,	A la grolle,
A la figue,	A la grue,
Au petarrades,	A taillecoup,
A pillemoustarde,	Au nazardes,
A cambos,	Aux allouettes,
A la recheute,	Au chinquenaudes.

Après avoir bien joué, sassé, passé[1] et beluté temps, convenoit boire quelque peu, c'estoient unze peguadz pour homme, et soubdain après bancqueter, c'estoit sus un beau banc ou en beau plein lict s'estendre et dormir deux ou troys heures sans mal penser ny mal dire.

Luy esveillé secouoit un peu les aureilles. Ce pendent estoit apporté vin frais ; là beuvoyt mieulx que jamais.

Ponocrates luy remonstroit que c'estoit mauvaise diete, ainsi boyre après dormir. — C'est (respondist Gargantua) la vraye vie des peres. Car de ma nature je dors sallé, et le dormir m'a valu autant de jambon.

Puis commençoit estudier quelque peu, et patenostres en avant, pour lesquelles mieulx en forme expedier montoit sus une vieille mulle, laquelle avoit servy neuf Roys. Ainsi marmotant[2] de la bouche et dodelinant de la teste, alloit veoir prendre quelque connil aux filletz.

Au retour se transportoit en la cuysine pour sçavoir quel roust estoit en broche.

Et souppoit tresbien, par ma conscience, et voluntiers convioit quelques beuveurs de ses voisins, avec lesquelz beuvant d'autant, comptoient des vieux jusques ès nouveaulx.

1. A. 1535, 1535, 1537 : sassé, passé, manque. — 2. 1535, 1537 : marmonant.

Entre aultres avoit pour domesticques les seigneurs du Fou, de Gourville, de Grignault¹ et de Marigny.

Après souper venoient en place les beaux Evangiles de boys, c'est à dire force tabliers, ou le beau flux, un, deux, troys, ou à toutes restes pour abreger, ou bien alloient veoir les garses d'entour, et petitz banquetz parmy, collations et arrierecollations. Puis dormoit sans desbrider jusques au lendemain huict heures.

Comment Gargantua feut institué par Ponocrates en telle discipline qu'il ne perdoit heure du jour.
Chapitre XXIII².

Quand Ponocrates congneut la vitieuse maniere de vivre de Gargantua, delibera aultrement le instituer en lettres; mais pour les premiers jours le tolera, considerant que nature ne endure³ mutations soubdaines sans grande violence.

Pour doncques mieulx son œuvre commencer, supplia un sçavant medicin de celluy temps, nommé maistre Theodore⁴, à ce qu'il considerast si possible estoit remettre Gargantua en meilleure voye. Lequel le purgea canonicquement avecq elebore de Anticyre, et par ce medicament luy nettoya toute l'alteration et perverse habitude du cerveau. Par ce moyen aussi Ponocrates luy feist oublier tout ce qu'il avoit appris soubz ses antiques precepteurs, comme faisoit Timothé à ses disciples qui avoient esté instruictz soubz aultres musiciens.

Pour mieulx ce faire, l'introduisoit ès compaignies des gens sçavans que là estoient, à l'emulation des-

---

1. A. 1535 : de Grignault, manque. — 2. A. 1535, 1535, 1337 : Chapitre XXI. — 3. 1535, 1537 : poinct. — 4. A. 1535 : nommé Seraphin Calobarsy.

quelz luy creust l'esperit et le desir de estudier aultrement et se faire valoir.

Après en tel train d'estude le mist qu'il ne perdoit heure quelconcques du jour, ains tout son temps consommoit en lettres et honeste sçavoir.

Se esveilloit doncques Gargantua environ quatre heures du matin. Ce pendent qu'on le frotoit luy estoit leue quelque pagine de la divine Escripture haultement et clerement avec pronunciation competente à la matiere, et à ce estoit commis un jeune paige natif de Basché, nommé Anagnostes. Selon le propos et argument de ceste leçon, souventesfoys se adonnoit à reverer, adorer, prier et supplier le bon Dieu, duquel la lecture monstroit la majesté et jugemens merveilleux.

Puis alloit ès lieux secretz faire excretion des digestions naturelles. Là son precepteur repetoit ce que avoit esté leu, luy exposant les poinctz plus obscurs et difficiles.

Eulx retornans consideroient l'estat du ciel, si tel estoit comme l'avoient noté au soir precedent, et quelz signes entroit le Soleil, aussi la Lune, pour icelle journée.

Ce faict, estoit habillé, peigné, testonné, accoustré et parfumé; durant lequel temps on luy repetoit les leçons du jour d'avant. Luy mesmes les disoit par cueur, et y fondoit quelques cas practicques et concernens l'estat humain, lesquelz ilz estendoient aulcunes foys jusques deux ou troys heures, mais ordinairement cessoient lors qu'il estoit du tout habillé.

Puis par troys bonnes heures luy estoit faicte lecture.

Ce faict, yssoient hors, tousjours conferens des propoz de la lecture, et se desportoient en Bracque, ou és prez, et jouoient à la balle[1], à la paulme, à la pile

---

1. 1535, 1537 : ou à la paulme.

trigone, galentement se exercens les corps comme ilz avoient les ames au paravant exercé.

Tout leur jeu n'estoit qu'en liberté, car ilz laissoient la partie quand leur plaisoit, et cessoient ordinairement lors que suoient parmy le corps, ou estoient aultrement las. Adoncq estoient tresbien essuez et frottez, changeoient de chemise, et doulcement se pourmenans alloient veoir sy le disner estoit prest. Là attendens recitoient clerement et eloquentement quelques sentences retenues de la leçon.

Ce pendent monsieur l'appetit venoit, et par bonne oportunité s'asseoient à table.

Au commencement du repas estoit leue quelque histoire plaisante des anciennes prouesses, jusques à ce qu'il eust prins son vin. Lors (si bon sembloit) on continuoit la lecture, ou commenceoient à diviser[1] joyeusement ensemble, parlans pour les premiers moys de la vertus, propriété, efficace et nature de tout ce que leur estoit servy à table, du pain, du vin, de l'eau, du sel, des viandes, poissons, fruictz, herbes, racines, et de l'apprest d'icelles. Ce que faisant, aprint en peu de temps tous les passaiges à ce competens en Pline, Athené, Dioscorides, Jullius Pollux[2], Galen, Porphyre, Opian, Polybe, Heliodore, Aristoteles, Ælian et aultres. Iceulx propos tenus[3], faisoient souvent, pour plus estre asseurez, apporter les livres susdictz à table. Et si bien et entierement retint en sa memoire les choses dictes, que pour lors n'estoit medicin qui en sceust à la moitié tant comme il faisoit.

Après[4] devisoient des leçons leues au matin, et par achevant leur repas par quelque confection de cotoniat, s'escuroit les dens avecques un trou de lentisce, se la-

---

1. 1537 : deviser. — 2. 1535, 1537 : Jullius Pollux, manque. — 3. A. 1535, 1535, 1537 : tenens. — 4. A. 1335 : Depuis par après; 1535 : Par après.

voit les mains et les yeulx de belle eaue fraische, et rendoient graces à Dieu par quelques beaulx canticques faictz à la louange de la munificence et benignité divine. Ce faict, on apportoit des chartes[1], non pour jouer, mais pour y apprendre mille petites gentillesses et inventions nouvelles, lesquelles toutes yssoient de arithmetique.

En ce moyen entra en affection de icelle science numerale, et tous les jours après disner et souper y passoit temps aussi plaisantement qu'il souloit en dez ou ès chartes. A tant sceut d'icelle et theoricque et practicque si bien, que Tunstal Angloys, qui en avoit amplement escript, confessa que vrayement en comparaison de luy il n'y entendoit que le hault alemant.

Et non seulement d'icelle, mais des aultres sciences mathematicques, comme geometrie, astronomie et musicque. Car, attendens la concoction et digestion de son past, ils faisoient mille joyeulx instrumens et figures geometricques, et de mesmes praticquoient les canons astronomicques. Après se esbaudissoient à chanter musicalement à quatre et cinq parties, ou sus un theme à plaisir de gorge.

Au reguard[2] des instrumens de musicque, il aprint jouer du luc, de l'espinette, de la harpe, de la flutte de Alemant et à neuf trouz, de la viole et de la sacqueboutte.

Ceste heure ainsi employée, la digestion parachevée, se purgoit des excremens naturelz, puis se remettoit à son estude principal par troys heures ou davantaige, tant à repeter la lecture matutinale, que à poursuyvre le livre entreprins, que aussi à escripre et bien traire et former les antiques et romaines lettres.

Ce faict, yssoient hors leur hostel, avecques eulx un

1. 1537 : cartes. — 2. 1535, 1537 : Et au reguard.

jeune gentilhomme de Touraine nommé l'escuyer Gymnaste, lequel luy montroit l'art de chevalerie.

Changeant doncques de vestemens, monstoit sus un coursier, sus un roussin, sus un genet, sus un cheval barbe[1], cheval legier, et luy donnoit cent quarieres, le faisoit voltiger en l'air, franchir le fossé, saulter le palys, court tourner en un cercle, tant à dextre comme à senestre.

Là rompoit non la lance, car c'est la plus grande resverye du monde, dire : J'ay rompu dix lances en tournoy, ou en bataille; un charpentier le feroit bien ; mais louable gloire est d'une lance avoir rompu dix de ses ennemys.

De sa lance doncq asserée, verde et roide, rompoit un huys, enfonçoit un harnoys, aculloyt une arbre, enclavoyt un anneau, enlevoit une selle d'armes, un haubert, un gantelet.

Le tout faisoit armé de pied en cap. Au reguard de fanfarer et faire les petitz popismes sus un cheval, nul ne le feist mieulx que luy. Le voltigeur de Ferrare n'estoit qu'un singe en comparaison. Singulierement estoit aprins à saulter hastivement d'un cheval sus l'autre sans prendre terre, et nommoit on ces chevaulx desultoyres; et de chascun cousté la lance au poing, monter sans estriviers[2], et sans bride guider le cheval à son plaisir, car telles choses servent à discipline militaire.

Un aultre jour se exerceoit à la hasche, laquelle tant bien coulloyt, tant verdement[3] de tous pics reserroyt, tant soupplement avalloit en taille ronde, qu'il feut passé chevalier d'armes en campaigne, et en tous essays.

Puis bransloit la picque, sacquoit de l'espée à deux

---

1. A. 1535, 1535, 1537 : cheval barbe, manque.— 2. 1535, 1537 : estrivières.— 3. 1535, 1537 : vertement.

mains, de l'espée bastarde, de l'espagnole, de la dague et du poignard, armé, non armé, au boucler, à la cappe, à la rondelle.

Couroit le cerf, le chevreuil, l'ours, le dain, le sanglier, le lievre, la perdrys, le faisant, l'otarde. Jouoit à la grosse balle et la faisoit bondir en l'air, autant du pied que du poing.

Luctoit, couroit, saultoit, non à troys pas un sault, non à clochepied, non au sault d'alemant, car (disoit Gymnaste) telz saulx sont inutiles, et de nul bien en guerre, mais d'un sault persoit un foussé, volloit sus une haye, montoit six pas encontre une muraille, et rampoit en ceste façon à une fenestre de la haulteur d'une lance.

Nageoit en parfonde eau, à l'endroit, à l'envers, de cousté, de tout le corps, des seulz pieds, une main en l'air, en laquelle tenant un livre transpassoit toute la riviere de Seine [1] sans icelluy mouiller, et tyrant par les dens son manteau, comme faisoit Jules Cesar; puis d'une main entroit par grande force en basteau; d'icelluy se gettoit de rechief en l'eaue, la teste premiere; sondoit le parfond, creusoyt les rochiers [2], plongeoit ès abysmes et goufres. Puis icelluy basteau tournoit, gouvernoit, menoit hastivement, lentement, à fil d'eau, contre cours, le retenoit en pleine escluse, d'une main le guidoit, de l'autre s'escrimoit avec un grand aviron, tendoit le vele, montoit au matz par les traictz, couroit sus les brancquars, adjustoit la boussole, contreventoit les boulines, bendoit le gouvernail.

Issant de l'eau, roidement montoit encontre la montaigne, et devalloit aussi franchement; gravoit ès arbres comme un chat, saultoit de l'une en l'aultre comme un escurieux, abastoit les gros rameaulx comme un

---

1. A. 1535 : la rivière de Loire à Montsoreau. — 2. A. 1535 : creusoyt les rochiers et gouffres de la fosse de Savigny.

aultre Milo; avec deux poignards asserez et deux poinsons esprouvez montoit au hault d'une maison comme un rat, descendoit puis du hault en bas en telle composition des membres que de la cheute n'estoit aulcunement grevé.

Jectoit le dart, la barre, la pierre, la javeline, l'espieu, la halebarde; enfonceoit l'arc, bandoit ès reins les fortes arbalestes de passe, visoit de l'arquebouse à l'œil, affeustoit le canon, tyroit à la butte, au papegay, du bas en mont, d'amont en val, devant, de cousté, en arriere, comme les Parthes.

On luy attachoit un cable en quelque haulte tour pendent en terre : par icelluy avecques deux mains montoit, puis devaloit sy roidement et sy asseurement, que plus ne pourriez parmy un pré bien egualle.

On luy mettoit une grosse perche apoyée à deux[1] arbres; à icelle se pendoit par les mains, et d'icelle alloit et venoit sans des pieds à rien toucher, que à grande course on ne l'eust peu aconcepvoir.

Et pour se exercer le thorax et pulmon, crioit comme tous les diables. Je l'ouy une foys appellant Eudemon depuis la porte Sainct Victor jusques à Montmartre[2]. Stentor n'eut oncques telle voix à la bataille de Troye.

Et pour gualentir les nerfz, on luy avoit faict deux grosses saulmones de plomb, chascune du poys de huyt mille sept cens quintaulx, lesquelles il nommoit alteres. Icelles prenoit de terre en chascune main et les eslevoit en l'air au dessus de la teste, et les tenoit ainsi sans soy remuer troys quars d'heure et davantaige, que estoit une force inimitable.

Jouoit aux barres avecques les plus fors, et, quand le poinct advenoit, se tenoit sus ses pieds tant roiddement qu'il se abandonnoit ès plus adventureux en cas qu'ilz

1. 1537 : gros. — 2. A. 1535 : depuis la porte de Bess jusques à la fontaine de Narsay.

le feissent mouvoir de sa place, comme jadis faisoit Milo, à l'imitation duquel aussi tenoit une pomme de grenade en sa main, et la donnoit à qui luy pourroit ouster.

Le temps ainsi employé, luy froté, nettoyé et refraischy d'habillemens, tout doulcement retournoit, et passans par quelques prez ou aultres lieux herbuz, visitoient les arbres et plantes, les conferens avec les livres des Anciens qui en ont escript, comme Theophraste, Dioscorides, Marinus, Pline, Nicander, Macer et Galen, et en emportoient leurs plenes mains au logis : desquelles avoit la charge un jeune page nommé Rhizotome, ensemble des marrochons, des pioches, cerfouettes, beches, tranches et aultres instrumens requis à bien arborizer.

Eulx arrivez au logis, ce pendent qu'on aprestoit le souper, repetoient quelques passaiges de ce qu'avoit esté leu, et s'asseoient à table.

Notez icy que son disner estoit sobre et frugal : car tant seulement mangeoit pour refrener les aboys de l'estomach ; mais le soupper estoit copieux et large, car tant en prenoit que luy estoit de besoing à soy entretenir et nourrir, ce que est la vraye diete prescripte par l'art de bonne et seure medicine, quoy qu'un tas de badaulx medicins herselez en l'officine des Sophistes[1] conseillent le contraire.

Durant icelluy repas estoit continuée la leçon du disner, tant que bon sembloit ; le reste estoit consommé en bons propous, tous lettrez et utiles.

Après graces rendues se adonnoient à chanter musicalement, à jouer d'instrumens harmonieux, ou de ces petitz passetemps qu'on faict ès chartes, ès dez et guobeletz, et là demouroient faisans grand'chère et s'es-

1. A. 1535, 1535, 1537 : des Arabes.

baudissans aulcunesfoys jusques à l'heure de dormir ; quelque foys alloient visiter les compaignies des gens lettrez, ou de gens qui eussent veu pays estranges.

En pleine nuict, davant que soy retirer, alloient au lieu de leur logis le plus descouvert veoir la face du ciel, et là notoient les cometes, sy aulcunes estoient, les figures, situations, aspectz, oppositions et conjunctions des astres.

Puis avec son precepteur recapituloit briefvement, à la mode des Pythagoricques, tout ce qu'il avoit leu, veu, sceu, faict et entendu au decours de toute la journée.

Si prioient Dieu le createur en l'adorant, et ratifiant leur foy envers luy, et le glorifiant de sa bonté immense, et luy rendant grace de tout le temps passé, se recommandoient à sa divine clemence [1] pour tout l'advenir. Ce faict, entroient en leur repous.

Comment Gargantua employoit le temps quand l'air estoit pluvieux. — CHAPITRE XXIV [2].

S'il advenoit que l'air feust pluvieux et intemperé, tout le temps davant disner estoit employé comme de coustume, excepté qu'il faisoit allumer un beau et clair feu, pour corriger l'intemperie de l'air. Mais après disner, en lieu des exercitations, ilz demouroient en la maison, et par manière [3] de apotherapic s'esbatoient à boteler du foin, à fendre et scier du boys, et à batre les gerbes en la grange ; puys estudioient en l'art de paincture [4] et sculpture, ou revocquoient en usage l'anticque jeu des tables, ainsi qu'en a escript Leonicus, et comme y joue nostre bon amy Lascaris.

En y jouant recoloient les passaiges des auteurs

1. A. 1535 : à sa divine bonté. — 2. A. 1535, 1535, 1537 : Chapitre XXII. — 3. A. 1535, 1535, 1537 : et par manière..., jusqu'à : puis estudioient, manque. — 4. A. 1535, 1535, 1537 : de painctrie.

anciens ès quelz est faicte mention ou prinse quelque metaphore sus iceluy jeu. Semblablement[1], ou alloient veoir comment on tiroit les metaulx, ou comment on fondoit l'artillerye, ou alloient veoir les lapidaires, orfevres et tailleurs de pierreries, ou les alchymistes et monoyeurs, ou les haultelissiers, les tissotiers, les velotiers[2], les horologiers, miralliers, imprimeurs, organistes, tinturiers et aultres telles sortes d'ouvriers, et partout donnans le vin, aprenoient et consideroient l'industrie et invention des mestiers.

Alloient ouir les leçons publicques, les actes solennelz, les repetitions, les declamations, les plaidoyez des gentilz advocatz, les concions des prescheurs evangeliques.

Passoit par les salles et lieux ordonnez pour l'escrime, et là contre les maistres essayoit de tous bastons, et leurs monstroit par evidence que aultant, voyre plus, en sçavoit que iceulx.

Et au lieu de arboriser visitoient les bouticques des drogueurs, herbiers et apothecaires, et soigneusement consideroient les fruictz, racines, fueilles, gommes[3], semences, axunges peregrines, ensemble aussi comment on les adulteroit.

Alloit veoir les basteleurs, trejectaires et theriacleurs, et consideroit leurs gestes, leurs ruses, leurs sobressaulx et beau parler; singulièrement de ceulx de Chaunys en Picardie, car ils sont de nature grands jaseurs et beaulx bailleurs de baillivernes en matière de cinges verds[4].

Eulx retournez pour soupper, mangeoient plus sobrement que ès aultres jours, et viandes plus desiccatives et extenuantes, affin que l'intemperie humide de

---

1. A. 1535, 1535, 1537 : semblablement, manque. — 2. 1537 : les doriers. — 3. A. 1535 : gommes, manque. — 4. A. 1535, 1535, 1537 : en matière de cinges verds, manque.

l'air, communicquée au corps par necessaire confinité, feust par ce moyen corrigée, et ne leurs feust incommode par ne soy estre exercitez comme avoient de coustume.

Ainsi fut gouverné Gargantua, et continuoit ce procès de jour en jour, profitant[1] comme entendez que peut faire un jeune homme scelon son aage[2] de bon sens en tel exercice ainsi continué. Lequel, combien que semblast pour le commencement difficile, en la continuation tant doulx fut, legier et delectable, que mieulx ressembloit un passe-temps de roy que l'estude d'un escholier.

Toutesfoys, Ponocrates, pour le sejourner de ceste vehemente intention des esperitz, advisoit une foys le moys quelque jour bien clair et serain, auquel bougeoient au matin de la ville, et alloient ou à Gentilly ou à Boloigne, ou à Montrouge, ou au pont Charanton, ou à Vanves, ou à Sainct Clou. Et là passoient toute la journée à faire la plus grande chere dont ilz se pouvoient adviser, raillans, gaudissans, beuvans d'aultant, jouans, chantans, dansans, se voytrans en quelque beau pré, denigeans des passereaulx, prenans des cailles, peschans aux grenoilles et escrevisses.

Mais encores que icelle journée feust passée sans livres et lectures, poinct elle n'estoit passée sans proffit, car en beau pré ilz recoloient par cueur quelques plaisans vers : de l'agriculture de Virgile, de Hesiode, du Rusticque de Politian; descripvoient quelques plaisans epigrammes en latin, puis le mettoient par rondeaux et ballades en langue françoyse.

En banquetant, du vin aisgué separoient l'eau, comme l'enseigne Cato, *De re rust.*, et Pline, avecques un guobelet de lyerre; lavoient le vin en plain bassin

---

1. 1555 : en profitant; — | scelon son aage, manque.
2. A. 1535, 1535, 1537 : |

d'eau, puis le retiroient avec un embut; faisoient aller l'eau d'un verre en aultre; bastissoient plusieurs petitz engins automates, c'est à dire soy mouvens eulx mesmes.

Comment feut meu entre les fouaciers de Lerné et ceulx du pays de Gargantua le grand debat dont furent faictes grosses guerres. — CHAPITRE XXV[1].

En cestuy temps, qui fut la saison de vendanges, au commencement de automne, les bergiers de la contrée estoient à guarder les vignes, et empescher que les estourneaux ne mangeassent les raisins.

Onquel[2] temps les fouaciers de Lerné passoient le grand quarroy, menans dix ou douze charges de fouaces à la ville.

Lesdictz bergiers les requirent courtoisement leurs en bailler pour leur argent, au pris du marché.

Car notez que c'est viande celeste, manger à desjeuner raisins avec fouace[3] fraiche, mesmement des pineaulx, des fiers, des muscadeaulx, de la bicane, et des foyrars pour ceulx qui sont constipez de ventre, car ilz les font aller[4] long comme un vouge, et souvent cuidans peter ilz se conchient, dont sont nommez les cuideurs[5] de vendanges.

A leur requeste ne feurent aulcunement enclinez les fouaciers, mais (que pis est) les oultragerent grandement[6], les appellans trop diteulx, breschedens, plaisans rousseaulx, galliers[7], chienlictz, averlans[8], limessourdes, faictneans, friandeaulx, bustarins, talvassiers, riennevaulx, rustres, challans, hapelopins, trainneguainnes, gentilz flocquetz, copieux, landores, mal-

1. A. 1535, 1535, 1537 : Chapitre XXIII. — 2. A. 1535, 1535, 1537 : En quel.— 3. A. 1535, 1535, 1537 : des raisins avec la fouace.—4. 1535.1537 :
dasler. — 5. 1535, 1537 : cuidez. — 6. 1535, 1537 : en. — 7. A. 1535 : passe de : galliers, à : riennevaulx. — 8. 1535, 1537 : averlans, manque.

otruz, dendins, baugears, tezez, gaubregeux, goguelus, claquedens, boyers d'etrons, bergiers de merde, et aultres telz epithetes diffamatoires, adjoustans que poinct à eulx n'apartenoit manger de ces belles fouaces, mais qu'ilz se debvoient contenter de gros pain ballé et de tourte.

Auquel oultraige un d'entr'eulx, nommé Frogier, bien honneste homme de sa personne et notable bacchelier, respondit doulcement[1] : Depuis quand avez vous prins cornes, qu'estes tant rogues devenuz? Dea, vous nous en souliez voluntiers bailler, et maintenant y refusez? Ce n'est faict de bons voisins, et ainsi ne vous faisons nous quand[2] venez icy achapter nostre beau frument, duquel[3] vous faictes voz gasteaux et fouaces; encores par le marché vous eussions nous donné de noz raisins. Mais, par la mer Dé,[4] vous en pourriez repentir, et aurez quelque jour affaire de nous; lors nous ferons envers vous à la pareille, et[5] vous en soubvienne.

Adoncq Marquet, grand bastonnier de la coufrairie des fouaciers, luy dist : Vrayement, tu es bien acresté à ce matin; tu mangeas hersoir[6] trop de mil. Vien çà, vien çà, je te donneray de ma fouace. Lors Forgier en toute simplesse approcha, tirant un unzain de son baudrier, pensant que Marquet luy deust deposcher de ses fouaces; mais il luy bailla de son fouet à travers les jambes si rudement que les noudz y apparoissoient; puis voulut gaigner à la fuyte, mais Forgier s'escria au meurtre et à la force tant qu'il peut, ensemble luy getta un gros tribard qu'il portoit soubz son escelle, et le attainct par la joincture coronale de la teste, sus l'artere crotaphique, du cousté dextre, en telle sorte[7] que

---

1. A. 1535, 1535, 1537 : doucetement. — 2. 1535, 1537 : vous. — 3. 1535, 1537 : dont. — 4. 1535, 1537 : l'ame de vous en pourriez. — 5. 1537 : dès maintenant. — 6. 1535, 1537 : harsoir. — 7. 1535, 1537 : en sorte.

Marquet tomba [1] de sa jument : mieulx sembloit [2] homme mort que vif.

Ce pendent les mestaiers, qui là auprès challoient les noiz, accoururent avec leurs grandes gaules et frappèrent sus ces fouaciers comme sus seigle verd. Les aultres bergiers et bergieres, ouyans le cry de Forgier, y vindrent avec leurs fondes et brassiers, et les suyvirent à grands coups de pierres tant menuz qu'il sembloit que ce feust gresle. Finablement les aconceurent, et houstèrent de leurs fouaces environ quatre ou cinq douzeines; toutesfoys ilz les payèrent au prix acoustumé, et leurs donnerent un cens de quecas et troys panerées de francs aubiers. Puis les fouaciers ayderent à monter Marquet, qui estoit villainement blessé, et retournerent à Lerné sans poursuivre le chemin de Parcillé, menassans fort et ferme les boviers, bergiers et mestayers de Seuillé et de Synays.

Ce faict, et bergiers et bergieres feirent chere lye avecques ces fouaces et beaulx raisins, et se rigollerent ensemble au son de la belle bouzine, se mocquans de ces beaulx fouaciers glorieux, qui avoient trouvé male encontre par faulte de s'estre seignez de la bonne main au matin. Et avec gros raisins chenins estuverent les jambes de Forgier mignonnement, si bien qu'il feut tantost guery.

Comment les habitans de Lerné, par le commandement de Picrochole, leur roy, assallirent au despourveu les bergiers de Gargantua.—CHAPITRE XXVI [3].

Les fouaciers retournez à Lerné, soubdain, davant boyre ny manger, se transporterent au capitoly, et là, davant leur roy, nommé Picrochole, tiers de ce nom, proposerent

---

1. 1535 : Tombit de dessus sa jument. 1537 : tombit de dessus sa grande jument. — 2. 1535, 1537 : semblant un homme. — 3. A. 1535, 1535, 1537 : Chapitre XXIV.

leur complainte, monstrans leurs paniers rompuz, leurs bonnetz foupiz ¹, leurs robbes dessirées, leurs fouaces destroussées, et singulierement Marquet blessé enormement, disans le tout avoir esté faict par les bergiers et mestaiers de Grandgousier, près le grand carroy par delà Seuillé.

Lequel incontinent entra en courroux furieux, et, sans plus oultre se interroguer quoy ne comment, feist crier par son pays ban et arriere ban, et que un chascun, sur peine de la hart, convint en armes en la grand place devant le chasteau, à heure de midy.

Pour mieulx confermer son entreprise, envoya sonner le tabourin à l'entour de la ville. Luy mesmes, ce pendent qu'on aprestoit son disner, alla faire affuster son artillerie², desployer son enseigne et oriflant, et charger force munitions, tant de harnoys d'armes que de gueulles.

En disnant bailla les commissions; et feut, par son edict, constitué le seigneur Trepelu³ sus l'avantguarde, en laquelle furent contez seize mille quatorze⁴ hacquebutiers, trente cinq mille et unze avanturiers.

A l'artillerie fut commis le grand escuyer Toucquedillon; en laquelle feurent contées neuf cens quatorze grosses pieces de bronze, en canons, doubles canons, baselicz, serpentines, couleuvrines, bombardes, faulcons, passevolans, spiroles et aultres pieces. L'arriereguarde feut baillée au duc Racquedenare. En la bataille se tint le roy et les princes de son royaulme.

Ainsi sommairement acoustrez, davant que se mettre en voye envoyerent troys cens chevaulx legiers, soubz la conduicte du capitaine Engoulevent, pour descouvrir le pays et sçavoir si embusche aulcune estoyt ⁵

1. A. 1535 : bonnetz foupiz, manque. — 2. 1535, 1537 : et. — 3. A. 1535 : Grippeminaud. — 4. 1535, 1537, les mots quatorze, unze, manquent. — 5. 1535, 1537 : s'il y avoit nulle embusche.

par la contrée. Mais après avoir [1] diligemment recherché, trouverent tout le pays à l'environ en paix et silence, sans assemblée quelconque.

Ce que entendent Picrochole, commenda qu'un chascun marchast soubz son enseigne hastivement.

Adoncques sans ordre et mesure prindrent les champs les uns parmy les aultres, gastans et dissipans tout par où ilz passoient, sans espargner ny pauvre ny riche, ny lieu sacré ny prophane; emmenoient beufz, vaches, thoreaux, veaulx, genisses, brebis, moutons, chevres et boucqs, poulles, chappons, poulletz, oysons, jards, oyes, porcs, truyes, guoretz; abastans les noix, vendangeans les vignes, emportans les seps, croullans tous les fruictz des arbres. C'estoit un desordre incomparable de ce qu'ilz faisoient.

Et ne trouverent personne [2] qui leurs resistast; mais un chascun se mettoit à leur mercy, les suppliant estre traictez plus humainement, en consideration de ce qu'ilz avoient de tous temps esté bons et amiables voisins, et que jamais envers eulx ne commirent excès ne oultraige, pour ainsi soubdainement estre par iceulx mal vexez, et que Dieu les en puniroit de brief. Es quelles remonstrances rien plus ne respondoient, sinon qu'ilz leurs vouloient aprendre à manger de la fouace.

Comment un moine de Seuillé saulva le cloz de l'abbaye du sac des ennemys.—CHAPITRE XXVII[3].

Tant feirent et tracasserent, pillant et larronnant, qu'ilz arriverent à Seuillé et destrousserent hommes et femmes, et prindrent ce qu'ilz peurent; rien ne leurs feut ne trop chault ne trop pesant. Combien que la peste y feust par la plus grande part des maisons, ilz entroient par tout

1. A. 1535, 1535, 1537 : Mais avoir.— 2. 1535, 1537 : quelconques. — 3. A. 1535, 1535, 1537 : Chapitre XXV.

et ravissoient tout ce qu'estoit dedans, et jamais nul n'en print dangier, qui est cas assez merveilleux : car les curez, vicaires, prescheurs, medicins, chirugiens et apothecaires qui alloient visiter, penser, guerir, prescher et admonnester les malades, estoient tous mors de l'infection, et ces diables pilleurs et meurtriers oncques n'y prindrent mal. Dont vient cela, Messieurs? Pensez y, je vous pry.

Le bourg ainsi pillé, se transporterent en l'abbaye avecques horrible tumulte, mais la trouvèrent bien reserrée et fermée, dont l'armée principale marcha oultre vers le gué de Vede, exceptez sept enseignes de gens de pied et deux cens lances qui là resterent, et rompirent les murailles du cloz affin de guaster toute la vendange.

Les pauvres diables de moines ne sçavoient auquel de leurs saincts se vouer. A toutes adventures feirent sonner *ad capitulum capitulantes*. Là feut decreté qu'ilz feroient une belle procession renforcée de beaulx preschans et letanies *contra hostium insidias*, et beaulx responds *pro pace*.

En l'abbaye estoit pour lors un moine claustrier nommé frere Jean des Entommeures, jeune, guallant, frisque, de hayt, bien à dextre, hardy, adventureux, deliberé, hault, maigre, bien fendu de gueule, bien advantagé en nez, beau despescheur d'heures, beau desbrideur de messes, beau descroteur de vigiles [1] ; pour tout dire sommairement, vray moyne, si oncques en feut depuys que le monde moynant moyna [2] de moynerie. Au reste, clerc jusques ès dents en matière de breviaire.

Icelluy, entendent le bruyt que faisoyent les ennemys par le cloz de leur vigne, sortit hors pour veoir ce

---

1. A. 1535 : beau descroteur de vigiles, manque. — 2. A. 1535 : que le monde moyna. Le reste de l'alinéa manque.

qu'ilz faisoient; et, advisant qu'ilz vendangoient leur cloz, auquel estoyt leur boyte de tout l'an fondée, retourne au cueur de l'eglise, où estoient les aultres moynes, tous estonnez comme fondeurs de cloches, lesquelz voyant chanter *ini, nim, pe, ne, ne, ne, ne, ne, ne, tum, ne, num, num, ini, i, mi, i, mi, co, o, ne, no, o, o, ne, no, ne, no, no, no, rum, ne, num, num* : C'est, dist il, bien chié chanté! Vertus Dieu! que ne chantez vous : Adieu, paniers, vendanges sont faictes? Je me donne au Diable s'ilz ne sont en nostre cloz, et tant bien couppent et seps et raisins qu'il n'y aura, par le corps Dieu, de quatre années que halleboter dedans. Ventre Sainct Jacques! que boyrons nous ce pendent, nous aultres pauvres diables? Seigneur Dieu, *da mihi potum*.

Lors dist le prieur claustral : Que fera cest hyvrogne icy? Qu'on me le mène en prison! Troubler ainsi le service divin!

Mais (dist le moyne) le service du vin! Faisons tant qu'il ne soit troublé : car vous mesmes, Monsieur le prieur, aymez boyre du meilleur. Sy faict tout homme de bien; jamais homme noble ne hayst le bon vin : c'est un apophthegme monachal[1]. Mais ces responds que chantez ycy ne sont, par Dieu! poinct de saison.

Pour quoy sont noz heures en temps de moissons et vendenges courtes[2], en l'Advent et tout hyver longues?

Feu de bonne memoire frere Macé Pelosse, vray zelateur (ou je me donne au Diable) de nostre religion, me dist, il m'en soubvient, que la raison estoyt affin qu'en ceste saison nous facions bien serrer et faire le vin, et qu'en hyver nous le humons.

1. A. 1535, 1535, 1537 : c'est un apophthegme monachal, manque. — 2. 1535, 1537 : et en l'Advent et tout hyver tant longues.

Escoutez, Messieurs : Vous aultrés qui aymez le vin, le corps Dieu, sy me suyvez[1]. Car, hardiment, que sainct Antoine me arde sy ceulx tastent du pyot qui n'auront secouru la vigne ! Ventre Dieu ! les biens de l'Eglise ! Ha ! non, non. Diable ! sainct Thomas l'Anglois voulut bien pour yceulx mourir ; si je y mouroys, ne seroys je sainct[2] de mesmes ? Je n'y mourray jà pourtant, car c'est moy qui le foys ès aultres.

Ce disant, mist bas son grand habit, et se saisist du baston de la Croix, qui estoyt de cueur de cormier, long comme une lance, rond à plain poing, et quelque peu semé de fleurs de lys, toutes presque effacées. Ainsi sortit en beau sayon [3], mist son froc en escharpe, et de son baston de la Croix donna sy brusquement sus les ennemys, qui sans ordre ne enseigne, ne trompette ne tabourin, parmy le cloz vendangoient : car les porteguydons et portenseignes avoient mys leurs guidons et enseignes l'orée des murs, les tabourineurs avoient defoncé leurs tabourins d'un cousté pour les emplir de raisins, les trompettes estoient chargez de moussines : chascun estoyt desrayé. Il choqqua doncques si roydement sus eulx sans dyre guare qu'il les renversoyt comme porcs, frapant à tors et à travers à la vieille escrime.

Ès uns escarbouilloyt la cervelle, ès aultres rompoyt bras et jambes, ès aultres deslochoyt les spondyles du coul, ès aultres demoulloyt les reins, avalloyt le nez, poschoyt les yeulx, fendoyt les mandibules, enfonçoyt les dens en la gueule, descroulloyt les omoplates, sphaceloyt les greves, desgondoit les ischies, debezilloit les fauciles.

Si quelqun se vouloyt cascher entre les seps plus es-

---

1. A. 1535, 1535 : Escoutez messieurs vous aultres : qui ayme le vin, le corps Dieu sy me suyve. Car. — 2. 1535, 1537 : pas sainct. — 3. 1535, 1537 : et mist.

pès, à icelluy freussoit toute l'aresté du douz, et l'esrenoit comme un chien.

Si aulcun saulver se vouloyt en fuyant, à icelluy faisoyt voler la teste en pieces par la commissure lambdoïde.

Sy quelqu'un gravoyt en une arbre, pensant y estre en seureté, icelluy de son baston empaloyt par le fondement.

Si quelqu'un de sa vieille congnoissance luy crioyt : Ha! frère Jean, mon amy, frere Jean, je me rend! – Il t'est (disoyt il) bien force; mais ensemble tu rendras l'ame à tous les Diables. Et soubdain luy donnoit dronos. Et si personne tant feust esprins de temerité qu'il luy voulust resister en face, là monstroyt il la force de ses muscles, car il leurs transperçoyt la poictrine par le mediastine et par le cueur; à d'aultres, donnant suz la faulte des coustes, leur subvertissoyt l'estomach, et mouroient soubdainement; ès aultres tant fierement frappoyt par le nombril qu'il leurs faisoyt sortir les tripes; ès aultres parmy les couillons persoyt le boyau cullier. Croyez que c'estoyt le plus horrible spectacle qu'on veit oncques.

Les uns cryoient saincte Barbe;

Les aultres, sainct George;

Les aultres, saincte Nytouche;

Les aultres, nostre Dame de Cunault, de Laurette, de Bonnes Nouvelles, de la Lenou, de Riviere.

Les ungs se vouoyent à sainct Jacques, les aultres au sainct Suaire de Chambery : mais il brusla troys moys après si bien qu'on n'en peut saulver un seul brin;

Les aultres à Cadouyn;

Les aultres à sainct Jean d'Angely;

Les aultres à sainct Eutrope de Xainctes, à sainct Mesmes de Chinon, à sainct Martin de Candes, à sainct

Clouaud de Sinays, ès reliques de Laurezay[1], et mille aultres bons petitz sainctz.

Les ungs mouroient sans parler[2], les aultres parloient sans mourir ; les ungs mouroient en parlant, les aultres parloient en mourant.

Les aultres crioient à haulte voix : Confession! Confession ! *Confiteor, Miserere, In manus.*

Tant fut grand le cris des navrez, que le prieur de l'abbaye avec tous ses moines sortirent, lesquelz, quand apperceurent ces pauvres gens ainsi ruez parmy la vigne et blessez à mort, en confesscrent quelques ungs. Mais ce pendent que les prebstres se amusoient à confesser, les petits moinetons coururent au lieu où estoit frere Jean, et luy demanderent en quoy il vouloit qu'ilz luy aydassent.

A quoy respondit qu'ilz esguorgetassent ceulx qui estoient portez par terre. Adoncques, laissans leurs grandes cappes sus une treille au plus près, commencerent esguorgeter et achever ceulx qu'il avoit desjà meurtriz. Sçavez vous de quelz ferremens ? A beaulx guouetz, qui sont petitz demy cousteaux dont les petitz enfans de nostre pays cernent les noix.

Puis à tout son baston de croix guaingna la breche qu'avoient faict les ennemys. Aulcuns des moinetons emporterent les enseignes et guydons en leurs chambres pour en faire des jartiers. Mais quand ceulx qui s'estoient confessez vouleurent sortir par icelle bresche, le moyne les assommoit de coups, disant : Ceux cy sont confés et repentans, et ont guaigné les pardons : ilz s'en vont en Paradis aussy droict comme une faucille, et comme est le chemin de Faye. Ainsi, par sa prouesse,

---

1. A. 1535, 1535, 1537 : Jaurezay. — 2. A. 1535, 1535, 1537 : les aultres parloient... jusqu'à les aultres crioient... manque.

feurent desconfiz tous ceulx de l'armée qui estoient entrez dedans le clous, jusques au nombre de treze mille six cens vingt et deux, sans les femmes et petitz enfans, cela s'entend tousjours[1].

Jamais Maugis hermite ne se porta sy vaillamment à tout son bourdon contre les Sarrasins des quelz est escript és gestes des quatre filz Haymon, comme feist le moine à l'encontre des ennemys avec le baston de la croix.

Comment Picrochole print d'assault la Roche Clermauld, et le regret et difficulté que feist Grandgousier de entreprendre guerre. — CHAPITRE XXVIII[2].

Ce pendent que le moine s'escarmouchoit, comme avons dict, contre ceulx qui estoient entrez le clous, Picrochole à grande hastiveté passa le gué de Vede avec ses gens, et assaillit la Roche Clermauld, auquel lieu ne luy feut faicte resistance quelconques; et par ce qu'il estoit jà nuict, delibera en icelle ville se heberger soy et ses gens, et refraischir de sa cholere pungitive.

Au matin print d'assault les boullevars et chasteau, et le rempara tresbien, et le proveut de munitions requises, pensant là faire sa retraicte si d'ailleurs estoit assailly : car le lieu estoit fort et par art et par nature, à cause de la situation et assiete.

Or laissons les là, et retournons à nostre bon Gargantua, qui est à Paris, bien instant à l'estude des bonnes lettres et exercitations athletiques; et le vieux bon homme Grandgousier son pere, qui après souper se chauffe les couilles à un beau clair et grand feu, et, attendent graisler des chastaines, escript au foyer avec un baston bruslé d'un bout, dont on escharbotte le feu,

---

1. 1535, 1537 : sans les femmes et petitz enfans, cela s'entend tousjours, manque.—

2. A. 1535, 1535, 1537 : Chapitre XXVI.

faisant à sa femme et famille de beaulx contes du temps jadis.

Un des bergiers qui gardoient les vignes, nommé Pillot, se transporta devers luy en icelle heure, et raconta entièrement les excès et pillaiges que faisoit Picrochole, roy de Lerné, en ses terres et dommaines, et comment il avoit pillé, gasté, saccagé tout le pays, excepté le clous de Seuillé, que frère Jean des Entommeures avoit saulvé à son honneur, et de present estoit ledict roy en la Roche Clermauld, et là[1] en grande instance se remparoit, luy et ses gens.

Holos ! holos ! dist Grandgousier, qu'est cecy, bonnes gens ? Songe je, où si vray est ce qu'on me dict ? Picrochole, mon amy ancien, de tout temps, de toute race et alliance, me vient il assaillir ? Qui le meut ? qui le poinct ? qui le conduict ? qui l'a ainsi conseillé ? Ho ! ho ! ho ! ho ! ho ! Mon dieu ! mon saulveur ! ayde moy, inspire moy, conseille moy à ce qu'est de faire !

Je proteste, je jure davant toy, ainsi me soys tu favorable, sy jamais à luy desplaisir, ne à ses gens dommaige, ne en ses terres je feis pillerie ; mais, bien au contraire, je l'ay secouru de gens, d'argent, de faveur et de conseil, en tous cas que ay peu cognoistre son adventaige. Qu'il me ayt doncques en ce poinct oultragé, ce ne peut estre que par l'esprit maling. Bon Dieu ! tu congnois mon couraige, car à toy rien ne peut estre celé. Si par cas il estoit devenu furieux, et que pour luy rehabilliter son cerveau tu me l'eusse icy envoyé, donne-moy et pouvoir et sçavoir le rendre au joug de ton sainct vouloir par bonne discipline !

Ho ! ho ! ho ! mes bonnes gens, mes amys et mes feaulx serviteurs, fauldra il que je vous empesche à me y ayder ? Las ! ma vieillesse ne requerroit dorenavant que repous, et toute ma vie n'ay rien tant procuré que

1. A. 1535, 1535, 1537 : où à grande.

paix; mais il fault, je le voy bien, que maintenant de harnoys je charge mes pauvres espaules lasses et foibles, et en ma main tremblante je preigne la lance et la masse pour secourir et guarantir mes pauvres subjectz. La raison le veult ainsi, car de leur labeur je suis entretenu, et de leur sueur je suis nourry, moy, mes enfans et ma famille.

Ce non obstant, je n'entreprendray [1] guerre que je n'aye essayé tous les ars et moyens de paix; là je me resolus.

Adoncques feist convocquer son conseil et propousa l'affaire tel comme il estoit; et fut conclud qu'on envoiroit quelque homme prudent devers Picrochole, sçavoir pourquoy ainsi soubdainement estoit party de son repous et envahy les terres ès quelles n'avoit droict quicquonques. Davantaige, qu'on envoyast querir Gargantua et ses gens, affin de maintenir le pays et defendre à ce besoing. Le tout pleut à Grandgousier, et commenda que ainsi feust faict. Dontsus l'heure envoya le Basque, son laquays, querir à toute diligence Gargantua; et luy escripvoit comme s'ensuit.

Le teneur des lettres que Grandgousier escripvoit à Gargantua. — CHAPITRE XXIX [2].

La ferveur de tes estudes requeroit que de long temps ne te revocasse de cestuy philosophicque repous, sy la confiance de noz amys et anciens confederez n'eust de present frustré la seureté de ma vieillesse. Mais puis que telle est ceste fatale destinée, que par iceulx soye inquieté ès quelz plus je me repousoye, force me est te rappeller au subside des gens et biens qui te sont par droict naturel affiez.

Car, ainsi comme debiles sont les armes au dehors

1. 1535, 1537 : poinct. — | pitre XXVII.
2. A. 1535, 1535, 1537 : Cha- |

si le conseil n'est en la maison, aussi vaine est l'estude et le conseil inutile qui en temps oportun par vertus n'est executé et à son effect reduict.

Ma deliberation n'est de provocquer, ains de apaiser; d'assaillir, mais defendre; de conquester, mais de guarder mes feaulx subjectz et terres hereditaires, ès quelles est hostillement entré Picrochole, sans cause ny occasion, et de jour en jour poursuit sa furieuse entreprinse avecques excès non tolerables à personnes libéres.

Je me suis en devoir mis pour moderer sa cholere tyrannicque, luy offrent tout ce que je pensois luy povoir estre en contentement, et par plusieurs fois ay envoyé amiablement devers luy pour entendre en quoy, par qui et comment il se sentoit oultragé; mais de luy n'ay eu responce que de voluntaire deffiance, et que en mes terres pretendoit seulement droict de bien seance. Dont j'ay congneu que Dieu eternel l'a laissé au gouvernail de son franc arbitre et propre sens, qui ne peult estre que meschant sy par grace divine n'est continuellement guidé, et pour le contenir en office et reduire à congnoissance, me l'a icy envoyé à molestes enseignes.

Pour tant, mon filz bien aymé, le plus tost que faire pouras, ces lettres veues, retourne à diligence secourir, non tant moy (ce que toutesfoys par pitié naturellement tu doibs) que les tiens, lesquelz, par raison, tu peuz saulver et guarder. L'exploict sera faict à moindre effusion de sang que sera possible; et, si possible est, par engins plus expediens, cauteles et ruzes de guerre, nous saulverons toutes les ames et les envoyerons joyeux à leurs domiciles.

Treschier filz, la paix de Christ, nostre redempteur, soyt avecques toy. Salue Ponocrates, Gymnaste et Eudemon de par moy. Du vingtiesme de septembre.

Ton pere, GRANDGOUSIER.

Comment Ulrich Gallet fut envoyé devers Picrochole.
CHAPITRE XXX[1].

Les lettres dictées et signées, Grandgousier ordonna que Ulrich Gallet, maistre de ses requestes, homme saige et discret, duquel en divers et contentieux affaires il avoit esprouvé la vertus et bon advis, allast devers Picrochole, pour luy remonstrer ce que par eux avoit esté decreté.

En celle heure partit le bon homme Gallet, et, passé le gué, demanda au meusnier de l'estat de Picrochole, lequel luy feist responce que ses gens ne luy avoient laissé ny coq ny geline, et qu'ilz s'estoient enserrez en la Roche Clermauld, et qu'il ne luy conseilloit poinct de proceder oultre, de peur du guet, car leur fureur estoit enorme. Ce que facilement il creut, et pour celle nuict herbergea avecques le meusnier.

Au lendemain matin se transporta avecques la trompette à la porte du chasteau, et requist ès guardes qu'ilz le feissent parler au roy pour son profit.

Les parolles annoncées au roy, ne consentit aulcunement qu'on luy ouvrist la porte, mais se transporta sus le bolevard, et dist à l'embassadeur : Qu'i a il de nouveau ? que voulez-vous dire ? Adoncques l'embassadeur propousa comme s'ensuit.

La Harangue faicte par Gallet à Picrochole.
CHAPITRE XXXI[2].

Plus juste cause de douleur naistre ne peut entre les humains, que si du lieu dont par droicture esperoient grace et benevolence ilz recepvent ennuy et dommaige. Et non sans cause (combien que sans raison), plusieurs venuz en tel

---

1. A. 1535, 1535, 1537 : Chapitre XXVIII.

2. A. 1535, 1535, 1537 : Chapitre XXIX.

accident ont ceste indignité moins estimé tolerable que leur vie propre, et, en cas que par force ny aultre engin ne l'ont peu corriger, se sont eulx mesmes privez de ceste lumiere.

Doncques merveille n'est si le roy Grandgousier mon maistre est à ta furieuse et hostile venue saisy de grand desplaisir et perturbé en son entendement ; merveille seroit si ne l'avoient esmeu les excès incomparables qui en ses terres et subjectz ont esté par toy et tes gens commis, ès quelz n'a esté obmis exemple aulcun [1] d'inhumainité. Ce que luy est tant grief de soy, par la cordiale affection de laquelle tousjours a chery ses subjectz, que à mortel homme plus estre ne sçauroit. Toutesfoys sus l'estimation humaine plus grief luy est en tant que par toy et les tiens ont esté ces griefz et tords faictz, qui de toute memoire et ancienneté aviez, toy et tes peres, une amitié avecques luy et tous ses ancestres conceu, laquelle jusques à present, comme sacrée, ensemble aviez inviolablement maintenue, guardée et entretenue, si bien que non luy seulement ny les siens, mais les nations Barbares, Poictevins, Bretons, Manseaux et ceulx qui habitent oultre les isles de Canarre et Isabella, ont estimé aussi facile demollir le firmament, et les abysmes eriger au dessus des nues, que desemparer vostre alliance, et tant l'ont redoubtée en leurs entreprinses, que n'ont jamais auzé provoquer, irriter ny endommaiger l'ung, par craincte de l'aultre.

Plus y a : Ceste sacrée amitié tant a emply ce ciel, que peu de gens sont aujourd'huy habitans par tout le continent et isles de l'Ocean, qui ne ayent ambitieusement aspiré estre receuz en icelle, à pactes par vous mesmes conditionnez, autant estimans vostre confederation que leurs propres terres et dommaines. En sorte que de toute memoire n'a esté prince ny ligue tant efferée

---

1. A. 1535 : nul exemple.

ou superbe, qui ait auzé courir sus, je ne dis poinct voz terres, mais celles de voz confederez. Et si par conseil precipité ont encontre eulx attempté quelque cas de nouvelleté, le nom et tiltre de vostre alliance entendu, ont soubdain desisté de leurs entreprinses. Quelle furie doncques te esmeut maintenant, toute alliance brisée, toute amitié conculquée, tout droict trespassé, envahir hostilement ses terres, sans en rien avoir esté par luy ny les siens endommaigé, irrité, ny provocqué ? Où est foy ? Où est loy ? Où est raison ? Où est humanité ? Où est craincte de Dieu ? Cuyde tu ces oultraiges estre recellés ès esperitz eternelz et au Dieu souverain, qui est juste retributeur de noz entreprinses? Si le cuyde, tu te trompe : car toutes choses viendront à son jugement. Sont ce fatales destinées ou influences des astres qui voulent mettre fin à tes ayzes et repous ? Ainsi ont toutes choses leur fin et periode. Et quand elles sont venues à leur poinct suppellatif, elles sont en bas ruinées ; car elles ne peuvent long temps en tel estat demourer. C'est la fin de ceulx qui leurs fortunes et prosperitez ne peuvent par rayson et temperance moderer.

Mais si ainsi estoit pheé, et deust ores ton heur et repos prendre fin, failloit il que ce feust en incommodant à mon roy, celluy par lequel tu estois establly ? Si ta maison debvoit ruiner, failloit il qu'en sa ruine elle tombast suz les atres de celluy qui l'avoit aornée ? La chose est tant hors les metes de raison, tant abhorrente de sens commun, que à peine peut elle estre par humain entendement conceue, et jusques à ce demourera noncroiable [1] entre les estrangiers, que l'effect asseuré et tesmoigné leur donne à entendre que rien n'est ny sainct ny sacré à ceulx qui se sont emancipez de Dieu et raison pour suyvre leurs affections perverses.

1. A. 1535, 1535, 1537 : et tant demourera non créable.. | jusque à ce.

Si quelque tort eust esté par nous faict en tes subjectz et dommaines ; si par nous eust esté porté faveur à tes mal vouluz ; si en tes affaires ne te eussions secouru ; si par nous ton nom et honneur eust esté blessé, ou, pour mieulx dire, si l'esperit calumniateur, tentant à mal te tirer, eust par fallaces especes et phantasmes ludificatoyres mis en ton entendement que envers toy eussions faict choses non dignes de nostre ancienne amitié, tu debvois premier enquerir[1] de la verité, puis nous en admonester, et nous eussions tant à ton gré satisfaict que eusse eu occasion de toy contenter. Mais, ô Dieu eternel, quelle est ton entreprinse ?

Vouldroys tu, comme tyrant perfide, pillier ainsi et dissiper le royaulme de mon maistre ? Le as tu esprouvé tant ignave et stupide qu'il ne voulust, ou tant destitué de gens, d'argent, de conseil et d'art militaire, qu'il ne peust resister à tes iniques assaulx ? Depars d'icy presentement, et demain pour tout le jour soys retiré en tes terres, sans par le chemin faire aulcun tumulte ne force. Et paye mille bezans d'or pour les dommaiges que as faict en ces terres. La moytié bailleras demain, l'aultre moytié payeras ès Ides de may prochainement venant, nous delaissant ce pendent pour houltaige les ducs de Tournemoule, de Basdefesses et de Menuail, ensemble le prince de Gratelles et le vicomte de Morpiaille.

Comment Grandgousier pour achapter paix feist rendre les fouaces. — Chapitre XXXII[2].

Atant se teut le bon homme Gallet ; mais Picrochole à tous ses propos ne respond[3] aultre chose sinon : Venez les querir, venez les querir. Ilz ont belle couille et molle. Ilz vous brayeront de la fouace. Adoncques retourne vers

---

1. A. 1535 : te enquerir. — 2. A. 1535, 1535, 1537 : Chapitre XXX. — 3. A. 1535 : repondit.

Grandgousier, lequel trouva à genous, teste nue, encliné en un petit coing de son cabinet, priant Dieu qu'il vouzist amollir la cholere de Picrochole, et le mettre au poinct de raison, sans y proceder par force. Quand veit le bon homme de retour, il luy demanda : Ha! mon amy, mon amy, quelles nouvelles m'apportez-vous? — Il n'y a, dist Gallet, ordre : cest homme est du tout hors du sens et delaissé de Dieu. — Voyre mais, dist Grangousier, mon amy, quelle cause pretend il de cest excès?

— Il ne me a, dist Gallet, cause queconques exposé, sinon qu'il m'a dict en cholere quelques motz de fouaces. Je ne sçay si l'on auroit poinct faict oultrage [1] à ses fouaciers. — Je le veulx, dist Grandgousier, bien entendre davant qu'aultre chose deliberer sur ce que seroit de faire. Alors manda sçavoir de cest affaire, et trouva pour vray qu'on avoit prins par force quelques fouaces de ses gens, et que Marquet avoit repceu un coup de tribard sus la teste; toutesfoys que le tout avoit esté bien payé, et que le dict Marquet avoit premier blessé Forgier de son fouet par les jambes. Et sembla à tout son conseil que en toute force il se doibvoit deffendre. Ce non obstant, dist Grandgousier, puis qu'il n'est question que de quelques fouaces, je essayeray le contenter, car il me desplait par trop de lever guerre. Adoncques s'enquesta combien on avoit prins de fouaces, et entendent quatre ou cinq douzaines, commenda qu'on en feist cinq charretées en icelle nuict, et que l'une feust de fouaces faictes à beau beurre, beau moyeux d'eufz, beau saffran et belles espices, pour estre distribuées à Marquet, et que pour ses interestz il luy donnoit sept cens mille et troys [2] Philippus pour payer les barbiers qui l'auroient pensé, et d'abondant luy don-

1. A. 1535, 1535, 1537 : d'oultrage. — 2. A. 1535 : et | troys, manque.

noit la mestayrie de la Pomardiere à perpetuité franche pour luy et les siens. Pour le tout conduire et passer fut envoyé Gallet, lequel par le chemin feist cuillir près de la sauloye force grands rameaux de cannes et rouzeaux, et en feist armer autour leurs charrettes, et chascun des chartiers; luy mesmes en tint un en sa main, par ce voulant donner à congnoistre qu'ilz ne demandoient que paix et qu'ilz venoient pour l'achapter. Eulx venuz à la porte requirent parler à Picrochole de par Grandgousier. Picrochole ne voulut oncques les laisser entrer, ny aller à eulx parler, et leurs manda qu'il estoit empesché, mais qu'ilz dissent ce qu'ilz vouldroient au capitaine Toucquedillon, lequel affustoit quelque piece sus les murailles. Adonc luy dict le bon homme : Seigneur, pour vous retirer de tout ce debat[1] et ouster toute excuse que ne retournez en nostre premiere alliance, nous vous rendons presentement les fouaces dont est la controverse. Cinq douzaines en prindrent noz gens, elles feurent très bien payées ; nous aymons tant la paix que nous en rendons cinq charrettes, desquelles ceste icy sera pour Marquet, qui plus se plainct. Dadvantaige, pour le contenter entièrement, voylà sept cens mille et trois[2] Philippus que je luy livre, et, pour l'interest qu'il pourroit pretendre, je luy cede la mestayrie de la Pomardiere à perpetuité, pour luy et les siens, possedable en franc alloy : voyez cy le contract de la transaction. Et, pour Dieu, vivons dorenavant en paix, et vous retirez en voz terres joyeusement, cedans ceste place icy, en laquelle n'avez droict quelconques, comme bien le confessez, et amis comme par avant. Toucquedillon raconta le tout à Picrochole, et de plus en plus envenima son couraige, luy disant : Ces rustres ont belle paour. Par Dieu, Grandgousier se conchie, le

---

1. A. 1535, 1535, 1537 : pour vous rescinder toute ance | debat. — 2. A. 1535 : et trois, manque.

pauvre beuveur; ce n'est son art[1] aller en guerre, mais ouy bien vuider les flascons. Je suis d'opinion que retenons ces fouaces et l'argent, et au reste nous hastons de remparer icy et poursuivre nostre fortune. Mais pensent ilz bien avoir affaire à une duppe, de vous paistre de ces fouaces ? Voilà que c'est : le bon traictement et la grande familiarité que leurs avez par cy davant tenue vous ont rendu envers eulx contemptible. Oignez villain, il vous poindra. Poignez villain, il vous oindra.—Çà, çà, çà, dist Picrochole, sainct Jacques, ilz en auront : faictes ainsi qu'avez dict.—D'une chose, dist Toucquedillon, vous veux je advertir : nous sommes icy assez mal avituaillez, et pourveuz maigrement des harnoys de gueule. Si Grandgousier nous mettoit siege, dès à present m'en irois faire arracher les dents toutes, seulement que troys me restassent, autant à voz gens comme à moy : avec icelles nous n'avangerons que trop à manger noz munitions.—Nous, dist Picrocholle, n'aurons que trop mangeailles. Sommes nous icy pour manger ou pour batailler ? — Pour batailler, vrayement, dist Toucquedillon ; mais de la panse vient la dance, et où faim règne force exule. — Tant jazer ! dist Picrochole. Saisisssez ce qu'ilz ont amené. Adoncques prindrent argent et fouaces et beufz et charrettes, et les renvoyèrent sans mot dire, si non que plus n'aprochassent de si près, pour la cause qu'on leur diroit demain. Ainsi sans rien faire retournerent devant Grandgousier, et luy conterent le tout, adjoustans qu'il n'estoit aulcun espoir de les tirer à paix, sinon à vive et forte guerre.

1. A. 1535 : Ce n'est pas son cas d'aller. 1535, 1537 : son naif.

Comment certains gouverneurs de Picrochole, par conseil precipité, le mirent au dernier peril.

Chapitre XXXIII[1].

Les fouaces destroussées, comparurent davant Picrochole les duc de Menuail, comte Spadassin et capitaine Merdaille, et lui dirent : Cyre, aujourd'huy nous vous rendons le plus heureux, plus chevaleureux prince qui onques feust depuis la mort de Alexandre Macedo. — Couvrez, couvrez vous, dist Picrochole. — Grand mercy (direntilz), Cyre, nous sommes à nostre debvoir. Le moyen est tel[2] : Vous laisserez icy quelque capitaine en garnison avec petite bande de gens pour garder la place, laquelle nous semble assez forte, tant par nature que par les rempars faictz à vostre invention. Vostre armée partirez en deux, comme trop mieulx l'entendez.

L'une partie ira ruer sur ce Grandgousier et ses gens. Par icelle sera de prime abordée facilement desconfi. Là recouvrerez argent à tas,[3] car le vilain en a du content : vilain, disons nous, parce que un noble prince n'a jamais un sou. Thesaurizer est faict de vilain.

L'aultre partie, ce pendent, tirera vers Onys, Sanctonge, Angomoys et Gascoigne, ensemble Perigot, Medoc et Elanes. Sans resistence prendront villes, chasteaux et forteresses. A Bayonne, à Sainct-Jean-de-Luc et Fontarabie saysirez toutes les naufs, et, coustoyant vers Galice et Portugal, pillerez tous les lieux maritimes jusques à Ulisbonne, où aurez renfort de tout equipage requis à un conquerent. Par le corbieu ! Hespaigne se rendra, car ce ne sont que madourrez. Vous passerez par l'estroict de Sibyle, et là erigerez deux colomnes plus magnificques que celles de Hercules, à

---

1. A. 1535, 1535, 1537 : Chapitre XXXI. — 2. A. 1535 : Couvrez..., le moyen est tel, manque. — 3. A. 1535 : car le vilain... jusqu'à la fin de l'alinéa, manque.

perpetuelle memoire de vostre nom. Et sera nommé cestuy destroict la mer Picrocholine.

Passée la mer Picrocholine, voicy Barberousse qui se rend vostre esclave. — Je (dist Picrochole) le prendray à mercy. — Voyre (dirent ilz), pourveu qu'il se face baptiser. Et oppugnerez les royaulmes de Tunic, de Hippes, Argiere, Bone, Corone[1], hardiment toute Barbarie. Passant oultre, retiendrez en vostre main Majorque, Minorque, Sardaine, Corsicque et aultres isles de la mer Ligusticque et Baleare. Coustoyant à gausche, dominerez toute la Gaule Narbonicque, Provence et Allobroges, Genes, Florence, Lucques, et à Dieu seas Rome. Le pauvre monsieur du pape meurt desjà de peur. — Par ma foy, dist Picrochole, je ne luy baiseray jà sa pantoufle. — Prinze Italie, voylà Naples, Calabre, Appoulle et Sicile toutes à sac, et Malthe avec. Je vouldrois bien que les plaisans chevaliers jadis Rhodiens vous resistassent, pour veoir de leur urine! — Je iroys (dist Picrochole) voluntiers à Laurette. — Rien, rien, dirent ilz, ce sera au retour. — De là prendrons Candie, Cypre, Rhodes et les isles Cyclades, et donnerons sus la Morée. Nous la tenons. Sainct Treignan, Dieu gard Hierusalem! car le soubdan n'est pas comparable à vostre puissance. — Je (dist il) feray doncques bastir le temple de Salomon. — Non, dirent ilz, encores; attendez un peu. Ne soyez jamais tant soubdain à voz entreprinses.

Sçavez vous que disoit Octavian Auguste? *Festina lente.* Il vous convient premierement avoir l'Asie Minor, Carie, Lycie, Pamphile, Celicie, Lydie, Phrygie, Mysie, Betune, Charazie, Satalie, Samagarie, Castamena, Luga, Savasta, jusques à Euphrates. — Voyrons nous, dist Picrochole, Babylone et le mont Sinay? — Il n'est, dirent ilz, jà besoing pour ceste heure. — N'est

---

1. A. 1535, 1535, 1537 : Argiere, Bone, Corone, manque.

ce pas assez tracassé de avoir¹ transfreté la mer Hircane, chevauché les deux Armenies et les troys Arabies? — Par ma foy! dist-il, nous sommes affolez. Ha! pauvres gens! — Quoy! dirent-ilz. — Que boirons nous par ces desers? Car Julian Auguste et tout son oust y moururent de soif, comme l'on dict². —Nous (dirent ilz) avons jà donné ordre à tout. Par la mer Siriace vous avez neuf mille quatorze grands naufz chargées des meilleurs vins du monde; elles arriverent à Japhes. Là se sont trouvez vingt et deux cens mille chameaulx et seize cens elephans, lesquelz avez prins à une chasse environ Sigeilmes, lors que entrastes en Libye; et d'abondant eustes toute la caravane de la Mecha. Ne vous fournirent-ilz de vin à suffisance?

—Voire mais, dist il, nous ne beumes poinct frais.— Par la vertus, dirent ilz³, non pas d'un petit poisson, un preux, un conquerent, un pretendant et aspirant à l'empire univers ne peut tousjours avoir ses aizes! Dieu soit loué que estes venu vous et voz gens saufz et entiers jusques au fleuve du Tigre! — Mais, dist il, que faict ce pendent la part de nostre armée qui desconfit ce villain humeux Grandgousier? — Ilz ne chomment pas (dirent ilz), nous les rencontrerons tantost: Ilz vous ont pris Bretaigne, Normandie, Flandres, Haynault, Brabant, Artoys, Hollande, Selande; ils ont passé le Rhein par sus le ventre des Suices et lansquenetz, et part d'entre eulx ont dompté Luxembourg, Lorraine, la Champaigne, Savoye jusques à Lyon; auquel lieu ont trouvé voz garnisons retournans des conquestes navales de la mer Mediterranée, et se sont reassemblez en Boheme après avoir mis à sac Soueve, Vuitemberg, Bavieres, Austriche, Moravie et Stirie;

1. A. 1535 : oultre passé les monts caspiens, avoir transfreté... — 2 A. 1535, 1535, 1537 : Car Julian... jusqu'à : l'on dict, manque. — 3. A 1535, 1535, 1537 : Ha, dirent-ilz, par la vertus.

puis ont donné fierement ensemble sus Lubek, Norwerge, Sweden Rich, Dace, Gotthie, Engroneland, les Estrelins, jusques à la mer glaciale. Ce faict, conquesterent les isles Orchades, et subjuguerent Escosse, Angleterre et Irlande. De là, navigans par la mer Fabuleuse et par les Sarmates, ont vaincu et dominé Prussie, Polonie, Lituuanie, Russie, Valache, la Transsilvane et Hongrie, Bulgarie, Turquie, et sont à Constantinoble. — Allons nous, dist Picrochole, rendre à eulx le plus toust, car je veulx estre aussi empereur de Thebizonde. Ne tuerons nous pas tous ces chiens Turcs et mahumetistes? — Que diable, dirent ilz, ferons nous doncques?

Et donnerez leurs biens et terres à ceulx qui vous auront servy honnestement. — La raison (dist il) le veult : c'est equité. Je vous donne la Carmaigne, Surie et toute la Palestine. — Ha! dirent ilz, Cyre, c'est du bien de vous; grand mercy. Dieu vous face bien tousjours prosperer. Là present estoit un vieux gentilhomme esprouvé en divers hazars, et vray routier de guerre, nommé Echephron, lequel, ouyant ces propous, dist : J'ay grand peur que toute ceste entreprinse sera semblable à la farce du pot au laict, duquel un cordouannier se faisoit riche par resverie; puis, le pot cassé, n'eut de quoy disner. Que pretendez vous par ces belles conquestes? Quelle sera la fin de tant de travaulx et traverses? — Ce sera, dist Picrochole, que, nous retournez[1], repouserons à noz aises. — Dont dist Echephron : Et si par cas jamais n'en retournez? Car le voyage est long et pereilleux. N'est ce [2] mieulx que dès maintenant nous repousons, sans nous mettre en ces hazars? — O! dist Spadassin, par Dieu! voicy un bon resveux! Mais allons nous cacher au coing de la che-

---

1. A. 1535 : retournez, manque. — 2. A. 1535 : et si par cas... jusqu'à : mieulx, manque.

minée, et là passons avec les dames nostre vie et nostre temps à enfiller des perles, ou à filler comme Sardanapalus ! Qui ne se adventure n'a cheval ny mule, ce dist Salomon. — Qui trop (dist Echephron) se adventure, perd cheval et mule, respondit Malcon [1]. — Baste, dist Picrochole, passons oultre. Je ne crains que ces diables de legions de Grandgousier ; ce pendent que nous sommes en Mesopotamie, s'ilz nous donnoient sus la queue, quel remede ? — Très bon, dist Merdaille : une belle petite commission, laquelle vous envoirez ès Moscovites, vous mettra en camp pour un moment quatre cens [2] cinquante mille combatans d'eslite. O ! si vous me y faictes vostre lieutenant, je tueroys un pigne pour un mercier ! Je mors, je rue, je frappe, je attrape, je tue, je renye [3]. — Sus ! sus ! dict Picrochole, qu'on despesche tout, et qui me ayme si me suyve !

Comment Gargantua laissa la ville de Paris pour secourir son païs, et comment Gymnaste rencontra les ennemys. — CHAPITRE XXXIV [4].

En ceste mesmes heure, Gargantua, qui estoyt yssu de Paris soubdain les lettres de son pere leues, sus sa grand jument venant, avoit jà passé le pont de la Nonnain, luy, Ponocrates, Gymnaste et Eudemon, lesquelz, pour le suivre, avoient prins chevaulx de poste ; le reste de son train venoit à justes journées, amenent tous ses livres et instrument philosophicque. Luy arrivé à Parillé, fut adverty par le mestayer de Gouguet comment Picrochole s'estoit remparé à la Roche-Clermauld, et avoit envoyé le capitaine Tripet avec grosse armée assaillir le boys de Vede et Vaugaudry, et qu'ilz avoient couru

---

1. A. 1535 : Qui ne se adventure.... jusqu'à : Malcon, manque. — 2. A. 1535, 1535, 1537 : quatre cens, manque. — 3. A. 1535, 1535, 1537 : je frappe, je attrape, je renye, manque. — 4. A. 1535, 1535, 1537 : Chapitre XXXII.

la poulle jusques au pressouer Billard, et que c'estoit chose estrange et difficile à croyre des excès qu'ilz faisoient par le pays. Tant qu'il luy feist paour, et ne sçavoit bien que dire ny que faire. Mais Ponocrates luy conseilla qu'ilz se transportassent vers le seigneur de la Vauguyon, qui de tout temps avoit esté leur amy et confederé, et par luy seroient mieulx advisez de tous affaires; ce qu'ilz feirent incontinent, et le trouverent en bonne deliberation de leur secourir, et feut de opinion que il envoyroit quelq'un de ses gens pour descouvrir le pays et sçavoir en quel estat estoient les ennemys, affin de y proceder par conseil prins selon la forme de l'heure presente. Gymnaste se offrit d'y aller; mais il feut conclud que pour le meilleur il menast avecques soy quelq'un qui congneust[1] les voyes et destorses et les rivieres de l'entour.

Adoncques partirent luy et Prelinguand, escuyer de Vauguyon, et sans effroy espierent de tous coustez. Ce pendent Gargantua se refraischit et repeut quelque peu avecques ses gens, et feist donner à sa jument un picotin d'avoyne, c'estoient soisante et quatorze muys troys boisseaux[2]. Gymnaste et son compaignon tant chevaucherent qu'ilz rencontrerent les ennemys tous espars et mal en ordre, pillans et desrobans tout ce qu'ilz povoient; et tant de loing qu'ilz l'apperceurent accoururent sus luy à la foulle pour le destrousser. Adonc il leurs cria : Messieurs, je suys pauvre diable; je vous requiers qu'ayez de moy mercy. J'ay encores quelque escu[3]; nous le boyrons, car c'est *aurum potabile*[4], et ce cheval icy sera vendu pour payer ma bien venue; cela faict, retenez moy des vostres : car jamais homme ne sceut mieulx prendre, larder, roustir et aprester,

---

1. A. 1535, 1535 : cognoistroit. — 2. A. 1535, 1535 : trois boisseaux, manque. — 3. A. 1535 : teston. — 4. A. 1535 : car c'est *aurum potabile*, manque.

voyre, par Dieu! demembrer et gourmander poulle que moy qui suys icy, et pour mon *proficiat* je boy à tous bons compaignons.

Lors descouvrit sa ferriere, et sans mettre le nez dedans beuvoyt assez honnestement. Les maroufles le regardoient, ouvrant la gueule d'un grand pied, et tirans les langues comme levriers en attente de boire après ; mais Tripet le capitaine sus ce point accourut veoir que c'estoit. A luy Gymnaste offrit sa bouteille, disant : Tenez, capitaine, beuvez en hardiment, j'en ay faict l'essay ; c'est vin de la Faye Moniau.

—Quoy! dist Tripet, ce Gautier icy se guabele de nous! Qui es tu ? — Je suis (dist Gymnaste) pauvre diable. — Ha! dist Tripet, puisque tu es pauvre diable, c'est raison que passes oultre, car tout pauvre diable passe par tout sans peage ny gabelle ; mais ce n'est de coustume que pauvres diables soient si bien monstez : pourtant, Monsieur le diable, descendez, que je aye le roussin ; et si bien il ne me porte, vous, maistre diable, me porterez : car j'aime fort qu'un diable tel m'emporte.

Comment Gymnaste soupplement tua le Capitaine Tripet et aultres gens de Picrochole. —CHAPITRE XXXV [1].

Ces motz entenduz, aulcuns d'entre eulx commencerent avoir frayeur, et se seignoient de toutes mains, pensans que ce feust un diable desguisé. Et quelq'un d'eulx, nommé Bon Joan, capitaine des Franctopins [2], tyra ses heures de sa braguette, et cria assez hault : *Hagios ho theos!* Si tu es de Dieu, sy parle ; sy tu es de l'aultre, sy t'en va. Et pas ne s'en alloit ; ce que entendirent plusieurs de la bande et departoient de la compaignie, le tout notant et considerant Gymnaste. Pourtant feist semblant des-

---

1. A. 1535, 1535, 1537 : Chapitre XXXIII. — 2. A. 1535 : capitaine des Franctopins, manque.

cendre de cheval, et, quand feut pendent du cousté du montouer, feist soupplement le tour de l'estriviere, son espée bastarde au cousté, et, par dessoubz passé, se lança en l'air et se tint des deux piedz sus la selle, le cul tourné vers la teste du cheval. Puis dist : Mon cas va au rebours. Adoncq en tel poinct qu'il estoit, feist la guambade sus un pied, et, tournant à senestre, ne faillit oncq de rencontrer sa propre assiete sans en rien varier. Dont dist Tripet : Ha! ne feray pas cestuy là pour ceste heure, et pour cause.—Bren, dist Gymnaste, j'ay failly, je voys defaire cestuy sault. Lors par grande force et agilité feist en tournant à dextre la gambade comme davant. Ce faict, mist le poulce de la dextre sus l'arçon de la selle, et leva tout le corps en l'air, se soustenant tout le corps sus le muscle et nerf dudict poulce, et ainsi se tourna troys foys ; à la quatriesme, se renversant tout le corps sans à rien toucher, se guinda entre les deux aureilles du cheval, soudant tout le corps en l'air sus le poulce de la senestre, et en cest estat feist le tour du moulinet ; puis, frappant du plat de la main dextre sus le meillieu de la selle, se donna tel branle qu'il se assist sus la crope, comme font les damoiselles. Ce faict, tout à l'aise passe la jambe droicte par sus la selle, et se mist en estat de chevaucheur sus la croppe. Mais (dist il) mieulx vault que je me mette entre les arsons. Adoncq, se appoyant sus les poulces des deux mains à la crope davant soy, se renversa cul sus teste en l'air, et se trouva entre les arsons en bon maintien ; puis d'un sobresault leva tout le corps en l'air, et ainsi se tint piedz joinctz entre les arsons, et là tournoya plus de cent tours, les bras estenduz en croix, et crioit ce faisant à haulte voix : J'enrage, diables, j'enrage, j'enrage ; tenez moy, diables, tenez moy, tenez ! Tandis qu'ainsi voltigeoit, les marroufles en grand eshabissement disoient l'ung à l'aultre : Par la mer Dé ! c'est un lutin, ou un diable ainsi desguisé : *ab hoste maligno libera nos, Domine.* Et¹ fuyoient à la route, regardans darriere soy comme un chien qui emporte un plumail. Lors Gymnaste, voyant son advantaige, descend de cheval, ² desguaigne son espée, et à grands coups chargea sus les plus huppés, et les ruoit à grands monceaulx blessez, navrez et meurtriz, sans que nul luy resistast, pensans que ce feust un diable affamé, tant par les merveilleux voltigemens qu'il avoit faict que par les propos que luy avoit tenu Tripet, en l'appellant pauvre diable, si non que Tripet en trahison luy voulut fendre la cervelle de son espée lansquenette; mais il estoit bien armé, et de cestuy coup ne sentit que le chargement. Et soubdain, se tournant, lancea un estoc volant audict Tripet, et, ce pendent que icelluy se couvroit en hault, luy tailla d'un coup l'estomac, le colon et la moytié du foye, dont tumba par terre, et tumbant rendit plus de quatre potées de souppes, et l'ame meslée parmy les souppes. Ce faict, Gymnaste se retyre, considerant que les cas de hazart jamais ne fault poursuivre jusques à leur periode, et qu'il convient à tous chevaliers reverentement traicter leur bonne fortune, sans la molester ny gehainer. Et, monstant sus son cheval, luy donne des esperons, tyrant droict son chemin vers la Vauguyon, et Prelinguand avecques luy.

Comment Gargantua demollit le chasteau du Gué de Vede, et comment ilz passerent le gué.

CHAPITRE XXXVI ³.

Venu que fut, raconta l'estat onquel avoit trouvé les ennemys, et du stratageme qu'il avoit faict, luy seul, contre toute leur caterve, afferment que ilz n'estoient que maraulx, pilleurs et brigans, ignorans de toute discipline mili-

---

1. A. 1535 : s'en. — 2. A. 1535, 1535 : et desguaigne. — | 3. A. 1535, 1535, 1537 : Chapitre XXXIV.

taire, et que hardiment ilz se missent en voye, car il leurs seroit trèsfacile de les assommer comme bestes.

Adoncques monta Gargantua sus sa grande jument, accompaigné comme davant avons dict. Et, trouvant en son chemin un hault et grand arbre (lequel communement on nommoit l'Arbre de Sainct Martin, pource qu'ainsi estoit creu un bourdon que jadis Sainct Martin y planta), dist : Voicy ce qu'il me failloit. C'est arbre me servira de bourdon et de lance. Et l'arrachit facillement de terre, et en ousta les rameaux, et le para pour son plaisir. Ce pendent sa jument pissa pour se lascher le ventre ; mais ce fut en telle abondance qu'elle en feist sept lieues de deluge, et deriva tout le pissat au gué de Vede, et tant l'enfla devers le fil de l'eau que toute ceste bande des ennemys furent en grand horreur noyez, exceptez aulcuns qui avoient prins le chemin vers les cousteaux à gausche. Gargantua, venu à l'endroict du boys de Vede, feut advisé par Eudemon que dedans le chasteau estoit quelque reste des ennemys, pour laquelle chose sçavoir Gargantua s'escria tant qu'il peut : Estez vous là, ou n'y estez pas? Si vous y estez, n'y soyez plus ; si n'y estez, je n'ay que dire. Mais un ribauld canonier, qui estoit au machicoulys, luy tyra un coup de canon, et le attainct par la temple dextre furieusement ; toutesfoys ne lui feist pour ce mal en plus que s'il luy eust getté une prune. Qu'est ce là ? dit Gargantua[1]. Nous gettez vous icy des grains de raisins ? La vendange vous coustera cher ; pensant de vray que le boulet feust un grain de raisin. Ceulx qui estoient dedans le chasteau amuzez à la pille, entendant le bruit, coururent aux tours et forteresses, et luy tirerent plus de neuf mille vingt et cinq coups de faulconneaux et arquebouzes, visans tous à sa teste, et si menu tiroient contre luy qu'il s'escria : Ponocrates mon amy, ces mousches icy

1. A. 1535 : Grandgousier.

me aveuglent ; baillez moy quelque rameau de ces
saulles pour les chasser, pensant des plombées et
pierres d'artillerie que feussent mousches bovines. Ponocrates l'advisa que n'estoient aultres mousches que
les coups d'artillerye que l'on tiroit du chasteau. Alors
chocqua de son grand arbre contre le chasteau, et à
grans coups abastit et tours et forteresses, et ruyna
tout par terre. Par ce moyen feurent tous rompuz et
mis en pieces ceulx qui estoient en icelluy. De là partans, arriverent au pont du moulin, et trouverent tout le
gué couvert de corps mors, en telle foulle qu'ilz avoient
engourgé le cours du moulin : et c'estoient ceulx qui
estoient peritz au deluge urinal de la jument. Là feurent
en pensement comment ilz pourroient passer, veu l'empeschement de ces cadavres. Mais Gymnaste dist : Si les
diables y ont passé, je y passeray fort bien.—Les diables
(dist Eudemon) y ont passé pour en emporter les ames
damnées.— Sainct Treignan ! (dist Ponocrates) par doncques consequence necessaire il y passera.— Voyre, voyre,
dist Gymnaste, ou je demoureray en chemin. Et, donnant
des esperons à son cheval, passa franchement oultre,
sans que jamais son cheval eust frayeur des corps mors :
car il l'avoit acoustumé (selon la doctrine de Ælian) à
ne craindre les ames [1] ny corps mors; non en tuant les
gens, comme Diomedes tuoyt les Traces, et Ulysses
mettoit les corps de ses ennemys ès pieds de ses
chevaulx, ainsi que raconte Homere, mais en luy
mettant un phantosme parmy son foin et le faisant
ordinairement passer sus icelluy quand il luy bailloit
son avoyne. Les troys aultres le suyvirent sans faillir,
excepté Eudemon, duquel le cheval enfoncea le pied
droict jusques au genoil dedans la pance d'un gros et
gras villain qui estoit là noyé à l'envers, et ne le povoit
tirer hors ; ainsi demouroit empestré, jusques à ce que

---

1. A. 1535 : poinct les armes ny.... 1535 : les armes ny.

Gargantua du bout de son baston enfondra le reste des tripes du villain en l'eau, ce pendent que le cheval levoit le pied. Et (qui est chose merveilleuse en hippiatrie) feut ledict cheval guery d'un surot qu'il avoit en celluy pied par l'atouchement de boyaux de ce gros marroufle.

Comment Gargantua soy peignant faisoit tomber de ses cheveulx les boulletz d'artillerye.

CHAPITRE XXXVII[1].

Issuz la rive de Vede, peu de temps après aborderent au chasteau de Grandgouzier, qui les attendoit en grand desir. A sa venue ilz le festoyerent à tour de bras; jamais on ne veit gens plus joyeulx : car *Supplementum supplementi chronicorum* dict que Gargamelle y mourut de joye; je n'en sçay rien de ma part, et bien peu me soucie ny d'elle ny d'aultre[2]. La verité fut que Gargantua, se refraischissant d'habillemens et se testonnant de son pigne (qui estoit grand de cent[3] cannes, appoincté de grandes dents de elephans toutes entieres), faisoit tomber à chascun coup plus de sept balles de bouletz qui luy estoient demourez entre ses cheveulx à la demolition du boys de Vede. Ce que voyant Grandgousier, son pere, pensoit que feussent poulx, et luy dist : Dea, mon bon filz, nous as tu aporté jusques icy des esparviers de Montagu ? Je n'entendoys que là tu feisse residence. Adonc Ponocrates respondit : Seigneur, ne pensez que je l'aye mis au colliege de pouillerie qu'on nomme Montagu; mieulx le eusse voulu mettre entre les guenaux de Sainct Innocent, pour l'enorme cruaulté et villennie que je y ay congneu : car trop mieulx sont traictez les forcez entre les Maures et Tartares, les

1. A. 1535, 1535, 1537 : Chapitre XXXV. — 2. A. 1535 : femme que soyt. — 3. A. 1555 : de sept cannes.

meurtriers en la prison criminelle, voire certes les chiens en vostre maison, que ne sont ces malautruz audict colliege. Et si j'estoys roy de Paris, le diable m'emport si je ne metoys le feu dedans et faysoys brusler et principal et regens, qui endurent[1] ceste inhumanité davant leurs yeulx estre exercée [2].

Lors, levant un de ces boulletz, dist : Ce sont coups de canon que n'a guyeres a repceu vostre filz Gargantua passant davant le boys de Vede, par trahison de vos ennemys. Mais ilz en eurent telle recompense qu'ilz sont tous periz en la ruine du chasteau, comme les Philistins par l'engin de Sanson, et ceulx que opprima la tour de Siloé, desquelz est escript Luce xiij. Iceulx je suis d'avis que nous poursuyvons, ce pendent que l'heur est pour nous : car l'occasion a tous ses cheveulx au front ; quand elle est oultre passée, vous ne la povez plus revocquer ; elle est chauve par le darriere de la teste, et jamais plus ne retourne.

— Vrayment, dist Grandgousier, ce ne sera pas à ceste heure, car je veulx vous festoyer pour ce soir, et soyez les tresbien venuz. Ce dict, on apresta le soupper, et de surcroist feurent roustiz seze beufz, troys genisses, trente et deux veaux, soixante et troys chevreaulx moissonniers, quatre vingt quinze moutons, troys cens gourretz de laict à beau moust, unze vingt perdrys, sept cens becasses, quatre cens chappons de Loudunois et Cornouaille, six mille poulletz et autant de pigeons, six cens gualinottes, quatorze cens levraux, troys cens et troys hostardes et mille sept cens hutaudeaux. De venaison l'on ne peut tant soubdain recouvrir, fors unze sangliers qu'envoya l'abbé de Turpenay, et dix et huict bestes fauves que donna le seigneur de Grandmont ; ensemble sept vingt[3] faisans qu'envoya le

---

1. A. 1535, 1535 : qui endurent veoir... — 2. A. 1535, 1535 : estre exercée, manque. — 3. A. 1535 : deux vingt.

seigneur des Essars, et quelques douzaines de ramiers, de oiseaulx de riviere, de cercelles, buours, courtes, pluviers, francolys, cravans, tyransons, vanereaux [1], tadournes, pocheculieres, pouacres, hegronneaux, foulques, aigrettes, ciguoingnes, cannes petieres, oranges, flammans (qui sont phœnicopteres) terrigoles, poulles de Inde, force coscossons [2] et renfort de potages. Sans poinct de faulte y estoit de vivres abondance [3], et feurent aprestez honnestement par Fripesaulce, Hoschepot et Pilleverjus, cuisiniers de Grangousier. Janot, Micquel et Verrenet appresterent fort bien à boyre.

Comment Gargantua mangea en sallade six pelerins.
CHAPITRE XXXVIII[4].

Le propos requiert que racontons ce qu'advint à six pelerins qui venoient de Sainct Sebastien, près de Nantes, et pour soy herberger celle nuit, de peur des ennemys, s'estoient mussez au jardin dessus les poyzars, entre les choulx et lectues. Gargantua se trouva quelque peu alteré, et demanda si l'on pourroit trouver de lectues pour faire sallade. Et entendent qu'il y en avoit des plus belles et grandes du pays, car elles estoient grandes comme pruniers ou noyers, y voulut aller luy mesmes, et en emporta en sa main ce que bon luy sembla, ensemble emporta les six pelerins, lesquelz avoient si grand paour qu'ilz ne ausoient ny parler, ny tousser.

Les lavant doncques premierement en la fontaine, les pelerins disoient en voix basse l'un à l'aultre : Qu'est il de faire ? Nous noyons[5] icy entre ces lectues.

1. A. 1535, 1535, 1537 : vanereaux, manque. — 2. A. 1535, 1535, 1537 : oranges, jusqu'à : coscossons, manque. — 3. A. 1535 : il y avoit vivres à suffisance. — 4. A. 1535, 1535, 1537 : Chapitre XXXVI. — 5. A. 1535, 1535 : nayons.

Parlerons nous ? mais si nous parlons, il nous tuera comme espies. Et comme ilz deliberoient ainsi, Gargantua les mist avecques ses lectues dedans un plat de la maison, grand comme la tonne de Cisteaulx, et avecques huille, et vinaigre et sel[1], les mangeoit pour soy refraischir davant souper, et avoit jà engoullé cinq des pelerins [2]; le sixiesme estoit dedans le plat, caché soubz une lectue, excepté son bourdon qui apparoissoit au dessus.

Lequel voyant Grandgousier, dist à Gargantua : Je croy que c'est là une corne de limasson ; ne le mangez poinct.

— Pour quoy ? dist Gargantua ; ilz sont bons tout ce moys. En tirant le bourdon, ensemble enleva le pelerin et le mangeoit trèsbien. Puis beut un horrible traict de vin pineau, et attendirent que l'on apprestast le soupper. Les pelerins ainsi devorez se tirerent[3] hors les meulles de ses dents le mieulx que faire peurent, et pensoient qu'on les eust mys en quelque basse fousse des prisons. Et lors que Gargantua beut le grand traict, cuiderent noyer en sa bouche, et le torrent du vin presque les emporta au gouffre de son estomach ; toutesfoys, saultans avec leurs bourdons, comme font les micquelotz, se mirent en franchise l'orée des dentz. Mais par malheur l'un d'eux, tastant avecques son bourdon le pays, à sçavoir s'ilz estoient en sceureté, frappa rudement en la faulte d'une dent creuze, et ferut le nerf de la mandibule, dont feist trèsforte douleur à Gargantua, et commença crier[4] de raige qu'il enduroit. Pour doncques se soulaiger du mal, feist apporter son curedentz, et sortant vers le noyer grollier, vous denigea messieurs les pelerins.

---

1. A. 1535 : d'huile, et de vinaigre et de sel.—2. A. 1535: prisonniers. — 3. A. 1535 : retirerent. —4. A. 1535 : a crier.

Car il arrapoit l'un par les jambes, l'aultre par les espaules, l'aultre par la bezace, l'aultre par la foillouze, l'aultre par l'escharpe ; et le pauvre haire qui l'avoit feru du bourdon le accrochea par la braguette; toutesfoys ce luy fut un grand heur, car il luy percea une bosse chrancreuze qui le martyrisoit depuis le temps qu'ilz eurent passé Ancenys.

Ainsi les pelerins denigez s'en fuyrent à travers la plante à beau trot[1], et appaisa la douleur. En laquelle heure feut appelé par Eudemon pour soupper, car tout estoit prest. Je men voys doncques (dit il) pisser mon malheur. Lors pissa si copieusement, que l'urine trancha le chemin aux pelerins, et furent contrainctz passer la grande boyre. Passans de là par l'orée de la touche, en plain chemin tomberent tous, excepté Fournillier, en une trape qu'on avoit faicte pour prandre les loups à la trainnée. Dont eschapperent moyennant l'industrie dudict Fournillier, qui rompit tous les lacz et cordages. De là issus, pour le reste de celle nuyct coucherent en une loge près le Couldray.

Et là feurent reconfortez de leur malheur par les bonnes paroles d'un de leur compaignie nommé Lasd'aller, lequel leur remonstra que ceste adventure avoit esté predicte par David, Psal....... *Cum exurgerent homines in nos, forte vivos deglutissent nos,* quand nous feusmes mangez en salade au grain du sel. *Cum irasceretur furor eorum in nos, forsitan aqua absorbuisset nos,* quand il beut le grand traict. *Torrentem pertransivit anima nostra,* quand nous passames la grande boyre. *Forsitan pertransisset anima nostra aquam intolerabilem,* de son urine, dont il nous tailla le chemin. *Benedictus Dominus qui non dedit nos in captionem dentibus eorum. Anima nostra, sicut passer, erepta est de laqueo venantium,* quànd nous tum-

1. A. 1535, 1535, 1537 : le beau trot.

basmes en la trape. *Laqueus contritus est*, par Fournillier, *et nos liberati sumus. Adjutorium nostrum*, etc.

Comment le moyne feut festoyé par Gargantua,
et des beaulx propos qu'il tint en souppant.

Chapitre XXXIX[1].

Quand Gargantua feut à table, et la premiere poincte des morceaux feut bauffrée, Grandgousier commença raconter la source et la cause de la guerre meue entre luy et Picrochole, et vint au poinct de narrer comment frere Jean des Entommeures avoit triumphé à la defence du clous de l'Abbaye, et le loua au dessus des prouesses de Camille, Scipion, Pompée, Cesar, et Themistocles. Adoncques requist Gargantua que sus l'heure feust envoyé querir, affin qu'avecques luy on consultast de ce qu'estoit à faire. Par leur vouloir l'alla querir son maistre d'hostel, et l'admena joyeusement avecques son baston de croix sus la mulle de Grandgousier. Quand il feut venu, mille charesses, mille embrassemens, mille bons jours feurent donnez. Hés! frere Jean mon amy, frere Jean mon grand cousin, frere Jean de par le diable, l'acolée, mon amy! A moy la brassée! Cza, couillon, que je te esrene de force de t'acoller. Et frere Jean de rigoller! Jamais homme ne feut tant courtoys ny gracieux. Cza, cza, dist Gargantua, une escabelle icy auprès de moy, à ce bout. — Je le veulx bien (dist le moyne) puis qu'ainsi vous plaist. Page, de l'eau! Boute, mon enfant, boute; elle me refraischira le faye. Baille icy que je guargarise. — *Deposita cappa*, dist Gymnaste : oustons ce froc! — Ho! par Dieu! dist le moyne, mon gentil homme, il y a un chapitre *in Statutis Ordinis* auquel ne plairoit le cas. — Bren (dist

---

1. A. 1535, 1535, 1537 : Chapitre XXXVII.

Gymnaste), bren pour votre chapitre. Ce froc vous romp les deux espaules : mettez bas.—Mon amy, dist le moyne, laisse le moy : car, par Dieu! je n'en boy que mieulx. Il me faict le corps tout joyeux. Si je le laisse, messieurs les pages en feront des jarretieres, comme il me feut faict une foys à Coulaines. Davantaige, je n'auray nul appetit; mais si en cest habit je m'assys à table, je boiray, par Dieu! et à toy et à ton cheval, et de hayt. Dieu guard de mal la compaignie. Je avoys souppé, mais pour ce ne mangeray je poinct moins, car j'ay un estomac pavé, creux comme la botte sainct Benoist, tousjours ouvert comme la gibbessiere d'un advocat. De tous poissons, fors que la tenche, prenez l'aesle de la perdrys[1], ou la cuisse d'une Nonnain : n'est ce falotement mourir quand on meurt le caiche roidde? Nostre prieur ayme fort le blanc de chappon.—En cela (dist Gymnaste) il ne semble poinct aux renars, car des chappons, poules, pouletz qu'ilz prennent, jamais ne mangent le blanc.—Pourquoy (dist le moyne)?—Parce (respondit Gymnaste) qu'ilz n'ont poinct de cuisiniers à les cuyre. Et s'ilz ne sont competentement cuitz, ilz demeurent rouge et non blanc. La rougeur des viandes est indice qu'elles ne sont assez cuytes, exceptez les gammares et escrevices, que l'on cardinalize à la cuyte.— Feste Dieu Bayart, dist le moyne, l'enfermier de nostre abbaye n'a doncques la teste bien cuyte, car il a les yeulx rouges comme un jadeau de vergne. Cette cuisse de levrault est bonne pour les goutteux.

A propos truelle, pourquoy est ce que les cuisses d'une damoizelle sont tousjours fraisches? — Ce problesme (dist Gargantua) n'est ny en Aristoteles, ny en Alexandre Aphrodisé, ny en Plutarque.—C'est (dist le moine) pour trois causes par lesquelles un lieu est naturellement

---

1. A. 1535, 1535, 1537 : ou la cuisse... jusqu'à : de vergne (quatorze lignes), manque.

refraischy : *Primo*, pource que l'eau decourt tout du long ; *secundo*, pource que c'est un lieu umbrageux, obscur et tenebreux, auquel jamais le soleil ne luist ; et tiercement, pource qu'il est continuellement esventé des ventz du trou de bize, de chemise, et d'abondant de la braguette. Et dehait ! Page, à la humerie ! Crac, crac, crac ! Que Dieu est bon, qui nous donne ce bon piot ! J'advoue Dieu, si j'eusse esté au temps de Jesuchrist, j'eusse bien engardé que les Juifz ne l'eussent prins au jardin de Olivet. Ensemble le diable me faille si j'eusse failly de coupper les jarretz à messieurs les apostres, qui fuyrent tant laschement après qu'ilz eurent bien souppé, et laisserent leur bon maistre au besoing ! Je hayz plus que poizon un homme qui fuyt quand il fault jouer des cousteaux. Hon, que je ne suis roy de France pour quatre vingtz ou cent ans ! Par Dieu ! je vous metroys en chien courtault les fuyars de Pavie. Leur fiebvre quartaine ! Pourquoy ne mouroientilz là plus tost que laisser leur bon prince en ceste necessité ? N'est-il[1] meilleur et plus honorable mourir vertueusement bataillant que vivre fuyant villainement ? Nous ne mangerons gueres d'oysons ceste année. Ha ! mon amy, baille de ce cochon. Diavol ! il n'y a plus de moust. *Germinavit radix Jesse.* Je renye ma vie, je meurs de soif. Ce vin n'est[2] des pires. Quel vin beuviez vous à Paris ? Je me donne au diable si je n'y tins plus de six moys pour un temps maison ouverte à tous venens. Congnoissez vous frere Claude des Haulx Barrois ? O le bon compaignon que c'est ! Mais quelle mousche l'a picqué ? Il ne faict rien que estudier depuis je ne sçay quand. Je n'estudie poinct, de ma part. En nostre abbaye nous ne estudions jamais, de peur des auripeaux. Nostre feu abbé disoit que c'est chose monstrueuse veoir un moyne sçavant. Par Dieu ! Monsieur

---

1. A. 1535 : n'est-il pas. — 2. A. 1535 : n'est pas.

mon amy, *magis magnos clericos non sunt magis magnos sapientes*. Vous ne veistes oncques tant de lievres comme il y en a ceste année. Je n'ay peu recouvrer ny aultour ny tiercelet de lieu du monde. Monsieur de la Bellonniere m'avoit promis un lanier, mais il m'escripvit n'a gueres qu'il estoit devenu patays[1]. Les perdris nous mangeront les aureilles mesoüan. Je ne prens poinct de plaisir à la tonnelle, car je y morfonds. Si je ne cours, si je ne tracasse, je ne suis poinct à mon aize. Vray est que saultant les hayes et buissons, mon froc y laisse du poil. J'ay recouvert un gentil levrier. Je donne au diable si luy eschappe lievre. Un lacquays le menoit à monsieur de Maulevrier : je le destroussay. Feis-je mal ? — Nenny, frere Jean (dist Gymnaste), nenny, de par tous les diables, nenny. — Ainsi, dist le moyne, à ces diables ce pendent qu'ilz durent. Vertus Dieu ! qu'en eust faict ce boyteux ? Le cor Dieu, il prend plus de plaisir quand on lui faict present d'un bon couble de beufs. — Comment (dit Ponocrates), vous jurez, frere Jean ? — Ce n'est (dist le moyne) que pour orner mon languaige. Ce sont couleurs de rethoricque ciceroniane.

Pourquoy les moines sont refuis du monde, et pourquoy les ungs ont le nez plus grand que les aultres.

CHAPITRE XL[2].

Foy de christian (dist Eudemon), je entre en grande resverie, considerant l'honnesteté de ce moyne, car il nous esbaudist icy tous. Et comment doncques est ce qu'on rechasse les moynes de toutes bonnes compaignies, les appellans trouble-feste, comme abeilles chassent les freslons d'entour leurs rousches ? *Ignavum fucos pecus* (dist Maro) *à præsepibus arcent*. A quoy respondit Gargantua : Il n'y a rien si vray, que le froc et la cogule tire

---

1. A, 1535 : pantais. — 2. A. 1555, 1535, 1537 : Chapitre XXXVIII.

à soy les opprobres, injures et maledictions du monde, tout ainsi comme le vent dict Cecias attire les nues. La raison peremptoire est parce qu'ilz mangent la merde du monde, c'est à dire les pechez, et comme mache-merdes l'on les rejecte en leurs retraictz, ce sont leurs conventz et abbayes, separez de conversation politicque comme sont les retraictz d'une maison. Mais si entendez pour quoy ung cinge en une famille est tousjours mocqué et hersélé, vous entendrez pourquoy les moynes sont de tous refuys, et des vieulx et des jeunes. Le cinge ne garde poinct la maison, comme un chien ; il ne tire pas l'aroy, comme le beuf ; il ne produict ny laict ny laine, comme la brebis ; il ne porte pas le faiz, comme le cheval.

Ce qu'il faict est tout conchier et degaster, qui est la cause pourquoy de tous repceoyt mocqueries et bastonnades.

Semblablement un moyne (j'entends de ces ocieux moynes) ne laboure, comme le paysant ; ne garde le pays, comme l'homme de guerre ; ne guerist les malades, comme le medicin ; ne presche ny endoctrine le monde, comme le bon docteur evangelicque et pedagoge ; ne porte les commoditez et choses necessaires à la republicque, comme le marchant. Ce est la cause pourquoy de tous sont huez et abhorryz. — Voyre, mais (dist Grandgousier) ilz prient Dieu pour nous. — Rien moins (respondit Gargantua). Vray est qu'ilz molestent tout leur voisinage à force de trinqueballer leurs cloches.

— (Voyre, dist le moyne, une messe, unes matines, unes vespres bien sonnéez sont à demy dictes). — Ilz marmonnent grand renfort de legendes et pseaulmes nullement par eulx entenduz ; ilz content force patenos tres entrelardées de longs *Ave Mariaz*, sans y penser ny entendre. Et ce je appelle mocque-Dieu, non oraison.

Mais ainsi leurs ayde Dieu s'ilz prient pour nous, et
non par paour de perdre leurs miches et souppes grasses.
Tous vrays christians, de tous estatz, en tous lieux, en
tous temps, prient Dieu, et l'esperit prie et interpelle
pour iceulx, et Dieu les prend en grace. Maintenant tel
est[1] nostre bon frere Jean. Pourtant chascun le soubhaite
en sa compaignie.

Il n'est poinct bigot, il n'est poinct dessiré, il est
honneste, joyeulx, deliberé, bon compaignon.

Il travaille, il labeure, il defent les opprimez, il
conforte les affligez, il subvient ès souffreteux, il garde
les clous de l'abbaye.—Je foys (dist le moyne) bien dadvantaige,
car, en despeschant nos matines et anniversaires
on cueur, ensemble je foys des chordes d'arbaleste,
je polys des matraz et guarrotz, je foys des retz
et des poches à prendre les connis. Jamais je ne suis
oisif. Mais or çzà, à boyre ! à boyre, czà ! Apporte le
fruict. Ce sont chastaignes du bois d'Estrocz, avec
bon vin nouveau ; voy vous là composeur de petz. Vous
n'estez encores ceans amoustillez. Par Dieu ! je boy à
tous guez, comme un cheval de promoteur. Gymnaste
luy dist : Frere Jean, oustez ceste rouppie qui vous
pend au nez.—Ha, ha ! (dist le moyne) serois je en dangier
de noyer, veu que suis en l'eau jusques au nez ?
Non, non. *Quare? Quia*[2] elle en sort bien, mais poinct
n'y entre, car il est bien antidoté de pampre.

O mon amy ! qui auroit bottes d'hyver de tel cuir,
hardiment pourroit il pescher aux huytres, car jamais
ne prendroient eau.—Pourquoy (dist Gargantua) est ce
que frere Jean a si beau nez ?—Parce (respondit Grandgousier)
que ainsi Dieu l'a voulu, lequel nous faict en
telle forme et telle fin, selon son divin arbitre, que faict
un potier ses vaisseaulx.—Parce (dist Ponocrates) qu'il
feut des premiers à la foyre des nez. Il print des plus

1. A. 1535, 1535 : tel n'est. — 2. 1535 : *Quare?* Or elle.

beaulx et plus grands. — Trut avant (dist le moyne) ! Selon vraye philosophie monasticque, c'est parce que ma nourrice avoit les tetins moletz; en la laictant, mon nez y enfondroit comme en beurre, et là s'eslevoit[1] et croissoit comme la paste dedans la met.

Les durs tetins de nourrices font les enfans camuz. Mais guay, guay ! *ad formam nasi cognoscitur ad te levavi.* Je ne mange jamais de confitures. Page, à la humerie ! Item, rousties !

Comment le moyne feist dormir Gargantua, et de ses heures et breviaire. — CHAPITRE XLI[2].

Le souper achevé, consulterent sus l'affaire instant, et feut conclud que environ la minuict ilz sortiroient à l'escarmouche pour sçavoir quel guet et diligence faisoient leurs ennemys ; en ce pendent, qu'ils se reposeroient quelque peu pour estre plus frais. Mais Gargantua ne povoit dormir en quelque façon qu'il se mist. Dont luy dist le moyne : Je ne dors jamais bien à mon aise sinon quand je suis au sermon ou quand je prie Dieu. Je vous supplye, commençons, vous et moy, les sept pseaulmes, pour veoir si tantost ne serez endormy.

L'invention pleust tresbien à Gargantua.

Et commenceant le premier pseaulme, sus le poinct de *Beati quorum* s'endormirent et l'un et l'aultre. Mais le moyne ne faillit oncques à s'esveiller avant la minuict, tant il estoit habitué à l'heure des matines claustralles. Luy esveillé, tous les aultres esveilla, chantant à pleine voix la chanson : Ho ! Regnault, resveille-toy ; veille, ô Regnault ! resveille-toy. Quand tous furent esveillez, il dict : Messieurs, l'on dict que matines commencent par tousser, et souper par boyre. Faisons à

---

1. A. 1535 : s'enlevoit. — pitre XXXIX.
2. A. 1535, 1535, 1537 : Cha-

rebours, commençons maintenant noz matines par boyre, et de soir, à l'entrée de souper, nous tousserons à qui mieulx mieulx. Dont dist Gargantua : Boyre si tost après le dormir ? Ce n'est vescu¹ en diete de medicine. Il se fault premier escurer l'estomach des superfluitez et excremens.

— C'est, dist le moyne, bien mediciné !

Cent diables me saultent au corps s'il n'y a plus de vieulx hyvrognes qu'il n'y a de vieulx medicins ! J'ay composé ² avecques mon appetit en telle paction, que tousjours il se couche avecques moy, et à cela je donne bon ordre le jour durant : aussi avecques moy il se lieve. Rendez tant que vouldrez voz cures, je m'en voys après mon tyrouer. — Quel tyrouer (dist Gargantua) entendez vous ? — Mon breviaire, dist le moyne : car tout ainsi que les faulconniers, davant que paistre leurs oiseaux, les font tyrer quelque pied de poulle pour leurs purger le cerveau des phlegmes et pour les mettre en appetit, ainsi, prenant ce joyeux petit breviaire au matin, je m'escure tout le poulmon, et voy me là prest à boyre.

— A quel usaige (dist Gargantua) dictez vous ces belles heures ? — A l'usaige (dist le moyne) de Fecan, à troys pseaulmes et troys leçons, ou rien du tout qui ne veult. Jamais je ne me assubjectis³ à heures : les heures sont faictez pour l'homme, et non l'homme pour les heures. Pourtant je foys des miennes à guise d'estrivieres, je les acourcis ou allonge quand bon me semble. *Brevis oratio penetrat cœlos, longa potatio evacuat scyphos.*

Où est escript cela ? — Par ma foy, dist Ponocrates, je ne sçay, mon petit couillaust ; mais tu vaulx trop. — En cela (dist le moyne) je vous ressemble. Mais *venite*

1. A. 1535, 1535 : ce n'est pas vescu — 2. A. 1535, 1535 : J'ay composé... jusqu'à : il se | lieve (trois lignes), manque. — 3. A. 1535. massubjectoys.

apotemus. L'on appresta carbonnades à force, et belles souppes de primes, et beut le moyne à son plaisir.

Aulcuns lui tindrent compaignie, les aultres s'en deporterent. Après, chascun commença soy armer et accoustrer. Et armerent le moyne contre son vouloir, car il ne vouloit aultres armes que son froc davant son estomach, et le baston de la croix en son poing. Toutesfoys, à leur plaisir feut armé de pied en cap et monté sus un bon coursier du royaume, et un gros braquemart au cousté. Ensemble Gargantua, Ponocrates, Gymnaste, Eudemon et vingt et cinq des plus adventureux de la maison de Grandgousier, tous armez à l'advantaige, la lance au poing, montez comme sainct George, chascun ayant un harquebouzier en crope.

Comment le moyne donne couraige à ses compaignons, et comment il pendit à une arbre.

Chapitre XLII[1].

Or s'en vont les nobles champions à leur adventure, bien deliberez d'entendre quelle rencontre fauldra poursuyvre, et de quoy se fauldra contregarder quand viendra la journée de la grande et horrible bataille. Et le moyne leur donne couraige, disant : Enfans, n'ayez ny paour ny doubte, je vous conduiray seurement. Dieu et sainct Benoist soyent avecques nous ! Si j'avoys la force de mesmes le couraige, par la mort bieu ! je vous les plumeroys comme un canart. Je ne crains rien fors l'artillerie. Toutesfoys, je sçay quelque oraison que m'a baillé le soubsecretain de nostre abbaye, laquelle guarentist la personne de toutes bouches à feu. Mais elle ne me profitera de rien, car je n'y adjouste poinct de foy. Toutesfoys, mon baston de croix fera diables. Par Dieu ! qui fera la cane de vous aultres, je me donne

---

1. A. 1535, 1535, 1537 : Chapitre XL.

au diable si je ne le fays moyne en mon lieu et l'enchevestre de mon froc : il porte medicine à couhardise de gens. Avez point ouy parler du levrier de monsieur de Meurles, qui ne valloit rien pour les champs ? Il luy mist un froc au col : par le corps Dieu ! il n'echappoit ny lievre ny regnard devant luy, et, que plus est, couvrit toutes les chiennes du pays, qui auparavant estoit esrené, *et frigidis et maleficiatis*. Le moyne, disant ces parolles en cholere, passa soubz un noyer, tyrant vers la saullaye, et embrocha la visiere de son heaulme à la roupte d'une grosse branche du noyer. Ce nonobstant donna fierement des esperons à son cheval, lequel estoit chastouilleur à la poincte, en maniere que le cheval bondit en avant, et le moyne, voulant deffaire sa visiere du croc, lasche la bride, et de la main se pend aux branches, ce pendent que le cheval se desrobe¹ dessoubz luy.

Par ce moyen demoura le moyne pendent au noyer, et criant à l'aide et au meurtre, protestant aussi de trahison. Eudemon premier l'aperceut, et appellant Gargantua² : Syre, venez et voyez Absalon pendu. Gargantua venu, considera la contenence du moyne et la forme dont il pendoit, et dist à Eudemon : Vous avez mal rencontré, le comparant à Absalon, car Absalon se pendit par les cheveux; mais le moyne, ras de teste, s'est pendu par les aureilles. — Aidez moy (dist le moyne), de par le diable ! N'est il pas bien le temps de jazer ? Vous me semblez les prescheurs decretalistes, qui disent que quiconques voira son prochain en dangier de mort, il le doibt, sus peine d'excommunication trisulce, plustoust admonnester de soy confesser et mettre en estat de grace que de luy ayder.

Quand doncques je les voiray tombez en la riviere et prestz d'estre noyez, en lieu de les aller querir et

1. 1535 : lascha... desroba. — 2. A. 1535 : dist.

bailler la main, je leur feray un beau et long sermon *de contemptu mundi et fuga sœculi*, et lorsqu'ilz seront roides mors, je les iray pescher. — Ne bouge (dist Gymnaste), mon mignon, je te voys querir, car tu es gentil petit monachus. *Monachus in claustro non valet ova duo : sed quando est extra, bene valet triginta.* J'ay veu des pendus plus de cinq cens, mais je n'en veis oncques qui eust meilleure grace en pendillant, et, si je l'avoys aussi bonne, je vouldroys ainsi pendre toute ma vye. — Aurez vous (dist le moyne) tantost assez presché ? Aidez moy de par Dieu, puisque de par l'aultre ne voulez. Par l'habit que je porte ! vous en repentirez, *tempore et loco prælibatis*. Alors descendit Gymnaste de son cheval, et, montant au noyer, souleva le moyne par les goussetz d'une main, et de l'autre deffist visiere du croc de l'arbre, et ainsi le laissa tumber en terre et soy après. Descendu que feut le moyne, se deffist de tout son arnoys, et getta l'une piece après l'autre parmy le champ, et, reprenant son baston de la croix, remonta sus son cheval, lequel Eudemon avoit retenu à la fuite. Ainsi s'en vont joyeusement tenans le chemin de la saullaye.

Comment l'escharmouche de Picrochole fut rencontré par Gargantua, et comment le moyne tua le capitaine Tyravant, et puis fut prisonnier entre les ennemis. — Chapitre XLIII[1].

Picrochole, à la relation de ceulx qui avoient evadé à la roupte lors que Tripet fut estripé, feut esprins de grand courroux, ouyant que les diables avoient couru suz ses gens, et tint son conseil toute la nuict, auquel Hastiveau et Toucquedillon conclurent[2] que sa puissance estoit telle

---

1. A. 1535, 1535, 1537 : | decernerent.
Chapitre XLI. — 2. A. 1535 :

qu'il pourroit defaire tous les diables d'enfer s'ilz y
venoient. Ce que Picrochole ne croyoit du tout : aussy
ne s'en deffioit il.

Pourtant envoya soubz la conduicte du conte[1] Tiravant, pour descouvrir le pays, seize cens chevaliers,
tous montez sus chevaulx legiers, en escarmousche, tous
bien aspergez d'eau beniste, et chascun ayant pour
leur signe une estolle en escharpe, à toutes adventures,
s'ilz rencontroient les diables, que par vertuz tant de
ceste eau gringorienne que des estolles, yceulx feissent
disparoir et esvanouyr. Coururent[2] doncques jusques
près la Vauguyon et la Maladerye, mais oncques ne
trouverent personne à qui parler, dont repasserent
par le dessus, et en la loge et tugure pastoral, près le
Couldray, trouverent les cinq pelerins, lesquelz liez et
baffouez emmenerent comme s'ilz feussent espies,
nonobstant les exclamations, adjurations et requestes
qu'ilz feissent. Descendus de là vers Seuillé, furent
entenduz par Gargantua, lequel dist à ses gens : Compaignons, il y a icy rencontre, et sont en nombre trop
plus dix fois que nous. Chocquerons nous sus eulx? —
Que diable (dist le moyne) ferons nous doncq? Estimez
vous les hommes par nombre, et non par vertus et hardiesse? Puis s'escria : Chocquons, diables, chocquons.
Ce que entendens les ennemys, pensoient certainement
que feussent vrays diables, dont commencerent fuyr à
bride avallée, excepté Tyravant, lequel coucha sa lance
en l'arrest, et en ferut à toute oultrance le moyne au
milieu de la poictrine ; mais, rencontrant le froc horrifique, rebouscha par le fer, comme si vous frappiez
d'une petite bougie contre une enclume. Adoncq le
moyne avec son baston de croix luy donna entre col
et collet sus l'os acromion si rudement qu'il l'estonna

---

1. A. 1535 : conte de. — rurent jusques.
2. A. 1535, 1535 : Iceux cou-

et feit perdre tout sens et movement, et tomba ès piedz du cheval.

Et voyant l'estolle qu'il portoit en escharpe, dist à Gargantua : Ceulx-cy ne sont que prebstres, ce n'est q'un commencement de moyne. Par sainct Jean ! je suis moyne parfait, je vous en tueray comme de mousches. Puis le grand gualot courut après, tant qu'il atrapa les derniers, et les abbastoit comme seille, frappant à tors et à travers. Gymnaste interrogua sus l'heure Gargantua s'ilz les debvoient poursuyvre. A quoy dist Gargantua : Nullement, car selon vraye discipline militaire, jamais ne fault mettre son ennemy en lieu de desespoir, parce que telle necessité luy multiplie sa force et accroist le couraige, qui jà estoit deject et failly; et n'y a meilleur remede de salut à gens estommiz et recreuz que de ne esperer salut aulcun. Quantes victoires ont esté tollues des mains des vaincqueurs par les vaincus, quand ilz ne se sont contentez de raison, mais ont attempté du tout mettre à internition et destruire totallement leurs ennemys, sans en vouloir laisser un seul pour en porter les nouvelles ! Ouvrez tousjours à voz ennemys toutes les portes et chemins, et plustost leurs faictes un pont d'argent affin de les renvoyer.—Voyre, mais (dist Gymnaste) ilz ont le moyne. — Ont ilz (dist Gargantua) le moyne ? Sus mon honneur, que ce sera à leur dommaige. Mais, affin de survenir à tous azars, ne nous retirons pas encores, attendons icy en silence, car je pense jà assez congnoistre l'engin de noz ennemys : ilz se guident par sort, non par conseil. Iceulx ainsi attendens soubz les noiers, ce pendent le moyne poursuyvoit, chocquant tous ceulx qu'il rencontroit, sans de nully avoir mercy, jusque à ce qu'il rencontra un chevalier qui portoit en crope un des pauvres pelerins. Et là, le voulent mettre à sac, s'escria le pelerin : Ha ! Monsieur le priour, mon

amy, Monsieur le priour, sauvez moy, je vous en prie.
Laquelle parolle entendue, se retournerent arriere les
ennemys, et voyans que là n'estoit que le moyne, qui
faisoit cest esclandre, le chargerent de coups comme
on faict un asne de boys; mais de tout rien[1] ne sentoit, mesmement quand ilz frapoient sus son froc,
tant il avoit la peau dure. Puis le baillerent à guarder
à deux archiers, et, tournans bride, ne veirent personne
contre eulx, dont exstimerent[2] que Gargantua estoit fuy
avecques sa bande. Adoncques coururent vers les Noyrettes tant roiddement qu'ilz peurent pour les rencontrer, et laisserent là le moyne seul avecques deux
archiers de guarde. Gargantua entendit le bruit et
hennissement des chevaulx, et dist à ses gens : Compaignons, j'entends le trac de noz ennemys, et jà apperçoy[3] aulcuns d'iceulx qui viennent contre nous à la
foulle. Serrons nous icy, et tenons le chemin en bon
ranc. Par ce moyen nous les pourrons recepvoir à leur
perte et à nostre honneur.

*Comment le moyne se desfist de ses guardes, et comment
l'escarmouche de Picrochole feut deffaicte.*
Chapitre XLIV[4].

Le moyne, les voyant ainsi departir en desordre, conjectura qu'ilz alloient charger sus
Gargantua et ses gens, et se contristoit merveilleusement de ce qu'il ne les pouvoit secourir; puis advisa la contenence de ses deux archiers
de guarde, lesquelz eussent voluntiers couru après la
troupe pour y butiner quelque chose, et tousjours regardoient vers la vallée en laquelle ilz descendoient.
Dadvantaige syllogisoit, disant : Ces gens icy sont bien

---

1. A. 1535 : de tout presque rien. — 2. A. 1535 : existimerent que Gargantua s'en estoit fuy. — 3. A. 1535 : ja en aperçoy. — 4. A 1535, 1535, 1537 : Chapitre XLII.

mal exercez en faictz d'armes, car oncques ne me ont demandé ma foy et ne me ont ousté mon braquemart.

Soubdain après tyra son dict braquemart, et en ferut l'archier qui le tenoit à dextre, luy coupant entierement les venes jugulaires et arteres spagitides du col, avecques le guarguareon, jusques ès deux adenes, et, retirant le coup, luy entreouvrit la mouelle spinale entre la seconde et tierce vertebre. Là tomba l'archier tout mort. Et le moyne, detournant son cheval à gauche, courut sus l'aultre, lequel, voyant son compaignon mort et le moyne adventaigé sus soy, cryoit à haulte voix : Ha ! Monsieur le priour, je me rendz ; Monsieur le priour, mon bon amy, Monsieur le priour ! Et le moyne cryoit de mesmes : Monsieur le posteriour, mon amy, Monsieur le posteriour, vous aurez sus voz posteres.
— Ha ! (disoit l'archier) Monsieur le priour, mon mignon, Monsieur le priour, que Dieu vous face abbé ! — Par l'habit (disoit le moyne) que je porte, je vous feray icy cardinal. Rensonnez vous les gens de religion ? Vous aurez ung chapeau rouge à ceste heure de ma main. Et l'archier cryoit : Monsieur le priour, Monsieur le priour, Monsieur l'abbé futeur, Monsieur le cardinal, Monsieur le tout ! Ha, ha, hes, non, Monsieur le priour, mon bon petit seigneur le priour, je me rends à vous. — Et je te rends (dist le moyne) à tous les diables. Lors d'un coup luy tranchit la teste, luy coupant le test sus les os petrux, et enlevant les deux os bregmatis et la commissure sagittale avecques grande partie de l'os coronal, ce que faisant luy tranchit les deux meninges, et ouvrit profondement les deux posterieurs ventricules du cerveau ; et demoura le craine pendent sus les espaules à la peau du pericrane par derriere, en forme d'un bonnet doctoral noir par dessus, rouge par dedans. Ainsi tomba roidde

mort en terre. Ce faict, le moyne donne des esperons à
son cheval et poursuyt la voye que tenoient les ennemys, lesquelz avoient rencontré Gargantua et ses compaignons au grand chemin ; et tant estoient diminuez
au nombre, pour l'enorme meurtre que y avoit faict
Gargantua avecques son grand arbre, Gymnaste, Ponocrates, Eudemon et les aultres, qu'ilz commen-
çoient soy retirer à diligence, tous effrayez et perturbez
de sens et entendement comme s'ilz veissent la propre
espece et forme de mort davant leurs yeulx.

Et comme vous voyez un asne, quand il a au cul
un œstre Junonicque ou une mouche qui le poinct,
courir çà et là sans voye ny chemin, gettant sa charge
par terre, rompant son frein et renes, sans aulcunement respirer ny prandre repos, et ne sçayt on qui le
meut, car l'on ne veoit rien qui le touche, ainsi
fuyoient ces gens de sens desprouveuz, sans sçavoir
cause de fuyr : tant seullement les poursuit une ter-
reur panice laquelle avoient conceue en leurs ames.
Voyant le moyne que toute leur pensée n'estoit sinon à
guaigner au pied, descend de son cheval et monte sus
une grosse roche qui estoit sus le chemin, et avecques
son grand braquemart frappoit sus ces fuyards à
grand tour de bras sans se faindre ny espargner. Tant
en tua et mist par terre que son braquemart rompit
en deux pieces. Adoncques pensa en soy-mesmes que
c'estoit assez massacré et tué, et que le reste debvoit
eschapper pour en porter les nouvelles. Pourtant saisit
en son poing une hasche de ceux qui là gisoient mors,
et se retourna derechief sus la roche, passant temps à
veoir fouyr les ennemys et cullebuter entre les corps
mors, excepté que à tous faisoit laisser leurs picques,
espées, lances et hacquebutes ; et ceulx qui portoient
les pelerins liez, il les mettoit à pied et delivroit leurs
chevaulx ausdictz pelerins, les retenent avecques soy

l'orée de la haye, et Toucquedillon, lequel il retint prisonnier.

Comment le moyne amena les pelerins, et les bonnes parolles que leur dist Grandgousier.
Chapitre XLV[1].

Ceste escarmouche parachevée, se retyra Gargantua avecques ses gens, excepté le moyne, et sus la poincte du jour se rendirent à Grandgousier, lequel en son lict prioit Dieu pour leur salut et victoire. Et, les voyant tous saulfz et entiers, les embrassa de bon amour, et demanda nouvelles du moyne. Mais Gargantua luy respondit que sans doubte leurs ennemys avoient le moyne. Ilz aurout (dist Grandgousier) doncques male encontre. Ce que avoit esté bien vray. Pourtant encores est le proverbe en usaige, de bailler le moyne à quelcun. Adoncques commenda qu'on aprestast trèsbien à desjeuner pour les refraischir. Le tout apresté, l'on appella Gargantua ; mais tant luy grevoit de ce que le moyne ne comparoit aulcunement qu'il ne vouloit ny boyre ny manger. Tout soubdain le moyne arrive, et, dès la porte de la basse court, s'escria : Vin frays, vin frays, Gymnaste mon amy. Gymnaste sortit et veit que c'estoit frere Jean qui amenoit cinq pelerins, et Toucquedillon prisonnier. Dont Gargantua sortit au davant, et luy feirent le meilleur recueil que peurent, et le menerent davant Grandgousier, lequel l'interrogea de toute son adventure. Le moyne luy disoit tout : et comment on l'avoit prins, et comment il s'estoit deffaict des archiers, et la boucherie qu'il avoit faict par le chemin, et comment il avoit recouvert[2] les pelerins et amené le capitaine Toucquedillon.

1. A. 1535, 1535, 1537 : Chapitre XLIII.—2. A. 1535, | 1535 : secous.

Puis se mirent à bancqueter joyeusement tous ensemble. Ce pendent Grandgousier interrogeoit les pelerins de quel pays ilz estoient,[1] dont ilz venoient et où ilz alloient. Lasd'aller pour tous respondit : Seigneur, je suis de Sainct Genou en Berry.

Cestuy cy est de Palluau.

Cestuy cy est de Onzay.

Cestuy cy est de Argy.

Et c'estuy cy est de Villebrenin. Nous venons de Sainct Sebastian, près de Nantes, et nous en retournons par noz petites journées.—Voire, mais (dist Grandgousier) qu'alliez vous faire à Sainct Sebastian?—Nous allions (dist Lasd'aller) luy offrir noz votes contre la peste.

— O (dist Grandgousier) pauvres gens, estimez vous que la peste vienne de Sainct Sebastian?—Ouy vrayement (respondit Lasd'aller), nos prescheurs nous l'afferment.

— Ouy (dist Grandgousier), les faulx prophetes vous annoncent ilz telz abuz? Blasphement ilz en ceste façon les justes et sainctz de Dieu qu'ilz les font semblables aux diables, qui ne font que mal entre les humains, comme Homere escript que la peste fut mise en l'oust des Gregoys par Apolo, et comme les poetes faignent un grand tas de Vejoves et dieux malfaisans? Ainsi preschoit à Sinays un caphart que Sainct Antoine mettoit le feu ès jambes ;

Sainct Eutrope faisoit les hydropiques ;

Sainct Gildas les folz ;

Sainct Genou les gouttes. Mais je le puniz en tel exemple, quoy qu'il me appellast heretique, que depuis ce temps caphart quiconques n'est auzé entrer en mes terres. Et m'esbahys si vostre roy les laisse prescher par son royaulme telz scandales. Car plus sont à punir que ceulx qui par art magicque ou aultre engin auroient

1. A. 1535, 1535 : et dont...

mis la peste par le pays. La peste ne tue que le corps, mais telz imposteurs empoisonnent les ames [1].

Luy disans ces parolles, entra le moyne tout deliberé, et leurs demanda : Dont estes vous, vous aultres pauvres hayres?—De Sainct Genou, dirent ilz.—Et comment (dist le moyne) se porte l'abbé Tranchelion, le bon beuveur? Et les moynes, quelle chere font-ilz? Le cor Dieu! ilz biscotent voz femmes ce pendent que estes en romivage. — Hinhen! (dist Lasd'aller) je n'ay pas peur de la mienne, car qui la verra de jour ne se rompera jà [2] le col pour l'aller visiter la nuict.—C'est (dist le moyne) bien rentré de picques! Elle pourroit estre aussi layde que Proserpine, elle aura, par Dieu, la saccade, puisqu'il y a moynes autour : car un bon ouvrier mect indifferentement toutes pieces en œuvre. Que j'aye la verolle en cas que ne les trouviez engroissées à vostre retour : car seulement l'ombre du clochier d'une abbaye est feconde.

—C'est (dist Gargantua) comme l'eau du Nile en Egypte, si vous croyez Strabo et Pline, lib. vij, chap. iij, advise [3] que c'est de la miche, des habitz et des corps.

Lors dist Grandgousier : Allez vous en, pauvres gens, au nom de Dieu le createur, lequel vous soit en guide perpetuelle. Et dorenavent ne soyez faciles à ces otieux et inutilles voyages. Entretenez voz familles, travaillez chascun en sa vacation, instruez voz enfans, et vivez comme vous enseigne le bon apostre Sainct Paoul. Ce faisans, vous aurez la garde de Dieu, des anges et des sainctz avecques vous, et n'y aura peste ny mal qui vous porte nuysance. Puis les mena Gargantua prendre leur refection en la salle; mais les pelerins ne faisoient que souspirer, et dirent à Gargantua : O que heureux est le

1. A. 1535. 1535 : Au lieu de : mais de tels imposteurs...... il y a : mais ces predications diabolicques infectionnent les ames des pauvres et simples gens. — 2. A. 1535 : pas. — 3. A 1535, 1535 : Advisez.

pays qui a pour seigneur un tel homme! Nous sommes plus edifiez et instruictz en ces propos qu'il nous a tenu qu'en tous les sermons que jamais nous feurent preschez en nostre ville. — C'est (dist Gargantua) ce que dict Platon, *Lib.* v. *de Repub.*, que lors les Republiques seroient heureuses quand les roys philosopheroient, ou les philosophes regneroient. Puis leur feist emplir leurs bezaces de vivres, leurs bouteilles de vin, et à chascun donna cheval pour soy soulager au reste du chemin, et quelques carolus pour vivre.

Comment Grandgousier traicta humainement Toucquedillon prisonnier. — CHAPITRE XLVI[1].

Toucquedillon fut presenté à Grandgousier et interrogé par icelluy sus l'entreprinze et affaires de Picrochole, quelle fin il pretendoit par ce tumultuaire vacarme. A quoy respondit[2] que sa fin et sa destinée estoit de conquester tout le pays s'il povoit, pour l'injure faicte à ses fouaciers. — C'est (dist Grandgousier) trop entreprint : qui trop embrasse peu estrainct. Le temps n'est plus d'ainsi conquester les royaulmes avecques dommaige de son prochain frere christian ; ceste imitation des anciens Hercules, Alexandres, Hannibals, Scipions, Cesars et aultres telz, est contraire à la profession de l'Evangile, par lequel nous est commandé guarder, saulver, regir et administrer chascun ses pays et terres, non hostilement envahir les aultres. Et ce que les Sarazins et Barbares jadis appelloient prouesses, maintenant nous appellons briguanderies et meschansetez. Mieulx eust il faict soy contenir en sa maison, royalement la gouvernant, que insulter en la mienne, hostillement la pillant : car par bien la gouverner l'eust augmentée, par me piller sera destruict. Allez vous en au nom de

---

1. A. 1535, 1535, 1537 : Chapitre XLIV. — 2. A. 1535 : respondoyt.

Dieu, suyvez bonne entreprinse, remonstrez à vostre roy les erreurs que congnoistrez, et jamais ne le conseillez ayant esgard à vostre profit particulier : car avecques le commun est aussy le propre perdu. Quand est de vostre ranczon, je vous la donne entierement, et veulx que vous soient rendues armes et cheval : ainsi fault il faire entre voisins et anciens amys, veu que ceste nostre difference n'est poinct guerre proprement.

Comme Platon, *Lib. v. de Rep.*[1], vouloit estre non guerre nommée, ains sedition, quand les Grecz meuvoient armes les ungs contre les aultres. Ce que si par male fortune advenoit, il commande qu'on use de toute modestie. Si guerre la nommez, elle n'est que superficiaire, elle n'entre poinct au profond cabinet de noz cueurs : car nul de nous n'est oultraigé en son honneur, et n'est question, en somme totale, que de rabiller quelque faulte commise par nos gens, j'entends et vostres et nostres. Laquelle, encores que congneussiez, vous doibviez laisser couler oultre, car les personnages querelans estoient plus à contempner que à ramentevoir, mesmement leurs satisfaisant selon le grief, comme je me suis offert. Dieu sera juste estimateur de nostre different, lequel je supplye plus tost par mort me tollir de ceste vie et mes biens deperir davant mes yeulx, que par moy ny les miens en rien soit offensé. Ces parolles achevées, appella le moyne, et davant tous luy demanda : Frere Jean, mon bon amy, estez vous qui avez prins le capitaine Toucquedillon icy present? — Syre (dist le moyne) il est[2] present, il a eage et discretion : j'ayme mieulx que le sachez par sa confession que par ma parolle. Adoncques dist Toucquedillon : Seigneur, c'est luy veritablement qui m'a prins, et je me rends son prisonnier franchement.

1. A. 1535 : *Lib. v. de Rep.*, manque. — 2. A. 1535 : il est | icy present.

— L'avez vous (dist Grandgousier au moyne) mis à rançon? — Non, dist le moyne. De cela je ne me soucie. — Combien (dist Grandgousier) vouldriez vous de sa prinse? - Rien, rien (dist le moyne); cela ne me mene pas. Lors commenda Grandgousier que, present Toucquedillon, feussent contez au moyne soixante et deux mille saluz pour celle prinse. Ce que feut faict ce pendent qu'on feist la collation au dict Toucquedillon, auquel demanda Grandgousier s'il vouloit demourer avecques luy, ou si mieulx aymoit retourner à son roy. Toucquedillon respondit qu'il tiendroit le party lequel il luy conseilleroit. Doncques (dist Grandgousier) retournez à vostre roy, et Dieu soit avecques vous! Puis luy donna une belle espée de Vienne, avecques le fourreau d'or faict à belles vignettes d'orfeverie, et un collier d'or pesant sept cens deux mille[1] marcz, garny de fines pierreries, à l'estimation de cent soixante mille ducatz, et dix mille escuz par present honorable. Après ces propos monta Toucquedillon sus son cheval. Gargantua, pour sa seureté, luy bailla trente hommes d'armes et six vingtz archiers soubz la conduite de Gymnaste, pour le mener jusques ès portes de la Roche-Clermaud, si besoing estoit. Icelluy departi, le moyne rendit à Grandgousier les soixante et deux mille salutz qu'il avoit repceu, disant : Syre, ce n'est ores que vous doibvez faire telz dons. Attendez la fin de ceste guerre, car l'on ne sçait quelz affaires pourroient survenir; et guerre faicte sans bonne provision d'argent n'a qu'un souspirail de vigueur.

Les nerfz des batailles sont les pecunes. — Doncques (dist Grandgousier) à la fin je vous contenteray par honneste recompense, et tous ceulx qui me auront bien servy.

1. A. 1535 : Cens deux mille, manque.

Comment Grandgousier manda querir ses legions, et comment Toucquedillon tua Hastiveau, puis fut tué par le commandement de Picrochole.

CHAPITRE XLVII[1].

En ces mesmes jours, ceulx de Bessé, du Marché Vieulx, du bourg Sainct Jacques du Trainneau, de Parillé, de Riviere, des Roches-Sainct-Paoul, du Vaubreton, de Pautillé, du Brehemont, du pont de Clam, de Cravant, de Grandmont, des Bourdes, de la Ville au Mere, de Huymes[2], de Segré, de Hussé, de Sainct-Louant, de Panzoust, des Coldreaulx, de Verron, de Coulaines, de Chosé, de Varenes, de Bourgueil, de l'Isle-Boucard, du Croullay, de Narsay, de Candé, de Montsoreau et aultres lieux confines, envoierent devers Grandgousier ambassades pour luy dire qu'ilz estoient advertis des tordz que luy faisoit Picrochole; et, pour leur ancienne confederation, ilz luy offroient tout leur povoir, tant de gens que d'argent et aultres munitions de guerre. L'argent de tous montoit, par les pactes qu'ilz luy envoyoient, six vingt quatorze millions deux escuz et demi[3] d'or. Les gens estoient quinze mille hommes d'armes, trente et deux mille chevaux legiers, quatre vingtz neuf mille harquebousiers, cent quarante mille adventuriers, unze mille deux cens canons, doubles canons, basilicz et spiroles; pionniers, quarante-sept mille : le tout souldoyé et avitaillé pour six moys et quatre jours[4]. Lequel offre Gargantua ne refusa ny accepta du tout.

Mais, grandement les remerciant, dist qu'il composeroit ceste guerre par tel engin que besoing ne seroit tant empescher de gens de bien. Seulement envoya qui

---

1. A. 1535, 1535, 1537 : Chapitre XLV. — 2. A. 1535, 1535 : Huymes, manque. — | 3. A. 1535, 1535 : deux escuz et demi, manque. — 4. A. 1535, 1535 : et quatre jours, manque.

ameneroit en ordre les legions lesquelles entretenoit ordinairement en ses places de la Deviniere, de Chaviny, de Gravot et Quinquenays, montant en nombre deux mille cinq cens hommes d'armes, soixante et six mille hommes de pied, vingt et six mille arquebuziers, deux cens[1] grosses pieces d'artillerye, vingt et deux mille pionniers, et six mille chevaulx legiers[2], tous par bandes, tant bien assorties de leurs thesauriers, de vivandiers, de mareschaulx, de armuriers et aultres gens necessaires au trac de bataille; tant bien instruictz en art militaire, tant bien armez, tant bien recongnoissans et suivans leurs enseignes, tant soubdains à entendre et obeir à leurs capitaines, tant expediez à courir, tant fors à chocquer, tant prudens à l'adventure, que mieulx ressembloient une harmonie d'orgues et concordante d'horologe q'une armée ou gensdarmerie. Toucquedillon arrivé se presenta à Picrochole, et luy compta au long ce qu'il avoit et faict et veu. A la fin conseilloit par fortes parolles qu'on feist apoinctement avecques Grandgouzier, lequel il avoit esprouvé le plus homme de bien du monde, adjoustant que ce n'estoit ny preu ny raison molester ainsi ses voisins, desquelz jamais n'avoient eu que tout bien; et au reguard du principal, que jamais ne sortiroient de ceste entreprinse que à leur grand dommaige et malheur, car la puissance de Picrochole n'estoit telle que aisement ne les peust Grandgousier mettre à sac. Il n'eust[3] achevé ceste parolle que Hastiveau dist tout hault: Bien malheureux est le prince qui est de telz gens servy, qui tant facilement sont corrompuz comme je congnoys Toucquedillon! Car je voy son couraige tant changé, que voluntiers se feust adjoinct à noz ennemys pour contre nous batailler et

1. A. 1535, 1535, 1537 : douze cens hommes d'arme, trente et six mille hommes de pied, treize mille arquebouziers quatre cens grosses... — 2. A. 1535, 1535, 1537 : et six mille chevaulx legiers, manque. — 3. A. 1535 : il n'eust pas.

nous trahir, s'ilz l'eussent voulu retenir; mais comme vertus est de tous, tant amys que ennemys, louée et estimée, aussi meschanceté est tost congneue et suspecte. Et posé que d'icelle les ennemys se servent à leur profit, si ont ilz tousjours les meschans et traistres en abhomination.

A ces parolles, Toucquedillon, impatient, tyra son espée et en transperça Hastiveau un peu au dessus de la mammelle guauche, dont mourut incontinent. Et, tyrant son coup du corps, dist franchement : Ainsi perisse qui feaulx serviteurs blasmera ! Picrochole soubdain entra en fureur, et, voyant l'espée et fourreau tant diapré, dist : Te avoit on donné ce baston pour en ma presence tuer malignement mon tant bon amy Hastiveau ?

Lors[1] commenda à ses archiers qu'ilz le meissent en pieces; ce que feut faict sus l'heure tant cruellement que la chambre estoit toute pavée de sang; puis feist honorablement inhumer le corps de Hastiveau, et celluy de Toucquedillon getter par sus les murailles en la vallée. Les nouvelles de ces oultraiges feurent sceues par toute l'armée, dont plusieurs commencerent murmurer contre Picrochole, tant que Grippeminault luy dist : Seigneur, je ne sçay quelle yssue sera de ceste entreprinse. Je voy voz gens peu confermés en leurs couraiges. Ilz considerent que sommes icy mal pourveuz de vivres, et ja beaucoup diminuez en nombre par deux ou troys yssues.

Davantaige, il vient grand renfort de gens à voz ennemys. Si nous sommes assiegez une foys, je ne voy poinct comment ce ne soit à nostre ruyne totale.—Bren, bren ! dist Picrochole ; vous semblez les anguillez de Melun : vous criez davant qu'on vous escorche. Laissés les seulement venir.

1. A. 1535, 1535 : Adoncques commenda.

Comment Gargantua assaillit Picrochole dedans la Roche-Clermaud, et defist l'armée dudict Picrochole.
CHAPITRE XLVIII[1].

Gargantua eut la charge totale de l'armée; son pere demoura en son fort, et, leur donnant couraige par bonnes parolles, promist grandz dons à ceulx qui feroient quelques prouesses. Puis guaignerent le gué de Vede, et par basteaulx et pons legierement faictz passerent oultre d'une traicte. Puis, considerant l'assiette de la ville, que estoit en lieu hault et adventageux, delibera celle nuyct sus ce qu'estoit de faire. Mais Gymnaste luy dist : Seigneur, telle est la nature et complexion des Françoys, que ilz ne valent que à la premiere poincte. Lors ilz sont pires[2] que diables; mais s'ilz sejournent, ilz sont moins que femmes. Je suis d'advis que à l'heure presente, après que voz gens auront quelque peu respiré et repeu, faciez donner l'assault. L'advis feut trouvé bon. Adoncques produict toute son armée en plain camp, mettant les subsides du cousté de la montée. Le moyne print avecques luy six enseignes de gens de pied et deux cens hommes d'armes, et en grande diligence traversa les marays, et gaingna au dessus le Puy jusques au grand chemin de Loudun. Ce pendent l'assault continuoit; les gens de Picrochole ne sçavoient si le meilleur estoit sortir hors et les recepvoir, ou bien guarder la ville sans bouger. Mais furieusement sortit avecques quelque bande d'hommes d'armes de sa maison, et là feut receu et festoyé à grandz coups de canon qui gresloient devers les coustaux, dont les Gargantuistes se retirerent au val pour mieulx donner lieu à l'artillerye. Ceulx de la ville defendoient le mieulx que povoient, mais les traictz passoient oultre par dessus sans nul ferir. Aulcuns de

---

1. A. 1535, 1535, 1537 : Chapitre XLVI.—2. A 1535 : plus que diables.

la bande, saulvez de l'artillerye, donnerent fierement sus nos gens, mais peu profiterent, car tous feurent repceuz entre les ordres, et là ruez par terre. Ce que voyans se vouloient retirer ; mais ce pendent le moyne avoit occupé le passaige, parquoy se mirent en fuyte sans ordre ny maintien. Aulcuns vouloient leur donner la chasse, mais le moyne les retint, craignant que suyvans les fuyans perdissent leurs rancz, et que sus ce poinct ceulx de la ville chargeassent sus eulx. Puis, attendant quelque espace et nul ne comparant à l'encontre, envoya le duc Phrontiste pour admonester Gargantua à ce qu'il avanceast pour gaigner le cousteau à la gauche, pour empescher la retraicte de Picrochole par celle porte. Ce que feist Gargantua en toute diligence, et y envoya quatre legions de la compaignie de Sebaste ; mais si tost ne peurent gaigner le hault qu'ilz ne rencontrassent en barbe Picrochole et ceulx qui avecques luy s'estoient espars. Lors chargerent sus roiddement, toutesfoys grandement feurent endommaigez par ceulx qui estoient sus les murs, en coupz de traict et artillerye. Quoy voyant Gargantua, en grande puissance alla les secourir, et commença son artillerie à hurter sus ce quartier de murailles, tant que toute la force de la ville y feut revocquée. Le moyne, voyant celluy cousté lequel il tenoit assiegé denué de gens et guardes, magnanimement tyra vers le fort, et tant feist qu'il monta sus luy, et aulcuns de ses gens, pensant que plus de craincte et de frayeur donnent ceulx qui surviennent à un conflict que ceulx qui lors à leur force combattent. Toutesfoys ne feist oncques effroy jusques à ce que tous les siens eussent guaigné la muraille, excepté les deux cens hommes d'armes qu'il laissa hors pour les hazars. Puis s'escria horriblement, et les siens ensemble ; et sans resistence tuerent les gardes d'icelle porte, et la ouvrirent ès hommes d'armes, et en toute fiereté coururent ensemble vers la porte de l'orient, où estoit le desarroy, et par derriere renverserent toute leur force. Voyans, les assiegez, de tous coustez les Gargantuistes avoir gaigné la ville, se rendirent au moyne à mercy. Le moyne leurs feist rendre les bastons et armes, et tous retirer et reserrer par les eglises, saisissant tous les bastons des croix et commettant gens ès portes pour les garder de yssir; puis, ouvrant celle porte orientale, sortit au secours de Gargantua. Mais Picrochole pensoit que le secours luy venoit de la ville, et par oultrecuidance se hazarda plus que devant, jusques à ce que Gargantua s'escrya : Frere Jean, mon amy, frere Jean, en bonne heure soyez venu! Adoncques, congnoissant Picrochole et ses gens que tout estoit desesperé, prindrent la fuyte en tous endroictz. Gargantua les poursuyvit jusques près Vaugaudry, tuant et massacrant, puis sonna la retraicte.

Comment Picrochole fuiant feut surprins de males fortunes, et ce que feit Gargantua après la bataille.
Chapitre XLIX[1].

Picrochole, ainsi desesperé, s'en fuyt vers l'Isle Bouchart, et au chemin de Riviere son cheval bruncha par terre, à quoy tant feut indigné que de son espée le tua en sa chole; puis, ne trouvant personne qui le remontast, voulut prendre un asne du moulin qui là auprès estoit; mais les meusniers le meurtrirent tout de coups et le destrousserent de ses habillemens, et luy baillerent pour soy couvrir une meschante sequenye. Ainsi s'en alla le pauvre cholerique; puis, passant l'eau au Port Huaux et racontant ses males fortunes, feut advisé par une vieille Lourpidon que son royaulme luy seroit rendu à la venue des Cocquecigrues. Depuis ne sçait-on qu'il est devenu. Toutesfoys l'on m'a dict qu'il est de present pauvre gaignedenier

1. A. 1535, 1535, 1537 : Chapitre XLVII.

à Lyon, cholere comme davant, et tousjours se guemente à tous estrangiers de la venue des Cocquecigrues, esperant certainement, scelon la prophetie de la vieille, estre à leur venue reintegré à son royaulme. Après leur retraicte, Gargantua premierement recensa les gens, et trouva que peu d'iceulx estoient peryz en la bataille, sçavoir est[1] quelques gens de pied de la bande du capitaine Tolmere, et Ponocrates qui avoit un coup de harquebouze en son pourpoinct ; puis les feist refraischir chascun par sa bande, et commanda ès thesauriers que ce repas leur feust defrayé et payé, et que l'on ne feist oultrage quelconques en la ville, veu qu'elle estoit sienne, et[2] après leur repas ilz comparussent en la place davant le chasteau, et là seroient payez pour six mois, ce que feut faict. Puis feist convenir davant soy en ladicte place tous ceulx qui là restoient de la part de Picrochole, esquelz, presens tous ses princes et capitaines, parla comme s'ensuit :

La contion que feist Gargantua ès vaincus.
Chapitre L[3].

Nos peres, ayeulx et ancestres, de toute memoyre ont esté de ce sens et de ceste nature, que des batailles par eulx consommées ont pour signe memorial des triumphes et victoires plus voluntiers erigé trophées et monumens ès cueurs des vaincuz par grace que ès terres par eulx conquestées par architecture : car plus estimoient la vive souvenance des humains acquise par liberalité que la mute inscription des arcs, colomnes et pyramides, subjecte ès calamitez de l'air et envie d'un chascun. Souvenir assez vous peut de la mansuetude dont ilz userent envers les Bretons à la journée de Sainct-Aubin du Cormier et à la demolition de Par-

---

1. A. 1535, 1535 : excepté — 2. A. 1535 : et qui après. —
3. A. 1535, 1535, 1537 : Chapitre XLVIII.

thenay. Vous avez entendu, et entendent admirez le bon traictement qu'ilz feirent ès barbares de Spagnola, qui avoient pillé, depopulé et saccaigé les fins maritimes de Olone et Thalmondoys.

Tout ce ciel a esté remply des louanges et gratulations que vous-mesmes et vos peres feistes lors que Alpharbal, roy de Canarre, non assovy de ses fortunes, envahyt furieusement le pays de Onys, exercent la piraticque en toutes les isles armoricques et regions confines. Il feut en juste bataille navale prins et vaincu de mon pere, auquel Dieu soit garde et protecteur. Mais quoy? au cas que les aultres roys et empereurs, voire qui se font nommer catholicques, l'eussent miserablement traicté, durement emprisonné et rançonné extremement, il le traicta courtoisement, amiablement, le logea avecques soy en son palays, et par incroyable debonnaireté le renvoya en saufconduyt, chargé de dons, chargé de graces, chargé de toutes offices d'amytié. Qu'en est-il advenu? Luy, retourné en ses terres, feist assembler tous les princes et Estatz de son royaulme, leurs exposa l'humanité qu'il avoit en nous cogneu, et les pria sur ce deliberer en façon que le monde y eust exemple, comme avoit jà en nous de gracieuseté honeste, aussi en eulx de honesteté gracieuse. Là feut decreté[1] par consentement unanime que l'on offreroit entierement leurs terres, dommaines et royaulme, à en faire selon nostre arbitre.

Alpharbal, en propre personne, soubdain retourna avecques neuf mille trente et[2] huyt grandes naufz onereraires, menant non seulement les thesors de sa maison et lignée royalle, mais presque de tout le pays : car soy embarquant pour faire voille au vent vesten nordest, chascun à la foulle gettoit dedans icelles or, argent,

---

1. A. 1535 : decerné. — 2. trente et, manque.
A. 1535, 1535 : neuf mille

bagues, joyaulx, espiceries, drogues et odeurs aromaticques, papegays, pelicans, guenons, civettes, genettes, porcz-espicz. Poinct n'estoit filz de bonne mere reputé qui dedans ne gettast ce que avoit de singulier. Arrivé que feut, vouloit baiser les piedz de mondict pere : le faict feut estimé indigne et ne feut toleré, ains fut embrassé socialement ; offrit ses presens : ilz ne feurent receupz par trop estre excessifz ; se donna mancipe et serf voluntaire, soy et sa posterité : ce ne feut accepté, par ne sembler equitable ; ceda par le decret des Estatz ses terres et royaulme, offrant la transaction et transport signé, seellé et ratifié de tous ceulx qui faire le debvoient : ce fut totalement refusé, et les contractz gettés au feu. La fin feut que mon dict pere commença lamenter de pitié et pleurer copieusement, considerant le franc vouloir et simplicité des Canarriens, et par motz exquis et sentences congrues diminuoit le bon tour qu'il leur avoit faict, disant ne leur avoir faict bien qui feut à l'estimation d'un bouton, et si rien d'honnesteté leur avoit monstré, il estoit tenu de ce faire. Mais tant plus l'augmentoit Alpharbal. Quelle feut l'yssue ? En lieu que pour sa rançon, prinze à toute extremité, eussions peu tyrannicquement exiger vingt foys cent mille escutz, et retenir pour houstaigers ses enfans aisnez, ilz se sont faictz tributaires perpetuelz, et obligez nous bailler par chascun an deux millions d'or affiné à vingt quatre karatz. Ilz nous feurent l'année premiere icy payez ; la seconde, de franc vouloir, en payerent vingt trois cens mille escuz ; la tierce vingt six cens mille, la quarte troys millions, et tant tousjours croissent de leur bon gré que serons contrainctz leurs inhiber de rien plus nous apporter. C'est la nature de gratuité, car le temps, qui toutes choses ronge[1] et diminue, augmente et ac-

1. A. 1535, 1535 : erode.

croist les biensfaictz, parce q'un bon tour liberalement faict à homme de raison croist continuement par noble pensée et remembrance. Ne voulant doncques aulcunement degenerer de la debonnaireté hereditaire de mes parens, maintenant je vous absoulz et delivre, et vous rends francs et liberes[1] comme par avant.

D'abondant, serez à l'yssue des portes payez chascun pour troys moys, pour vous pouvoir retirer en voz maisons et familles, et vous conduiront en saulveté six cens hommes d'armes et huyct mille hommes de pié, soubz la conducte de mon escuyer Alexandre, affin que par les paysans ne soyez oultragez. Dieu soit avecques vous! Je regrette de tout mon cueur que n'est icy Picrochole, car je luy eusse donné à entendre que sans mon vouloir, sans espoir de accroistre ny mon bien ny mon nom, estoit faicte ceste guerre. Mais puis qu'il est esperdu, et ne sçait on où, ny comment est esvanoui, je veulx que son royaulme demeure entier à son filz, lequel, par ce qu'est par trop bas d'eage (car il n'a encores cinq ans accomplyz), sera gouverné et instruict par les anciens princes et gens sçavans du royaulme. Et par autant qu'un royaulme ainsi desolé seroit facilement ruiné si on ne refrenoit la convoytise et avarice des administrateurs d'icelluy, je ordonne et veulx que Ponocrates soit sus tous ses gouverneurs entendant, avecques auctorité à ce requise, et assidu avecques l'enfant jusques à ce qu'il le congnoistra idoine de povoir par soy regir et regner. Je considere que facilité trop enervée et dissolue de pardonner ès malfaisans leur est occasion de plus legierement derechief mal faire par ceste pernicieuse confiance de grace. Je considere que Moyse, le plus doulx homme qui de son temps feust sus la terre, aigrement punissoit les mutins et seditieux on peuple de Israel. Je

---

[1] A. 1535 : deliberez.

considere que Jules Cesar, empereur tant debonnaire
que de luy dict Ciceron que sa fortune rien plus souverain n'avoit, sinon qu'il pouvoit, et sa vertus meilleur n'avoit, sinon qu'il vouloit tousjours sauver et pardonner à un chascun, icelluy toutesfoys, ce non obstant,
en certains endroictz punit rigoureusement les auc-
teurs de rebellion. A ces exemples je veulx que me
livrez avant le departir : premierement, ce beau Marquet, qui a esté source et cause premiere de ceste
guerre par sa vaine oultrecuidance ; secondement, ses
compaignons fouaciers, qui feurent negligens de corriger sa teste folle sus l'instant ; et finablement tous les
conseilliers, capitaines, officiers et domestiques de
Picrochole lesquelz le auroient incité, loué ou conseillé
de sortir ses limites pour ainsi nous inquieter.

*Comment les victeurs gargantuistes feurent recompensez
après la bataille.* — CHAPITRE LI[1].

Ceste concion faicte par Gargantua, feurent
livrez les seditieux par luy requis, exceptez
Spadassin, Merdaille et Menuail, lesquelz
estoient fuyz six heures davant la bataille,
l'un jusques au col de Laignel d'une traicte, l'aultre
jusque au val de Vyre, l'aultre jusques à Logroine,
sans derriere soy reguarder ny prandre alaine par chemin[2], et deux fouaciers, lesquelz perirent en la journée. Aultre mal ne leurs feist Gargantua, sinon qu'il les
ordonna pour tirer les presses à son imprimerie, laquelle il avoit nouvellement instituée. Puis ceulx qui
là estoient mors il feist honorablement inhumer en la
vallée des Noirettes et au camp de Bruslevieille. Les
navrés il feist panser et traicter en son grand Nosocome.
Après advisa ès dommaiges faictz en la ville et habi-

---

1. 1535, 1535, 1537 : Chapi- | jusques au col... alaine par
tre XLIX. — 2. A 1535 : l'un | chemin (trois lignes), manque.

tans, et les feist rembourcer de tous leurs interestz à leur confession et serment, et y feist bastir un fort chasteau, y commettant gens et guet pour à l'advenir mieulx soy defendre contre les soubdaines esmeutes.

Au departir, remercia gratieusement tous les soubdars de ses legions qui avoient esté à ceste defaicte, et les renvoya hyverner en leurs stations et guarnisons, exceptez aulcuns de la legion decumane, lesquelz il avoit veu en la journée faire quelques prouesses, et les capitaines des bandes, lesquelz il amena avecques soy devers Grandgousier.

A la veue et venue d'iceulx, le bon homme feut tant joyeux que possible ne seroit le descripre. Adonc leurs feist un festin le plus magnificque, le plus abundant et plus delicieux que feust veu depuis le temps du roy Assuere. A l'issue de table il distribua à chascun d'iceulx tout le parement de son buffet, qui estoit au poys de dis huyt cent mille quatorze [1] bezans d'or en grands vases d'antique, grands potz, grands bassins, grands tasses, couppes, potetz, candelabres, calathes, nacelles, violiers, drageouoirs [2] et aultre telle vaisselle toute d'or massif, oultre la pierrerie, esmail et ouvraige, qui, par estime de tous, excedoit en pris la matiere d'iceulx; plus, leurs feist compter de ses coffres à chascun douze cens mille escutz contens, et d'abundant à chascun d'iceulx donna à perpetuité (excepté s'ilz mouroient sans hoirs) ses chasteaulx et terres voizines [3], selon que plus leurs estoient commodes. A Ponocrates donna la Rocheclermaud, à Gymnaste le Couldray, à Eudemon Montpensier, le Rivau à Tolmere, à Ithybole Montsoreau, à Acamas Candé, Varenes à Chironacte, Gravot à Sebaste, Quinquenais à Alexandre, Ligre à Sophrone, et ainsi de ses aultres places.

1. A. 1535, 1535 : quatorze, manque. — 2. A. 1535, 1535 : drageouoirs, manque. — 3. A. 1535, 1535 : vicines.

Comment Gargantua feist bastir pour le moyne l'abbaye de Theleme. — Chapitre LII[1].

Restoit seulement le moyne à pourvoir, lequel Gargantua vouloit faire abbé de Seuillé ; mais il le refusa. Il luy voulut donner l'abbaye de Bourgueil ou de Sainct Florent, laquelle mieulx luy duiroit, ou toutes deux s'il les prenoit à gré ; mais le moyne luy fist responce peremptoire que de moyne il ne vouloit charge ny gouvernement : car comment (disoit-il) pourroy je gouverner aultruy, qui moy mesmes gouverner ne sçaurois ? Si vous semblez que je vous aye faict et que puisse à l'advenir faire service agreable, oultroyez-moy de fonder[2] une abbaye à mon devis. La demande pleut à Gargantua, et offrit tout son pays de Theleme jouste la riviere de Loyre, à deux lieues de la grande forest du Port-Huault ; et requist à Gargantua qu'il instituast sa religion au contraire de toutes aultres. Premierement doncques (dist Gargantua), il n'y fauldra jà bastir murailles au circuit, car toutes aultres abbayes sont fierement murées. — Voyre, dist le moyne, et non sans cause : où mur y a et davant et derriere, y a force murmur, envie et conspiration mutue. Davantaige, veu que en certains convents de ce monde est en usance que, si femme aulcune y entre (j'entends des preudes et pudicques), on nettoye la place par laquelle elles ont passé, feut ordonné que si religieux ou religieuse y entroit par cas fortuit, on nettoiroit curieusement tous les lieux par lesquelz auroient passé. Et parce que ès religions de ce monde tout est compassé, limité et reglé par heures, feut decreté que là ne seroit horrologe ny quadrant aulcun, mais selon les occasions et oportunitez seroient toutes les œuvres dispensées : car (disoit Gar-

---

1. A. 1535, 1535, 1537 : Chapitre L. — 2. A. 1535 : oultroyez-moy de faire

gantua) la plus vraye perte du temps qu'il sceust estoit de compter les heures (Quel bien[1] en vient il?), et la plus grande resverie du monde estoit soy gouverner au son d'une cloche, et non au dicté de bon sens et entendement. Item, parce qu'en icelluy temps on ne mettoit en religion des femmes sinon celles que estoient borgnes, boyteuses, bossues, laydes, defaictes, folles, insensées, maleficiées et tarées, ny les hommes sinon catarrez, mal nez, niays et empesche de maison (A propos, dist le moyne, une femme qui n'est ny belle ny bonne, à quoy vault toille? — A mettre en religion, dist Gargantua. — Voyre, dist le moyne, et à faire des chemises), feut ordonné que là ne seroient repceues sinon les belles, bien formées et bien naturées, et les beaulx, bien formez et bien naturez. Item, parce que ès conventz des femmes ne entroient les hommes si non à l'emblée et clandestinement, feut decreté[2] que jà ne seroient là les femmes au cas que n'y feussent les hommes, ny les hommes en cas que n'y feussent les femmes. Item, parce que tant hommes que femmes, une foys repceuez en religion, après l'an de probation estoient forcez et astrinctz y demeurer perpetuellement leur vie durante, feust estably que tant hommes que femmes là repceuz sortiroient quand bon leurs sembleroit, franchement et entierement. Item, parce que ordinairement les religieux faisoient troys veuz, sçavoir est de chasteté, pauvreté et obedience, fut constitué que là honorablement on peult estre marié, que chascun feut riche et vesquist en liberté. Au reguard de l'eage legitime, les femmes y estoient repceues depuis dix jusques à quinze ans, les hommes depuis douze jusques à dix et huict.

1. A. 1535 : Car quel bien. — 2. A 1535 : decerné.

Comment feut bastie et dotée l'abbaye des Thelemites.
Chapitre LIII[1].

Pour le bastiment et assortiment de l'abbaye, Gargantua feist livrer de content vingt et sept cent mille huyt cent trente et un moutons à la grand laine, et par chascun an, jusques à ce que le tout feust parfaict, assigna sus la recepte de la Dive seze cent soixante et neuf mille escuz au soleil, et aultant à l'estoille poussiniere[2]. Pour la fondation et entretenement d'icelle donna à perpetuité vingt troys cent soixante-neuf mille cinq cens quatorze nobles à la rose de rente foncière, indemnez, amortyz et solvables par chascun an à la porte de l'abbaye ; et de ce leur passa belles lettres. Le bastiment feut en figure exagone, en telle façon que à chascun angle estoit bastie une grosse tour ronde à la capacité de soixante pas en diametre ; et estoient toutes pareilles en grosseur et protraict. La riviere de Loyre decoulloit sus l'aspect de septentrion. Au pied d'icelle estoit une des tours assise, nommée Artice ; et tirant vers l'orient estoit une aultre nommée Calaer, l'aultre ensuivant Anatole, l'aultre après Mesembrine, l'aultre après Hesperie, la derniere Cryere. Entre chascune tour estoit espace de troys cent douze pas. Le tout basty à six estages, comprenent les caves soubz terre pour un. Le second estoit voulté à la forme d'une anse de panier. Le reste estoit embrunché de guy de Flandres à forme de culz de lampes, le dessus couvert d'ardoize fine, avec l'endousseure de plomb à figures de petitz manequins et animaulx bien assortiz et dorez, avec les goutieres que yssoient hors la muraille, entre les croyzées, pinctes en figure diagonale de or et azur, jusques en terre, où finissoient en grands

---

1. A. 1535, 1535, 1537 : Chapitre LI. — 2. A. 1535, 1535, 1537 : et aultant à l'estoille poussiniere, manque.

eschenaulx qui tous conduisoient en la riviere par dessoubz le logis.

Ledict bastiment estoit cent foys plus magnificque que n'est Bonivet, ne Chambourg, ne Chantilly[1] : car en icelluy estoient neuf mille troys[2] cens trente et deux chambres, chascune guarnie de arriere-chambre, cabinet, guarderobbe, chapelle et yssue en une grande salle. Entre chascune tour, au mylieu dudict corps de logis, estoit une viz brizée dedans icelluy mesme corps, de laquelle les marches estoient part de porphyre, part de pierre numidicque[3], part de marbre serpentin, longues de vingt deux piedz ; l'espesseur estoit de troys doigtz ; l'assiete[4] par nombre de douze entre chascun repous. En chascun repous estoient deux beaulx arceaulx d'antique par lesquelz estoit repceu la clarté, et par iceulx on entroit en un cabinet faict à clerevoys, de largeur de ladicte viz, et montoit jusques au dessus la couverture, et là finoit en pavillon. Par icelle viz on entroit de chascun cousté en une grande salle, et des salles ès chambres. Depuis la tour Artice jusques à Cryere estoient les belles grandes librairies en grec, latin, hebrieu, françoys, tuscan et hespaignol, disparties par les divers estaiges selon iceulx langaiges. Au mylieu[5] estoit une merveilleuse viz de laquelle l'entrée estoit par le dehors du logis en un arceau large de six toizes. Icelle estoit faicte en telle symmetrie et capacité, que six hommes d'armes, la lance sus la cuisse, povoient de front ensemble monter jusques au dessus de tout le bastiment. Depuis la tour Anatole jusques à Mesembrine estoient belles grandes galleries toutes pinctes des antiques prouesses, histoires et descriptions de la

---

1. A. 1535, 1535, 1537 : ne Chambourg, ne Chantilly, manque — 2. A. 1535, 1535, 1537 : mille troys, manque.— 3. A. 1535, 1535, 1537 : part de porphyre, part de pierre numidique, manque. — 4. A. 1535 : assisez. — 5. A. 1535 : meillieu.

Inscription mise sus la grande porte de Theleme.
CHAPITRE LIV[1].

y n'entrez pas, hypocrites, bigotz,
Vieulx matagots, marmiteux borsouflez,
Torcoulx, badaulx, plus que n'estoient
les Gotz
Ny Ostrogotz, precurseurs des Magotz ;
Haires, cagotz, cafars empantouflez,
Gueux mitouflez, frapars escorniflez,
Befflez, enflez, fagoteurs de tabus,
Tirez ailleurs pour vendre voz abus.

    Voz abus meschans
    Rempliroient mes camps
    De meschanceté,
    Et par faulseté
    Troubleroient mes chans
    Vos abus meschans.

Cy n'entrez pas, maschefains practiciens,
Clers, basauchiens, mangeurs du populaire,
Officiaulx, scribes et pharisiens,
Juges, anciens, qui les bons parroiciens
Ainsi que chiens mettez au capulaire.
Vostre salaire est au patibulaire ;
Allez y braire : icy n'est faict excès
Dont en voz cours on deust mouvoir procès.

    Procès et debatz
    Peu font cy d'ebatz,
    Où l'on vient s'esbatre,
    A vous pour debatre,

---

1. A. 1535, 1535, 1537 : Chapitre LII.

Soyent en pleins cabatz
Procès et debatz.

Cy n'entrez pas, vous, usuriers chichars,
Briffaulx, leschars qui tousjours amassez,
Grippeminaulx, avalleurs de frimars,
Courbez, camars, qui en vos coquemars
De mille marcs jà n'auriez assez ;
Poinct esguassez n'estes quand cabassez
Et entassez, poiltrons à chicheface.
La male mort en ce pas vous deface.

  Face non humaine
  De telz gens qu'on maine
  Raire ailleurs : ceans
  Ne seroit seans.
  Vuidez ce dommaine,
  Face non humaine.

Cy n'entrez pas, vous, rassotez mastins,
Soirs ny matins, vieux chagrins et jaloux ;
Ny vous aussi, seditieux mutins,
Larves, lutins, de dangier palatins,
Grecz ou Latins, plus à craindre que loups ;
Ny vous, gualous, verollez jusqu'à l'ous :
Portez voz loups ailleurs paistre en bonheur,
Croustelevez remplis de deshonneur.

  Honneur, los, deduict,
  Ceans est desduict
  Par joyeux acords.
  Tous sont sains au corps :
  Par ce bien leur duict
  Honneur, los, deduict.

Cy entrez, vous, et bien soyez venuz
Et parvenuz, tous nobles chevaliers ;
Cy est le lieu où sont les revenuz
Bien advenuz, afin que entretenuz,

Grands et menuz, tous soyez à milliers.
Mes familliers serez et peculiers,
Frisques, gualliers, joyeux, plaisans, mignons,
En general tous gentilz compaignons.

   Compaignons gentilz,
   Serains et subtilz,
   Hors de vilite,
   De civilité
   Cy sont les oustilz,
   Compaignons gentilz.

Cy entrez, vous qui le sainct Evangile
En sens agile annoncez, quoy qu'on gronde;
Ceans aurez un refuge et bastille
Contre l'hostile erreur qui tant postille
Par son faulx stile empoizonner le monde;
Entrez, qu'on fonde icy la foy profonde,
Puis qu'on confonde, et par voix et par rolle,
Les ennemys de la saincte parolle.

   La parolle saincte
   Jà ne soit extaincte
   En ce lieu tressainct;
   Chascun en soit ceinct,
   Chascune ay enceincte
   La parolle saincte.

Cy entrez, vous, dames de hault paraige,
En franc couraige; entrez-y en bon heur,
Fleurs de beaulté à celeste visaige,
A droit corsaige, à maintien prude et saige;
En ce passaige est le sejour d'honneur :
Le hault seigneur qui du lieu feut donneur
Et guerdonneur, pour vous l'a ordonné,
Et pour frayer à tout prou or donné.

   Or donné par don
   Ordonne pardon

A cil qui le donne,
Et tresbien guerdonne
Tout mortel preu d'hom
Or donné par don.

Comment estoit le manoir des Thelemites.
CHAPITRE LV[1].

Au millieu de la basse court estoit une fontaine magnificque de bel alabastre ; au dessus les troys Graces avecques cornes d'abondance, et gettoient l'eau par les mammelles, bouche, aureilles, yeulx et aultres ouvertures du corps.

Le dedans du logis sus la dicte basse court estoit sus gros pilliers de cassidoine et porphyre, à beaulx ars d'antique, au dedans desquelz estoient belles gualeries longues et amples, aornées de pinctures, de cornes de cerfz, licornes, rhinoceros, hippopotames, dens de elephans[2] et aultres choses spectables. Le logis des dames comprenoit depuis la tour Artice jusques à la porte Mesembrine. Les hommes occupoient le reste. Devant ledict logis des dames, affin qu'elles eussent l'esbatement, entre les deux premieres tours, au dehors, estoient les lices, l'hippodrome, le theatre et natatoires, avecques les bains mirificques à triple solier, bien garniz de tous assortemens et foyzon d'eau de myre. Jouxte la riviere estoit le beau jardin de plaisance ; au millieu d'icelluy le beau labirynte. Entre les deux aultres tours estoient les jeux de paulme et de grosse balle. Du costé de la tour Cryere estoit le vergier, plein de tous arbres fructiers, toutes ordonnées en ordre quincunce. Au bout estoit le grand parc, foizonnant en toute beste sauvagine. Entre les tierces tours estoient les butes pour l'arquebuse, l'arc et l'arbaleste ; les offices hors la

1. A. 1535, 1535, 1537 : Chapitre LIII — 2. A. 1535, 1535, 1537 : licornes, rhino- ceros, hippopotames, dens de elephans, manque.

tour Hesperie, à simple estaige ; l'escurye au delà des offices ; la faulconnerie au davant d'icelles, gouvernée par asturciers bien expers en l'art; et estoit annuellement fournie par les Candiens, Venitiens et Sarmates, de toutes sortes d'oiseaulx paragons, aigles, gerfaulx, autours, sacres, laniers, faulcons, esparviers, esmerillons et aultres, tant bien faictz et domestisquez, que, partans du chasteau pour s'esbatre ès champs, prenoient tout ce que rencontroient. La venerie estoit un peu plus loing tyrant vers le parc.

Toutes les salles, chambres et cabinetz, estoient tapissez en diverses sortes, selon les saisons de l'année. Tout le pavé estoit couvert de drap verd. Les lictz estoient de broderie. En chascune arriere chambre estoit un miroir de christallin, enchassé en or fin, au tour garny de perles, et estoit de telle grandeur qu'il povoit veritablement representer toute la personne. A l'issue des salles du logis des dames estoient les parfumeurs et testonneurs, par les mains desquelz passoient les hommes quand ilz visitoient les dames. Iceulx fournissoient par chascun matin les chambres des dames d'eau rose, d'eau de naphe, d'eau d'ange, et à chascune la precieuse cassollette vaporante de toutes drogues aromatiques.

Comment estoient vestuz les religieux et religieuses de Theleme. — CHAPITRE LVI[1].

Les dames, au commencement de la fondation, se habilloient à leur plaisir et arbitre. Depuis feurent reforméez par leur franc vouloir[2] en la façon que s'ensuyt : Elles portoient chausses d'escarlatte, ou de migraine, et passoient lesdictes chausses le genoul au dessus par troys doigtz justement. Et ceste liziere estoit de quelques belles brode-

1. A. 1535, 1535, 1537 : | par leur franc vouloir, manChapitre LIV. — 2. A. 1535 : | que.

ries et descoupures. Les jartieres estoient de la couleur de leurs bracelletz et comprenoient le genoul au dessus et dessoubz.

Les souliers, escarpins et pantoufles de velours cramoizi rouge, ou violet, deschicquettées à barbe d'escrevisse.

Au dessus de la chemise vestoient la belle vasquine de quelque beau camelot de soye ; sus icelle vestoient la verdugale de tafetas blanc, rouge, tanné, grys, etc. Au dessus la cotte de tafetas d'argent faict à broderies de fin or, et à l'agueille entortillé, ou selon que bon leur sembloit, et correspondent à la disposition de l'air, de satin, damas, velours [1], orangé, tanné, verd, cendré, bleu, jaune, clair, rouge, cramoyzi, blanc, drap d'or, toille d'argent, de canetille, de brodure, selon les festes. Les robbes, selon la saison, de toile d'or à frizure d'argent, de satin rouge couvert de canetille d'or, de tafetas blanc, bleu, noir, tanné, sarge de soye, camelot de soye, velours, drap d'argent, toille d'argent, or traict, velours ou satin porfilé d'or en diverses protraictures. En esté, quelques jours, en lieu de robbes portoient belles marlottes des parures susdictes, ou quelques bernes à la moresque, de velours violet à frizure d'or sus canetille d'argent, ou à cordelieres d'or guarnies aux rencontres de petites perles indicques. Et tousjours le beau panache, selon les couleurs des manchons, et bien guarny de papillettes d'or [2]. En hyver, robbes de tafetas des couleurs comme dessus, fourrées de loups cerviers, genettes noires, martres de Calabre, zibelines, et aultres fourrures precieuses. Les patenostres, anneaulx, jazerans, carcans, estoient de fines pierreries, escarboucles, rubys, balays, diamans, saphiz, esme-

1. A. 1535, 1535 : velous, partout où 1542 porte velours. — 2. 1535, 1535, 1537 : et toujours le beau... papillettes d'or, manque.

raudes, turquoyzes, grenatz, agathes, berilles, perles et unions d'excellence.

L'acoustrement de la teste estoit selon le temps. En hyver à la mode françoyse, au printemps à l'espagnole, en esté à la tusque. Exceptez les festes et dimanches, esquelz portoient accoustrement françoys, par ce qu'il est plus honorable et mieulx sent la pudicité matronale. Les hommes estoient habillez à leur mode : chausses pour le bas d'estamet, ou serge drapée, d'escarlatte, de migraine, blanc ou noir. Les hault de velours d'icelles couleurs, ou bien près approchantes, brodées et deschicquetées selon leur invention. Le pourpoint de drap d'or, d'argent, de velours, satin, damas, tafetas, de mesmes couleurs, deschicquettés, broudez et acoustrez en paragon ; les aguillettes de soye de mesmes couleurs ; les fers d'or bien esmaillez ; les sayez et chamarres de drap d'or, toille d'or, drap d'argent, velours porfilé à plaisir ; les robbes autant precieuses comme des dames ; les ceinctures de soye, des couleurs du pourpoinct ; chascun la belle espée au cousté, la poignée dorée, le fourreau de velours de la couleur des chausses, le bout d'or et de orfevrerie, le poignart de mesmes.

Le bonnet de velours noir, garny de force bagues et boutons d'or; la plume blanche par dessus mignonnement partie à paillettes d'or, au bout desquelles pendoient en papillettes beaulx rubiz, esmeraudes, etc. Mais telle sympathie estoit entre les hommes et les femmes, que par chascun jour ilz estoient vestuz de semblable parure ; et pour à ce ne faillir estoient certains gentilz hommes ordonnez pour dire ès hommes, par chascun matin, quelle livrée les dames vouloient en icelle journée porter, car le tout estoit faict selon l'arbitre des dames. En ces vestemens tant propres et accoustremens tant riches, ne pensez que eulx ny elles perdissent temps aulcun : car les maistres des garde-robbes avoient toute la vesture tant preste par chascun matin, et les dames de chambres tant bien estoient aprinses, que en un moment elles estoient prestes et habillez de pied en cap.

Et pour iceulx accoustremens avoir en meilleur oportunité, au tour du boys de Theleme estoit un grand corps de maison long de demye lieue, bien clair et assorty, en laquelle demouroient les orfevres, lapidaires, brodeurs, tailleurs, tireurs d'or, veloutiers, tapissiers et aultelissiers, et là œuvroient chascun de son mestier, et le tout pour les susdictz religieux et religieuses.

Iceulx estoient fourniz de matiere et estoffe par les mains du seigneur Nausiclete, lequel par chascun an leurs rendoit sept navires des isles de Perlas et Canibabes, chargées de lingotz d'or, de soye crue, de perles et pierreries. Si quelques unions tendoient à vetusté et changeoient de naïfve blancheur, icelles par leur art renouvelloient en les donnant à manger à quelques beaulx cocqs, comme on baille cure ès faulcons.

Comment estoient reiglez les Thelemites à leur maniere de vivre. — CHAPITRE LVII[1].

Toute leur vie estoit employée non par loix, statuz ou reigles, mais selon leur vouloir et franc arbitre ; se levoient du lict quand bon leur sembloit, beuvoient, mangeoient, travailloient, dormoient quand le desir leur venoit. Nul ne les esveilloit, nul ne les parforceoit ny à boyre, ny à manger, ny à faire chose aultre quelconcques. Ainsi l'avoit establiy Gargantua. En leur reigle n'estoit que ceste clause : FAY CE QUE VOULDRAS. Parce que gens

1. A. 1535, 1535, 1537 : Chapitre LV.

liberes, bien nez, bien instruictz, conversans en compaignies honnestes, ont par nature un instinct et aguillon qui tousjours les poulse à faictz vertueux et retire de vice, lequel ilz nommoient honneur. Iceulx, quand par vile subjection et contraincte sont deprimez et asserviz, detournent la noble affection par laquelle à vertuz franchement tendoient, à deposer et enfraindre ce joug de servitude : car nous entreprenons tousjours choses deffendues et convoitons ce que nous est denié.

Par ceste liberté entrerent en louable emulation de faire tous ce que à un seul voyoient plaire. Si quelq'un ou quelq'une disoit : Beuvons, tous buvoient. Si disoit : Jouons, tous jouoient. Si disoit : Allons à l'esbat ès champs, tous y alloient. Si c'estoit pour voller ou chasser, les dames, montées sus belles hacquenées avecques leurs palefroy gourrier, sus le poing mignonnement enguantelé portoient chascune ou un esparvier, ou un laneret, ou un esmerillon. Les hommes portoient les aultres oyseaulx.

Tant noblement estoient apprins qu'il n'estoit entre eux celluy ne celle qui ne sceust lire, escripre, chanter, jouer d'instrumens harmonieux, parler de cinq et six languaiges, et en iceulx[1] composer tant en carme que en oraison solue.

Jamais ne feurent veuz chevaliers tant preux, tant gualans, tant dextres à pied et à cheval, plus vers, mieulx remuans, mieulx manians tous bastons, que là estoient ; jamais ne feurent veues dames tant propres, tant mignonnes, moins fascheuses, plus doctes à la main, à l'agueille, à tout acte muliebre honneste et libere, que là estoient.

Par ceste raison, quand le temps venu estoit que aulcun d'icelle abbaye, ou à la requeste de ses parens,

1. A. 1535 : i celles.

ou pour aultres causes, voulust issir hors, avecques soy il emmenoit une des dames, celle laquelle l'auroit prins pour son devot, et estoient ensemble mariez ; et si bien avoient vescu à Theleme en devotion et amytié, encore mieulx la continuoient ilz en mariaige, d'autant se entreaymoient ilz à la fin de leurs jours comme le premier de leurs nopces. Je ne veulx oublier vous descripre un enigme qui fut trouvé aux fondemens de l'abbaye en une grande lame de bronze. Tel estoit comme s'ensuyt :

Enigme en prophetie. — CHAPITRE LVIII [1].

Pauvres humains qui bon heur attendez,
Levez vos cueurs et mes dictz entendez.
S'il est permis de croyre fermement
Que par les corps qui sont au firmament
Humain esprit de soy puisse advenir
A prononcer les choses à venir,
Ou si l'on peut par divine puissance
Du sort futur avoir la congnoissance,
Tant que l'on juge en asseuré discours [2]
Des ans loingtains la destinée et cours,
Je fois sçavoir à qui le veult entendre
Que cest hyver prochain, sans plus attendre,
Voire plus tost, en ce lieu où nous sommes
Il sortira une maniere d'hommes,
Las du repoz et faschez du sejour,
Qui franchement iront, et de plein jour,
Subourner gens de toutes qualitez
A different et partialitez.
Et qui vouldra les croyre et escouter
(Quoy qu'il en doibve advenir et couster),

1. A. 1535, 1535, 1537 : *Enigme trouvée ès fondemens de l'abbaye des Thelemites.* Chapitre LVI. — 2. A. 1535, 1535, 1537 : decours. — 3. A. 1535, 1535, 1537 : las de repos et faschez de sejour.

Ilz feront mettre en debatz apparentz
Amys entre eulx et les proches parents :
Le filz hardy ne craindra l'impropere
De se bender contre son propre pere ;
Mesmes les grandz de noble lieu sailliz
De leurs subjectz se verront assailliz,
Et le debvoir d'honneur et reverence
Perdra pour lors tout ordre et difference,
Car ilz diront que chascun à son tour[1]
Doibt aller hault, et puis faire retour,
Et sur ce poinct aura tant de meslées[2],
Tant de discordz, venues et allées,
Que nulle histoyre où sont les grands merveilles
A faict[3] recit d'esmotions pareilles.
Lors se verra maint homme de valeur,
Par l'esguillon de jeunesse et chaleur,
Et croire trop ce fervent appetit,
Mourir en fleur et vivre bien petit.
Et ne pourra nul laisser cest ouvrage,
Si une fois il y met le couraige,
Qu'il n'ayt emply par noises et debatz
Le ciel de bruit et la terre de pas.
Alors auront non moindre authorité
Hommes sans foy que gens de verité :
Car tous suyvront la creance et estude
De l'ignorante et sotte multitude,
Dont le plus lourd sera receu pour juge.
O dommaigeable et penible deluge !
Deluge (dy-je) et à bonne raison,
Car ce travail ne perdra sa saison
Ny n'en sera delivrée la terre
Jusques à tant qu'il en sorte à grand erre

1. A. 1535, 1535, 1537 : en son tour. — 2. A. 1535, 1535, 1537 : tant seront de meslée. —
3. A. 1535, 1535, 1537 : ne faict.

Soubdaines eaux, dont les plus attrempez
En combatant seront pris et trempez,
Et à bon droict, car leur cueur, adonné
A ce combat, n'aura point perdonné
Mesme aux troppeaux des innocentes bestes,
Que de leurs nerfz et boyaulx deshonnestes
Il ne soit faict, non aux dieux sacrifice,
Mais aux mortelz ordinaire service.
Or maintenant je vous laisse penser
Comment le tout se pourra dispenser
Et quel repoz en noise si profonde
Aura le corps de la machine ronde.
Les plus heureux, qui plus d'elle tiendront,
Moins de la perdre et gaster s'abstiendront,
Et tascheront en plus d'une maniere
A l'asservir et rendre prisonniere
En tel endroict, que la pauvre deffaicte
N'aura recours que à celluy qui l'a faicte,
Et, pour le pis de son triste accident,
Le clair soleil, ains que estre en Occident,
Lairra espandre obscurité sur elle
Plus que d'eclipse ou de nuyct naturelle,
Dont en un coup perdra sa liberté
Et du haut ciel la faveur et clarté,
Ou pour le moins demeurera deserte.
Mais elle, avant ceste ruyne et perte,
Aura longtemps monstré sensiblement
Un violent et si grand tremblement,
Que lors Ethna ne feust tant agitée
Quand sur un filz de Titan fut jectée;
Et plus soubdain ne doibt estre estimé
Le mouvement que feit Inarimé
Quand Tiphœus si fort se despita
Que dens la mer les montz precipita.

Ainsi sera en peu d'heure rangée
A triste estat, et si souvent changée,
Que mesme ceulx qui tenue l'auront
Aux survenans occuper la lairront[1].
Lors sera près le temps bon et propice
De mettre fin à ce long exercice :
Car les grands eaulx dont oyez deviser
Feront chascun la retraicte adviser ;
Et toutesfoys devant le partement
On pourra veoir en l'air apertement
L'aspre chaleur d'une grand flamme esprise
Pour mettre à fin les eaux et l'entreprise.
Reste en après ces accidens parfaictz[2]
Que les esleuz joyeusement refaictz
Soient de tous biens et de manne celeste,
Et d'abondant par recompense honneste
Enrichiz soyent. Les aultres en la fin
Soient denuez : c'est la raison, affin
Que, ce travail en tel poinct terminé,
Ung chascun ayt son sort predestiné.
Tel feut l'accord. O qu'est à reverer
Cil qui en fin pourra perseverer !

1. A. 1535 : Ce vers manque. 1535, 1537 :
En despitant la pauvrete lairront.

2. A. 1535 :
Reste en après que yceux trop obligez,
Prenez, lassez, travaillez, affligez,
Par le saint vueil de l'eternel seigneur,
De ces travaux soyent refaictz en bonheur
Que les esleus...

1535 et 1537 après les quatre vers ci-dessus, terminent ainsi :
La verra l'on par certaine science
Le bien et fruict qui sort de patience ;
Car cil qui plus de pene aura souffert
Auparavant, du lot pour lors offert
Plus recepvra. Oh qu'est à reverer
Cil qui pourra enfin perseverer.

La lecture de cestuy monument parachevée, Gargantua souspira profondement, et dist ès assistans :

Ce n'est de maintenant que les gens reduictz à la creance evangelique sont persecutez ; mais bien heureux est celluy qui ne sera scandalizé, et qui tousjours tendra au but, au blanc que Dieu, par son cher filz, nous a prefix, sans par ses affections charnelles estre distraict ny diverty. Le moyne dist : Que pensez vous, en vostre entendement, estre par cest enigme designé et signifié ? —Quoy? dist Gargantua : le decours et maintien de verité divine.—Par sainct Goderan (dist le moyne)[1], telle n'est mon exposition ; le stille est de Merlin le prophète. Donnez y allegories et intelligences tant graves que vouldrez, et y ravassez, vous et tout le monde, ainsy que vouldrez. De ma part, je n'y pense aultre sens enclous qu'une description du jeu de paulme soubz obscures parolles. Les suborneurs de gens sont les faiseurs de parties, qui sont ordinairement amys ; et après les deux chasses faictes, sort hors le jeu celluy qui y estoit, et l'aultre y entre. On croyt le premier qui dict si l'esteuf est sus ou soubz la chorde. Les eaulx sont les sueurs ; les chordes des raquettes sont faictes de boyaux de moutons ou de chevres ; la machine ronde est la pelote ou l'esteuf. Après le jeu, on se refraischist devant un clair feu, et change l'on de chemise ; et voluntiers bancquete l'on, mais plus joyeusement ceulx qui ont guaingné. Et grand chere.

Fin.

Imprimé à Lyon par Françoys Juste.

1. A. 1535, 1535, 1537, après (dict le moyne), terminent ainsi : « Je pense que c'est la description du jeu de paulme, et que la machine ronde est l'esteuf, et ces nerfz et boyaulx de bestes innocentes sont les racquettes, et ces gens eschauffez et debatans sont les joueurs. La fin est que après avoir bien travaillé, ilz vont repaistre, et grand chière. »

PANTAGRUEL

Roy des Dipsodes, restitué à son naturel

AVEC SES FAICTZ ET PROUESSES ESPOVENTABLES

Composez par feu M. Alcofribas

Abstracteur de quinte essence

―――――

M.D.XLII

On les vend à Lyon, chez Françoys Juste
devant Nostre-Dame de Confort

*Dizain de Maistre Hugues Salel à l'auteur
de ce*[1] *livre*[2].

S i, pour mesler profit avec doulceur,
On mect en pris un aucteur grandement,
Prisé seras, de cela tien toy sceur :
Je le congnois, car ton entendement
En ce livret, soubz plaisant fondement
L'utilité a si tresbien descripte,
Qu'il m'est advis que voy un Democrite
Riant les faictz de nostre vie humaine.
Or persevere, et si n'en as merite
En ces bas lieux, l'auras au hault[3] dommaine[4].

1. C: cestui. — 2. Ce *dizain* manque dans les éditions A, B. Il se trouve pour la première fois dans l'édition C. — 3. C : en l'ault. — 4. C ajoute : Vivent tous bons pantagruelistes.

PROLOGUE DE L'AUTEUR.

Trèsillustres et trèschevaleureux champions, gentilz hommes et aultres, qui voluntiers vous adonnez à toutes gentillesses et honnestetez, vous avez n'a gueres veu, leu et sceu les grandes et inestimables Chronicques de l'enorme geant Gargantua, et comme vrays fideles les avez creues gualantement, et[1] y avez maintesfoys passé vostre temps avecques les honorables dames et damoyselles, leur en faisans beaulx et longs narrez alors que estiez hors de propos, dont estez bien dignes de grande louange et memoire sempiternelle[2]; et à la mienne volunté que chascun[3] laissast sa propre besoigne, ne se souciast de son mestier, et mist[4] ses affaires propres en oubly pour y[5] vacquer entierement, sans que son esperit feust de ailleurs distraict ny empesché, jusques à ce que l'on les tint[6] par cueur, afin que, si

---

1. A, B, C : *creues* tout ainsi que texte de Bible ou de Sainct Evangile, *et*. — 2. *Et memoire sempiternelle* manque dans A, C. — 3. A, C : *ung chascun*. — 4. A, B, C : *besoigne et mist*. — 5. A, B, C : *affin de y*. — 6. A, B : *sceust*.

d'adventure l'art de l'imprimerie cessoit, ou en cas que tous livres perissent, on[1] *temps advenir un chascun les peust*[2] *bien au net enseigner à ses enfans, et à ses successeurs et survivens bailler comme de main en main, ainsi que une religieuse Caballe*[3] *: Car il y a plus de fruict que paradventure ne pensent un tas de gros talvassiers tous croustelevez, qui entendent beaucoup moins en ces petites joyeusetés que ne faict Raclet en l'Institute. J'en ay congneu de haultz et puissans seigneurs en bon nombre qui, allant à chasse de grosses bestes, ou voller pour eanes, s'il*[4] *advenoit que la beste ne feust rencontrée par les brisées, ou que le faulcon se mist à planer, voyant la proye gaigner à tire d'esle, ilz estoient bien marrys, comme entendez assez; mais leur refuge de reconfort, et afin de ne soy morfondre, estoit à recoler les inestimables faictz dudict Gargantua. Aultres*[5] *sont par le monde (ce ne sont*[6] *fariboles) qui, estans grandement affligez du mal des dentz, après avoir tous leurs biens despenduz en medicins sans en rien profiter*[7]*, ne ont trouvé remede plus expedient que de mettre lesdictes chronicques entre deux beaulx linges bien chaulx et les appliquer au lieu de la douleur, les sinapizand avecques un peu de pouldre d'oribus. Mais que diray-je des pauvres verolez et goutteux? O ! quantesfoys nous les avons veu, à l'heure que ilz estoient bien oingtz et engressez à poinct, et le vi-*

---

1. A, C: au. — 2. A: puisse. — 3. *Et à ses successeurs... caballe* manque dans A, C. — 4. A, B, C : *pour faulcon, s'il.* — 5. A, B : d'aultres. — 6. A, B : sont pas... — 7. *Sans en rien profiter* manque dans A, B, C.

PROLOGUE. 175

saige leur reluysoit comme la claveure[1] d'un charnier, et les dentz leur tressailloyent comme font les marchettes d'un clavier d'orgues ou d'espinette quand on joue dessus, et que le gosier leur escumoit comme à un verrat que les vaultres ont aculé entre les toilles[2]! Que faisoyent-ilz alors? Toute leur consolation n'estoit que de ouyr lire quelques pages[3] dudict livre; et en avons veu qui se donnoyent à cent pipes de vieulx diables[4], en cas que ilz n'eussent senty allegement manifeste à la lecture dudict livre, lorsqu'on les tenoit ès lymbes, ny plus ny moins que les femmes estans en mal d'enfant quand on leurs leist[5] la Vie de saincte Marguerite. Est-ce rien cela? Trouve-moy livre, en quelque langue, en quelque faculté et science que ce soit, qui ayt telles vertus, proprietez et prerogatives, et je poieray chopine de trippes. Non, Messieurs, non: il est sans pair, incomparable et sans parragon; je le maintiens jusques au feu exclusive. Et ceulx[6] qui vouldroient maintenir que si, reputes les abuseurs, prestinateurs, emposteurs[7] et seducteurs. Bien vray est-il que l'on trouve en aulcuns[8] livres dignes de haulte fustaye certaines[9] proprietez occultes, au nombre desquelz l'on tient[10] Fessepinte, Orlando furioso[11], Robert le Diable, Fierabras, Guillaume sans Paour, Huon

---

1. B : claveleure. — 2. A : que les veaultrez et levriers ont chassé sept heures. — 3. A : pagées. — 4. A, C : de diables; B : à cent diables. — 5. A, C : quand on leur ligt. — 6. A, B, C : non, il n'y en a point. Et ceulx. — 7. A, B, C : prestinateurs, emposteurs, manquent. — 8. A : d'aulcuns. — 9. A, B, C : dignes de memoire certaines. — 10. A, B : mect. — 11. B . Orlando furioso manque.

de Bourdeaulx, Montevieille[1], et Matabrune ; mais ilz ne sont comparables à[2] celluy duquel[3] parlons. Et le monde a bien congneu par experience infallible le grand emolument et utilité qui venoit de ladicte chronicque Gargantuine, car il en a esté plus vendu par les imprimeurs[4] en deux moys qu'il ne sera acheté de Bibles en[5] neuf ans. Voulant doncques je[6] vostre humble esclave accroistre vos passetemps dadvantaige, vous[7] offre de present un aultre livre de mesme billon, si non qu'il est un peu plus equitable et digne de foy que n'estoit l'aultre : car ne croyez[8] (si ne voulez errer à vostre escient) que j'en parle comme les Juifz de la loy. Je ne suis[9] nay en telle planette, et ne m'advint oncques de mentir ou asseurer chose qui ne feust veritable. J'en[10] parle comme un gaillard Onocratale, voyre, dy-je, crotenotaire des martyrs amans, et crocquenotaire de amours : quod[11] vidimus testamur. C'est des horribles faictz et prouesses de Pantagruel, lequel j'ay servy à gaiges dès ce que je fuz hors de page jusques à present, que par son congié je m'en[12] suis venu visiter[13] mon païs de vache et sçavoir si en vie estoyt parent mien aulcun. Pourtant[14], affin que

1. A, C : Monteville. — 2. A, B : mais elles ne sont pas à comparer à. C : mais ils ne sont comparables à celluy. — 3. A, B : dont nous. — 4. A, B, C : vendu des imprimeurs. — 5. A, B : Bibles de neuf. — 6. A, B : moi. — 7. A, B : d'advantaige je vous. — 8. A, B : ne croyez pas. — 9. A, B : suis pas nay. — 10. A, B : veritable. Agentes et consentientes, c'est-à-dire qui n'a conscience n'a rien. J'en. — 11. A, B, C : comme sainct Jehan de l'Apocalypse : quod. — 12. A, B, C : congié m'en. — 13. B : venu un tour visiter. — 14. A : sçavoir s'il y avoit encores en vie nul de mes parents. Pourtant.

je face fin à ce prologue, tout ainsi comme je me donne à cent mille panerées de beaulx diables, corps et ame, trippes et boyaulx, en cas que j'en mente en toute l'hystoire d'un seul mot, pareillement, le feu sainct Antoine vous arde, mau de terre vous vire[1], le lancy, le maulubec vous trousse, la caquesangue vous viengne, le mau fin feu de ricqueracque, aussi menu que poil de vache, tout renforcé de vif argent, vous puisse entrer au fondement, et comme Sodome et Gomorre puissiez tomber en soulphre, en feu et en abysme[2], en cas que vous ne croyez fermement tout ce que je vous racompteray en ceste presente chronicque.

1. C : bous bire. — 2. B : et abysme.

Dixain nouvellement composé à la louange du joyeulx esprit de l'autheur.

Cinq cens dixains, mille virlais,
Et en rimes mille virades
Des plus gentes et des plus sades,
De Marot ou de Saingelais,
Payez comptant, sans nuls delais,
En presence des Oreades,
Des Hymnides et des Dryades,
Ne suffiroient, ny Pont Alais
A pleines balles de ballades,
Au docte et gentil Rabelais [1].

1. Ce *Dixain* manque dans A, B, C, et même dans l'édition de François Juste, 1542. Il paroît pour la première fois dans une édition de 1552, in-16.

De l'origine et anticquité du grand Pantagruel.
CHAPITRE I.

Ce ne sera[1] chose inutile ne oysifve, veu que sommes de sejour, vous ramentevoir[2] la premiere source et origine dont nous est né le bon Pantagruel : car je voy que tous bons hystoriographes ainsi ont traicté leurs chronicques, non seullement les Arabes, Barbares et Latins, mais aussi Gregoys, Gentilz, qui furent buveurs eternelz[3]. Ilz vous convient doncques noter que, au commencement du monde (je parle de loing, il y a plus de quarante quarantaines de nuyctz, pour nombrer à la mode des antiques druides[4]), peu[5] après que Abel fust occis per son frere Caïn, la terre, embuë du sang du juste, fut certaine[6] année si tresfertile en tous fruictz qui de ses flans nous sont produyz, et singulierement en mesles, que on l'appella[7] de toute memoire l'année des grosses mesles, car les troys en faisoyent le boysseau. En ycelle les kalendes furent trouvées par les breviaires des Grecz. Le moys de mars faillit en karesme, et fut la mioust en may[8]. On[9] moys de octobre, ce me semble,

1. A, B : *sera* point *chose*. — 2. A : *oisifve* de vous rementebver ; B : de vous remembrer. — 3. A : *chroniques, non seulement des Grecz, des Arabes et Ethnicques, mais aussi les auteurs de la Saincte Escripture, comme monseigneur Sainct Luc mesmement et Sainct Mathieu. Ils.* B et C : comme dans A, moins le mot *mesmement.* — 4. A, B : *(je parle... druides)* manque. — 5. A, B : *monde,* ung *peu* ; C : *monde, peu.* — 6. A, B, C : *fut* une *certaine.* — 7. A : *que l'on l'appella.* — 8. A, B, C : *en ycelle... en may,* manque. — 9. B : *au moys.*

ou bien de septembre (affin que je ne erre, car de cela me veulx-je curieusement guarder)[1], fut la sepmaine tant renommée par les annales, qu'on nomme la sepmaine des troys jeudis : car il y en eut troys, à cause des irreguliers bissextes, que le soleil bruncha quelque peu comme *debitoribus* à gauche, et[2] la lune varia de son cours plus de cinq toyzes, et feut manifestement veu le movement de trepidation on firmament, dict Aplane : tellement que la pleiade moyenne, laissant ses compaignons, declina vers l'equinoctial, et l'estoille nommé l'Espy laissa la Vierge, se retirant vers la Balance ; qui sont bien espoventables et matieres tant dures et difficiles que les astrologues ne y peuvent mordre. Aussy auroient-ilz les dens bien longues s'ilz povoient toucher jusques-là. Faictes vostre compte que[3] le monde voluntiers mangeoit desdictes mesles, car elles estoient belles à l'œil et delicieuses au goust. Mais, tout ainsi comme Noë[4] le sainct homme (auquel tant sommes obligez[5] et tenuz de ce qu'il nous planta la vine, dont nous vient celle[6] nectaricque, delicieuse, precieuse, celeste, joyeuse[7] et deïficque liqueur qu'on nomme le piot) fut trompé en le beuvant, car il ignoroit la grande vertu et puissance d'icelluy, semblablement les hommes et femmes de celluy temps mangeoyent[8] en grand plaisir de ce beau et gros fruict. Mais accidens bien divers leur en advindrent[9] : car à tous survint au corps une enfleure très horrible, mais[10] non à tous en un mesme lieu : car aulcuns[11] enfloyent par le ventre, et le ventre leur devenoit bossu comme une grosse

---

1. A, B, C : *car... garder,* manque. — 2. A, B : *le soleil... et* manque. C : *quelque peu, et la lune.* — 3. A, B, C : *et feut manifestement... vostre compte que,* manque. — 4. A : *ainsi que Noë.* — 5. A, B : *homme à qui nous sommes tant obligez.* — 6. B : *ceste.* — 7. A, B : *delicieuse, joyeuse,* manque. — 8. A, B : *femmes* de ce temps là *mangeoient.* — 9. A, B : *fruict. Mais il leurs en advint beaucoup d'accidens ; car.* — 10. A, B : *enfleure* très estrange, *mais.* — 11. A, B : *car les ungs.*

tonne, desquelz¹ est escript *ventrem omnipotentem*, lesquelz furent tous gens de bien et bons raillars²; et de ceste race nasquit sainct Pansart et Mardygras. Les aultres enfloyent par les espaules, et tant estoyent bossus qu'on les appelloit montiferes, comme porte-montaignes, dont vous en voyez encores par le monde en divers sexes et dignités; et de ceste race yssit Esopet, duquel vous³ avez les beaulx faictz et dictz par escript. Les aultres enfloyent en longueur par⁴ le membre qu'on nomme le⁵ laboureur de nature, en sorte qu'ilz le avoyent merveilleusement long, grand, gras, gros, verd et acresté à la mode antique; si bien qu'ilz s'en servoyent de ceinture⁶, le redoublans à cinq ou à six⁷ foys par le corps⁸. Et, s'il advenoit qu'il feust en poinct, et eust vent en pouppe⁹, à les veoir eussiez dict que c'estoyent gens qui eussent leurs lances en l'arrest pour jouster à la quintaine. Et d'yceulx est¹⁰ perdue la race, ainsi¹¹ comme disent les femmes : car elles lamentent continuellement qu'il n'en est plus de ces gros, etc. ; vous sçavez la reste de la chanson. Aultres croissoient en matiere de couilles si enormement que les troys emplissoient bien un muy. D'iceulx sont descendues les couilles de Lorraine, lesquelles jamays ne habitent en braguette : elles tombent au fond des chausses¹². Aultres croyssoient par les jambes, et à les voir eussiez dict que c'estoyent grues ou flammans¹³, ou bien gens marchans sus eschasses¹⁴, et les petits grimaulx les ap-

---

1. A, B : *desquelz il est.* — 2. A : *lesquelz...raillars*, manque.— 3. A, B : *dont vous.*—4. A, B : *en longitude par.* — 5. A, B : *qu'on appelle le.* — 6. A, 2, ajoute : *et carré à l'advenant, car deux radz de front chascun une hallebarde au col eussent peu facilement marcher et passer dessus.* —

7. B : cinq ou six. — 8. A, B : *veoir vous eussiez.* — 9. A, B : *et de ceulx là c'est.* —10. A : *ainsi*, manque.— 11. A, B, C : *aultres croissoient.. chausses*, manque. — 12. A : *D'aultres.*—13. B, C : *ou Flammans* manque. — 14. B : *Sus des eschasses.*

pellent en grammaire *Iambus*. Es aultres tant croissoit le nez qu'il sembloit la fleute d'un alambic, tout diapré, tout estincellé de bubeletes, pullulant, purpuré, à pompettes, tout esmaillé, tout boutonné et brodé de gueules, et tel avez veu le chanoine Panzoult et Piedeboys, medicin de Angiers ; de laquelle race peu furent qui aimassent la ptissane, mais tous furent amateurs de purée septembrale. Nason et Ovide en prindrent leur origine, et tous ceulx desquelz est escript : *Ne reminiscaris*[1]. Aultres croissoyent par les[2] aureilles, lesquelles tant grandes avoyent que de l'une faisoyent[3] pourpoint, chausses et sayon, de l'autre[4] se couvroyent comme d'une cape à l'espagnole; et dict-on[5] que en Bourbonnoys encores dure l'eraige[6], dont sont dictes aureilles de Bourbonnoys. Les autres croissoyent en long du corps ; et de ceulx-là sont venuz les geans, et par eulx Pantagruel. Et le premier fut Chalbroth,

Qui engendra Sarabroth,

Qui engendra Faribroth,

Qui engendra Hurtaly, qui fut beau mangeur de souppes et resna[7] au temps du deluge,

Qui engendra Nembroth,

Qui engendra Athlas, qui avecques ses espaulles garda le ciel de tumber,

Qui engendra Goliath,

Qui engendra Eryx, lequel fut inventeur du jeu des gobeletz,

Qui engendra Tite[8],

Qui engendra Eryon[9],

1. A, B : *Es aultres tant... reminiscaris*, manque. — 2. A, B : D'aultres par *les*. — 3. A, B : lesquelles ilz avoient si grandes que de l'une en faisoient. — 4. A, B : et *de l'autre*. — 5. A : et dict l'on. — 6. A, B : *en a de l'eraige*. — 7. C : regna on. — 8. A, B : Titius; C : Titié. — 9. A 2 ajoute : qui engendra Badeloury, qui tua sept vaches pour menger leur foye.

Qui engendra Polypheme[1],

Qui engendra Cace[2],

Qui engendra Etion, lequel premier eut la verole pour n'avoir beu frayz en esté[3], comme tesmoigne Bartachim[4],

Qui engendra Encelade[5],

Qui engendra Cée[6],

Qui engendra Typhoe[7],

Qui engendra Aloe[8],

Qui engendra Othe[9],

Qui engendra Ægeon,

Qui engendra Briare[10], qui avoit cent mains,

Qui engendra Porphyrio,

Qui engendra Adamastor,

Qui engendra Antée[11],

Qui engendra Agatho,

Qui engendra Pore[12], contre lequel batailla Alexandre le Grand,

Qui engendra Aranthas,

Qui engendra Gabbara, qui premier inventa de boire d'autant[13],

Qui engendra Goliath de Secundille,

Qui engendra Offot, lequel eut terriblement beau nez à boyre au baril,

Qui engendra Artachées,

Qui engendra Oromedon,

Qui engendra Gemmagog, qui fut inventeur des souliers à poulaine,

Qui engendra Sisyphe[14],

---

1. A, B : Polyphemus. — 2. A, B : Cacus. — 3. B, C : *Pour* avoir dormy la gueule baye, *comme*. — 4. A : *lequel... Bartachim*, manque. — 5. A, B : Enceladus. — 6. A, B : Ceus. — 7 A : Typhæus ; B : *qui. . Typhée* manque. — 8. A, B : Alæus. — 9. A, B : Othus. — 10. A, B : Briareus. — 11. A, B : Anteus. — 12. A, B : Porus. — 13 A : *qui... d'autant*, manque. — 14. A, B : Sisyphus.

Qui engendra les Titanes, dont nasquit Hercules,

Qui engendra Enay, qui fut tresexpert en matière de oster les cerons des mains [1],

Qui engendra Fierabras, lequel fut vaincu par Olivier, pair de France, compaignon de Roland,

Qui engendra Morguan, lequel premier de ce monde joüa aux dez avecques ses bezicles [2],

Qui engendra Fracassus, duquel a escript Merlin Caccaie [3],

Dont nasquit Ferragus,

Qui engendra Happemousche, qui premier inventa de fumer les langues de beuf à la cheminée, car auparavant le monde les saloit comme on faict les jambons [4],

Qui engendra Bolivorax [5],

Qui engendra Longys,

Qui engendra Gayoffe, lequel avoit les couillons de peuple et le vit de cormier [6],

Qui engendra Maschefain,

Qui engendra Bruslefer,

Qui engendra Engolevent,

Qui engendra Galehault, lequel fut inventeur des flacons [7],

Qui engendra Mirelangault,

Qui engendra Galaffre,

Qui engendra Falourdin,

Qui engendra Roboaste,

Qui engendra Sortibrant de Conimbres,

Qui engendra Brushant de Mommiere,

Qui engendra Bruyer, lequel fut vaincu par Ogier le Dannoys, pair de France [8],

---

1. A : *qui... mains*, manque. — 2. A : *lequel... bezicles*, manque. — 3. A, B : Merlinus Coccaius. — 4. A : *qui premier... jambons*, manque. — 5. B : *qui... Bolivorax*, manque. — 6. A : *lequel... cormier*, manque. — 7. A : *lequel... flacons*, manque. — 8. B : lequel Ogier fut per de France.

Qui engendra Mabrun,
Qui engendra Foutasnon,
Qui engendra Hacquelebac,
Qui engendra Vitdegrain,
Qui engendra Grand Gosier,
Qui engendra Gargantua,
Qui engendra le noble Pantagruel, mon maistre.

J'entends bien que, lysans ce passaige, vous faictez en vous-mesmes un doubte bien raisonnable, et demandez comment est-il possible que ainsi soit, veu que au[1] temps du deluge tout le monde perit, fors Noë et sept personnes avecques luy dedans l'arche, au nombre desquelz n'est mis[2] ledict Hurtaly? La demande est bien faicte sans doubte et bien apparente; mais la response vous contentera, ou j'ay le sens mal gallefreté[3]. Et, parce que n'estoys de[4] ce temps là pour vous en dire à mon plaisir, je vous allegueray l'autorité des Massoretz, bons couillaux et beaulx cornemuseurs hebraïcques, lesquelz afferment que veritablement ledict Hurtaly n'estoit dedans[5] l'arche de Noë. Aussi n'y eust-il peu entrer, car il estoit trop grand; mais il estoit dessus à cheval[6], jambe desà, jambe delà, comme sont les petitz[7] enfans sus les chevaulx de bois, et comme le gros Toreau de Berne, qui fut tué à Marignan, chevauchoyt pour sa monture un gros canon pevier; c'est une beste de beau et joyeux amble, sans poinct de faulte[8]. En icelle façon, saulva, après Dieu,

---

1. B : *on* pour *au*. Cette différence se reproduit presque constamment. — 2. A : *n'est point mis*. — 3. A, C : *ou j'ay... gallefreté*, manque. — 4. A : *n'estoys pas de*. — 5. A, B : *Massoretz*, interpretes des sainctes lettres hebraicques, lesquelz disent que sans point de faulte *ledit Hurtaly n'estoit point dedans*. C : *Masserotz*, interpretes des sainctes lettres hebraicques, *lesquels*. — 6. A, B : *dessus l'arche à cheval*. — 7. B : *comme sont des petits*. — 8. A, B, C : *et comme... faulte*, manque.

ladicte arche de periller[1] : car il luy bailloit le bransle
avecques les jambes et du pied la tournoit où il vouloit, comme on faict du gouvernail d'une navire. Ceulx
qui dedans estoient luy envoyoient vivres par une cheminée à suffisance, comme gens recongnoissans le bien
qu'il leurs faisoit, et quelquefoys parlementoyent ensemble, comme faisoit Icaromenippe[4] à Jupiter, selon
le rapport de Lucian. Avez vous bien le tout entendu?
Beuvez donc un bon coup sans eaue : car, si ne le
croiez, non foys je, fist-elle[5].

De la nativité du tresredouté Pantagruel.
Chapitre II.

Gargantua, en son eage de quatre cens qua-
tre-vingtz quarante et quatre ans, engendra
son filz Pantagruel de sa femme, nommée
Badebec, fille du roi des Amaurotes en Utopie, laquelle mourut du mal d'enfant : car il estoit si
merveilleusement[6] grand et si lourd qu'il ne peut venir
à lumiere sans ainsi suffocquer sa mere. Mais, pour
entendre pleinement la cause et raison de son nom,
qui luy fut baillé en baptesme, vous noterez qu'en
icelle année fut seicheresse tant grande en tout[7] le pays
de Africque que passerent XXXVI moys troys sepmaines quatre jours treze heures, et quelque peu dadvantaige, sans pluye[8], avec chaleur de soleil si vehemente que toute la terre en estoit aride. Et ne fut au[9]

---

1. A, B, C : et en ceste façon saulva ladicte arche de periller. — 2. A, B : et ceux du dedans lui envoyoient des vivres — 3. A : *gens bien recongnoissans*.—4. A, B : Icaromenippus. — 5. A, B, C : *avez-vous... fist elle*, manque. — 6. A : *merveilleusement* man- que. — 7. A, B : *noterez que celle année il y avoit une si grand seicheresse en tout*. — 8. A, B : *Africque, pour ce qu'il y avoit passé plus de XXXVI moys sans pluie*. C : *XXXVI moys et davantage*. — 9. A, B : *ne fut* point *au*.

temps de Helye plus eschauffée que fut pour lors, car
il n'estoit arbre sus terre qui eust ny fueille ni fleur :
les herbes estoient sans verdure, les rivieres taries,
les fontaines à sec; les pauvres poissons delaissez de
leurs propres elemens, vagans et crians par la terre
horriblement; les oyseaux tumbans de l'air par faulte
de rosée; les loups, les regnars, cerfz, sangliers, dains,
lievres, connifz, belettes, foynes, blereaux et aultres
bestes l'on trouvoit par les champs mortes la gueule
baye. Au regard[1] des hommes, c'estoit la grande pitié.
Vous les eussiez veuz tirans la langue comme levriers
qui ont couru six heures; plusieurs se gettoyent dedans les puys; aultres[2] se mettoyent au ventre d'une
vache pour estre à l'ombre; et les appelle Homère Ali-
bantes. Toute la contrée estoit à l'ancre. C'estoit pitoyable cas de veoir le travail des humains pour se
garentir de ceste horrificque alteration : car il avoit
prou affaire de sauver l'eaue benoiste par les eglises,
à ce que ne[3] feust desconfite; mais l'on y donna tel
ordre par le conseil de messieurs les cardinaulx et du
Sainct Pere, que nul n'en osoit prendre que une venue.
Encores, quand quelcun entroit en l'eglise, vous en eussiez veu à vingtaines de pauvres alterez qui venoyent
au derriere de celluy qui la distribuoit à quelc'un, la
gueule ouverte pour en avoir quelque goutellete[4],
comme le maulvais riche, affin que rien ne se perdist.
O que bienheureux fut en icelle année[5] celluy qui eut
cave fresche et bien garnie! Le philosophe raconte, en
mouvent la question parquoy c'est[6] que l'eaue de la
mer est salée, que, au temps que Phebus[7] bailla le gouvernement de son chariot lucificque à son fils Phaeton,

---

1. B : et *au regart*. — 2.
A. B : *d'aultres*. — 3. A,
B : *eglises*, qu'elle *ne*. — 4.
A, B : *quelque* petite *goutelette*.
— 5. A: *en* ceste *année*. — 6.
A : *question*, pourquoy c'est.
— 7. C : Phebé.

ledict Phaeton, mal apprins en l'art et ne sçavant en-
suyvre la line ecliptique entre les deux tropiques de la
sphere du soleil, varia de son chemin et tant approcha
de terre [1] qu'il mist à sec toutes les contrées subjacen-
tes, bruslant une grande partie du ciel, que les philosophes appellent *Via lactea*, et les lifreloffres nomment
le chemin Saint-Jacques, combien que les plus huppez
poetes disent estre la part où tomba le laict de Juno, lors
qu'elle allaicta Hercules [2]. Adonc la terre fut tant eschauffée, que il luy vint une sueur enorme, dont elle sua
toute la mer, qui par ce est salée : car toute sueur est
salée. Ce que vous direz estre vray si voulez taster de
la vostre propre, ou bien de celles des verollez quand
on les faict suer ; ce me est tout un. Quasi pareil cas arriva en ceste dicte année : car, un jour de vendredy que
tout le monde s'estoit mis en devotion et faisoit une belle
procession avecques force letanies et beaux preschans,
supplians à Dieu omnipotent les vouloir regarder de
son œil de clemence en tel desconfort, visiblement furent veues de terre [3] sortir grosses goutes d'eaue comme
quand quelque personne sue copieusement. Et le pauvre peuple commença à s'esjouyr comme [4] si ce eust esté
chose à eulx profitable, car les aulcuns disoient que de
humeur il n'y en avoit goute [5] en l'air dont on esperast
avoir [6] pluye, et que la terre supplioit au deffault. Les
aultres gens savans disoyent que c'estoit pluye des antipodes, comme Senecque narre au quart livre *Quæstio-
num naturalium*, parlant de l'origine et source du Nil [7];
mais ils y furent trompés : car, la procession finie, alors
que chascun vouloit recueillir de ceste rosée et en

---

1. A, B : *de la terre.* — 2. A, B, C : *combien que... Hercules*, manque. — 3. B : *fut veu de la terre.* — 4. A, B : *peuple se commença à esjouir comme.* — 5. A, B : *avoit point gouté.* — 6. A, B : *esperast de avoir.* — 7. A, B : *source du fleuve du Nile.*

boire à plein godet, trouverent que ce n'etoit que saulmure pire et plus salée que n'estoit l'eau [1] de la mer [2]. Et parce que en ce propre jour nasquit Pantagruel, son pere luy imposa tel nom : car Panta en grec vault autant à dire comme tout, et Gruel en langue hagarene vault autant comme alteré ; voulent inferer qu'à l'heure de sa nativité le monde estoit tout alteré, et voyant en

1. A, B, C : *que* n'est *l'eau*. — 2. A 2 ajoute ici : Une aultre plus grant adventure arriva cette sepmaine au geant Gargantua. Car un meschant vestibousier, chargé de deux grands poches de sel avecques ung os de jambon qu'il avoit caché en sa gibessière, entra dedans la bouche du pauvre Gargantua, lequel dormoit la bouche ouverte à cause de la grant soif qu'il avoit. Ce mauvais garson, estant entré là dedans, a getté grant quantité de sel par le palais et gousier dudit Gargantua, lequel se voyant tant alteré et n'avoit aucun remède pour estaindre icelle alteration et soif qu'il enduroit, de grant raige estrainct et serre si fort les dentz et les faict heurter si rudement l'une contre l'autre, qu'il ressembloit que ce feussent batailles de moulins. Et, ainsi que le gallant m'a depuis dict et racompté (auquel on eust facillement estouppé le cul d'ung boyteau de fain), de paour qu'il eut se laissa cheoir comme ung homme mort et habandonna ses deux sacz plains de sel dont il tourmentoit si fort le pauvre Gargantua. Lesquelz furent soubdainement transgloutiz et abismez. Ledit gallant, revenu de pasmoyson, jura qu'il s'en vengeroit. Lors a mis la main en sa gibessière et tira un gros os de jambon fort salle, auquel estoit encore le poil long de deux grands piedz et quatre doigs, et par moult grant yre le meit bien avant en la gorge dudit Gargantua. Le pauvre homme, plus alteré qu'il n'estoit paravant, et sentant le poil dudit os de jambon qui luy touchoit au cueur, fut contrainct de vomir et getter tout ce qu'il avoit dedans le corps, que dix huyct tumbereaulx n'eussent sceu trainer. Le compaignon, qui estoit mucé dedans l'une de ses dentz creuses, fut contrainct de desloger sans trompette, lequel estoit en si piteux ordre que tous ceux qui le veoient en avoient grant horreur. Gargantua, adressant sa veue contre bas, advisa se maistre caignardier qui se tournoit et viroit dedans celle grant mare, taschant se mettre hors, et pensa en luy mesmes que c'estoit quelque ver qui l'avoit voulu picquer au cueur, et fut bien joyeulx qu'il estoit sailly de son corps

esperit de prophetie qu'il seroit quelque jour dominateur des alterez; ce que luy fut monstré[1] à celle heure mesmes par aultre signe plus evident. Car, alors que sa mere Badebec l'enfantoit, et que les sages-femmes attendoyent pour le recepvoir, yssirent premier[2] de son ventre soixante et huyt tregeniers, chascun tirant par le licol un mulet tout chargé de sel, après lesquels sortirent neuf dromadaires chargés de jambons et langues de bœuf fumées, sept chameaulx chargez d'anguillettes, puis xxv charretées de porreaulx, d'aulx, d'oignons et de cibotz : ce que espoventa bien lesdictes sages-femmes. Mais les aulcunes d'entre elles disoient : Voici bonne provision; aussy bien ne bevyons-nous que lachement, non en lancement[3]; cecy n'est que bon signe, ce sont aguillons de vin. Et comme elles caquetoient de ces menus propos entre elles, voicy sorty Pantagruel[4], tout velu comme un ours, dont dict une d'elles en esperit propheticque : Il est né à tout le poil[5]; il fera choses merveilleuses, et s'il vit il aura de l'eage[6].

Du dueil que mena Gargantua de la mort de sa femme Badebec. — Chapitre III.

Quand Pantagruel fut né, qui feut bien esbahy et perplex, ce fut Gargantua son pere : car, voyant d'un cousté sa femme Badebec morte, et de l'aultre son filz Pantagruel né, tant beau et tant grand, ne[7] sçavoit que dire ny que

1. B : luy monstre. — 2. B : *premier* manque. — 3. A, B, C : *aussy bien..... lancement*, manque. — 4. A, C : *voicy sortir Pantagruel.* — 5. A, 2, ajoute : le dyable l'a chié en vollant. — 6. A, 2, ajoute : Ceulx sont descenduz de Pantagruel qui boyvent tant au soir, que la nuyt sont contrainctz de eulx lever pour boire et pour estaindre la trop grant soif et charbon ardant que ilz ont dedans la gorge. Et ceste soif se nomme Pantagruel, pour souvenance et memoire dudit Pantagruel. — 7. A, B : *tant beau, tant grand, il ne.*

faire ; et le doubte qui troubloit son entendement estoit assavoir[1] s'il devoit plorer pour le dueil de sa femme, ou rire pour la joye de son filz. D'un costé et d'aultre il avoit argumens[2] sophisticques qui le suffocquoyent, car il les faisoit tresbien *in modo et figura*, mais il ne les povoit souldre; et par ce moyen demouroit empestré comme la souris empeigée, ou[3] un milan prins au lasset. Pleureray je? disoit il; oui: car, pourquoy? Ma tant bonne femme est morte, qui estoit la plus cecy, la plus cela, qui[4] feust au monde. Jamais je ne la verray, jamais je n'en recouvreray une telle : ce m'est une perte inestimable! O mon Dieu! que te avoys je faict pour ainsi me punir? Que ne envoyas[5] tu la mort à moy premier que à elle? car vivre sans elle ne m'est que languir! Ha Badebec, ma mignonne, mamye, mon petit con (toutesfois elle en avoit bien troys arpens et deux sexterées), ma tendrette, ma braguette, ma savate, ma pantofle, jamais je ne te verray. Ha! pauvre Pantagruel, tu as perdu ta bonne mere, ta doulce nourrice, ta dame tresaymée[6]. Ha! faulce mort, tant tu me es malivole, tant tu me es oultrageuse de me tollir celle à laquelle immortalité appartenoit de droict !

Et ce disant pleuroit comme une vache; mais tout soubdain rioit comme un veau quand Pantagruel luy venoit en memoire. Ho! mon petit filz (disoit il), mon coillon, mon peton, que tu es joly, et tant je suis tenu à Dieu de ce qu'il m'a donné un si beau filz, tant joyeux, tant riant, tant joly! Ho, ho, ho, ho! que suis[7] ayse! beuvons, ho! laissons toute melancholie, apporte du meilleur, rince les verres, boute la nappe, chasse ces

---

1. A, B : assavoir mont. C : asçavoir mon. — 2. A, B : d'argumens. — 3. A, B, C : *la souris... ou*, manque. — 4. A, B, C : *cecy* et cela *qui*. — 5. A, B : ne m'envoyas. — 6. A : *Ha! pauvre... tresaymée*, manque. — 7. A : je suis.

chiens, souffle ce feu, allume la chandelle[1], ferme ceste porte, taille ces souppes[2], envoye ces pauvres, baille leur ce qu'ilz demandent[3], tiens ma robbe, que je me mette en pourpoint pour mieulx festoyer les commeres. Ce disant, ouït[4] la letanie et les mementos des prebstres qui portoient sa femme en terre, dont laissa son bon propos, et tout soubdain fut ravy ailleurs, disant[5] : Seigneur Dieu, faut il que je me contriste encores? Cela me fasche, je ne suis plus jeune, je deviens vieulx[6], le temps est dangereux, je pourray prendre quelque fiebvre ; me voylà affolé[7]. Foy de gentil homme, il vault mieulx pleurer moins et boyre dadvantaige. Ma femme est morte : et bien ! par Dieu (*da jurandi*)[8] ! je ne la resusciteray pas par mes pleurs : elle est bien, elle est en paradis pour le moins, si mieulx ne est ; elle prie Dieu pour nous, elle est bienheureuse, elle ne se soucie plus de nos miseres et calamitez. Autant nous en pend à l'œil. Dieu gard le demourant, il me fault penser d'en trouver une aultre. Mais voicy que vous ferez, dict il ès saiges femmes (où sont elles? Bonnes gens, je ne vous peulx veoyr)[9] : allez à[10] l'enterrement d'elle, et ce pendent je berceray icy mon fils, car je me sens bien fort alteré, et serois en danger de tomber malade; mais beuvez quelque bon traict devant[11], car vous vous en trouverez bien, et m'en croyez sur mon honneur. A quoy obtemperantz, allerent à l'enterrement et funerailles, et le pauvre Gargantua demoura à l'hostel. Et

---

1. A : ceste *chandelle*. — 2. A : *taille ces souppes* manque. — 3. A, B, C : *baille... demandent*, manque. — 4. A, B : *et en ce disant, il ouït*. — 5. A, B, C : *disant Jesus*. — 6. A, C : *je ne... vieulx*, manque. — 7. A : Voy me là *affolé*. — 8. A, B, C : (*da jurandi*) manque. — 9. A, B, C : *Où sont-elles... veoyr*, manque. — 10. A, B : *allez vous en à*. — 11. A, B : *quelque* peu *devant*.

ce pendent feist[1] l'epitaphe pour estre engravé en la maniere que s'ensuit :

Elle en mourut, la noble Badebec,
Du mal d'enfant, que[2] tant me sembloit nice,
Car elle avoit visaige de rebec,
Corps d'Espaignole et ventre de Souyce.
Priez à Dieu qu'à elle soit propice,
Luy perdonnant s'en rien oultrepassa.
Cy gist son corps, lequel[3] vesquit sans vice,
Et mourut l'an et jour que trespassa.

De l'enfance de Pantagruel. — CHAPITRE IV.

Je trouve par les anciens historiographes et poetes que plusieurs sont nez en ce monde en façons bien estranges qui seroient trop longues à racompter; lisez le vij livre de Pline, si avés loysir. Mais vous n'en ouystes jamais d'une si merveilleuse comme fut celle de Pantagruel, car c'estoit chose difficile à croyre comment il creut en corps et en force en peu de temps; et n'estoit rien Hercules[4], qui, estant au berseau, tua les deux serpens, car lesdictz serpens estoyent bien petitz et fragiles. Mais Pantagruel, estant encores au berseau, feist cas[5] bien espouventables. Je laisse icy à dire comment à chascun de ses repas il humoit le laict de quatre mille six cens vaches, et comment, pour luy faire un paeslon à cuire sa bouillie, furent occupez tous les pesliers de Saumur en Anjou, de Villedieu en Normandie, de Bramont en Lorraine, et luy bailloit-on ladicte bouillie en un grand timbre qui est encores de present à Bourges près du palays[6]; mais les dentz luy estoient desjà tant crues et

1. A, B : mais cependant il feist. — 2. A, B : qui. — 3. A, B : auquel. C : on quel.— 4. A, B : n'estoit riens de Hercules. — 5. A, B : feist de cas. — 6. A, B : Bourges au près du palays; C : près de.

fortifiées, qu'il en rompit dudict tymbre un grand morceau, comme tresbien apparoist. Certains jours[1], vers le matin, que on le vouloit faire teter une de ses vaches (car de nourrisses il n'en eut jamais aultrement, comme dict l'hystoire), il se deffit des liens qui le tenoyent au berceau un des bras, et vous prend ladicte vache par dessoubz le jarret, et luy mangea les deux tetins et la moytié du ventre, avecques le foye et les roignons ; et l'eust toute devorée, n'eust[2] esté qu'elle cryoit horriblement comme si les loups la tenoient aux jambes, auquel cry le monde arriva, et osterent ladicte vache à Pantagruel[3]; mais ilz ne sceurent si bien faire que le jarret ne luy en demourast comme il le tenoit, et le mangeoit tresbien comme vous feriez d'une saulcisse, et quand on[4] luy voulut oster l'os, il l'avalla bien tost, comme un cormaran feroit un petit poisson ; et après commença à dire : Bon, bon, bon, car il ne sçavoit encores bien[5] parler, voulant donner à entendre que il avoit[6] trouvé fort bon, et qu'il n'en failloit plus que autant. Ce que voyans ceulx qui le servoyent, le lierent à gros cables comme sont ceulx que l'on faict à Tain pour le voyage du sel à Lyon[7], ou comme sont ceulx de la grand nauf[8] Françoyse qui est au port de Grace en Normandie. Mais quelquefoys que un grand ours que nourrissoit son pere eschappa, et luy venoit lescher le visage, car les nourrisses ne luy avoient bien à point torché[9] les babines, il se deffit desdictz cables aussi facilement comme Sanson d'entre les Philistins, et vous print monsieur de l'ours, et le[10] mist en pieces comme un poulet, et vous en fist une bonne gorge[11] chaulde pour ce

---

1. A, B, C : *ung certain jour*. — 2. B : *ce n'eust*. — 3. A, B : *vache des mains dudict Pantagruel*. — 4. B : *l'on*. — 5. A, B : *encores pas bien*. — 6. A : *l'avoit*. — 7. A, B, C : *sel de Lyon*. — 8. A, B : *navire*. — 9. A, B : *avoient pas bien torché*. — 10. A, B : *et vous le*. — 11. B : *gorgée*.

repas. Parquoy, craignant Gargantua qu'il se gastast, fist faire quatre grosses chaines de fer pour le lyer, et fist faire des arboutans à son berceau bien afustez. Et de ces chaines en avez une à la Rochelle, que l'on leve au soir entre les deux grosses tours du havre ; l'aultre est à Lyon, l'aultre à Angiers, et la quarte fut emportée des diables pour lier Lucifer, qui se deschainoit en ce temps là, à cause d'une colique qui le tormentoit extraordinairement pour avoir mangé l'ame d'un sergeant en fricassée à son desjeuner. Dont povez bien croire ce que dict Nicolas de Lyra sur le passaige du Psaultier où il est escript : *Et Og regem Basan*, que ledit Og, estant encores petit, estoit tant[1] fort et robuste qu'il le failloit lyer de chaisnes de fer en son berceau. Et ainsi demoura coy et pacificque[2], car il ne pouvoit rompre tant facillement lesdictes chaisnes, mesmement qu'il n'avoit pas espace au berceau de donner la secousse des bras. Mais voicy que arriva un jour d'une grande feste, que son pere Gargantua faisoit un beau bancquet à tous les princes de sa court. Je croy bien que tous les officiers de sa court estoyent tant occupés au service du festin, que l'on ne se soucyoit du pauvre Pantagruel, et demouroit ainsi à reculorum. Que fist-il? Qu'il fist, mes bonnes gens? Escoutez. Il essaya[3] de rompre les chaisnes du berceau avecques les bras, mais il ne peut, car elles estoyent trop fortes. Adonc il trepigna tant des piedz qu'il rompit le bout de son berceau, qui toutesfois estoit d'une grosse poste de sept empans en quarré ; et ainsi qu'il eut mys les piedz dehors il se avalla le mieulx qu'il peut, en sorte que il touchoit les piedz[4] en terre ; et alors avecques grande puissance[5] se leva

1. B : *tant* manque. — 2. A, B : *pacificque* Pantagruel. — 3. A, B : *reculorum. Voicy qu'il fist: il essaya.* C : *que fist-il? il essaya.* — 4. A : *des piedz*. — 5. B : *et lors avecques grand puissance*.

emportant son berceau sur l'eschine ainsi lyé comme une tortue qui monte contre une muraille, et à le veoir sembloit que ce feust une grande caracque de cinq cens tonneaulx qui feust debout. En ce point entra en la salle où l'on banquetoit, et hardiment qu'il espoventa bien l'assistance ; mais, par autant qu'il avoit les bras lyez dedans, il ne povoit rien prendre à manger ; mais en grande peine se enclinoit pour prendre à tout la langue quelque lippée. Quoy voyant son pere, entendit bien que l'on l'avoit laissé sans luy bailler à repaistre, et commanda qu'il fut deslyé desdictes chesnes, par le conseil des princes et seigneurs assistans : ensemble aussi que les medicins de Gargantua disoyent que si l'on le tenoit ainsi au berseau, qu'il seroit toute sa vie subject à la gravelle. Lors qu'il feust deschainé, l'on le fist asseoir, et repeut fort bien, et mist son dict berceau en plus de cinq cens mille pieces d'un coup de poing qu'il frappa au millieu par despit [1], avec protestation de jamais n'y retourner [2].

Des faictz du noble Pantagruel en son jeune eage.
CHAPITRE V.

Ainsi croissoit Pantagruel de jour en jour et prouffitoit à veu d'œil, dont son pere s'esjouissoit par affection naturelle. Et luy feist faire, comme il estoit petit, une arbaleste pour s'esbatre après les oysillons [3], qu'on appelle de present la grand arbaleste [4] de Chantelle ; puis l'envoya à l'eschole pour apprendre et passer son jeune eage. De faict [5], vint à Poictiers pour estudier, et proffita [6] beaucoup, auquel lieu voyant que les escoliers estoyent

1. A : *par despit* manque. — 2. A : *jamais y retourner*. — 3. A : *oysillons*, qui est de present en la grand tour de Bourges, qu'on. — 4. C : *arbastre.* — 5. A, B : Et *de faict.* — 6. A, B : *et y proffita.*

aulcunesfois de loysir, et ne sçavoient à quoy passer temp, en[1] eut compassion. Et un jour print d'un grand rochier qu'on nomme passelourdin une grosse roche, ayant environ de douze toizes en quarré, et d'espesseur quatorze pans, et la mist sur quatre pilliers au milieu d'un champ bien à son ayse, affin que lesdictz escoliers, quand ilz ne sçauroyent a ultre chose faire, passassent temps à monter sur ladicte pierre, et là banqueter à force flacons, jambons et pastez, et escripre leurs noms dessus avec un cousteau, et de present l'appelle-on la pierre levée. Et en mémoire de ce n'est aujourd'hui passé aulcun en[3] la matricule de ladicte Université de Poictiers, sinon qu'il ait bu en la fontaine Caballine de Croustelles, passé à Passelourdin et monté sur la pierre levée. En après, lisant les belles chronicques de ces ancestres, trouva que Geoffroy de Lusignam, dict Geoffroy à la grand dent, grand pere du beau cousin de la sœur aisnée de la tante du gendre de l'oncle de la bruz[4] de sa belle-mère, estoit enterré à Maillezays, dont print un jour campos pour le visiter comme homme de bien. Et partant de Poictiers avecques aulcuns de ses compaignons, passerent par Legugé, visitant le noble Ardillon abbé[5], par Lusignan, par Sansay, par Celles[6], par Colonges, par Fontenay-le-Conte, saluant le docte Tiraqueau[7], et de là arriverent à Maillezays, où visita le sepulchre dudict Geoffroy à la grand dent, dont eut[8] quelque peu de frayeur, voyant sa pourtraicture, car il y est en image comme d'un homme furieux tirant à demy son grand malchus de la guaine, et demandoit la cause de ce.

1. C: *temps, il en.* — 2. A, B, C: *le temps.* — 3. A, B: *passé nul en.* — 4. A, B: *de l'oncle de la bruz* manque. — 5. A, B, C: *visitant... abbé,* manque. — 6. A, B, C, ajoutent: *par sainct Lygaire.* — 7. A, B, C: *saluant... Tiraqueau,* manque. — 8. A, B, C: *dont il eut.*

Les chanoines dudict lieu luy dirent que n'estoit aultre cause sinon que *pictoribus atque poetis*, etc., c'est-à-dire que les painctres et poetes ont liberté de paindre à leur plaisir ce qu'ilz veullent. Mais il ne se contenta de [2] leur responce, et dist : Il n'est ainsi [3] painct sans cause, et me doubte que à sa mort on [4] luy a faict quelque tord, duquel [5] il demande vengeance à ses parens. Je m'en enquesteray plus à plein, et en feray ce que de raison. Puis retourna non à Poictiers, mais voulut [6] visiter les aultres universitez de France, dont, passant à la Rochelle, se mist sur mer et vint [7] à Bourdeaulx, on quel lieu ne trouva grand excercice, sinon des guabarriers jouans [8] aux luettes sur la grave. De là vint à Thoulouse [9], où aprint fort bien à dancer et à jouer de l'espée à deux mains, comme est l'usance des escholiers de ladicte université; mais il n'y demoura gueres quand il vit qu'ilz faisoyent brusler leurs regens tout vifz comme harans soretz, disant : Ja Dieu ne plaise que ainsi je meure, car je suis de ma nature assez alteré sans me chaufter davantaige.

Puis vint à Montpellier, où il trouva fort bon vins de Mirevaulx et joyeuse compagnie, et se cuida mettre à estudier en medicine; mais il considera que l'estat estoit fascheux par trop et melancholicque, et que les medicins sentoyent les clysteres comme vieulx diables. Pourtant [10] vouloit estudier en loix; mais, voyant que là n'estoient que [11] troys teigneux et un pelé de legistes

---

1. A, B : *dirent* qu'il n'y avoit point *d'aultre*. — 2. C : *n'est point ainsi*. — 3. A, B : *mais il ne s'en contenta pas de...* — 4. A, B : *l'on*. — 5. A, B : *dont*. — 6. A, B, C : *ainsi s'en retourna non pas à Poitiers, mais il voulut*. — 7. A, B : *et s'en vint à Bourdeaux, mais il n'y trouva pas grand*. C : *et vint à Bourdeaux, mais il n'y trouva grand*. — 8. A, B : *à jouer*. — 9. A, B : *de là s'en vint à Thoulose, où il aprint*. — 10. A, B : *Et par ce*. C : *Pourtant ce*. — 11. A, B, C : *voyant qu'il n'y avoit là que*.

audit lieu, s'en partit; et au chemin fist le pont du Guard et l'amphitheatre de Nimes¹ en moins de troys heures, qui toutesfoys semble œuvre plus divin que humain²; et vint en Avignon, où il ne fut trois³ jours qu'il ne devint amoureux : car les femmes y⁴ jouent voluntiers du serrecropyere, par ce que c'est terre papale⁵. Ce que voyant, son pedagogue, nommé Epistemon, l'en tira, et le mena à Valence au Daulphiné; mais il vit qu'il n'y avoit grand⁶ exercice, et que les marroufles de la ville batoyent les escholiers, dont eut⁷ despit; et, un beau dimanche que tout le monde dansoit publiquement, un escholier se voulut mettre en dance, ce que ne permirent lesditz marroufles. Quoy voyant Pantagruel, leur bailla à tous la chasse jusques au bort du Rosne, et les vouloit faire tous noyer; mais ilz se musserent contre terre comme taulpes bien demye lieue soubz le Rosne. Le⁸ pertuys encores y apparoist. Après il s'en partit, et à troys pas et un sault vint à Angiers⁹, où il se trouvoit fort bien, et y eust demeuré quelque espace, n'eust esté que la peste les en chassa. Ainsi vint¹⁰ à Bourges, où estudia bien long-temps, et proffita beaucoup en la faculté des loix. Et disoit aulcunesfois que les livres des loix luy sembloyent une belle robbe d'or triumphante et precieuse à merveilles, qui feust brodée de merde : Car, disoit-il, au monde n'y a livres tant beaulx, tant aornés, tant elegans, comme sont les textes des Pandectes; mais la brodure d'iceulx, c'est assavoir la Glose de Accurse¹¹, est tant salle, tant infame et punaise, que ce n'est que ordure et villenie. Partant de Bourges vint à Orleans,

— 1. A, B, C : *et l'amp. de N.* manque. — 2. A, B, C : *œuvre plus divine que humaine.* — 3. A, B : *ne fut pas trois.* — 4. A : *ilz.* — 5. A, B, C : *parce que... papale* manque. — 6. A, B : *avoit pas grand.* — 7. A, B : *dont il eut.* — 8. A, B : *Rosne, et le.* — 9. A : *Et après il s'en partit et vint à Angiers.* — 10. A, B : *ainsi s'en vint.* — 11. A, B : *Accursius.*

et là trouva force rustres d'escholiers, qui luy firent grand chere à sa venue, et en peu de temps aprint avecque eulx à jouer à la paulme si bien qu'il en estoit maistre : car les estudians dudict lieu en font bel exercice, et le menoyent aulcunesfois és isles pour s'esbattre au jeu du poussavant; et, au regard de se rompre fort la teste à estudier, il ne le faisoit mie, de peur que la veue luy [1] diminuast. Mesmement que un quidam des regens disoit souvent en ses lectures qu'il n'y a chose tant contraire à la veue comme est la maladie des yeulx. Et quelque jour que l'on passa licentié en loix quelc'un des eschoiliers de sa congnoissance, qui de science n'en avoit gueres plus que sa portée, mais en recompense sçavoit fort bien dancer et jouer à la paulme, il fist le blason et divise [2] des licentiez en ladicte université, disant :

> Un esteuf en la braguette,
> En la main une raquette,
> Une loy en la cornette,
> Une basse dance au talon,
> Vous voyez là [3] passé Coquillon.

Comment Pantagruel rencontra un Limosin qui contrefaisoit le langaige françoys. — **Chapitre VI.**

Quelque jour, je ne sçay quand [4], Pantagruel se pourmenoit après soupper avecques ses compaignons par la porte dont l'on va à Paris. Là rencontra [5] un escholier tout jolliet qui venoit par icelluy chemin, et, après qu'ils se feurent saluez, luy demanda : Mon amy, dont viens tu à ceste

---

1. A, B : *faisoit* point, de peur que la vue ne *luy*. C : ne *luy*. — 2. A : *devise*. — 3. A : voyez-vous *là*. B, C : voy vous *là*. — 4. A, B, C : *Quelque jour que Pantagruel...* — 5. A, B : *Là il rencontra*. C : *Paris, il rencontra*.

heure? L'escholier luy respondit : De l'alme, inclyte et celebre academie que l'on vocite Lutece.— Qu'est-ce à dire? dist Pantagruel à un de ses gens.— C'est (respondit-il) de Paris. — Tu viens doncques de Paris? dist-il. Et à quoy passez-vous le temps, vous aultres messieurs estudiens audict Paris ? — Respondit l'escolier : Nous transfretons la Sequane au diliculo et crepuscule ; nous deambulons par les compites et quadriviers de l'urbe; nous despumons la verbocination latiale, et comme verisimiles amorabonds, captons la benevolence de l'omnijuge, omniforme et omnigene sexe feminin ; certaines dieculcs nous invisons les lupanares[1], et en ecstase venereique inculcons nos veretres ès penitissimes recesses des pudendes de ces meretricules amicabilissimes; puis cauponizons ès tavernes meritoires de la Pomme de Pin, du Castel[2], de la Magdaleine et de la Mulle, belles spatules vervecines perforaminées de petrocil. Et si, par forte fortune, y a rarité ou penurie de pecune en nos marsupies, et soyent exhaustes de metal ferruginé, pour l'escot nous dimittons nos codices et vestes opignerées, prestolans les tabellaires à venir des penates et lares patriotiques. — A quoy Pantagruel dist : Que diable[3] de langaige est cecy ? Par Dieu ! tu es quelque heretique. — Seignor, non, dit l'escolier, car libentissiment[4] dès ce qu'il illucesce quelque minutule lesche du[5] jour, je demigre en quelc'un de ces tant bien architectez monstiers, et là, me irrorant de belle eaue lustrale, grignotte d'un transon de quelque missicque precation de nos sacrificules ; et, submirmillant mes precules horaires, elue et absterge mon anime de ses

1. A, C : *lupanares* de Champgaillard, de Matcon, de Cul de sac, de Bourbon, de Huslieu. B : *lupanares* de *Champgaillard*, de *Matcon*, de *cul de sac*, de *Bourbon*, de Glatingny, *de Huslieu* et de Grenetal. — 2. A, B : *du Castel* manque. — 3. A : quel diable. — 4. A : libentissimentent.— 5. A : de.

inquinamens nocturnes. Je revere les olimpicoles, je vencre latrialement le supernel astripotent, je dilige et redame mes proximes, je serve les prescriptz decalogicques, et, selon la facultatule de mes vires, n'en discede le late unguicule. Bien est veriforme que à cause que Mammone ne supergurgite goutte[1] en mes locules, je suis quelque peu rare et lend à supereroger les elcemosynes à ces egenes queritans leur stipe hostiatement. — Et bren, bren! dist Pantagruel, qu'est ce que veut dire ce fol? Je croys qui nous forge icy quelque langaige diabolique, et qu'il nous cherme comme enchanteur. A quoy dist un de ses gens : Seigneur, sans doubte[2] ce gallant veult contrefaire la langue des Parisians, mais il ne faict que escorcher le latin, et cuide ainsi pindariser; et luy semble bien qu'il est quelque grand orateur en françoys, parce qu'il dedaigne l'usance commun de parler. A quoy dict Pantagruel : Est il vrai? L'escholier respondit : Seignor missayre, mon[3] genie n'est poinct apte nate à ce que dict ce flagitiose nebulon pour escorier la cuticule de nostre vernacule gallicque; mais vice versement je gnave opere, et par vele et rames je me enite de le locupleter de la redundance latinicome. — Par Dieu! (dist Pantagruel) je vous apprendray à parler; mais devant, responds-moy, d'ont es-tu? A quoy dist l'escholier : L'origine primeve de mes aves et ataves fut indigene des regions lemovicques, où requiesce le corpore de l'agiotate sainct Marcial. — J'entens bien, dist Pantagruel; tu es Lymosin, pour tout potaige, et tu veulx icy contrefaire le Parisian. Or vien çza, que je te donne un tour de pigne[4]. Lors le print à la gorge, luy disant : Tu escorche le latin; par sainct Jan! je te feray eschorcher le renard, car je te escorcheray tout vif. Lors commença le pauvre Lymo-

---

1. A, B : point. — 2. B : *sans nulle doubte.* — 3. A, B : *res-pondit; Seigneur, mon.* — 4. A : *peigne.*

sin à dire : Vée dicou gentilastre, ho ! sainct Marsault, adjouda my, hau, hau, laissas à quau, au nom de Dious, et ne me touquas grou. A quoy dist Pantagruel : A ceste heure parles-tu naturellement. Et ainsi le laissa, car le pauvre lymosin conchioit¹ toutes ses chausses, qui estoient faictes à queheue de merluz, et non à plein fons, dont dist Pantagruel : Sainct Alipentin, quelle² civette ! Au diable soit le mascherable, tant il put ! Et le³ laissa. Mais ce luy fut un tel remord toute sa vie et tant fut alteré qu'il disoit souvent que Pantagruel le tenoit à la gorge ; et après quelques années mourut de la mort Roland, ce faisant la vengeance divine, et nous demonstrant ce que dict le philosophe et Aule Gelle⁴, qu'il nous convient parler selon le langaige usité, et comme disoit Octavian Auguste⁵, qu'il fault eviter les motz espaves en⁶ pareille diligence que les patrons des navires evitent les rochiers de mer⁷.

Comment Pantagruel vint à Paris, et des beaulx livres de la librairie de Sainct Victor⁸. — CHAPITRE VII.

Après que Pantagruel eut fort bien estudié en Aurelians, il delibera visiter⁹ la grande université de Paris ; mais devant que partir fut adverty que une¹⁰ grosse et enorme cloche estoit à Sainct Aignan dudict Aurelians, en terre, passez deux cens quatorze ans : car elle estoit tant grosse que

1. A, B : *se conchioit.* — 2. A, C : *saint* Alipentin, corne my de bas, *quelle.* — 3. A, B, C : *Et* ainsi *le.* — 4. A, B : *Aulus Gellius.* — 5. A, B : *disoit* Cesar. — 6. A, B : *motz absurdes en.* — 7. A : *de la mer.* — 8. A, B : *et des beaulx... sainct Victor,* manque. — 9. A, B : *estudié* à Orleans, il se delibera de *visiter.* — 10. A. B : *partir,* il fut adverty qu'il y avoit *une grosse et enorme cloche à Sainct Aignan.*

par engin aulcun ne la povoit-on mettre¹ seullement hors terre, combien que l'on y eust applicqué tous les moyens que mettent *Vitruvius de architectura, Albertus de re ædificatoria, Euclides, Theon, Archimedes et Hero*² *de ingeniis*; car tout n'y servit de rien. Dont voluntiers encliné à l'humble requeste des citoyens et habitans de la dicte ville, delibera la³ porter au clochier à ce destiné. De faict, vint⁴ au lieu où elle estoit, et la leva de terre avecques le petit doigt aussi facilement que feriez une sonnette d'esparvier. Et devant que la porter au clochier, Pantagruel en voulut donner⁵ une aubade par la ville et la faire sonner par toutes les ruës en la portant en sa main, dont tout le monde se resjouyt fort; mais il en advint un inconvénient bien grand, car, la portant ainsi et la faisant sonner par les rues, tout le bon vin d'Orleans poulsa et se gasta. De quoy le monde ne se advisa que⁶ la nuyct ensuyvant, car un chascun se sentit tant alteré de avoir beu de ces vins poulsez, qu'ils ne faisoient que cracher aussi blanc comme cotton de Malthe⁷, disans : Nous avons du Pantagruel, et avons les gorges sallées.

Ce faict, vint à Paris avecques ses gens, et à son entrée tout le monde sortit hors pour le veoir, comme vous sçavez bien que le peuple de Paris⁸ est sot par nature, par bequare et per bemol⁹, et le regardoyent en grand esbahyssement, et non sans grande peur qu'il n'emportast le palais ailleurs, en quelque pays *à remotis*, comme son père avoit emporté les campanes de

---

1. A : *dudict* Orleans, qui estoit en terre, près de troys cens ans y avoit; car elle estoit si grosse que par nul engin l'on ne la pouvoit *mettre*. — 2. A, B : Archimenides et Hiero. — 3. A, B : *de la.* — 4. A, B : Et de faict s'en vint. — 5. A : *Clochier* voulut en *donner.* — 6. A, B : *advisa point que.* — 7. A, B : *de Malthe* manque. Paroît pour la première fois dans l'édition A2. — 8. A2 ajoute : maillotinien. — 9. A, B : *par bequarre et per bemol*, manque.

Nostre Dame pour atacher au col de sa jument. Et, après quelque espace de temps qu'il y eut demouré et fort bien estudié en tous les sept ars liberaulx, il disoit que c'estoit une bonne ville pour vivre, mais non pour mourir, car les guenaulx de Sainct-Innocent se chauffoyent le cul des ossemens des mors. Et trouva la librairie de Sainct-Victor fort magnificque, mesmement d'aulcuns livres qu'il y trouva, desquelz s'ensuit le repertoyre, et *primo* ² :

Bigua salutis.
Bregueta juris.
Pantofla decretorum.
Malogranatum vitiorum.
Le Peloton de theologie.
Le Vistempenard des prescheurs, composé par Turelupin ³.
La Couillebarine des preux.
Les Hanebanes des evesques.
Marmotretus de baboinis et cingis, cum commento Dorbellis.
Decretum universitatis Parisiensis super gorgiasitate muliercularum ad placitum.
L'Apparition de saincte Geltrude à une nonnain de Poissy estant en mal d'enfant.
Ars honeste pettandi in societate per M. Ortuinum.
Le Moustardier de penitence.
Les Houseaulx, *alias* les botes de patience.
Formicarium artium.
De brodiorum usu, et honestate chopinandi per Silvestrem prieratem Jacospinum.
Le Beliné en court ⁴.
Le Cabat des notaires.

1. A, B : *non* pas *pour*. — 2. A, B, C : *qu'il y trouva, comme.* — 3. A, B, C : *Pepin.* — 4. A : *de Brodiorum... Beliné en Court,* manque.

Le Pacquet de mariage.
Le Creziou de contemplation.
Les Fariboles de droict.
L'Aguillon de vin.
L'Esperon de fromaige.
Decrotatorium scholarium.
Tartaretus de modo cacandi.
Les Fanfares de Rome [1].
Bricot de differentiis soupparum.
Le Culot de discipline.
La Savate de humilité
Le Tripier de bon pensement.
Le Chaulderon de magnanimité.
Les Hanicrochemens des confesseurs.
La Croquignolle des curez.
Reverendi patris fratris Lubini provincialis Bavardiæ, de croquendis lardonibus libri tres.
Pasquili doctoris marmorei, de capreolis cum chardoneta comedendis tempore papali ab Ecclesia interdicto.
L'Invention Saincte-Croix à six personnaiges, jouée par les clercz de finesse [2].
Les Lunettes des romipetes.
Majoris, de modo faciendi boudinos.
La Cornemuse des prelatz.
Beda de optimitate triparum.
La Complaincte des advocatz sus la reformation des dragées.
Le Chatfourré des procureurs [3].
Des pois au lart *cum commento.*
La Profiterolle des indulgences [4].

1. A. : *Les Fanf. de Rome*, manque. — 2. A, B, C : *La Croquignolle... clercz de finesse*, manque. — 3. B : *Le Chat... procureurs*, manque. — 4. B, ajoute : *Aristotelis libri novem de modo dicendi horas canonicas.* La suite, depuis *Præclurissimi juris*, jusqu'à : *Le Couillaige des promoteurs*, manque.

Præclarissimi juris utriusque docloris maistre Pilloti Raquedenari, de bobelidandis glossæ accursianæ baguenaudis repetitio enucidiluculidissima.

Stratagemata Francarchieri de Baignolet.

Franctopinus de re militari, cum figuris Tevoti.

De usu et utilitate escorchandi equos et equas, authore M. nostro de Quebecu.

La Rustrie des prestolans.

M. n. Rostocostojambedanesse, de moustarda post prandium servienda, lib. quatuordecim, apostilati per M. Vaurrillonis.

Le Couillaige des promoteurs [1].

Quæstio subtillissima, utrum chimera in vacuo bombinans possit comedere secundas intentiones, et fuit debatuta per decem hebdomadas in concilio Constantiensi [2].

Le Maschefain des advocatz [3].

Barbouillamenta Scoti [4].

La Retepenade des cardinaulx.

De calcaribus removendis decades undecim, per M. Albericum de Rosata.

Ejusdem de castrametandis crinibus, lib. tres [5].

L'Entrée de Anthoine de Leive ès terres du Bresil.

Marforii bacalarii cubentis Romæ, de pelendis mascarenaisque cardinalium mulis.

Apologie d'icelluy contre ceulx qui disent que la mule du pape ne mange qu'à ses heures.

---

1. C, ajoute : *Jabolenus, de cosmographia purgatorii.* — 2. A : *La Complaincte des advocatz... in concilio constantiensi*, manque. — 3. A : tout ce qui suit, jusqu'à *la somme angelicque* (page 210, ligne 20), manque. — 4. Tout ce qui suit, depuis *la Ratepenade* jusqu'à *de haultegresse* (page 210, ligne 17), manque dans B. — 5. Ce qui suit, jusqu'à *Songecrusyon*, manque dans C.

Pronostication quæ incipit, Sylvii Triquebille, *balata per M. N. Songecrusyon.*

Boudarini episcopi de emulgentiarum profectibus eneades novem, cum privilegio papali ad triennium, et postea non.

Le Chiabrena des pucelles.

Le Culpelé des vefves.

La Cocqueluche des moynes.

Les Brimborions des padres celestins [1].

Le Barrage de manducité.

Le Clacquedent des marroufles.

La Ratouere des theologiens.

L'Ambouchouoir des maistres en ars.

Les Marmitons de Olcam à simple tonsure.

Magistri N. Fripesaulcetis de grabellationibus horrarum canonicarum, lib. quadraginta.

Cullebutatorium confratriarum, incerto authore.

La Cabourne des briffaulx.

Le Faguenat des Hespaignols supercoquelicanticqué par Frai Inigo.

La Barbotine des marmiteux.

Poiltronismus rerum italicarum, authore magistro Bruslefer.

R. Lullius de batisfolagiis principum.

Callibistratorium caffardiæ, authore M. Jacobo Hocstratem hæreticometra.

Chault couillons de magistro nostrandorum magistro nostratorumque beuvetis lib. octo gualantissimi.

Les Petarrades des bullistes, copistes, scripteurs, abbreviateurs, referendaires et dataires, compillées par Regis.

Almanach perpetuel pour les gouteux et verollez.

---

1. Cette ligne manque dans C.

Maneries ramonandi fournellos per M. Eccium.
Le Poulemart des marchans.
Les Aisez de vie monachale.
La Gualimaffrée des bigotz [1].
L'Histoire des farfadetz.
La Belistrandie des millesouldiers.
Les Happelourdes des officiaulx.
La Bauduffe des thesauriers.
Badinatorium sophistarum [2].
Antipericatametanaparbeugedamphicribrationes merdicantium.
Le Limasson des rimasseurs.
Le Boutavent des alchymistes.
La Nicquenocque des questeurs, cababezacée par frere Serratis.
Les Entraves de religion.
La Racquette des brimbaleurs.
L'Acodouoir de vieillesse.
La Museliere de noblesse.
La Patenostre du cinge.
Les Grezillons de devotion.
La Marmite des Quatre-Temps.
Le Mortier de vie politique.
Le Mouschet des hermites.
La Barbute des penitenciers.
Le Trictrac des freres Frapars.
Lourdaudus de vita et honestate braguardorum.
Lyrippii Sorbonici moralisationes per M. Lupoldum.
Les Brimbelettes des voyageurs.
Les Potingues des evesques potatifz.
Tarraballationes doctorum Coloniensium adversus Reuchlin.

---

1. Cette ligne et la suivante manquent dans C. — 2. C : *Badinatorium sorboniformium.*

Les Cymbales des dames.
La Martingalle des fianteurs [1].
Virevoustatorum nacquettorum per F. Pedebilletis.
Les Bobelins de franc couraige.
La Mommerie des rebatz et lutins.
Gerson, *De auferibilitate papæ ab Ecclesia.*
La Ramasse des nommez et graduez.
Jo. Dytebrodii, de terribiliditate excomunicationum libellus acephalos.
Ingeniositas invocandi diabolos et diabolas per M. Guinguolfum [2].
Le Hoschepot des perpetuons.
La Morisque des hereticques.
Les Henilles de Gaïetan.
Moillegroin *doctoris cherubici de origine Patepelutarum, et Torticollorum ritibus, libri septem.*
Soixante et neuf breviaires de haulte gresse.
Le Godemarre des cinq [3] ordres des mendiants.
La Pelleterie des tyrelupins, extraicte de la Bote fauve incornifistibulée en la Somme Angelicque [4].
Le Ravasseur des cas de conscience.
La Bedondaine des presidens.
Le Vietdazouer des Abbez [5].
Sutoris adversus quendam qui vocaverat eum fripponnatorem, et quod fripponnantores non sunt damnati ab Ecclesia.
Cacatorium medicorum.
Le Rammonneur d'astrologie.
Campi clysteriorum per §. C [6].

---

1. Cette ligne et la suivante manquent dans C. — 2. C : *et diabolas* manque. — 3. B : *La Gaudemarre des* neuf. — 4. B : *la Pelleterie... angelique,* manque. — 5. A, B : *La Bedondaine... des abbez,* manque. — 6. A, B, C : cette ligne manque.

Le Tyrepet des apothecaires.

Le Baisecul de chirurgie.

Justinianus de cagotis tollendis [1].

Antidotarium animæ.

Merlinus Coccaius de Patria diabolorum.

Desquelz aulcuns [2] sont jà imprimez, et les aultres l'on imprime maintenant [3] en ceste noble ville de Tubinge.

Comment Pantagruel, estant à Paris, receut letres [4] de son pere Gargantua, et la copie d'icelles. —
Chapitre VIII.

Pantagruel estudioit fort bien, comme assez entendez, et proufitoit de mesmes : car il avoit l'entendement à double rebras et capacité de memoire à la mesure de douze oyres et botes d'olif. Et comme il estoit ainsi là demourant, receut un jour lettres de son pere en la maniere que s'ensuit : Treschier filz, entre les dons, graces et prerogatives desquelles le souvrain plasmateur Dieu tout-puissant a endouayré et aorné l'humaine nature à son commencement, celle me semble singuliere et excellente par laquelle elle peut en estat mortel acquerir espece [5] de immortalité, et en decours de vie transitoire perpetuer son nom et sa semence. Ce que est faict par lignée yssue de nous en mariage legitime. Dont nous est aulcunement instauré ce que nous feut tollu [6] par le peché de nos premiers parens, esquelz fut dict que, parce qu'ilz n'avoient esté obeyssans [7] au commendement de Dieu le createur, ils mourroient, et par mort seroit

---

1. A : cette ligne manque. B, ajoute : *cum scholiis Terentii.* — 2. A, B : Dont les aulcuns. — 3. A : de present. B : desja. — 4. B : les *letres.* — 5. A, B : une *espèce.* — 6. A, B : *ce qui nous a esté tollu.* — 7. A : obediens.

reduicte à neant ceste tant magnificque plasmature en laquelle avoit esté l'homme créé. Mais par ce moyen de propagation seminale demoure ès enfans ce que estoit de perdu ès parens, et ès nepveux [1] ce que deperissoit ès enfans; et ainsi successifvement jusques à l'heure du jugement final, quand Jesuchrist aura rendu à Dieu le pere [2] son royaulme pacificque, hors tout dangier et contamination de peché : car alors cesseront toutes generations et corruptions, et seront les elemens hors de leurs transmutations continues, veu que la paix tant [3] desirée sera consumée et parfaicte, et que [4] toutes choses seront reduites à leur fin et periode. Non doncques sans [5] juste et equitable cause je rends graces à Dieu, mon conservateur, de ce qu'il m'a donné povoir veoir mon antiquité chanue refleurir en ta jeunesse : car, quand par le plaisir de luy, qui [6] tout regist et modere, mon ame laissera ceste habitation humaine, je ne me reputeray totallement [7] mourir, ains [8] passer d'un [9] lieu en aultre, attendu que en toy et par toy je demeure en mon image visible en ce monde vivant, voyant et conversant entre gens de honneur et mes amys comme je souloys. Laquelle mienne conversation a esté, moyennant l'ayde et grace divine, non sans peché, je le confesse (car nous pechons tous, et continuellement requerons à Dieu qu'il efface noz pechez), mais sans reproche.

Parquoy ainsi comme en toy demeure l'image de mon corps, si pareillement ne reluysoient les meurs de l'ame, l'on ne te jugeroit estre [10] garde et tresor de l'immortalité de nostre nom, et le plaisir que prendroys ce voyant

---

1. B, ajoute : *et cousins*. — 2. A : *Dieu son père*. — 3. A, B : *tant* manque. — 4. A : *sera* consommée, *et que*. — 5. A, B, C : *doncques non sans*. — 6. A, B : *de* celluy *qui*. — 7. A, B : *reputerai* point *totalement*. — 8. B : mais plus tost. — 9. A : *mourir*, mais plustost transmigrer *d'un*. — 10. A, B : *jugeroit* pas *estre*. C : *jugeroit* point *estre*.

seroit petit, considerant que la moindre partie de moy, qui est le corps, demoureroit, et la[1] meilleure, qui est l'ame, et par laquelle demeure nostre nom en benediction entre les hommes, seroit degenerante et abastardie. Ce que je ne dis par[2] defiance que je aye de ta vertu, laquelle m'a esté jà par cy[3] devant esprouvée, mais pour plus fort te encourager à proffiter de bien en mieulx. Et ce que presentement te escriz n'est tant affin qu'en ce train vertueux tu vives, que de ainsi vivre et avoir vescu tu te resjouisses, et te refraischisses en courage pareil pour l'advenir[4]. A laquelle entreprinse parfaire et consommer, il te peut assez souvenir comment je n'ay rien espargné ; mais ainsi y[5] ay-je secouru comme si je n'eusse aultre thesor en ce monde que de te veoir une foys en ma vie absolu et parfaict, tant en vertu, honesteté et preudhommie, comme en tout sçavoir liberal et honeste, et tel te laisser après ma mort comme un mirouoir representant la personne de moy ton pere, et sinon tant excellent, et tel de faict, comme je te souhaite, certes bien tel en desir. Mais encores que mon feu pere de bonne memoire Grandgousier eust adonné tout son estude à ce que je proffitasse en toute perfection et sçavoir politique, et que mon labeur et estude correspondit tresbien, voire encores oultrepassast son desir, toutesfoys, comme tu peulx bien entendre, le temps n'estoit tant idoine ne[6] commode ès lettres comme est[7] de present, et n'avoys copie[8] de telz precepteurs comme tu as eu. Le temps estoit encores tenebreux et sentant l'infelicité et calamité des Gothz, qui avoient mis à destruction toute bonne literature ; mais, par la bonté divine, la lumiere

---

1. A, B, C : *et que la.* — 2. A : *dis* pas *par.* — 3. A, B : *icy.* — 4. A, B, C : *Et ce que... pour l'advenir,* manque. — 5. A, C : *ainsi te y.* — 6. A, B, C : *ny.* — 7. A, B, C : *comme il est.* — 8. A, B : *n'avoys* pas *copié.*

et dignité a esté de mon eage rendue ès lettres, et y voy tel amendement que de present à difficulté serois je receu en la premiere classe des petitz grimaulx, qui¹ en mon eage virile estoys (non à tord) reputé le plus sçavant dudict siecle.

Ce que je ne dis par² jactance vaine, encores que je le puisse louablement³ faire en t'escripvant, comme tu as l'autorité de Marc Tulle en son livre de Vieillesse, et la sentence de Plutarche au livre intitulé : *Comment on se peut louer sans envie*, mais pour te donner affection de plus hault tendre. Maintenant toutes disciplines sont restituées, les langues instaurées : grecque, sans laquelle c'est honte que une personne se die sçavant; hebraïcque, caldaïcque, latine. Les impressions tant elegantes et correctes en usance, qui ont esté inventées de mon eage par inspiration divine, comme à contrefil l'artillerie par suggestion diabolicque. Tout le monde est plein de gens savans, de precepteurs tresdoctes, de librairies très amples, qu'il m'est advis que ny au temps de Platon, ny de Ciceron, ny de Papinian, n'estoit⁴ telle commodité d'estude qu'on y veoit maintenant⁵. Et ne se fauldra plus doresnavant trouver en place ny en compaignie qui ne sera bien expoly en l'officine de Minerve. Je voy les brigans, les boureaulx, les avanturiers, les palefreniers de maintenant, plus doctes que les docteurs et prescheurs de mon temps.

Que diray-je? Les femmes et filles ont aspiré à ceste louange et manne⁶ celeste de bonne doctrine. Tant y a que en l'eage où je suis, j'ay esté contrainct de apprendre les lettres grecques, lesquelles je n'avois con-

---

1. A : moy qui. — 2. A, B : dis pas par. — 3. A : encores que bien je le puisse et louablement. — 4. A. B : n'y avoit point. — 5. A, B : d'estude qu'il y a *maintenant*. — 6. A, B : *Que diray-je?* Il n'est pas les femmes et filles qui ne ayent aspiré à ceste louange et à ceste *manne*.

temnées[1] comme Caton, mais je n'avoys eu loysir[2] de comprendre en mon jeune eage. Et voluntiers me delecte à lire les moraulx de Plutarche, les beaulx dialogues de Platon, les monumens de Pausanias et antiquitez de Atheneus, attendant l'heure qu'il plaira à Dieu mon Createur me appeller et commander yssir de ceste terre. Parquoy, mon filz, je te admoneste que employe ta jeunesse à bien profiter en estudes et en vertus[3]. Tu es à Paris, tu as ton precepteur Epistemon, dont l'un par vives et vocales instructions, l'aultre par louables exemples, te peut endoctriner. J'entens et veulx que tu aprenes les langues parfaictement : premierement la grecque, comme le veult Quintilian ; secondement la latine, et puis l'hebraïcque pour les sainctes letres, et la chaldaïcque et arabicque pareillement, et que tu formes ton stille quand à la grecque, à l'imitation de Platon ; quand à la latine, à Ciceron. Qu'il n'y ait histoire que tu ne tienne en memoire presente, à quoy te aydera la cosmographie de ceulx qui en ont escript. Des ars liberaux, geometrie, arismeticque et musicque, je t'en donnay quelque goust quand tu estoys encores petit en l'eage de cinq à six ans; poursuys la reste, et de astronomie saiche en tous les canons; laisse moy l'astrologie divinatrice et l'art de Lullius, comme abuz et vanitez. Du droit civil, je veulx que tu saiche par cueur les beaulx textes et me les confere avecques philosophie[4]. Et quand à la congnoissance des faictz de nature, je veulx que tu te y adonne curieusement; qu'il n'y ayt mer, riviere ny fontaine dont tu ne congnoisse les poissons, tous les oyseaulx de l'air, tous les arbres, arbustes et fructices des foretz, toutes

---

1. A : *n'avois pas contemnées*. — 2. A : *n'avoys pas eu le loisir*. — 3. A, B : *et en vertus* manque. — 4. A : *avecques la philosophie*.

les herbes de la terre, tous les metaulx cachez au ventre des abysmes, les pierreries de tout orient et midy : rien ne te soit incongneu. Puis songneusement revisite les livres des medicins grecs, arabes et latins, sans contemner les thalmudistes et cabalistes, et par frequentes anatomies acquiers toy parfaicte congnoissance de l'aultre monde, qui est l'homme. Et par lesquelles heures[1] du jour commence à visiter les sainctes lettres. Premierement en grec, le Nouveau Testament et epistres des apostres, et puis en hebrieu le vieulx testament. Somme, que je[2] voy un abysme de science : car doresnavant que tu deviens homme et te fais grand, il te fauldra yssir de ceste tranquillité et repos d'estude, et apprendre la chevalerie et les armes pour deffendre ma maison, et nos amys secourir en tout leurs affaires contre les assaulx des mal faisans. Et veulx que de brief tu essaye combien tu as proffité, ce que tu ne pourras mieulx faire que tenent conclusions en tout sçavoir publiquement envers tous et contre tous, et hantant les gens lettrez, qui sont tant à Paris comme ailleurs. Mais parce que, selon le saige Salomon, sapience n'entre point en ame malivole, et science sans conscience n'est que ruine de l'ame, il te convient servir, aymer et craindre Dieu, et en luy mettre toutes tes pensées et tout ton espoir, et par foy formée de charité estre à luy adjoinct, en sorte que jamais n'en soys desamparé par peché. Aye suspectz les abus du monde. Ne metz ton[3] cueur à vanité, car ceste vie est transitoire ; mais la parolle de Dieu demeure eternellement. Soys serviable à tous tes prochains et les ayme comme toy mesmes. Revere tes precepteurs, fuis les compaignies de gens esquelz tu ne veulx point resem-

---

1. A, B : *les* quelques *heures.* C : *et par* quelques *heures.* — 2. B : *que tu.* — 3. A, B ; *metz* point *ton.*

bler, et les graces que Dieu te a données, icelles ne reçoipz en¹ vain. Et quand tu congnoistras que auras tout le sçavoir de par delà acquis, retourne vers moy², affin que je te voye et donne ma benediction devant que mourir.

Mon filz, la paix et grace de Nostre Seigneur soit avecques toy! Amen. De Utopie, ce dix-septiesme jour du moys de mars. Ton pere Gargantua.

Ces lettres receues et veues, Pantagruel print nouveau courage, et feut enflambé à proffiter plus que jamais : en sorte que, le voyant estudier et proffiter, eussiez dict que tel estoit son esperit entre les livres comme est le feu parmy les brandes, tant il l'avoit infatigable et strident.

Comment Pantagruel trouva Panurge, lequel il ayma toute sa vie. — CHAPITRE IX.

Un jour Pantagruel se pourmenant hors la³ ville vers l'abbaye Sainct Antoine, devisant et philosophant avecques ses gens et aulcuns escholiers, rencontra un homme beau de stature et elegant en tous lineamens du corps, mais pitoyablement navré en divers lieux, et tant mal en ordre qu'il sembloit estre eschappé⁴ ès chiens, ou mieulx resembloit un cueilleur de pommes du pays du Perche. De tant⁵ loing que le vit Pantagruel, il dist ès assistans : Voyez vous cest homme qui vient par le chemin du pont Charanton ? Par ma foy, il n'est pauvre que par fortune : car je vous asseure que à sa physonomie nature l'a produict de riche et noble lignée ; mais les adventures des gens curieulx le ont reduict

---

1. A, B : *recoyz point en.* — 2. A, B : *retourne t'en vers.* — 3. A, B : *hors de la.* — 4. A, B : *sembloit* qu'il feust eschappé. — 5. A, B : Et de tant.

en telle penurie et indigence. Et ainsi qu'il fut au droict d'entre eulx, il luy demanda : Mon amy, je vous prie que un peu vueillez icy arrester et me respondre à ce que vous demanderay, et vous ne vous en repentirez point : car j'ay affection tresgrande de vous donner ayde à mon povoir en la calamité où je vous voy, car vous me faictes grand pitié. Pourtant, mon amy, dictes moi, qui estes vous? dont venez vous? où allez vous? que querez vous et quel est vostre nom? Le[1] compaignon luy respond en langue germanicque : Juncker, Gott geb euch glück unnd hail. Zuvor, Lieber Juncker, ich las euch wissen das da ir mich von fragt, ist ein arm unnd erbarmglich ding, unnd wer vil darvon zu sagen, welches euch verdruslich zu hœren, unnd mir zu erzelen wer, vievol die Poeten unnd Orators vorzeiten haben gesagt in iren sprüchen unnd sentenzen, das die gedechtnus des ellends unnd armuot vorlangs erlitten ist ain grosser lust. A quoy respondit Pantagruel : Mon amy, je n'entens point ce barragouin; pourtant[2], si voulez qu'on vous entende, parlez aultre langaige. Adoncques le compaignon lui respondit : Al barildim gotfano dech min brin alabo dordin falbroth ringuam albaras. Nin porth zadikim almucathin milko prin al elmim enthoth dal heben ensouim : kuthim al dum alkatim nim broth dechoth porth min michais im endoth, pruch dal maisoulum hol moth dansrilrim lupaldas im voldemoth. Nin hur diavosth mnarbotim dal gousch palfrapin duch im scoth pruch galeth dal chinon min foulchrich al conin butathen doth dal prim.

Entendez vous rien là? dist Pantagruel es assistans. A quoy dist Epistemon : Je croy que c'est langaige des antipodes; le diable n'y mordroit mie[3]. Lors dist Panta-

---

1. A, B : Et *le*. — 2. A : et *pourtant*. — 3. A : *mordroit pas*.

gruel : Compere, je ne sçay si les murailles vous entendront, mais de nous nul n'y entend note. Dont dist le compaignon : Signor mio, voi videte per exemplo che la cornamusa non suona mai s'ela non ha il ventre pieno : cosi io parimente non vi saperi contare le mio fortune, se prima il tribulato ventre non a la solita refectione. Al quale è adviso che le mani et li denti abbui perso il loro ordine naturale et del tuto annichillati. A quoy respondit Epistemon : Autant de l'un comme de l'aultre. Dont dist Panurge : Lard[1] geft tholb be sua virtiuss be intelligence : ass yi body schallbiss be naturall relvtht tholb suld of me pety have for natur hass ulss egually maide : bot fortune sum exaltit hess andoyis deprevit : and virtius men descrevis for anen ye lad end iss non good. Encores[2] moins, respondit Pantagruel. Adoncques dist Panurge : Jona andie guaussa goussy etan be harda er remedio beharde versela ysser landa. Anbates otoy y es nausu ey nessassu gourray proposian ordine den. Nonyssena bayta fascheria egabe gen herassy badia sadassu noura assia. Aran Hondovan gualde eydassu naydassuna. Estou oussyc eguinan soury hin er darstura eguy harm. Genicoa plasar vadu. — Estes vous là, respondit Eudemon, Genicoa ?

A quoy[3] dist Carpalim : Sainct Treignan, foutys vous descoss, ou j'ay failly à entendre. Lors respondit Panurge : Prug frest strinst sorgdmand strochdt drhds pag brleland Gravot chavygny pomardiere rusth pkallhdracg deviniere pres Nays[4], Bcuille[5] Kalmuch monach drupp delmeupplist rincq drlnd dodelb up drent loch minc stz rinquald de vins ders cordelis hur joest stzampenards. A quoy dist Epistemon : Parlez-vous chris-

---

1. Ce passage (*Lard... good*) manque dans A. — 2. *Encores moins...* jusqu'à *Genicoa*, manque dans A, B, C. — 3. *A quoi....* *Panurge* (page 220, ligne 2) manque A. — 4. B, C : *près sainct Nays*. — 5. C : Seuillé.

tian, mon amy, ou langaige patelinoys ? — Non, c'est langaige lanternoys[1]. Dont dist Panurge : Herre, ie en spreeke anders gheen taele dan kersten taele : my dunct nochtans, al en seg ic u met een woordt, mynen noot vklaert genonch wat ie begeere; gheeft my uyt bermherticheyt yet waer vn ie ghevoet magh zunch. A quoy respondit Pantagruel : Autant que cestuy-là.[2] Dont dist Panurge : Seignor, de tanto hablar yo soy cansado, por que suplico à vostra reverentia que mire a los preceptos evangeliquos, para que ellos movant vostra reverentia a lo que es de conscientia, y si ellos non bastarent para mover vostra reverentia a piedad, suplico que mire a la piedad natural, la qual yo creo que le movra como es de razon : y con esto non digo mas. A quoy respondit Pantagruel : Dea, mon amy, je ne fais doubte aulcun que ne sachez bien parler divers langaiges, mais dicte nous ce que vouldrez en quelque langue que puissions entendre. Lors dist le compaignon : Myn Herre endog jeg, med ingen tunge talede, lyge som boeen ocg uskwlig creatner : myne kleebon oc myne legoms mager hed vudviser allygue klalig hvad tyng meg meest behoff girereb, somaer sandeligh mad och drycke : hwar for forbar me teg om syder ofver meg, oc befael atgyffue meg no geth : aff huylket jeg kand styre myne groeendes maghe, lygeruss son mand Cerbero en soppeforsetthr : soa shal tue loeffve lenge ochlyk saligth. — Je croy (dist Eustenes) que les Gothz parloient ainsi ; et si Dieu vouloit, ainsi parlerions nous du cul. Adoncques dist le compaignon[3] : Adoni, scolom lecha : im ischar harob hal hebdeca bemcherah thithen li kikar lehem : chancat hub laah al Adonai cho nen ral. A quoy respondit Epistemon : A ceste heure

---

1. *Non, c'est langage lanternoys*, manque dans B, C. —
2. A, C : *autant* de celly là.
B : de celuy. — 3. A, B : *Myn Herre... compaignon*, manque.

ay je bien entendu, car c'est langue hebraïcque bien rhetoricquement prononcée.

Dont dist le compaignon : Despota tinyn panagathe, doiti sy mi uc artodotis? horas gar limo analiscomenon eme athlios, ce en to metaxyeme uc eleis oudamos, zetis de par emu ha u chre. Ce homos philo logi pamdes homologusi tote logus te ce rhemeta peritta hyrparchin, opote pragma afto pasi delon esti. Entha gar anancei monon logi isin, hina pragmata (hon peri amphibetumen) me prosphoros epiphenete.—Quoy! dist Carpalim, lacquays de Pantagruel, c'est grec! Je l'ay entendu. Et comment? as tu demouré en Grece? Donc dist le compaignon : Agonou dont oussys vou denaguez algarou : nou den farou zamist vous mariston ulbrou, fousquez vou brol, tam bredaguez moupreton den goul houst, daguez daguez nou croupys fost bardounnoflist nou grou. Agou paston tol nal prissys hourtou los ecbatonous prou dhouquys brol pany gou den bascrou noudous caguons goulfren goul oust troppassou.—J'entends, se¹ me semble, dist Pantagruel : car ou c'est langaige de mon pays de Utopie, ou bien luy ressemble quant au son. Et comme il vouloit commencer quelque propos, le compaignon dist: *Jam toties vos per sacra perque Deos Deasque omnis obtestatus sum, ut si qua vos pietas permovet, egestatem meam solaremini, nec hilum proficio clamans et ejulans. Sinite, quæso, sinite, viri impii, quo me fata vocant abire, nec ultra vanis vestris interpellationibus obtundatis, memores veteris illius adagii, quo venter famelicus auriculis carere dicitur.* Dea, mon amy, dist Pantagruel, ne sçavez vous parler françoys?—Si faictz tresbien, seigneur, respondit le compaignon, Dieu mercy : c'est ma langue naturelle et maternelle, car je suis né et ay esté nourry jeune au

---

1. C : si.

jardin de France : c'est Touraine. — Doncques, dist Pantagruel, racomtez-nous quel est vostre nom et dont vous venez, car, par foy[1], je vous ay jà prins en amour si grand que, si vous condescendez à mon vouloir, vous ne bougerez jamais de ma compaignie, et vous et moy ferons un nouveau pair d'amitié telle que feut entre Enée et Achates. — Seigneur, dist le compaignon, mon vray et propre nom de baptesme est Panurge, et à present viens de Turquie, où je fuz mené prisonnier lorsqu'on alla à Metelin en la male heure. Et voluntiers vous racompteroys mes fortunes, qui sont plus merveilleuses que celles de Ulysses ; mais, puisqu'il vous plaist me retenir avecques vous, et je[2] accepte voluntiers l'offre, protestant jamais ne vous laisser, et alissiez vous à tous les diables, nous aurons en aultre temps plus commode assez loysir d'en racompter : car pour ceste heure j'ay necessité bien urgente de repaistre, dentz agues, ventre vuyde, gorge seiche, appetit strident[3], tout y est deliberé. Si me voulez mettre en œuvre, ce sera basme de me veoir briber. Pour Dieu, donnez y ordre. Lors commenda Pantagruel qu'on le menast en son logis et qu'on luy apportast force vivres ; ce que fut faict, et mangea trèsbien à ce soir, et s'en alla coucher en chappon, et dormit jusques au lendemain heure de disner : en sorte[4] qu'il ne feit que troys pas et un sault du lict à table[5].

1. C : *par* ma *foy*. — 2. A : *et que je*. — 3. A, B, C : *appetit strident* manque. — 4. A, B, C : *en sorte... à table*, manque. — 5. Les passages en langues étrangères qui figurent dans ce chapitre sont très fautifs dans toutes les éditions. Nous avons suivi celle de F. Juste, 1542. Nous donnerons à la suite du Glossaire quelques essais de restitution et d'interprétation de ces passages.

Comment Pantagruel equitablement jugea d'une controverse merveilleusement obscure et difficile, si justement que son jugement fut dict fort admirable[1]. — CHAPITRE X[2].

Pantagruel, bien records des lettres et admonitions de son pere, voulut un jour essayer son sçavoir. De faict[3], par tous les carrefours de la ville mist conclusions, en nombre de neuf mille sept cens soixante et quatre[4], en tout sçavoir, touchant en ycelles les plus forts doubtes qui feussent en toutes sciences. Et premierement, en la rue du Feurre, tint contre tous les regens, artiens et orateurs, et les mist tous de cul; puis en Sorbonne tint contre tous les theologiens par l'espace de six sepmaines, despuis le matin quatre heures jusques à six du soir, exceptez deux heures d'intervalle pour repaistre et prendre sa refection[5]. Et à ce assisterent la plus part des seigneurs de la court, maistres des requestes, presidens, conseilliers, les gens des comptes, secretaires, advocatz et aultres, ensemble les eschevins de ladicte ville avecques les medicins et canonistes. Et notez que d'iceulx la plus part prindrent[6] bien le frain aux dentz; mais, nonobstant leurs ergotz et fallaces, il les feist tous qui-

---

1. A, B, C : *dict* plus admirable que celui de Salomon. — 2. A, B : chapitre IX. Ainsi le chiffre IX est repeté. De plus, ce chapitre contient les quatre-cotés dans l'édition de Juste, 1542, X, XI, XII, XIII. Enfin, dans l'éd. B, le chapitre suivant est encore coté IX, ce qui fait trois chap. IX. Il n'y a pas de chapitre X. C : chapitre IX. — 3. A, B : Et *de faict*. — 4 A : *et quatre* manque. — 5. A, B, C, ajoutent : non *pas* qu'il engardast les dictz theologiens *et* sorboniques de chopiner et se reffraichir à leurs beuvettes accoustumées (*pas*, *et*, manquent dans C). — 6. A, B : *notez qu'il y en avoit qui prindrent*.

naulx, et leurs monstra visiblement qu'ilz n'estoient que veaulx engiponnez[1].

Dont tout le monde commença à bruyre et parler de son sçavoir si merveilleux[2], jusques ès bonnes femmes lavandieres, courratieres, roustissieres, ganyvetieres et aultres, lesquelles, quand[3] il passoit par les rues, disoient[4] : C'est luy. A quoy il prenoit plaisir, comme Demosthenes, prince des orateurs grecz, faisoit quand de luy dist une vieille acropie, le[5] monstrant au doigt : C'est cestuy-là.

Or, en ceste propre saison, estoit un procès pendent en la court entre deux gros seigneurs, desquelz l'un estoit monsieur de Baisecul, demandeur, d'une part ; l'aultre monsieur de Humevesne, defendeur, de l'aultre, desquelz la controverse estoit si haulte[6] et difficile en droict, que la court de parlement n'y entendoit que le hault alemant. Dont, par le commandement du roy, furent assemblez quatre les plus sçavants et les plus gras[7] de tous les parlemens de France, ensemble le grand conseil, et tous les principaulx regens des universitez, non seulement de France, mais aussi d'Angleterre et Italie, comme Jason, Philippe, Dece, Petrus de Petronibus et un tas d'aultres vieulx rabanistes[8]. Ainsi[9] assemblez, par l'espace de quarente et six sepmaines n'y avoyent sceu mordre, ny entendre le cas au net, pour le mettre en droict en façon quelconques[10], dont ilz estoyent si despitz qu'ilz se conchioyent de honte villainement. Mais un d'entre eulx, nommé du Douhet, le plus sçavant, le plus expert et prudent de tous les aultres, un jour

---

1. A : *engiponnez* manque. — 2. A, B : *merveilleux*, qu'il n'y avoit pas *jusques*. — 3. A, B : *aultres, que, quand*. — 4. B : *ne dissent*. — 5. B. en *le*. — 6. B : *trèshaulte*. — 7. B : *grans*. — 8. A, B : *vieulx rabanistes* manque. — 9. A, B : *Et ainsi*. — 10. A : *quiconques*.

qu'ilz estoyent tous philogrobolizez du¹ cerveau, leur dist : Messieurs, jà long temps a que sommes icy sans rien faire que despendre, et ne pouvons trouver fond ny rive en ceste matiere, et tant plus y estudions, tant moins y entendons, qui nous est grand ² honte et charge de conscience ; et à mon advis que nous n'en sortirons que à deshonneur, car nous ne faisons que ravasser en noz consultations. Mais voicy que j'ay advisé : Vous avez bien ouy parler de ce grand personnaige, nommé maistre Pantagruel, lequel on a congneu estre sçavant dessus la capacité du temps de maintenant, ès grandes disputations qu'il a tenu contre tous publiquement? Je suis d'opinion que nous l'apellons et conferons de cest affaire avecques luy, car jamais homme n'en viendra à bout si cestuy là n'en vient. A quoy voluntiers consentirent tout ces conseilliers et docteurs. De ³ faict, l'envoyerent querir sur l'heure, et le prierent vouloir le procès canabasser et grabeler à poinct, et leur en faire le raport tel que de bon luy⁴ sembleroit⁵ en vraye science legale, et luy livrerent les sacs et pantarques entre ses mains, qui faisoyent presque le fais de quatre gros asnes couillars. Mais⁶ Pantagruel leur dist : Messieurs⁷, les deux seigneurs qui ont ce procès entre eulx sont-ilz encores vivans? A quoy luy fut respondu que ouy. De quoy diable donc (dist il) servent tant de fatrasseries de papiers et copies que me baillez? N'est ce le mieulx ouyr par leur vive voix leur debat⁸ que lire ces babouyneries icy, qui ne sont que tromperies, cautelles diabolicques de Cepola et subversions de droict?

---

1. A, B, C : de. — 2. A, B : est une grand. — 3. B : Et de. — 4. A, B : et le prierent vouloir un peu veoir le procès et leur en faire le rapport tel que luy sembleroit. — 5. Luy manque dans C. — 6. B : Et. — 7. A, B, C : messeigneurs. — 8. A, B : baillez ? Ne vault il pas beaucoup mieulx les ouyr de leur vive voix narrer leur debat.

Car je suis sceur que vous et tous ceulx par les mains desquelz a passé le procès y avez machiné ce que avez peu, *pro et contra*; et, au cás que leur controverse estoit patente et facile à juger, vous l'avez obscurcie par sottes et desraisonnables raisons et ineptes opinions de Accurse, Balde, Bartole, de Castro, de Imola, Hippolytus, Panorme, Bertachin, Alexandre, Curtius et ces aultres vieulx mastins qui jamais n'entendirent la moindre loy des Pandectes, et n'estoyent que gros[1] veaulx de disme, ignorans de tout ce qu'est necessaire à l'intelligence des loix : car (comme il est tout certain) ilz n'avoyent congnoissance de langue ny grecque, ny latine, mais seullement de gothique et barbare. Et toutesfoys les loix sont premierement prinses des Grecz, comme vous avez le tesmoignage de Ulpian *l. posteriori de orig. juris*, et toutes les loix sont pleines de sentences et motz grecz ; et secondement sont redigées en latin le plus elegant et aorné qui soit en toute la langue latine, et n'en excepteroys voluntiers ny[2] Saluste, ny Varron, ny Ciceron, ny Senecque[3], ny T. Live, ny Quintilian. Comment doncques eussent peu entendre ces vieulx resveurs le texte des loix, qui jamais ne virent bon livre de langue latine, comme manifestement appert[4] à leur stile, qui est stille de ramonneur de cheminée ou de cuysinier et marmiteux, non de jurisconsulte ? Davantaige, veu que les loix sont extirpées du mylieu de philosophie moralle et naturelle, comment l'entendront ces folz qui ont, par Dieu ! moins estudié en philosophie que ma mulle ? Au regard[5] des lettres de humanité et[6] congnoissance des antiquitez et histoire, ilz en estoient chargez comme un crapault de plumes[7], dont toutesfoys

---

1. B: *que de gros.* — 2. A, B : *et n'en excepte ny.* — 3. A, B : *ny Ciceron, ny Pline, ny Senecque.*— 4. A, B : *il appert.*— 5. A, B : *Et au regard.* — 6. B : *et de.* — 7. A, B, C, ajoutent : *et en usent comme ung crucifix d'ung pifre.*

les droictz sont tous pleins, et sans ce ne pevent estre entenduz, comme quelque jour je monstreray plus apertement par escript. Par ce, si voulez que je congnoisse de ce procès, premierement faictez moy brusler tous ces papiers, et secondement faictez moy venir les deux gentilz hommes personnellement devant moy, et quand je les auray ouy, je vous en diray mon opinion sans fiction ny dissimulation quelconques. A quoy aulcuns d'entre eulx contredisoient, comme vous sçavez que en toutes compaignies il y a plus de folz que de saiges, et la plus grande partie surmonte tousjours la meilleure, ainsi que dict Tite-Live parlant des Cartagiens[1]. Mais ledict du Douhet tint au contraire virilement, contendent que Pantagruel avoit bien dict, que ces registres, enquestes, replicques[2], reproches, salvations et aultres telles[3] diableries, n'estoient que subversions de droict et allongement de procès, et que le diable les emporteroit tous s'ilz ne procedoient aultrement, selon équité evangelicque et philosophicque. Somme, tous les papiers furent bruslez, et les deux gentilz hommes personnellement convocquez.

Et lors Pantagruel leur dist : Estez vous ceulx[5] qui avez ce grand different ensemble[6] ? — Ouy, dirent ilz, Monsieur. — Lequel de vous est demandeur? — C'est moy, dist le seigneur de Baisecul. — Or, mon amy, contez moy de poinct en poinct vostre affaire, selon la verité : car, par le corps bieu[7]! si vous en mentés d'un mot, je vous osteray la teste de dessus les espaules, et vous monstreray que en justice et jugement l'on ne doibt dire que verité[8]. Par ce, donnez vous garde de ad-

---

1. A : *ainsi que dict... Cartagiens*, manque. — 2. A, B : *replicques*, duplicques, reproches. — 3. *Telles* manque dans B. — 4. A, B : trestous. — 5. A, B, C : *ceulx* manque. — 6. A, B, C : *different* entre vous deux? — 7. A, B, C : Dieu. — 8. A, B : *que la verité*.

jouster ny diminuer au narré de vostre cas. Dictes.

*Comment les seigneurs de Baisecul et Humevesne
plaidoient devant Pantagruel sans advocatz.*
Chapitre XI[1].

Donc commença Baisecul[2] en la maniere que s'ensuyt : Monsieur, il est vray que une bonne femme de ma maison portoit vendre des œufz au marchez. — Couvrez-vous, Baisecul, dist Pantagruel. — Grand mercy, Monsieur, dist le seigneur de Baisecul. Mais à propos passoit entre les deux tropicques six blans[3] vers le zenith et maille, par autant[4] que les mons Rhiphées avoyent eu celle année grande sterilité de happelourdes, moyennant une sedition de ballivernes[5] meue entre les barragouins et les accoursiers pour la rebellion des Souyces, qui s'estoyent assemblez jusques au nombre de bon bies pour[6] aller à l'aguillanneuf le premier trou de l'an, que l'on livre[7] la souppe aux bœufz, et la clef du charbon aux filles pour donner l'avoine aux chiens. Toute la nuict l'on ne feit, la main sur le pot, que depescher bulles à pied et bulles à cheval, pour[8] retenir les bateaulx, car les cousturiers vouloyent faire des retaillons desrobez une sarbataine pour couvrir la mer Oceane, qui pour lors estoit grosse d'une potée de chous, selon[9] l'opinion des boteleurs de foin ; mais les physiciens disoyent que à son

---

1. A, B : *comment... chapitre XI*, manque. C : Chap. X. — 2. A, B : *Baisecul*, manque. — 3. A, B : *six blans* manque. — 4. A, B, C : *zenith* diametralement opposé ès troglodytes, *par autant*. — 5. A, B : *de ballivernes* manque. — 6. A, B, C : *nombre* de trois, six. neuf, dix, *pour*. — 7. A, B, C : *l'on* donne. — 8. A, B, C : *depescher* les bulles des postes à piedz et lacquays à cheval *pour* (*les* manque C). — 9. A, B : *chous* qui estoit grosse d'enfant, *selon*.

urine ilz ne congnoissoyent signe[1] evident au pas d'ostarde de manger bezagues[2] à la moustarde, si non que messieurs de la court feissent par bemol commandement à la verolle de non plus allebouter[3] après les maignans, car[4] les marroufles avoient jà bon commencement à danser l'estrindore au diapason un pied au feu et la teste au mylieu, comme disoit le bon Ragot. Ha! Messieurs, Dieu modere tout à son plaisir, et contre fortune la diverse un chartier rompit nazardes[5] son foüet. Ce fut au retour de la bicocque, alors qu'on passa licentié maître Antitus de Crossonniers[6] en toute lourderie, comme disent les canonistes[7]. *Beati lourdes, quoniam ipsi*[8] *trebuchaverunt*. Mais ce que faict la quaresme si hault, par sainct Fiacre de Brye, ce n'est pour aultre[9] chose, que la Penthecoste ne vient foys qu'elle ne me couste; mais hay avant, peu de pluye abat grand vent, entendu que le sergeant me mist si[10] hault le blanc à la butte que le greffier ne s'en leschast orbiculairement ses[11] doigtz empenez de jardz; et nous voyons manifestement que chascun s'en prent au nez, sinon qu'on regardast en perspective oculairement vers la cheminée, à l'endroit où pend l'enseigne du vin à quarentes sangles, qui sont necessaires à vingt bas de quinquenelle[12]. A tout le moins, qui ne vouldroit lascher l'oyseau devant talemouses[13] que le descouvrir, car la memoire souvent se pert quand on se chausse au re-

---

1. A, B : point signe. — 2. B : des *bezagues*.— 3. A : alleboter.—4. B, C : *les maignans, et ainsi se pourmener durant le service divin, car.*— 5. A, B, C : *nazardes* manque. — 6. A : des Cressonnières. C : des Crossonnières. — 7. B : *en toute lourderie... canonistes*, manque. — 8. A, B, C : *ipsi* manque. — 9. A, B : *n'est par aultre.* — 10. A, B : *mist* pas si. C : *ne mist si.* — 11. A : *leschast* bas et roidde *ses.* — 12. A, B : *de quinquenelle* manque. — 13. B, C : *talemouses* manque.

bours? Sa, Dieu gard de mal Thibault Mitaine.—Alors, dist Pantagruel : Tout beau, mon amy, tout beau, parlez à traict et sans cholere. J'entends le cas, poursuyvez. — Or, Monsieur, dist Baisecul, ladicte bonne [1] femme disant ses gaudez et audinos, ne peut se[2] couvrir d'un revers fault montant par la vertuz guoy des privileges de l'Université[3], sinon par bien soy bassiner anglicquement, le couvrant d'un sept de quarreaulx et luy tirant un estoc vollant au plus près du lieu où l'on vent les vieux drapeaulx dont usent les paintres de Flandres quand ils veullent bien à droict ferrer les cigalles; et m'esbahys bien fort comment le monde ne pont, veu qu'il faict si beau couver.—Icy voulut interpeller et dire quelque chose le seigneur de Humevesne, dont luy dist Pantagruel : Et ventre sainct[4] Antoine! t'appertient il de parler sans commandement? Je sue icy de haan pour entendre la procedure de vostre different, et tu me viens encores tabuster? Paix, de par le diable! paix! tu parleras ton soû quand cestuy cy aura achevé. Poursuyvez, dist il, à Baisecul, et ne vous hastez point.

— Voyant doncques, dist Baisecul, que la pragmaticque sanction n'en faisoit nulle mention, et que le pape donnoit liberté à un chascun de peter à son aise, si les blanchetz n'estoyent rayez, quelque pauvreté que[5] feust au monde, pourveu qu'on ne se signast de ribaudaille, l'arcanciel fraischement esmoulu à Milan pour esclourre les alouettes, consentit que la bonne femme escullast les Isciaticques par le protest des petitz poissons couil-

1. A, B, C : *poursuyvez*. — Vrayement, dist le seigneur de Baisecul, c'est bien ce que l'on dit, qu'il faict bon adviser aucunes fois les gens, car ung homme advisé en vault deux. Or, monsieur, *ladicte bonne*. — 2. B : *ne peult pas se*. — 3. B : *par la vertus... l'université*, manque. — 4. B : *de sainct*. — 5. A : qui.

latrys qui estoyent pour lors necessaires à entendre la construction des vieilles bottes. Pour tant Jan le Veau, son cousin Gervais remué d'une busche de moule, luy conseilla qu'elle ne se mist poinct en ce hazard de seconder la buée brimballatoyre[2] sans[3] premier aluner le papier à tant pille, nade, jocque, fore; car *non de ponte vadit, qui cum sapientia cadit*, attendu que messieurs des comptes ne convenoyent en la[4] sommation des fleutes d'allemant, dont on avoit basti les Lunettes des princes imprimée nouvellement à Anvers. Et voylà, Messieurs, que faict maulvais rapport; et en croy partie adverse, *in sacer*[5] *verbo dotis* : car, voulant obtemperer au plaisir du roy, je me estois armé de pied en cap d'une carrelure de ventre pour aller veoir comment mes vendangeurs avoyent dechicqueté leurs haulx bonnetz pour mieulx jouer des manequins, et le temps[6] estoit quelque peu dangereux de la foire, dont plusieurs francz archiers avoyent esté refusez à la monstre, nonobstant que les cheminées feussent assez haultes selon la proportion du javart et des malandres l'ami Baudichon. Et par ce moyen fut grande année de quaquerolles en tout le pays de Artois, qui ne feust petit[7] amendement pour messieurs les porteurs de cousteretz, quand on mangeoit sans desguainer[8] cocques cigrues[9] à ventre deboutonné. Et à la mienne volunté que chascun eust aussi belle voix, l'on en jourroit beaucoup mieulx à la paulme : et ces petites finesses qu'on faict à ety-

1. A : *qu'on ne se seignast de la main gauche, la bonne femme se print à esculler les souppes par la foy des petis poissons couillastris.* B : *seignast. La bonne femme se print à esculler les sciatiques par la foy des* — 2. B: *brimballatoyre* manque. — 3. A : *hazard de laver buée sans*. — 4. A, B : *convenoyent pas bien en la*. — 5. A, B : *adverse en sa foy, ou bien in sacer*. — 6. A, C : *car le temps*. — 7. A, B : *feust pas petit*. — 8. B : *sans desguainer* manque. — 9. A, B : *mangeoit des cocques cigrues*.

mologizer les pattins[1] descendroyent plus aisement en
Seine pour tousjours servir au pont aux Meusniers,
comme jadis feut decreté par le roy de Canarre, et l'arrest[2] en est au greffe de ceans. Pour ce[3], Monsieur, je
requiers que par vostre seigneurie soit dict et declairé
sur le cas ce que de raison, avecques despens, dommaiges et interestz.

Lors dist Pantagruel : Mon amy, voulez vous plus rien
dire? Respondit Baisecul : Non, Monsieur ; car je ay dict[4]
tout le *tu autem*, et n'en ay en rien varié, sur mon
honneur. — Vous doncques (dist Pantagruel) Monsieur
de Humevesne, dictes ce que vouldrez, et abreviez,
sans rien toutesfoys laisser de ce que servira au propos.

Comment le seigneur de Humevesne plaidoie davant Pantagruel. — Chapitre XII[5].

Lors commença le seigneur de Humevesne
ainsi que s'ensuit : Monsieur et Messieurs, si
l'iniquité des hommes estoit aussi facilement
veue en jugement categoricque[6] comme on
congnoit mousches en laict, le monde, quatre beufz[7]!
ne seroit[8] tant mangé de ratz comme il est, et seroient
aureilles[9] maintes sur terre qui en ont esté rongées trop
laschement : car, combien que tout ce que a dit partie adverse soit de dumet[10] bien vray quand à la lettre
et histoire[11] du *Factum*, toutesfoys, Messieurs, la finesse,

1. A : *qu'on faict à porter des pastins*. — 2. A : *et que l'arrest*. — 3. A : *Par ce*. — 4. A, B : *car j'en ai dit*. — 5. A, B, C : *Comment... chapitre XII*, manque. — 6. A : *categoricque* manque. — 7. A, B, C : *quatre beufz* manque. — 8. B : *ne seroit pas*. — 9. A : *et ils auroient des aureilles*. A, B : *et y auroit des*. — 10. A, B, C : *de dumet* manque. — 11. B : *l'histoire*.

la tricherie, les[1] petitz hanicrochemens, sont cachez soubs le pot aux roses.

Doibs je endurer que, à l'heure[2] que je mange au pair[3] ma souppe sans mal penser ny mal dire, l'on me vienne ratisser et tabuster le cerveau, me sonnant l'antiquaille, et disant :

> Qui boit en mangeant sa soupe,
> Quant il est mort il n'y voit goutte?

Et, saincte dame! combien avons-nous veu de gros cappitaines en plein camp de bataille, alors qu'on donnoit les horions du pain benist de la confrarie, pour plus honnestement se dodeliner, jouer[4] du luc, sonner du cul et faire les petiz saulx en plate forme[5]! Mais maintenant le monde est tout detravé de louchetz des balles de Lucestre; l'un se desbauche, l'aultre cinq, quatre et deux, et si la court[6] n'y donne ordre, il fera aussi mal glener ceste année qu'il feist ou bien fera des goubeletz[7]. Si une pauvre personne va[8] aux estuves pour se faire enluminer le museau de bouzes de vache ou acheter bottes de hyver, et les sergeans passans, ou bien ceulx du guet, receuvent la decoction d'un clystere ou la matiere fecale d'une selle percée sur leurs tintamarres, en doibt l'on pourtant roigner les testons et fricasser les escutz esles de bois? Aulcunesfoys nous pensons l'un, mais Dieu faict l'aultre, et quand le soleil est couché toutes bestes sont à l'ombre. Je n'en veulx estre[9] creu si je ne le prouve hugrement par gens

---

1. B : et *les*. — 2. B : *que la mesme heure*. — 3. A, B, C : *au pair* manque. — 4. *Honnestement* se asseoir à table, *jouer*. — 5. A, C : *forme*, sur beaux escarpins deschiquettez à barbe d'escrevisses. — 6. A, B, C : *l'aultre se cache le muzeau pour les froidures hybernales, et si la court*. — 7. A, B, C : *fera de troys septmaines*. — 8. A, B : *personne s'en va*. — 9. A, B : *veulx* pas *estre*.

de plain jour[1]. L'an trente et six achaptant un[2] courtault
d'Alemaigne hault et court, d'assez bonne laine et tainct
en graine, comme asseuroyent les orfevres, toutesfoys
le notaire y mist du *cætera*. Je ne suis poinct clerc
pour prendre la lune avecques les[3] dentz, mais au pot
de beurre où l'on selloit les instrumens vulcanicques,
le bruyt estoit que le bœuf salé faisoit trouver le vin
sans[4] chandelle, et feust il caiché au fond d'un sac de
charbonnier, houzé et bardé avecques le chanfrain et
hoguines requises à bien fricasser rusterie : c'est teste
de mouton. Et c'est bien ce qu'on dict en proverbe,
qu'il fait bon veoir vaches noires en boys bruslé quand
on jouist de ses amours. J'en fis consulter la matiere
à messieurs les clercs, et pour resolution conclurent[5]
en *frisesomorum* qu'il n'est tel que faucher l'esté en
cave bien garnie de papier et d'ancre, de plumes et
ganivet de Lyon sur le Rosne, tarabin tarabas : car incontinent que un harnoys sent les aulx, la rouille luy
mangeue le foye, et puis l'on ne faict que rebecquer tor-
ty colli fleuretant le dormir d'après disner; et voylà qui
faict le sel tant cher. Messieurs, ne croyez que[6] au
temps que ladicte bonne femme englua la poche cuil-
liere pour le record du sergeant mieulx apanager, et
que la fressure boudinalle tergiversa par les bourses
des usuriers, il n'y eust rien meilleur à soy garder des
canibales que prendre une liasse d'oignons lyée de trois
cents naveaulx, et[7] quelque peu d'une fraize de veau
du meilleur alloy que ayent les alchistimes, et bien luter
et calciner ces pantoufles mouflin mouflart avecques
belle saulce de raballe, et soy mucer en quelque petit

1. A, B, C : *gens* dignes de memoire. — 2. A, B, C : *six j'avoys achapté ung*. — 3. A, B : *lune* à tout *les*. — 4. A, B, C: *vin* en pleine minuyct *sans*. — 5. A : *concluoient*. — 6. A, B : *croyez* pas que. — 7. A, B, C : *trois cents* avez mariatz *et*.

trou de taulpe, salvant tousjours les lardons. Et si le dez ne vous veult aultrement ambezars, ternes du gros bout, guare daz, mettez[1] la dame au coing du lict, fringuez la[2] toureloura la la et beuvez à oultrance, *depiscando grenoillibus* à tout[3] beaulx houseaulx coturnicques[4], ce sera pour les petitz oysons de muë qui s'esbatent au jeu de foucquet, attendant battre le metal et chauffer la cyre aux bavars de godale. Bien vray est il que les quatre beufz desquelz est[5] question avoyent quelque peu la memoire courte; toutesfoys, pour sçavoir la game, ils n'en craignoyent courmaran ny quanard de Savoye, et les bonnes gens de ma terre en avoyent bonne esperance, disant : Ces enfans deviendront grands en algorisme; ce nous sera une rubrique de droict. Nous ne pouvons faillir à prendre le loup, faisans[6] nos hayes dessus le moulin à vent duquel ha esté parlé par partie adverse. Mais le grand diole y[7] eut envie et mist les Allemans par le derriere, qui firent diables de humer : Her[8] ! tringue, tringue[9] ! de doublet en case : car il n'y a nulle apparence de dire que à Paris sur Petit Pont geline de feurre, et fussent ilz aussi huppez que duppes de marays, sinon vrayement qu'on sacrifiast les pompetes au moret fraichement esmoulu de lettres versalles ou coursives, ce

---

1. A, B, C : *aultrement dire que tousjours ambezars, ternes, six et troys, guare des, mettez*. C : *guare das.* — 2. A : *fringuez avecques la.* — 3. A : *oultrance, et vivez en souffrance, et me peschez force grenoilles à tout.* — 4. A : *coturnicques* manque. — 5. A, B : *il est.* — 6. A, B : *en faisant.* — 7. A, B, C : *Mais le diable y.* — 8. *Her* manque. — 9. A, B, C, au lieu des mots : *de doublet en case*, on lit : Das ist cotz. Frelorum bi got paupera guerra fuit, et m'esbahys bien fort comment les astrologues s'en empeschent tant en leurs Astrolabes et Almucantharat. C commence : das dich gots martre schend *frelorum*. (*Astrolabe* manque.)

m'est tout un, pourveu que la tranchefille n'y engendre les vers[1]. Et, posé le cas que au coublement des chiens courans les marmouzelles eussent corne prinse devant que le notaire eust baillé sa relation par art cabalisticque, il ne s'ensuit[2] (saulve meilleur jugement de la court) que six arpens de pré à la grand laize feissent trois bottes de fine ancre sans souffler au bassin, consideré que aulx funerailles du roy Charles l'on avoit en plain marché la toison pour deux et ar, j'entens[3] par mon serment de laine. Et je voy ordinairement en toutes bonnes cornemuses que[4] quand l'on va à la pipée, faisant troys tours de balay par la cheminée et insinuant sa nomination, l'on ne faict que bander aux reins et soufler au cul, si d'adventure il est trop chault, et quille luy bille, incontinent les lettres veues, les vaches luy furent rendues. Et an fut donné pareil arrest à la martingalle l'an dix et sept pour le maulgouvert de Louzefougerouse[5], à quoy il plaira à la court d'avoir esguard. Je ne dy[6] vrayement qu'on ne puisse par equité desposseder en juste tiltre ceulx qui de l'eaue beniste beuvroyent comme on faict d'un rancon de tisserant dont on faict les suppositoires à ceulx qui ne voulent resigner, sinon à beau jeu bel argent. *Tunc*, messieurs, *quid juris pro minoribus*[7]? car l'usance commune de la loy salicque est telle, que le premier boute feu qui escornifle la vache qui mousche en plain chant de musicque sans solfier les poinctz des savatiers, doibt en temps de godemarre sublimer la penurie de son membre par la mousse[8] cuillie alors qu'on se morfond à la

---

1. A, B : *engendre* point de *vers*. — 2. A, C : *s'ensuit* pas. — 3. A, B, C : *toison* pour six blancs, *j'entens*. — 4. A, B, C : *bonnes* maisons que. — 5. B : louze fourgouse. — 6. A, B : *dy* pas *vrayement*. — 7. A : *Tunc... minoribus* manque. — 8. A : *temps* de peste charger son pauvre membre de *mousse*.

messe de minuict, pour bailler l'estrapade à ces vins[1] blancs d'Anjou qui font la jambette collet à collet à la mode de Bretaigne. Concluant comme dessus, avecques despens, dommaiges et interestz. Après que le seigneur de Humevesne eut achevé, Pantagruel dist au seigneur de Baisecul : Mon amy, voulez vous rien replicquer ? A quoy respondit Baisecul : Non, monsieur, car je n'en ay dict que la verité ; et, pour Dieu, donnons[2] fin à nostre different, car nous ne sommes icy[3] sans grand frais.

Comment Pantagruel donna sentence sus le different des deux seigneurs. — CHAPITRE XIII[4].

Alors Pantagruel se leve et assemble tous les presidens, conseilliers et docteurs là assistans, et leur dist : Orçza, messieurs, vous avez ouy (*vivæ vocis oraculo*) le different dont est[5] question ; que vous en semble ? A quoy respondirent : Nous l'avons veritablement ouy, mais nous n'y avons entendu. Au diable la cause ! Par ce, nous vous prions *una voce* et supplions par grace que vueilliez donner la sentence telle que verrez, et *ex nunc prout ex tunc* nous l'avons aggreable et ratifions de nos pleins consentemens. Et bien, messieurs ! dist Pantagruel, puisqu'il vous plaist, je le feray ; mais je ne trouve le[6] cas tant difficile que vous le faictes. Vostre paraphe Caton, la loy *Frater*, la loy *Gallus*, la loy *Quinque pedum*, la loy *Vinum*, la loy *Si Dominus*, la loy *Mater*, la loy *Mulier bona*, la loy *Si quis*, la loy *Pomponius*, la loy *Fundi*, la loy *Emptor*[7], la loy *Prætor*, la loy *Venditor*

---

1. B : *ces bons vins*. — 2. A, B, C : *donnez*. — 3. B : *sommes pas*. — 4. A, B : *Comment... chapitre XIII*, manque. C : *chapitre XI*. — 5. A, B : *dont il est*. — 6. A, B : *trouve pas le*. — 7. A, B : *exemptor*.

et tant d'aultres, sont bien plus difficiles en mon oppinion. Et après ce dict, il se pourmena un tour ou deux par[1] la sale, pensant bien profundement, comme l'on pouvoit estimer, car il gehaignoyt[2] comme[3] un asne qu'on sangle trop fort, pensant qu'il failloit à un chascun faire droict, sans varier ny accepter personne; puis retourna s'asseoir et[4] commença pronuncer la sentence comme s'ensuit :

Veu, entendu et bien calculé le different d'entre les seigneurs de Baisecul et Humevesne, la cour leur dict que, considerée l'orripilation de la ratepenade declinent bravement du solstice[5] estival pour mugueter les billes-vesées qui ont eu mat du pyon par les males vexations des lucifuges, qui sont au climat diarhomes d'un matagot à cheval[6] bendant une arbaleste au reins, le demandeur eust juste cause de callafater[7] le gallion que la bonne femme boursouffloit un pied chaussé et l'aultre nud, le remboursant bas et roidde en sa conscience d'aultant de baguenaudes comme y a de poil en dix-huit vaches, et autant pour le brodeur. Semblablement est declaré innocent du cas privilegié[8] des gringuenaudes qu'on pensoit qu'il eust encouru, de ce qu'il ne pouvoit baudement fianter[9] par la decision d'une paire de gands parfumés de petarrades[10] à la chandelle de noix, comme on use en son pays de Mirebaloys; laschant la bouline avecques les

1. A, B : de. — 2. B : *joignoit.* — 3. A : *gehaignoit d'angustie et petoit d'ahan comme.* — 4. A, B : *puis se retourna asseoir, et.* — 5. A : *consideré* que le soleil decline bravement de son *solstice.* B : que la ratepenade decline. — 6. A, C : *vexations des* lucifuges nycticoraces qui sont inquilines au climat diarhomes d'un crucifix *à cheval. Crucifix* se trouve aussi dans B, au lieu de *matagot. Lucifuges* manque B. — 7. A : callefreter. B : calfreter. — 8. A, B : *innocent* de crime qu'on pensoit *privilégié.* — 9. A : fiancer.— 10. *de petarrades* manque.

bouletz de bronze, dont les houssepailleurs pastissoyent conestablement ses legumaiges interbastez du Loyrre à tout les sonnettes d'esparvier faictes à poinct de Hongrie, que son beau frere portoit memoriallement en un penier limitrophe, brodé de gueules à troys chevrons hallebrenez de[1] canabasserie, au caignard angulaire dont on tire au Papeguay vermiforme avecques la vistempenarde. Mais, en ce qu'il met sus au defendeur qu'il fut rataconneur, tyrofageux et goildronneur de mommye, qui n'a esté en bimballant trouvé vray[2], comme bien l'a debastu ledict defendeur, la court le condemne en troys verrassées de caillebottes assimentées, prelorelitantées[3] et gaudepisées comme est la coustume du pays envers le dict defendeur, payable à la my doust[4] en may; mais ledict defendeur sera tenu de fournir de foin et d'estoupes à l'embouchement des chassetrapes guitturales emburelucocquées de guilverdons bien grabelez à rouelle, et amis comme devant, sans[5] despens, et pour cause. Laquelle sentence pronuncée, les deux parties departirent[6] toutes deux contentes de l'arrest, qui fust quasi chose increable : car venu n'estoit despuys les grandes pluyes et n'adviendra de treze jubilez que deux parties contendantes en jugement contradictoire soient egualement contentez d'un arrest diffinitif[7]. Au regard[8] des conseilliers et aultres docteurs qui là assistoyent, ils demeurèrent en ecstase esvanoys[9] bien troys heures, et tous ravys en admiration de la prudence de Pantagruel plus que humaine, laquelle[10] avoyent congneu clerement en la decision de ce jugement tant difficile et espineux. Et y feussent encores,

---

1. B: *de sa.* — 2. A, B: *mommies, que n'a esté trouvé estre vray.* — 3. B: *prelolitantées* manque. — 4. A, C: *à la myoust.* — 5. A, B: *et sans.* — 6. A, B: *s'en allerent.* — 7. A, B, C: *car venu... diffinitif,* manque. — 8. A, B : *Et au regard.* — 9. A: *esvanoys* manque. — 10. A, B: *qu'ilz.*

sinon qu'on apporta force vinaigre et eaue rose pour leur faire revenir le sens et entendement accoustumé, dont Dieu soit loué partout !

Comment Panurge racompte la maniere comment il[1] eschappa de la main des Turcqs.
Chapitre XIV[2].

Le jugement de Pantagruel feut incontinent sceu et entendu de tout le monde, et imprimé à force, et redigé és archives du Palays, en sorte que le monde commença à dire : Salomon, qui rendit par soubson l'enfant à sa mere, jamais ne montra tel chief d'œuvre de prudence comme a faict le bon[3] Pantagruel. Nous sommes heureux de l'avoir en nostre pays. Et de faict, on le voulut faire maistre des requestes et president en la court; mais il refusa tout, les remerciant gracieusement. Car il y a (dist-il) trop grande servitude à ces offices, et à trop grande poine peuvent estre saulvez ceulx qui les exercent, veu la corruption des hommes; et croy que si les sieges vuides des anges ne sont rempliz d'aultre sorte de gens, que de trente sept jubilez nous n'aurons le jugement final, et sera Cusanus trompé en ses conjectures. Je vous en advertis de bonne heure[4]. Mais si avez quelque muitz de bon vin[5], voluntiers j'en recepvray le present.

Ce que ils firent voluntiers, et luy envoyerent du meilleur de la ville, et beut assez bien. Mais le pauvre Panurge en beut vaillamment, car il estoit eximé comme un haran soret. Aussi alloit il du pied comme un chat maigre. Et quelcun l'admonesta à demye alaine d'un

---

1. A, B : *la maniere qu'il.* — 2. A : chapitre X. B : chapitre IX. C : chapitre XII. — 3. A, B, C : *ce bon.* — 4. A, B, C : *et croy... heure,* manque. — 5. A : *quelque poinsson de vin.*

grand hanat plein de vin vermeil, disant[1] : Compere, tout beau! vous faictes rage de humer. — Je donne au diesble (dist il), tu n'as pas trouvé tes petitz beuvreaux de Paris, qui ne beuvent en plus q'un pinson, et ne prenent leur bechée sinon qu'on leurs tape la queue à la mode des passereaux. O compaing[2]! si je[3] montasse aussi bien comme je avalle, je feusse desjà au dessus la sphere de la lune avecques Empedocles. Mais je ne sçay que diable cecy veult dire : ce vin est fort bon et bien delicieux; mais plus j'en boy, plus[4] j'ay de soif. Je croy que l'ombre de monseigneur Pantagruel engendre les alterez, comme la lune faict les catarrhes. Auquel commencerent à rire[5] les assistans.

Ce que voyant, Pantagruel dist : Panurge, qu'est-ce que avez à rire?—Seigneur (dist il), je leur contoys comment ces diables de Turcqs sont bien malheureux de ne boire goutte de vin[6]. Si aultre mal n'estoit[7] en l'Alchoran de Mahumeth, encores ne me mettrois je mie de[8] sa loy. — Mais or me dictes comment (dist Pantagruel) vous eschappastes leurs mains?—Par Dieu! seigneur, dist Panurge, je ne vous en mentiray de mot. Les paillards Turcqs m'avoient mys en broche tout lardé comme un connil, car j'estois tant eximé que aultrement de ma chair eust esté fort maulvaise viande, et en ce poinct me faisoyent roustir tout vif[9]. Ainsi[10], comme ilz me routissoyent, je me recommandoys à la grace divine, ayant en memoyre le bon sainct Laurent, et tousjours esperoys en Dieu qu'il me delivreroit de ce torment, ce qui

1. A, B, C : *l'admonesta* en disnant, *disant*.— 2. A, B, C : *je donne... o compaing*, manque. — 3. A, B, C : *humer*. Par sainct Thibault, dist il, tu dys vray, et *si je*. — 4. A, B : *mais* tant plus j'en boy, tant plus. C : *mais* plus jen boy, tant *plus*. — 5. A, B, C : *catarrhes. A quoi se prindrent à rire*. — 6. A, B : *ne boire point de vin*. — 7. A, B : *n'y avoit*. — 8. A, B : *je pas de*. — 9. A : *connil*, pour me faire *roustir tout vif*. Et ainsi.— 10. B : *et ainsi*.

feut faict bien estrangement; car, ainsi que me recommandoys bien de bon cœur à Dieu, cryant : Seigneur Dieu, ayde moi! Seigneur Dieu, saulve moy! Seigneur Dieu, oste moy de ce torment auquel ces traistres chiens me detiennent pour la maintenance de ta loy! le roustisseur s'endormit par le vouloir divin, ou bien de quelque bon Mercure, qui endormit cautement Argus, qui avoit cent yeulx. Quand[1] je vys qu'il ne me tournoit plus en roustissant, je le regarde et voy qu'il s'endort. Lors je prens[2] avecques les dents un tyson par le bout où il n'estoit point bruslé, et vous le gette au gyron de mon roustisseur, et un aultre je gette le mieulx que je peuz soubz un lict de camp qui estoit aupres de la cheminée où estoit la paillasse de monsieur mon roustisseur. Incontinent[3] le feu se print à la paille, et de la paille au lict, et du lict au solier, qui estoit embrunché de sapin, faict à quehues de lampes. Mais le bon feut que le feu que j'avoys getté au gyron de mon paillard roustisseur luy brusla tout le penil, et se prenoit aux couillons, sinon qu'il n'estoit tant[4] punays qu'il ne le sentist plustost que le jour, et, debouq estourdy se levant, cria à la fenestre tant qu'il peut : Dal baroth! dal baroth! qui vault autant à dire comme : Au feu! au feu! Et vint droict à moy pour me getter du tout au feu; et desjà avoit couppé les chordes dont on m'avoit lyé les mains, et couppoit les lyens des piedz. Mais le maistre de la maison, ouyant le cry du feu et sentant[5] jà la fumée de la rue, où il se pourmenoit avecques quelque aultres baschatz et musaffiz, courut tant qu'il peut y donner secours et pour emporter les bagues. De[6] pleine arrivée il tire la broche où

---

1. A, B, C : or *quand*. — 2. A, B, C : *s'endort. Ainsi je prens*. — 3. A, B : *cheminée où il y avoit force paille. Incontinent*. C : *où estoit force paille. Incontinent*. — 4. A, B : *n'estoit point tant*. — 5. A, B : *et en sentant*. — 6. A, B : *emporter ses bagues. Et de*.

j'estoys embroché, et tua tout roidde mon routisseur, dont il mourut là par faulte de gouvernement ou aultrement ; car il luy passa la broche peu [1] au dessus du nombril vers le flan droict, et luy percea la tierce lobe du foye, et le coup haussant luy penetra le diaphragme, et par atravers la capsule du cueur luy sortit la broche par le hault des espaules entre les spondyles et l'omoplate senestre. Vray est que en tirant la broche de mon corps je tumbey à terre près des landiers, et me feist peu [2] de mal la [3] cheute, toutesfoys non grand [4], car les lardons soustindrent le coup. Puis, voyant mon baschatz que le cas estoit desesperé et que sa maison estoit bruslée sans remission et tout son bien perdu, se donna à tous les diables, appellant Grilgoth, Astarost, Rappallus et Gribouillis, par neuf foys [5].

Quoy voyant, je euz de peur pour plus de cinq solz, craignant : Les diables viendront à ceste heure pour emporter ce fol icy : seroyent ilz bien gens pour m'emporter aussi ? Je suis jà demy [6] rousty, mes lardons seront cause de mon mal : car ces diables icy sont frians de lardons, comme vous avez l'autorité du philosophe Jamblicque et Murmault en l'apologie *De bossutis et contrefactis pro magistros nostros*; mais je fis le signe de la croix, criant [7] : *Agios ! Athanatos ! ho Theos !* Et nul [8] ne venoit. Ce que cognoissant mon villain baschatz, se vouloit tuer de ma broche et s'en percer le cueur. De faict [9] la mist contre sa poictrine, mais elle ne povoit oultrepasser, car elle n'estoit assez poinctue [10], et poulsoit tant qu'il povoit, mais il ne prouffitoit rien. Alors

---

1. A : *broche ung peu.* — 2. A : *feist ung peu.* — 3. B, C : *me fys peu de mal à la.* — 4. A. B : *non pas grand.* — 5. A, B, C : *Astarost et* Rappallus *par neuf foys.* — 6. B : *à demy.* — 7. B : *cryant à haulte voix.* — 8. B : *et encores nul.* — 9. A : *et de faict.* — 10. A, B : *n'estoit pas assez agüe.*

je vins[1] à luy, disant : Missaire Bougrino, tu pers icy ton temps, car tu ne te tueras jamais ainsi ; bien[2] te blesseras quelcque hurte, dont tu languiras toute ta vie entre les mains des barbiers. Mais, si tu veulx, je te tueray icy tout franc, en sorte que tu n'en sentiras rien ; et m'en croy, car j'en ay bien tué d'aultres qui s'en sont bien trouvez.—Ha ! mon amy (dist il), je t'en prie, et ce faisant je te donne ma bougette. Tien, voy la là. Il y a six cens seraphz dedans, et quelques dyamans et rubiz en perfection.—Et où sont ilz (dist Epistemon)?—Par sainct Joan, dist Panurge, ilz sont bien loing s'ilz vont tousjours. Mais où sont les neiges d'antan ? C'estoit le plus grand soucy que eust Villon, le poëte parisien[3].—Acheve (dist Pantagruel), je te prie, que nous sçaichons comment tu accoustras ton baschatz.—Foy d'homme de bien, dist Panurge, je n'en mentz de mot. Je le bande d'une meschante braye que je trouve là, demy bruslée, et vous le lie rustrement piedz et mains de mes cordes, si bien qu'il n'eust sceu regimber, puis luy passay ma broche à travers la gargamelle et le[4] pendys, acrochant la broche à deux gros crampons qui soustenoient des alebardes, et vous attise un beau feu au dessoubz, et vous flambois mon milourt comme on faict les harans soretz à la cheminée. Puis, prenant sa bougette et un petit javelot qui estoit sur les crampons, m'en fuys le beau galot ; et Dieu sçait comme je sentoys mon espaule de mouton ! Quand je fuz descendu en la rue, je trouvay tout le monde qui estoit acouru au feu à force d'eau pour l'estaindre, et, me voyans ainsi à demy rousty, eurent pitié de moy naturellement et me getterent toute leur eau sur moy, et me refraicherent

---

1. A, B : *je m'en vins*. — 2. A, B, C : mais *bien*. — 3. A, B, C : *Mais où... parisien*, manque. — 4. A, B : *et aussi le*.

joyeusement, ce que me fist fort grand bien; puis me donnerent quelque peu à repaistre, mais je ne mangeoys gueres, car ilz ne me bailloient que de l'eau à boyre, à leur mode. Aultre[1] mal ne me firent, sinon un villain petit Turq, bossu par le devant[2], qui furtivement me crocquoit mes lardons; mais je luy baillys si vert. dronos sur les doigts à tout mon javelot qu'il n'y retourna pas deux foys.

Et une jeune Corinthiace qui[3] m'avoit apporté un pot de myrobolans emblicz, confictz à leur mode, laquelle regardoit mon pauvre haire esmoucheté, comment[4] il s'estoit retiré au feu, car[5] il ne me alloit plus que jusques sur les genoulx. Mais notez que cestuy rotissement[6] me guerist d'une isciaticque entierement, à laquelle j'estoys subject, plus de sept ans avoit, du cousté auquel mon rotisseur s'endormant me laissa brusler[7].

Or, ce pendent qu'ilz se amusoyent à moy, le feu triumphoit, ne demandez comment[8], à prendre en plus de deux mille maisons, tant que quelcun d'entre eulx l'advisa et s'escria, disant: Ventre Mahom! toute la ville brusle, et nous amusons icy! Ainsi chascun s'en va à sa chascuniere. De moy, je prens mon chemin vers la porte. Quand[9] je fuz sur un petit tucquet qui est auprès, je me retourne arriere, comme la femme de Loth, et vys toute la ville bruslant, dont[10] je fuz tant aise que je me cuydé conchier de joye; mais Dieu m'en punit bien. — Comment? dist Pantagruel. — Ainsi (dist Panurge)[11] que je regardoys en grand liesse ce beau feu, me[12] gabelant et disant : Ha! pauvres pulces! ha!

1. A, B : et *aultre*. — 2. B, C : *par devant*. — 3. A, B : *jeune tudesque qui*. — 4. B : *comme*. — 5. B : *car* manque. — 6. B, ajoute : *icy*. — 7. A : *mais notez... brusler*, manque. B : *du cousté... brusler*, manque. — 8 A, B : *demandez pas comment*. — 9. A, B : *et quand*. — 10. A, B, C : *bruslant comme Sodome et Gomorre, dont*. — 11. A : (*dist Panurge*) manque. — 12. A : *et me*.

pauvres souris! vous aurez maulvais hyver, le feu est en vostre paillier! sortirent plus de six, voire plus de treze cens et unze chiens [1] gros et menutz tous ensemble de la ville, fuyant le feu. De [2] premiere venue acoururent droict à moy, sentant l'odeur de ma paillarde chair demy rostie, et me eussent devoré à l'heure si mon bon ange ne m'eust bien inspiré, me enseignant un remede bien opportun contre le mal des dens. — Et à quel propous (dist Pantagruel) craignois tu le mal des dens? N'estois tu guery de tes rheumes? — Pasques de soles! (respondit Panurge) est il mal de dens plus grand que quand les chiens vous tenent aux jambes [3]? Mais soudain je me advise de mes lardons, et les gettoys [4] au mylieu d'entre eulx. Lors chiens [5] d'aller et de se entrebatre l'un l'aultre à belles dentz à qui auroit le lardon. Par ce moyen me laisserent, et je les laisse aussi se pelaudans l'un l'aultre. Ainsi [6] eschappe gaillard et dehayt, et vive la roustisserie [7]!

Comment Panurge enseigne une maniere bien nouvelle de bastir les murailles de Paris.

CHAPITRE XV [8].

Pantagruel, quelque jour, pour se recreer de son estude, se pourmenoit vers les faulxbours Sainct Marceau, voulant veoir la Follie Goubelin. Panurge [9] estoit avecque luy, ayant tousjours le flacon soubz sa robbe et quelque morceau

---

1. A: *Voire plus* de six cens *chiens*. B: *plus* de treze cens *chiens. Et unze* manque dans C. — 2. A, B: *et de*. — 3. A, B, C: *me enseignant... aux jambes*, manque. Remplacé par: *et que fys tu, pouvret? dist Pantagruel. — Soubdain je me advise...* (Après *soubdain*, C ajoute: *respondit Panurge.*) — 4. A, B: *les leur gettois*. — 5. A, B: *eulx. Et chiens.* — 6. A, B: *Et ainsi.* — 7. *Et vive la roustisserie* manque A, B. — 8. A, B: chapitre XI. C: chapitre XIII. — 9. A, B: *Et Panurge*.

de jambon : car sans cela jamais ne alloit il, disant que c'estoit son garde corps. Aultre[1] espée ne portoit il. Et quand Pantagruel luy en voulut bailler une, il respondit qu'elle luy eschaufferoit la ratelle. Voire mais, dist Epistemon, si l'on te assailloit, comment te defendroys tu? — A grands coups de brodequin, respondit-il, pourveu que les estocz feussent deffenduz.

A leur retour, Panurge consideroit les murailles de la ville de Paris, et en irrision dist à Pantagruel : Voyez cy ces belles murailles. O! que fortes sont et bien en poinct pour[2] garder les oysons en mue! Par ma barbe! elles sont competement[3] meschantes pour une telle ville comme ceste[4] cy, car une vache avecques un pet en abbatroit plus de six brasses[5].

— O mon amy! dist Pantagruel, sçaitz tu bien[6] ce que dist Agesilæe, quand on luy demanda pourquoy la grande cité de Lacedemone n'estoit[7] ceincte de murailles? Car, monstrant les habitans et citoyens de la ville, tant bien expers en discipline militaire et tant fors et bien armez : Voicy, dist il, les murailles de la cité, signifiant qu'il n'est muraille que de os, et que les villes et cités[8] ne sçauroyent avoir muraille plus seure et plus forte que la vertus des citoyens et habitans[9]? Ainsi ceste ville est si forte par la multitude du peuple belliqueux qui est dedans, qu'ilz ne se soucient de[10] faire aultres murailles. Davantaige[11], qui la vouldroit emmurailler comme Strasbourg, Orleans ou Ferrare[12], il ne[13] seroit possible, tant les frais et despens[14] seroyent

---

1. A, B : Et *aultre*. — 2. A, B : *dist à Pantagruel : Voy ne cy pas de belles murailles pour*. — 3. A, B : *competentement*. — 4. A, B, C : *comme est ceste*. — 5. B : *brassées*. — 6. A : *sçaiz tu pas bien*. — 7. B : *n'estoit pas*. — 8. C : *et citez* manque. — 9. A, B : *plus forte que de la vertu des habitans*. — 10. A, B : *point de*. — 11. A, B : *Et davantaige*. — 12. B, C : *Orléans ou Carpentras*. — 13. A, B : *Strasbourg ou Orléans, il ne*. — 14. A, B, C : *et despens* manque.

excessifz. — Voire mais, dist Panurge, si faict il bon avoir quelque visaige de pierre quand on est envahy de ses ennemys, et ne feust ce que pour demander : Qui est là bas ? Au[1] regard des frays enormes que dictes estre necessaires si on la vouloit murer, si messieurs de la ville me voulent donner quelque bon pot de vin, je leurs enseigneray une maniere bien nouvelle comment ilz les pourront bastir à bon marché. — Comment[2] ? dist Pantagruel. — Ne le dictes doncques mie (respondit[3] Panurge), si je vous l'enseigne. Je voy que les callibistrys des femmes de ce pays sout à meilleur marché que les pierres : d'iceulx fauldroit bastir les murailles, en les arrengeant par bonne[4] symmeterye d'architecture, et mettant les plus grans aux premiers rancz, et puis en taluant à dos d'asne arranger les moyens, et finablement les petitz ; puis faire un beau petit entrelardement à poinctes de diamans, comme la grosse tour de Bourges, de tant de bracquemars enroiddys qui habitent par les braguettes claustrales. Quel diable[5] defferoit telles murailles[6] ? Il n'y a metal qui tant resistast aux coups ; et puis, que les couillevrines se y vinssent frotter, vous en verriez (par Dieu !) incontinent distiller de ce benoist fruict de grosse verolle menu comme pluye. Sec, au nom des diables ! Dadvantaige, la fouldre ne tumberoit jamais dessus : car pourquoy ? ils sont touts benists ou sacrez. — Je n'y voy qu'un inconvenient, Ho, ho ! ha, ha, ha (dist Pantagruel) ! — Et quel ? — C'est que les mousches en sont tant friandes que merveilles, et se y cueilleroyent facilement et y feroient leur ordure ; et voylà l'ouvrage gasté. — Mais[7] voicy

1. A, B : Et au. — 2. A, B : Et comment. — 3. A, B : doncques pas, respondit. — 4. A : arrengent en bonne. — 5. A : de tant de vitz qu'on couppa en ceste ville ès pauvres Italiens à l'entrée de la Reine. Quel diable. — 6. B : une telle muraille ? — 7. B, C : gasté et le pape diffamé. Mais.

comment l'on y remediroit : il fauldroit trèsbien les esmoucheter avecques belles quehuës de renards, ou bon gros[1] vietz dazes de Provence. Et, à ce propos, je vous veulx dire (nous en allans pour souper) un bel exemple que met *frater Lubinus*[2], *libro De compotationibus mendicantium*[3]. Au temps que les bestes parloyent (il n'y a pas trois jours), un pauvre lyon, par la forest de Bievre[4] se pourmenant et disant ses[5] menus suffrages, passa par dessoubz un arbre auquel estoit monté un villain charbonnier pour abastre du boys; lequel, voyant le lyon, lui getta sa coignée et le blessa enormement en une cuisse. Dont le lyon cloppant tant courut et tracassa par la forest pour trouver ayde, qu'il rencontra un charpentier, lequel voluntiers regarda sa playe, la[6] nettoya le mieulx qu'il peust et l'emplit de mousse, luy disant qu'il esmouchast bien sa playe, que les mousches ne y feissent ordure, attendant[7] qu'il yroit chercher de l'herbe au charpentier. Ainsi le lion guery se pourmenoist par la forest, à quelle heure une vieille sempiterneuse[8] ebuschetoit et amassoit du boys par ladicte forest; laquelle, voyant le lyon venir, tumba de peur à la renverse, en telle façzon que le vent luy renversa robbe, cotte et chemise jusques au dessus des espaules : Ce que voyant, le lion accourut de pitié veoir si elle s'estoit faict aulcun mal[9], et, considerant son comment à nom? dist : O pauvre femme! qui t'a ainsi blessée? Et, ce disant, aperceut un regnard, lequel il apella, disant : Compere regnard, hau cza cza, et pour cause. Quand le regnard fut venu, il luy dict : Compere, mon amy, l'on a blessé ceste bonne femme[10] icy entre les

1. B : *ou de gros.* — 2 B, C : *de Cornibus*, au lieu de Lubinus. — 3. A : *exemple que met... mendicantium*, manque. — 4. A, B, C : *biere.* — 5. B : *devisant de ses.* — 6. A, C : *et la.* — 7. A, B : *mouches ne s'i cuillassent point, attendant.* — 8. A, B, C : *sempiternelle.* — 9. A, B : *s'estoit point fait mal.* — 10. B : *ceste femme.*

jambes bien villainement, et y a solution de continuité manifeste ; regarde que la playe est grande depuis le cul jusques au nombril, mesure quatre, mais bien cinq empans et demy. C'est un coup de coignie ; je me doubte que la playe soit vieille. Pourtant, affin que les mousches n'y prennent, esmouche la bien fort, je t'en prie, et dedans et dehors ; tu as bonne quehue et longue ; esmouche, mon ami, esmouche, je t'en supplye, et ce pendent je vay querir de la mousse pour y mettre : car ainsi nous fault il secourir et ayder l'un l'aultre [1]. Esmouche fort, ainsi, mon amy, esmouche bien : car ceste playe veult estre esmouchée souvent ; aultrement la personne ne peut estre à son aise. Or esmouche bien, mon petit compere, esmouche ; Dieu t'a bien pourveu de quehue : tu l'as grande et grosse à l'advenent ; esmouche fort et ne t'ennuye poinct. Un bon esmoucheteur qui, en esmouchetant continuellement, esmouche de son mouchet, par mousches jamais emousché ne sera. Esmouche, couillaud ; esmouche, mon petit bedaud [2] : je n'arresteray gueres. Puis va [3] chercher force mousse, et quand il feut quelque peu loing il s'escrya, parlant au regnard : Esmouche bien tousjours, compere ; esmouche, et ne te fasche jamais de bien esmoucher, mon [4] petit compere. Je te feray estre à gaiges esmoucheteur de [5] Don Pietro de Castille. Esmouche seulement, esmouche, et rien plus. Le pauvre regnard esmouchoit fort bien et deçà et delà, dedans [6] et dehors ; mais la faulse vieille vesnoit [7] et vessoit puant comme cent diables. Le [8] pauvre regnard estoit bien mal à son ayse, car il ne sçavoit de quel cousté se virer pour evader le parfum des vesses

---

1. A, B, C, ajoutent : Dieu le commande. — 2. A, B : *un bon esmoucheteur... bedaud*, manque. — 3. A : *Puis s'en va*. — 4. A, B, C : *par Dieu, mon*. — 5. A, B, C : *esmoucheteur* de la reine Marie, ou bien *de*. — 6. A, C : *et dedans*. — 7 B : *vieille et mauvaise incessamment vesnoit*. — 8. A, B : Et *le*.

de la vieille; et, ainsi qu'il se tournoit, il veit que au derriere estoit encores¹ un aultre pertuys, non si² grand que celluy qu'il esmouchoit, dont luy venoit ce vent tant puant et infect. Le lyon finablement retourne, portant de mousse plus que n'en tiendroyent dix et huyt basles, et³ commença en mettre dedans la playe avecques un⁴ baston qu'il apporta; et y en avoit jà bien mys seize basles⁵ et demie, et s'esbahyssoit : Que diable! ceste playe est parfonde : il y entreroit de mousse plus de deux charrettées⁶! Mais le regnard l'advisa : O compere lyon! mon amy, je te prie, ne metz icy⁷ toute la mousse; gardes en quelque peu, car y a encores icy dessoubz un aultre petit pertuys qui put comme cinq cens diables. J'en suis empoisonné de l'odeur, tant il est punays. Ainsi fauldroit guarder ces murailles des mousches et mettre⁸ esmoucheteurs à gaiges.

Lors dit Pantagruel : Comment⁹ scez tu que les membres honteux des femmes sont à si bon marché, car en ceste ville il y a force preudes femmes, chastes et pucelles.—*Et ubi prenus*, dist Panurge. Je vous en diray non oppinion¹⁰, mais vraye certitude et asseurance. Je ne me vante d'en¹¹ avoir embourré quatre cens dix et sept despuis que suis en ceste ville, il n'y a que neuf jours. Mais¹², à ce matin, j'ai trouvé un bon homme qui, en un bissac tel comme celluy de Esopet, portoit deux petittes filletes de l'eage de deux ou troys ans au plus, l'une davant, l'aultre derriere. Il me de-

1. A, B : *veit* qu'il y avoit au derrière *encores*. — 2. A, B : *non* pas *si*. — 3. A : *portant* plus de troys balles de mousse, *et*. — 4. A, B : *playe* à tout *un*. — 5. A : *mys* deux *balles*. — 6. A, B, C, ajoutent : Et bien, puisque Dieu le veult! Et tous jours forroit dedans. — 7. B : *metz pas icy*. — 8. A, B : *mettre des*. — 9. A, B : Et *comment*. — 10. A, B : *non* pas mon *oppinion*. — 11. A, B : *vante* pas *d'en*. — 12. A, B, C : *ville*, et s'il n'y a que neuf jours, voire de mangeresses d'ymaiges et de theologiennes. *Mais*.

mande l'aulmosne, mais je luy feis reponce que j'avois beaucoup plus de couillons que de deniers. Et après luy demande : Bon homme, ces deux fillettes sont elles pucelles?—Frère, dist il, il y a deux ans que [1] ainsi je les porte ; et, au regard de ceste cy devant, laquelle je voy continuellement, en mon advis elle est [2] pucelle; toutesfoys, je n'en vouldrois mettre [3] mon doigt au feu. Quant est de celle que je porte derriere, je ne sçay [4] sans faulte rien.—Vrayement, dist Pantagruel, tu es gentil compaignon ; je te veulx habiller de ma livrée. Et le feist vestir galantement, selon la mode du temps qui couroit, excepté que Panurge voulut que la braguette de ses chausses fust longue de troys piedz et quarrée, non ronde [5], ce que feust faict, et la faisoit bon veoir. Et disoit souvent que le monde n'avoit encores [6] cogneu l'emolument et utilité qui est de porter grande braguette ; mais le temps leur enseigneroit quelque jour, comme toutes choses ont esté inventées en temps.

Dieu gard de mal (disoit il) le compaignon à qui la longue braguette a saulvé la vie! Dieu gard de mal à qui la longue braguette a vallu pour un jour cent soixante mille et neuf escutz [7]! Dieu gard de mal qui par sa longue braguette a saulvé toute une ville de mourir de faim! Et, par Dieu! je feray [8] un livre de la commodité des longues braguettes quand j'auray plus [9] de loysir. De faict [10], en composa un beau et grand livre avecques les figures ; mais il n'est encores imprimé, que je saiche.

---

1. A, B : *dist il*, jà *deux ans a que*.— 2. A, B : *advis* qu'elle *est*. — 3. A, B : *vouldrois* pas *mettre*. — 4. A : *je n'en sçay*. — 5. A, B : *non* pas *ronde*. — 6. A, B : *n'avoit* point *encores*.— 7. A : cent ecuz. B, C : *et neuf* manque.— 8. A, B : *j'en feray*. — 9. A, B : *j'auray* ung peu *plus*. — 10. A, B : Et *de faict*.

Des meurs et condictions de Panurge. —
Chapitre XVI[1].

Panurge estoit de stature moyenne, ny trop grand, ny trop petit, et avoit le nez un peu aquillin, faict à manche de rasouer, et pour lors estoit de l'eage de trente et cinq ans ou environ, fin à dorer comme une dague de plomb, biengaland homme de sa personne, sinon qu'il estoit quelque peu paillard et subject de nature à une maladie qu'on appeloit en ce temps là faulte d'argent, c'est doleur non pareille. Toutesfoys, il avoit soixante et troys manieres d'en trouver tousjours à son besoing, dont la plus honorable et la plus commune estoit par façon de larrecin furtivement faict, malfaisant, pipeur, beuveur[2], bateur de pavez, ribleur s'il en estoit à[3] Paris ; au demeurant le meilleur filz du monde[4], et tousjours machinoit quelque chose contre les sergeans et contre le guet.

A l'une foys il assembloit trois ou quatre bons[5] rustres, les[6] faisoit boire comme templiers sur le soir, après[7] les menoit au dessoubz de Saincte Geneviefve ou auprès du colliege de Navarre, et, à l'heure que le guet montoit par là, ce qu'il congnoissoit en mettant son espée sur le pavé et l'aureille auprès, et lors qu'il oyoit son espée bransler, c'estoit signe infallible que le guet estoit près ; à l'heure doncques, luy et ses compaignons prenoyent un tombereau et luy bailloyent le bransle, le ruant de grande force contre la vallée, et ainsi mettoient tout le pauvre guet par[8] terre comme porcs, puis

---

1 A, B : chapitre XII. C : chapitre XIV. — 2. A, B, C : pipeur, beuveur, manque. — 3. A, B : ribleur, s'il y en avoit à. — 4. A, B, C : Au demeurant le meilleur fils du monde, manque. C'est un vers. — 5. A, B : quatre de bons. — 6. B, C : et les. — 7. A, B, C : et après. — 8. B : tout par.

fuyoyent[1] de l'aultre cousté : car, en moins de deux jours, il sceut toutes les rues, ruelles et traverses de Paris comme son *Deus det*. A l'aultre foys faisoit[2] en quelque belle place par où ledict guet debvoit passer une trainnée de pouldre de canon, et à l'heure que passoit mettoit[3] le feu dedans, et puis prenoit son passe temps à veoir la bonne grace qu'ils avoyent en fuyant, pensans que le feu sainct Antoine les tint aux jambes. Et au regard des pauvres maistres ès ars[4], il les persecutoit sur tous aultres. Quand il rencontroit quelcun d'entre eulx par la rue, jamais ne failloit de leur faire quelque mal, maintenant leurs mettant un estronc dedans leurs chaperons à bourlet, maintenant leur attachant de petites quehuës de regnard ou des aureilles de lievres par derriere, ou quelque aultre mal. Un jour[5] que l'on avoit assigné à yceulx se trouver en la rue du Feurre, il[6] feist une tartre borbonnoise composée de force de hailz, de galbanum, de assa-fœtida, de castoreum, d'estroncs tous chaulx, et la destrampit en sanie[7] de bosses chancreuses, et de fort bon matin engressa et oignit tout le pavé, en sorte[8] que le diable n'y eust pas duré. Et tous ces bonnes gens rendoyent là leurs gorges devant tout le monde comme s'ils eussent escorché le regnard, et en mourut dix ou douze de peste; quatorze en feurent ladres, dix et huict en feurent pouacres, et plus de vingt et sept en eurent la verolle[9]. Mais il ne s'en soucioit mie[10]. Et portoit ordinairement un fouet soubz sa robbe,

1. A, B : *porcs*, et puis s'en *fuyoient*. — 2. A, B, C : *foys il faisoit*. — 3. A, B : *l'heure que le guet passoit il mettoit*. — 4. A, B, C, ajoutent : *et theologiens*. — 5. A, B : *Et ung jour*. — 6. A, B, C : *assigné à tous les theologiens de se trouver en Sorbonne pour examiner les* articles de la foy, *il*. Au lieu de examiner, C dit *grabeler*. — 7. A, B : de *sanie*. — 8. A, B, C : *oignit theologalement tout le treilliz de Sorbonne, en sorte*. — 9. A : *quatorze... verolle*, manque. B : *quatorze... pouacres*, manque. — 10. A : *soucioit pas*.

duquel il fouettoit sans remission les paiges qu'il trouvoit portans du vin à leurs maistres, pour les avancer d'aller[1]. En son[2] saye avoit[3] plus de vingt et six petites bougettes et fasques tousjours pleines, l'une d'un petit deau de plomb et d'un petit cousteau affilé comme l'aguille d'un peletier[4] dont il couppoit les bourses, l'aultre de aigrest qu'il gettoit aux yeulx de ceulx qu'il trouvoit, l'aultre de glaterons enpencz de petites plumes de oysons ou de chappons, qu'il gettoit sus les robes et bonnetz des bonnes gens, et souvent leur[5] en faisoit de belles cornes qu'ilz portoyent par toute la ville, aulcunesfoys toute leur vie.

Aux femmes aussi, par dessus leurs chapperons, au derriere, aulcunesfoys en mettoit faictz en forme d'un membre d'homme; en l'aultre un tas de cornetz tous pleins de pulces et de poux qu'il empruntoit des guenaulx de Sainct-Innocent, et les gettoit avecques belles[6] petites cannes ou plumes dont on escript sur les colletz des plus sucrées[7] damoiselles qu'il trouvoit, et mesmement en l'eglise, car jamais ne se mettoit au cueur au hault, mais tousjours demouroit en la nef entre les femmes, tant à la messe, à vespres, comme au sermon; en l'aultre force provision de haims et claveaulx, dont il accouploit souvent les hommes et les femmes en compaignies où ilz estoient serrez, et mesmement celles qui portoyent robbes de tafetas armoisy; et, à l'heure qu'elles se vouloyent departir, elles rompoyent toutes leurs robbes.

En l'aultre un fouzil garny d'esmorche, d'allumettes, de pierre à feu et tout aultre[8] appareil à ce requis.

---

1. A : *et portoit... d'aller,* manque. — 2. A, B : Et *en son.* — 3. B : *y avoit.* — 4. A, B : *comme une aiguille de peletier.* — 5. A : *et aulcunes fois leur.* —6. A, B : *gettoit* à tout *belles.*

— 7. B : *plus sucrées,* manque. —8. Ici commence, dans l'exemplaire de l'édition A de la Bibliothèque impériale, une lacune d'un feuillet.

En l'aultre deux ou troys mirouers ardens, dont il faisoit enrager auculnesfoys les hommes et les femmes, et leur faisoit perdre contenence à l'eglise : car il disoit qu'il n'y avoit qu'un antistrophe entre femme folle à la messe et femme molle à la fesse.

En l'aultre avoit provision de fil et d'agueilles, dont il faisoit mille petites diableries. Une foys, à l'issue du Palays, à la grand salle, lors[1] que un cordelier disoit la[2] messe de Messieurs, il luy ayda à soy habiller et revestir ; mais en l'acoustrant il luy cousit l'aulbe avec sa robbe et chemise, et puis se retira quand Messieurs de la court vindrent s'asseoir[3] pour ouyr icelle[4] messe. Mais quand ce fut à l'*Ite, missa est*, que le pauvre frater se voulut devestir son aulbe, il emporta ensemble et habit et chemise, qui estoyent bien cousuz ensemble, et se rebrassit jusques aux espaules, monstrant son callibistris à tout le monde, qui n'estoit pas petit sans doubte. Et le frater tousjours tiroit, mais tant plus se descouvroit il, jusques à ce qu'un de Messieurs de la court dist : Et quoy ! ce beau père nous veut il icy faire l'offrande et baiser son cul ? Le feu sainct Antoine le baise ! Dès lors[5] fut ordonné que les pauvres beaulx[6] peres ne se despouilleroyent plus devant le monde, mais en leur sacristie[7], mesmement en presence des femmes[8], car ce leur seroit occasion du peché d'envie[9]. Et le monde demandoit pourquoy est ce que ces fratres avoyent la couille si longue. Ledict[10] Panurge souluit très bien le probleme, disant : Ce que faict les aureilles des asnes si grandes, ce est parce[11] que leurs meres ne

---

1. B : *lors* manque. — 2. B : ˟sa. — 3. B, C : se vindrent asseoir. — 4. B : *icelle* manque. — 5. B : *Et dès*. — 6. B, C : *beatz*. — 7. B : sacrifice. — 8. B : *mesmement* quand il y auroit des *femmes*. — 9. B : *occasion* de pecher *du peché d'envie*. — 10. C : Mais ledict. — 11. C : *ce* n'est sinon *parce*.

leurs mettoyent point de beguin en la teste, comme dict de Alliaco en ses Suppositions. A pareille raison, ce que faict la couille des pauvres beatz peres, c'est[1] qu'ilz ne portent poinct de chausses foncées, et leur pauvre membre s'estend en liberté[2] à bride avallée, et leur va ainsi triballant sur les genoulx, comme font les patenostres aux femmes. Mais la cause pourquoy ilz l'avoient gros à l'equipolent, c'estoit que en ce triballement les humeurs du corps descendent audict membre : car selon les legistes, agitation et motion continuelle est cause d'atraction. Item, il avoit[3] un aultre poche pleine de alun de plume, dont il gettoit dedans le doz des femmes qu'il voyoit les plus acrestées, et les faisoit despouiller devant tout le monde; les aultres dancer comme jau sur breze, ou bille sur tabour; les aultres courir les rues, et luy après couroit, et à celles qui se despouilloyent, il mettoit sa cappe sur le doz, comme homme courtoys et gracieux. Item, en un aultre, il avoit une petite guedoufle pleine de vieille huile, et, quand il trouvoit ou femme ou homme qui eust quelque[4] belle robbe, il leurs engressoit et guastoit tous les plus beaulx endroictz soubz[5] le semblant de les toucher et dire : Voicy de bon drap, voicy bon satin, bon tafetas, Madame. Dieu vous doint ce que vostre noble cueur desire ! Voz avez robbe neufve, novel amy; Dieu vous y maintienne ! Ce disant[6], leurs mettoit la main sur le collet, ensemble la male tache y demouroit perpetuellement, si enormement engravée en l'ame, en corps et renommée[7], que le diable ne l'eust poinct ostée[8]; puis à la

---

1. C : *pères* tant sainct Antoine lardge, *c'est*. — 2. A, B, C : *s'estend à sa liberté*. — 3. B : *item, avoit*. — 4. B : *trouvoit* homme ou femme qui luy semblissent bien glorieux et qui eussent *quelque*. — 5. B : *endroictz* de leurs habillements, *soubz*. — 6. B : Et *ce disant*. — 7. B : *si enormément... renommée*, manque. — 8. B : *diable* n'eust pas *ostée*.

fin leur disoit : Madame, donnez vous garde de tumber, car il y a icy un grand et salle[1] trou devant vous. En un aultre il avoit tout plein de euphorbe pulverisé bien subtilement, et là dedans mettoit un mouschenez beau et bien ouvré qu'il avoit desrobé à la belle lingere du Palays[2] en luy oustant un poul[3] dessus son sein, lequel toutesfoys il y avoit mis. Et quand il se trouvoit en compaignie de quelques bonnes dames, il leur mettoit sus le propos de lingerie et leur mettoit la main au sein, demandant : Et cest ouvraige, est-il de Flandre ou de Haynault ? Et puis tiroit son mouschenez, disant : Tenez, tenez, voyez en cy de l'ouvrage ; elle est de Foutignan ou de Foutarabie, et[4] le secouoit bien fort à leur nez, et les faissoit esternuer quatre heures sans repos. Ce[5] pendant il petoit comme un rousin, et les femmes ryoient[6], luy disans : Comment ! vous petez, Panurge ? — Non, foys, disoit il, Madame ; mais je accorde au contrepoint de la musicque que vous[7] sonnés du nez. En l'aultre un daviet, un pellican, un crochet et quelques aultres ferremens, dont il n'y avoit porte ni coffre qu'il ne crochetast. En l'aultre tout plein de petitz goubeletz, dont il jouoit fort artificiellement, car il avoit les doigtz faictz à la main comme Minerve ou Arachne, et avoit aultresfoys crié le theriacle. Et quand il changeoit un teston ou quelque autre piece, le changeur eust esté plus fin que maistre Mousche si Panurge n'eust faict esvanouyr à chascune foys cinq ou six grands blancs visiblement, apertement, manifestement, sans faire lesion ne blesseure aulcune, dont le changeur n'en eust senty que le vent.

1. B : *et salle* manque. — 2. B, C : *lingère* dès galleries de la Saincte Chappelle. — 3. A : La lacune s'arrête ici. — 4. A, B : *elle est* de Fonterabie, *et*. — 5. A, B : Et *ce*. — 6. A, B, C : *se rioient*. — 7. B, C : *vous* manque.

*Comment Panurge guaingnoyt les pardons, et maryoit
les vieilles, et des procès qu'il eut à Paris.*
CHAPITRE XVII[1].

Un jour je trouvay Panurge quelque[2] peu escorné et taciturne, et me doubtay bien qu'il n'avoit denare, dont je luy dys : Panurge; vous estes malade, à ce que je voy à vostre physionomie, et j'entends le mal : vous avez un fluz de bourse ; mais ne vous souciez : j'ay encores six solx et maille que ne virent oncq pere ny mere, qui ne vous fauldront non plus que la verolle en vostre necessité. A quoy il me respondit : Et bren pour l'argent ; je n'en auray quelque jour que trop, car j'ay une pierre philosophale qui me attire l'argent des bourses comme l'aymant attire le fer. Mais voulés vous venir gaigner les pardons, dist il? — Et, par ma foy (je luy respons), je ne suis grand[3] pardonneur en ce monde icy, je ne sçay si je seray[4] en l'aultre. — Bien[5], allons, au nom de Dieu, pour un denier, ny plus ny moins. — Mais (dist il) prestez-moy doncques un denier à l'interest. — Rien, rien, dis-je : je vous le donne de bon cueur. — *Grates vobis dominos*, dist-il. Ainsi allasmes commenceant à Sainct Gervays, et je gaigne les pardons au premier tronc seulement, car je me contente de peu en ces matieres ; puis disoys mes[6] menuz suffrages et oraisons de saincte Brigide ; mais il gaigna à tous les troncz, et tousjours bailloit argent à chascun des pardonnaires. De là nous transportasmes à Nostre Dame, à Sainct Jean, à Sainct Antoine, et ainsi des aultres eglises où estoit bancque[7]

---

1. A, B : *comment... chapitre XVII* manque. C : *chapitre* XV. — 2. A, B : *Un jour je le trouvay quelque.* — 3. B : *suis pas grand.* — 4. A : *je le seray.* — 5. A, B : *Et bien.* — 6. A, B : *matières; et puis me mis à dire mes.* — 7. A, B : *où avoit bancque.*

de pardons. De ma part, je n'en gaignoys plus; mais luy, à tous les troncz il baisoit les relicques et à chascun donnoit. Brief, quand nous feusmes de retour, il me mena boire au cabaret du Chasteau, et me montra dix ou douze de ses bougettes pleines d'argent. A quoy je me seignay, faisant la croix et disant : Dont avez vous tant recouvert d'argent en si peu de temps? A quoy il me respondit que il l'avoit prins ès bessains des[1] pardons : car, en leur baillant le premier denier (dist il), je le mis si souplement que il sembla que feust[2] un grand blanc. Ainsi[3] d'une main je prins douze deniers, voyre bien douze liards ou doubles pour le moins, et de l'aultre trois ou quatre douzains; et ainsi par toutes les eglises où nous avons esté.

— Voire, mais (dis je) vous vous dampnez comme une sarpe et estes larron et sacrilege. — Ouy bien (dist-il) comme il vous semble; mais il ne me semble quand[4] à moy, car les pardonnaires me le donnent quand ilz me disent en presentant les reliques à baiser: *Centuplum accipies*, que pour un denier j'en prene cent; car *accipies* est dict selon la maniere des Hebreux, qui usent du futur en lieu de l'imperatif, comme vous avez en la loy : *Diliges Dominum et dilige*. Ainsi[5], quand le pardonnigere[6] me dict: *Centuplum accipies*, il veut dire : *Centuplum accipe*; et ainsi l'expose Rabi Kimy, et Rabi Aben Ezra, et tous les massoretz, et *ibi* Bartolus[7]. Dadvantaige[8], le pape Sixte me donna quinze cens livres de rente[9] sur son dommaine et thesor ecclesiastique pour

---

1. A : *prins* des bassins *des*. — 2. B : *que ce feust*. — 3. A, B : Par *ainsi*. — 4. A, B : *ne* me les semble pas *quand*. — C : *ne* me le *semble*. — 5. A, B, C : *avez en la loy : Dominum Deum tuum adorabis, et illi soli servies; diliges præmium tuum, et sic de aliis. Ainsi*. — 6. B : pardonnigeraire. — 7. A : *et ibi Bartholus* manque. — 8. A, B : Et *dadvantaige*. — 9. B : *de bonne rente*.

luy avoir guery¹ une bosse chancreuse, qui tant le tourmentoit qu'il en cuida devenir boyteux toute sa vie. Ainsi je me paye par mes mains (car il n'est tel) sur ledict thesor ecclesiasticque.

Ho mon amy (disoit il)! si tu sçavoys comment je fis mes chous gras de la croysade, tu seroys² tout esbahy. Elle me valut plus de six mille fleurins. — Et où diable sont ilz allez? dis je, car tu n'en as une ³ maille. — Dont ilz estoyent venus (dist il); ilz ne feirent seullement que changer maistre⁴. Mais j'en emploiay bien troys mille à marier non les⁵ jeunes filles, car elles ne trouvent que trop marys, mais grandes⁶ vieilles sempiterneuses⁷ qui n'avoient dentz en gueulle. Considerant, ces bonnes femmes icy ont tresbien employé leur temps en jeunesse, et ont joué du serrecropiere à cul levé à tous venans, jusques à ce que on n'en a plus voulu. Et par Dieu! je les feray saccader encores une foys devant qu'elles meurent. Par ce moyen, à l'une⁸ donnois cent fleurins, à l'aultre six vingtz, à l'aultre trois cens, selon qu'elles estoient bien infames, detestables et abhominables : car d'aultant qu'elles estoyent plus horribles et execrables, d'autant il leur failloyt donner dadvantage ; aultrement le diable ne les eust voulu biscoter. Incontinent m'en⁹ alloys à quelque porteur de coustretz gros et gras, et faisoys moy mesmes le mariage ; mais premier que luy monstrer les vieilles je luy monstroys les escutz, disant : Compere, voicy qui est à toy si tu veulx fretinfretailler un bon coup. Dès lors les pauvres hayres bubaialloient comme¹⁰ vieulx mulletz. Ainsi¹¹ leur faisoys bien aprester

1. B : *pour* cause que luy avois *guery*. — 2. B : *tu en seroys*. — 3. B : *as pas une*. — 4. A, B : *changer de maistre*. — 5. A, B : *non pas les*. — 6. A, B : *mais de grandes*. — 7. A, B, C : *sempiternelles*. — 8. A, B : *meurent. Et par ainsi, à l'une*. — 9. A, B : *eust pas voulu besogner. Incontinent je m'en*. — 10. A, B, C : *hayres arressoient comme*. — 11. A, B, C : *Et ainsi*.

à bancqueter, boire¹ du meilleur, et force espiceries pour mettre les vieilles en ruyt et en² chaleur. Fin de compte, ilz besoingnoyent comme toutes bonnes ames, sinon que à celles qui estoyent horriblement villaines et defaictes, je leur faisoys mettre un sac sur le visaige. Davantaige, j'en ai perdu beaucoup en procès. — Et quelz procès as-tu peu avoir (disois-je) ? tu ne as ny terre ny maison.

— Mon amy (dist il), les damoyselles de cette ville avoient trouvé par instigation du diable d'enfer une maniere de colletz ou cachecoulx à la haulte façon, qui leur cachoyent si bien les seins, que l'on n'y pouvoit plus mettre la main par dessoubz : car la fente d'iceulx elles avoyent mise par derriere, et estoyent tous cloz par devant³, dont les pauvres amans, dolens, contemplatifz, n'estoyent contens⁴. Un beau jour de mardy, j'en presentay requeste⁵ à la court, me formant partie contre lesdictes damoyselles, et remonstrant les grands interestz que je y prendroys⁶, protestant que à mesme raison je feroys couldre la braguette de mes chausses au derriere, si la court n'y donnoit ordre. Somme toute, les damoyselles formerent syndicat, monstrerent leurs fondemens⁷, et passerent procuration à defendre leur cause ; mais je les poursuivy si vertement, que par arrest de la cour fut⁸ dict que ces haulx cachecoulx ne seroyent plus portez, sinon qu'il feussent quelque peu fenduz par devant. Mais il me cousta beaucoup. J'euz un aultre procès bien hord et bien sale contre maistre Fyfy et ses suppostz, à ce qu'ilz n'eussent plus à⁹ lire clandestinement¹⁰ de nuyct la Pipe de Bussart ne le

1. A, C : et *boire.* — 2. A, B : *vieilles* en appetit *et en.* — 3. B : cloz devant. — 4. A, B : *n'estoyent* pas bien *contens.* C : n'estoient bien. — 5. B : une *requeste.* — 6. C : pretendois. — 7. A, B, C : *monstrèrent leurs fondemens* manque. — 8. A : *coury fut.* B : *cour il fut.* — 9. A, B : *neussent* point *à.* — 10. A, B, C, ajoutent : les Livres de sentences.

Quart de sentences¹, mais de beau plein jour, et ce, ès escholes du Feurre, en face de tous les aultres sophistes, où² je fuz condenné ès despens, pour quelque formalité de la relation du sergent. Une autre foys je fourmay complainte à la court contre les mulles des presidens et³ conseilliers et aultres, tendent à fin que, quand en la basse court du Palays l'on les mettroit à ronger leur frain, les conseillieres leur feissent de belles baverettes, affin que de leur bave elles ne gastassent le⁴ pavé, en sorte que les pages du Palais peussent jouer dessus à beaulx detz ou au reniguebieu a leur ayse, sans y guaster leurs⁵ chausses aulx genoulx. Et de ce en euz bel arrest; mais il me couste bon.

Or sommez à ceste heure combien me coustent les petitz bancquetz que je fais aux paiges du Palays de jour en jour. — Et à quelle fin? dis je.

— Mon amy (dist il), tu ne as passetemps aulcun en⁶ ce monde. J'en ay plus⁷ que le roy, et si vouloys te raislier avecques moy, nous ferions diables. — Non, non (dis je), par sainct Adauras! car tu seras une foys pendu. — Et toy (dist il), tu seras une foys enterré; lequel est plus honorablement⁸, ou l'air, ou la terre? Hé! grosse pecore⁹!

Ce pendent que ces paiges bancquetoient¹⁰ je garde leurs mulles et couppe¹¹ à quelc'une l'estriviere du cousté du montouoir, en sorte¹² qu'elle ne tient que à un fillet. Quand le gros enflé de conseillier, ou aultre, a prins

---

1. A, B, C : *la pipe... sentences* manque. — 2. A, B, C : *escholes* de Sorbonne, *en face de tous les* theologiens, *où*. — 3. A, B : *et* manque. — 4. A, B: point *le*. — 5. A, B: *sans y rompre leurs*. — 6. A, B : *tu* as nul passetemps *en*. — 7. B ; *ay*, moy, *plus*. — 8. A, B, C : honorable. — 9. A, B, C, ajoutent : Jesuchrist ne fut-il pas pendu en l'air ? mais, à propos. C: Jesuchrist feut pendu, etc. — 10. A, C: bancquettent. — 11. A, B, C : *et* tousjours je *couppe*. — 12. A, B : *en sorte* manque.

son bransle pour monter sus, ilz tombent tous platz comme porcz devant tout le monde, et aprestent à rire pour plus de cent francs. Mais je me rys encores d'advantage, c'est que, eulx arrivez au logis, ilz font fouetter monsieur du paige comme seigle vert. Par ainsi, je ne plains poinct ce que m'a cousté [1] à les bancqueter. Fin de compte, il avoit (comme ay dict dessus) soixante et troys manieres de recouvrer argent; mais il en avoit deux cens quatorze de le despendre, hors mis la reparation de dessoubz le nez.

Comment un grand clerc de Angleterre vouloit arguer contre Pantagruel, et fut vaincu par Panurge.
Chapitre XVIII [2].

En ces mesmes jours un sçavant homme nommé [3] Thaumaste, oyant le bruict et renommée du sçavoir incomparable [4] de Pantagruel, vint du pays de Angleterre en ceste seule intention de veoir Pantagruel et le [5] congnoistre, et esprouver si tel estoit son sçavoir comme en estoit la renommée. De faict [6], arrivé à Paris, se transporta vers l'hostel dudict Pantagruel, qui estoit logé à l'hostel Sainct Denys, et pour lors se pourmenoit par le jardin avecques Panurge, philosophant à la mode des peripateticques. De [7] premiere entrée tressaillit [8] tout de paour, le voyant si grand et si gros; puis le salua, comme est la façon, courtoysement, luy disant : Bien vray est il, ce dict [9] Platon, prince [10] des philosophes, que, si l'imaige de science et sapience estoit corporelle et spectable ès yeulx

---

1. A, B, C : *que me avoit cousté.* — 2. A, B : chapitre XIII. C : chapitre XVI. — 3. A, B : *jours un grandissime clerc nommé.* — 4. B : *incorporable.* — 5. A : *veoir icelluy et le.* B : *de le voir et congnoître.* — 6. A, B, C : *Et de faict.* — 7. A, B : *Et de.* — 8. A : *entrée le voyant tressaillit.* — 9 B : *ce que dict.* — 10. A, B : le *prince.*

des humains, elle exciteroit tout le monde en admiration de soy ; car seullement le bruyt d'icelle espendu par l'air, s'il est receu ès aureilles des studieux et amateurs d'icelle qu'on nomme philosophes, ne les laisse dormir ny reposer à leur ayse, tant les stimule et embrase de acourir au lieu et veoir la personne en qui est dicte science avoir estably son temple et produyre ses[1] oracles.

Comme il nous feust manifestement demonstré en la royne de Saba, que[2] vint des limites d'Orient et mer Persicque pour veoir l'ordre de la maison du saige Salomon et ouir sa sapience ;

En Anacharsis, qui de Scythie alla jusques en Athenes pour veoir Solon ;

En Pythagoras, qui visita les vaticinateurs memphiticques ; en Platon, qui visita les mages de Egypte et Architas de Tarente ; en[3] Apolonius Tyaneus, qui alla jusques au mont Caucase[4], passa les Scythes, les Massagettes, les Indiens, navigea le grand fleuve Physon[5] jusques ès Brachmanes, pour veoir Hiarchas, et en Babyloine, Caldée, Medée, Assyrie, Parthie, Syrie, Phœnice, Arabie, Palestine, Alexandrie, jusques en Ethiopie, pour veoir les gymnosophistes. Pareil exemple avons nous de Tite Live, pour lequel veoir et ouyr plusieurs gens studieux vindrent en Rome des fins limitrophes de France et Hespagne. Je ne me ause[6] recenser au nombre et ordre de ces gens tant parfaictz ; mais bien je veulx estre dict studieux et amateur non seulement des lettres, mais aussi des gens lettrez. De[7] faict, ouyant le bruyt de ton sçavoir tant inestimable, ay delaissé pays, parens et maison, et me suis icy

1. A : *et depromer ses* B : dormir. — 2. A : qui. — 3. A, B, C : *et en* — 4. A, B : Caucasus. — 5. A : *Indiens,* transporta le vaste fleuve de *Physon.* — 6. A : *ause* pas. B : ne ose pas. — 7. A : *Et de.*

transporté, rien ne estimant la longueur du chemin, l'attediation de la mer, la nouveaulté des contrées, pour seulement te veoir et conferer avecques toy d'aulcuns passages de philosophie, de geomantie et de¹ caballe, desquelz je doubte et ne puis² contenter mon esprit; lesquelz si tu me peulx souldre, je me rens dès à present ton esclave, moy et toute ma posterité : car aultre don ne ay que³ assez je estimasse pour la recompense.

Je les redigeray par escript, et demain le feray sçavoir⁴ à tous les gens sçavans de la ville, affin que devant eulx publicquement nous en disputons.

Mais voicy la maniere comment j'entens que nous disputerons : je ne veulx⁵ disputer *pro et contra*, comme font ces sotz sophistes de ceste ville et de ailleurs; semblablement, je ne veulx⁶ disputer en la maniere des academicques par declamation, ny aussi par nombres, comme faisoit Pythagoras et comme voulut faire Picus Mirandula à Romme; mais je veulx disputer par signes seulement, sans parler, car les matieres sont tant arduës que les parolles humaines ne seroyent suffisantes à les expliquer à mon plaisir. Par ce, il plaira à ta magnificence de soy y trouver. Ce sera en la grande salle de Navarre, à sept heures du matin. Ces parolles achevées, Pantagruel luy dist honorablement : Seigneur, des graces que Dieu m'a donné, je ne vouldroyes denier à personne en⁷ despartir à mon pouvoir; car tout bien vient de luy, et⁸ son plaisir est que soit multiplié, quand on se trouve entre gens dignes et ydoines de recepvoir ceste celeste manne de honeste sçavoir. Au nombre des-

---

1. A, B : *de philosophie, de magie, de alkymie et de.* — 2. A : *ne m'en puis.* B : *et si je n'en puis.* C : *et n'en puis.* — 3. A, B, C : *ay je que.* — 4. A, B : asscavoir. — 5. A, B : *veulx* point. — 6. A, B : *veulx* point. — 7. A : *denier à nully en.* B : *denier à nully à.* — 8. A : *vient* de lassus, *et.* B : *luy* de lassus, *et.*

quelz, parceque en ce temps, comme jà bien apperçoy, tu tiens le premier ranc, je te notifie que à toutes heures me ¹ trouveras prest de ² obtemperer à une chascune de tes requestes selon mon petit pouvoir, combien que plus de toy je deusse apprendre que toy de moy ; mais, comme as protesté, nous confererons de tes doubtes ensemble, et en chercherons la resolution jusques au fond du puis inespuisable auquel disoit Heraclite estre la verité cachée. Et ³ loue grandement la maniere d'arguer que as proposée : c'est assavoir par signes, sans parler ; car, ce faisant, toy et moy nous ⁴ entendrons et serons hors de ces frapemens de mains que font ces badaulx ⁵ sophistes, quand on arguë, alors qu'on est au bon de l'argument. Or demain je ne fauldray me ⁶ trouver au lieu et heure que me as assigné ; mais je te prye que entre nous n'y ait debat ny tumulte ⁷, et que ne cherchons ⁸ honeur ny applausement des hommes, mais la verité seule.

A quoy respondit Thaumaste : Seigneur, Dieu te maintienne en sa grace, te remerciant de ce que ta haulte magnificence tant se veult condescendre à ma petite vilité ! Or à Dieu jusques à demain. — A Dieu, dist Pantagruel. Messieurs, vous qui ⁹ lisez ce present escript, ne pensez que jamais gens plus feussent eslevez ¹⁰ et transportez en pensée que feurent toute celle nuict tant Thaumaste que Pantagruel : car ledict Thaumaste dist au concierge de l'hostel de Cluny, auquel il estoit logé, que de sa vie ne se estoit trouvé tant alteré comme il estoit celle ¹¹ nuict. Il ¹² m'est (disoit il) advis que

---

1. A, B : tu *me*. — 2. A, B : à. — 3. A, B : *resolution*, dont il la fault trouver toi et moi. *Et*. — 4. B : *nous* nous. — 5. A, B : *badaulx* manque. — 6. A, B : à *me*. — 7. A, B : *ait* point de *tumulte*. — 8. A, B : *cherchons* point. — 9. A, B : *vous* aultres *qui*. — 10. A, B : *ne pensez* pas que jamais il y eust gens plus *eslevez*. — 11. B : ycelle. — 12. B : Certes *il*.

Pantagruel me tient à la gorge. Donnez ordre que beuvons, je vous prie, et faictes tant que ayons de l'eaue fresche pour me guargariser le palat [1].

De l'aultre cousté, Pantagruel entra en la haulte game, et de toute la nuict ne faisoit que ravasser après

Le livre de Beda, *De numeris et signis*;

Le [2] livre de Plotin, *De inenarrabilibus*;

Le livre de Procle [3], *De magia*;

Les livres de Artemidore [4], Περὶ Ὀνειροκριτικῶν;

De [5] Anaxagoras, Περὶ Σημείων;

D'Ynarius, Περὶ Ἀφατῶν;

Les [6] livres de Philistion;

Hipponax [7], Περὶ Ἀνεκφωνητῶν; et un tas d'aultres, tant que Panurge luy dist:

Seigneur, laissez toutes ces pensées, et vous allez coucher: car je vous sens tant esmeu en vostre esprit [8], que bien tost tomberiez en quelque fievre ephemere par cest excès de pensement. Mais, premier beuvant vingt et cinq ou trente bonnes foys, retirez vous et dormez à vostre aise, car de matin je respondray et arguëray contre monsieur l'Anglois; et, au cas que je ne ne le mette *ad metam non loqui*, dictes mal de moy.

— Voire mès (dist Pantagruel), Panurge, mon amy, il [9] est merveilleusement sçavant: comment luy pourras tu satisfaire? — Tresbien, respondit Panurge. Je vous prye, n'en parlez plus et m'en laissez faire: y a il homme tant sçavant que sont les diables? — Non, vrayement (dist Pantagruel), sans grace divine especiale. — Et toutesfoys (dist Panurge), j'ay argué maintesfoys contre eulx [10] et les ay faictz quinaulx et mis de cul. Par ce,

---

1. A: *et faictes... palat* manque. — 2. A, B: *Et le*. — 3. A, B: *Et le livre* de Proclus. — 4. A, B: *Et les livres de Artemidorus*. — 5. A, B: *Et de*. — 6. A, B: *Et les*. — 7. A, B: *Et Hipponax*. — 8. B, C: *vos espritz*. — 9. A, B: *mal de moy*. Dont dist Pantagruel: voire mais, mon ami Panurge, il. — 10. B: *argué à eulx*.

soyez asseuré de ce glorieux Angloys[1], que je vous le feray demain chier vinaigre devant tout le monde. Ainsi passa la nuict Panurge à chopiner avecques les paiges et jouer toutes les aigueillettes de ses chausses à *primus* et *secondus*, et à la[2] vergette. Et quand vint l'heure assignée[3], il conduysit son maistre Pantagruel au lieu constitué. Et hardiment croyez qu'il n'y eut petit ne grand dedans Paris qu'il ne se trouvast au lieu, pensant : Ce diable de Pantagruel, qui a convaincu tous les resveurs et bejaunes sophistes, à[4] ceste heure aura son vin, car cest Angloys est un aultre diable de Vauvert. Nous verrons qui en gaignera.

Ainsi tout le monde assemblé, Thaumaste les attendoit; et, lors que Pantagruel et Panurge arriverent à la salle, tous ces grimaulx, artiens et intrans, commencerent frapper[5] des mains, comme est leur badaude coustume.

Mais Pantagruel s'escrya à haulte voix, comme si ce eust esté le son d'un double canon, disant : Paix! de par le diable, paix! Par Dieu! coquins, si vous me tabustez icy, je vous couperay la teste à trestous. A laquelle parolle ilz demourerent tous estonnez comme canes, et ne ausoient seulement tousser[6], voire eussent-ilz mangé quinze livres de plume; et furent tant alterez de ceste seule voix qu'ils tiroyent la langue demy pied hors la[7] gueulle, comme si Pantagruel leur eust les gorges salées[8]. Lors commença Panurge à parler, disant à l'Angloys : Seigneur, es-tu icy venu pour disputer contentieusement de ces propositions que tu as mis, ou bien pour aprendre et en sçavoir la verité? A quoy respondit Thaumaste : Seigneur, aultre chose ne me

1. A, B : *de cet Anglois.* — 2. A : *ou à la.* — 3. B : *quand ce vint à l'heure.* — 4. A, B : *tous les sorboni-* coles, *à.* C : *béjaunes sorbonicoles.* — 5. A : *à frapper.* — 6. B : *toussir.* — 7. A, B : *hors de la.* — 8. B : *sallé.*

ameine sinon bon desir de apprendre et sçavoir ce dont j'ay doubté toute ma vie, et n'ay trouvé ny livre ny homme qui me ayt contenté en la resolution des doubtes que j'ay proposez. Et, au regard de disputer par contention, je ne le veulx faire: aussi est ce chose trop vile, et le laisse à ces maraulx sophistes[1], lesquelz en leurs disputations ne cherchent verité, mais contradiction et debat[2].

— Doncques, dist Panurge, si je, qui[3] suis petit disciple de mon maistre monsieur Pantagruel, te contente et satisfays en tout et par tout, ce seroit chose indigne d'en empescher mondict maistre. Par ce, mieulx vauldra qu'il soit cathedrant, jugeant de noz propos et te contentent au parsus s'il te semble que je ne aye satisfaict à ton studieux desir.

— Vrayement, dist Thaumaste, c'est très bien dict. Commence doncques.

Or notez que Panurge avoit mis au bout de sa longue braguette un beau floc de soie rouge, blanche, verte et bleue; et dedans avoit mis une belle pomme d'orange.

Comment Panurge feist quinaud l'Angloys, qui arguoit par signe. — CHAPITRE XIX[4].

doncques, tout le monde assistant et escoutant en[5] bonne silence, l'Angloys[6] leva hault en l'air les deux mains separement, clouant toutes les extremitez des doigts en forme

---

1. A, B: de *sophistes*. C: chamaraux sophistes, sorbillans, sorbonnagres, sorbonnigènes, sorbonicoles, sorboniformes, sorbonisecques, niborcisans, borsonisans, saniborsans. — 2. A, B, C: *lesquelz... et débats* manque. — 3. A, B: *si moi qui*. — 4. A, B: *comment...* chapitre XIX manque. C: chapitre XVII. — 5. A, B: *assistant et speculant en*. — 6. Le passage qui commence à ce mot et finit aux mots: *à ce*, page 271, ligne 21, manque dans A, B, C, de sorte qu'on y lit: *bonne silence, Panurge, sans mot dire...*

qu'on nomme en Chinonnoys cul de poulle, et frappa
de l'une l'aultre par les ongles quatre foys, puys les
ouvrit, et ainsi à plat de l'une frappa l'aultre en son
strident, une foys de rechief les joignant comme dessus,
frappa deux foys, et quatre foys de rechief les
ouvrant; puys les remist joinctes et extendues l'une
jouxte l'aultre, comme semblant devotement Dieu
prier. Panurge soubdain leva en l'air la main dextre,
puys d'ycelle mist le poulce dedans la narine d'ycelluy
cousté, tenant les quatre doigtz estenduz et serrez par
leur ordre en ligne parallele à la pene du nez, fermant
l'œil gausche entierement, et guaignant du dextre
avecques profonde depression de la sourcille et paulpiere ;
puis la gausche leva hault, avecques fort serrement
et extension des quatre doigtz et elevation du
poulse, et la tenoyt en ligne directement correspondente
à l'assiete de la dextre, avecques distance entre
les deux d'une couldée et demye. Cela faict, en pareille
forme baissa contre terre l'une et l'aultre main ;
finablement les tint on mylieu, comme visant droict au
nez de l'Angloys.

Et si Mercure, dist l'Angloys. Là, Panurge interrompt,
disant : Vous avez parlé, masque. Lors feist l'Angloys
tel signe : la main gausche toute ouverte il leva
hault en l'air, puys ferma on poing les quatre doigts
d'ycelle, et le poulce extendu assist suz la pinne du
nez. Soubdain après leva la dextre toute ouverte, et
toute ouverte la baissa, joignant le poulce on lieu que
fermoyt le petit doigt de la gausche, et les quatre
doigtz d'ycelle mouvoit lentement en l'air; puys, au
rebours, feist de la dextre ce qu'il avoyt faict de la gausche,
et de la gausche ce que avoyt faict de la dextre.
Panurge, de ce non estonné, tyra en l'air sa tresmegiste
braguette de la gausche, et de la dextre
en tira un transon de couste bovine blanche et deux

pieces de boys de forme pareille, l'une de ebene noir, l'aultre de bresil incarnat, et les mist entre les doigtz d'ycelle en bonne symmetrie, et, les chocquant ensemble, faisoyt son tel que font les ladres en Bretaigne avecques leurs clicquettes, mieulx toutesfoys resonnant et plus harmonieux, et de la langue contracte dedans la bouche fredonnoyt joyeusement, tousjours reguardant l'Angloys.

Les theologiens, medicins et chirurgiens, penserent que par ce signe il inferoit l'Angloys estre ladre. Les conseilliers, legistes et decretistes, pensoient que, ce faisant, il vouloyt conclurre quelque espece de felicité humaine consister en estat de ladrye, comme jadys maintenoyt le Seigneur. L'Angloys pour ce ne s'effraya, et, levant les deux mains en l'air, les tint en telle forme que les troys maistres doigtz serroyt on poing et passoyt les poulses entre les doigtz indice et moyen, et les doigtz auriculaires demouroient en leurs extendues; ainsi les presentoyt à Panurge; puys les acoubla de mode que le poulse dextre touchoyt le gausche, et le doigt petit gausche touchoyt le dextre. A ce, Panurge, sans mot dire, leva les mains et en feist tel [1] signe : de [2] la main gauche il joingnit l'ongle du doigt indice à l'ongle du poulse, faisant au meillieu de la distance comme une boucle, et de la main dextre serroit tous les doigts au poing, excepté le doigt indice, lequel il mettoit et tiroit souvent par entre les deux aultres susdictes de la main gauche; puis [3] de la dextre estendit [4] le doigt indice et le mylieu, les esloignant le mieulx qu'il povoit et les tirans vers Thaumaste; puis mettoit le poulce de la main gauche sus l'anglet de l'œil gauche, estendant toute la main comme une aesle

---

1. A, B, C : *feist* ung *tel*. —
2. A, B, C : car *de*. — 3. B : et *puis*. — 4. A, B : estendoit.

d'oyseau ou une pinne de poisson, et la meuvant bien mignonnement deczà et delà ; autant[1] en faisoit de la dextre sur l'anglet de l'œil dextre. Thaumaste[2] commença paslir[3] et trembler, et luy feist tel signe : de[4] la main dextre il frappa du doigt meillieu contre le muscle de la vole qui est au dessoubz le poulce, puis[5] mist le doigt indice de la dextre en pareille boucle de la senestre ; mais il le mist par dessoubz, non par dessus, comme faisoit Panurge. Adoncques Panurge frappe la main l'une contre l'aultre et souffle en paulme ; ce[6] faict, met encores le doigt indice de la dextre en la boucle de la gauche, le tirant et mettant souvent ; puis estendit le menton, regardant intentement Thaumaste. Le[7] monde, qui n'entendoit rien à ces signes, entendit bien que en ce il demandoit sans dire mot à Thaumaste : Que voulez-vous dire là ? De[8] faict, Thaumaste commença suer[9] à grosses gouttes, et sembloit bien un homme qui feust ravy[10] en haulte contemplation. Puis se advisa et mist tous les ongles de la gauche contre ceulx de la dextre, ouvrant les doigts comme si ce eussent esté demys cercles, et elevoit tant qu'il povoit les mains en ce signe.

A quoy Panurge soubdain mist le poulce de la main dextre soubz les mandibules, et le doigt auriculaire d'icelle en la boucle de la gauche, et en ce poinct faisoit sonner ses dentz bien melodieusement les basses contre les haultes.

Thaumaste[11], de grand hahan, se leva, mais en se levant fist[12] un gros pet de boulangier, car le bran vint

---

1. A, B : et *autant*. — 2. A, B, C : *dextre. Et ce dura bien par l'espace d'ung bon quart d'heure, dont Thaumaste* (*dont* manque C). — 3. B : à *paslir*. — 4. B, C : *signe que de*. — 5. B : *et puis*. — 6. A, B : *et ce*. — 7. A, B : *Dont le*. — 8. A, B : *Et de*. — 9. A, B : à *suer*. — 10. A : *qui estoit ravy*. — 11. A, B : *Dont Thaumaste*. — 12. A : *il fist*.

après, et pissa vinaigre bien fort[1], et puoit comme tous les diables. Les[2] assistans commencerent se[3] estouper les nez, car il se conchioit de angustie ; puis leva la main dextre, la clouant en telle faczon qu'il assembloit les boutz de tous les doigts ensemble, et la main gauche assist toute pleine sur la poictrine. A quoy Panurge tira sa longue braguette avecques son floc, et l'estendit[4] d'une couldée et demie, et la tenoit en l'air de la main gauche, et de la dextre print sa pomme d'orange, et, la gettant en l'air par sept foys, à la huytiesme la cacha au poing de la dextre[5], la tenant en hault tout coy ; puis[6] commença secouer[7] sa belle braguette, la[8] monstrant à Thaumaste. Après cella, Thaumaste commença enfler[9] les deux joues comme un cornemuseur, et souffloit comme se il enfloit une vessie de porc. A quoy Panurge mist un doigt de la gauche ou trou du cul, et de la bouche tiroit l'air comme quand on mange[10] des huytres en escalle ou quand on[11] hume sa soupe ; ce[12] faict, ouvre quelque peu de[13] la bouche, et avecques le plat de la main dextre frappoit[14] dessus, faisant en ce un grand son et parfond, comme s'il venoit de la superficie du diaphragme par la trachée artere, et le feist par seize foys. Mais Thaumaste souffloit tousjours comme une oye. Adoncques Panurge mist le doigt indice de la dextre dedans la bouche, le serrant bien fort avecques les muscles de la bouche ; puis[15] le tiroit, et le tirant faisoit un grand son, comme quand les petitz garsons tirent d'un canon de sulz[16] avecques belles rabbes, et le

---

1. A, C : *et pissa... fort* manque. — 2. A, B, C : Et *les*. — 3. B, C : à *se*. — 4. A, B : *floc*, qu'il *estendit*. — 5. B : main *dextre*. — 6. A, B : et *puis*. — 7. B : à *secouer*. — 8. A, B : en *la*. — 9. B : à *enfler*. — 10. B : mangeue. — 11. A, B, C : l'on. — 12. A, B : et *ce*. — 13. A, C : *de* manque. — 14. A, B, C : *dextre* en *frappoit*. — 15. A, B : et *puis*. — 16. A, B, C : seux.

fist par neuf foys. Alors[1] Thaumaste s'escria : Ha! Messieurs, le grand secret! il y a mis la main jusques au coulde[2]. Puis[3] tira un poignard qu'il avoit, le tenant par la poincte contre bas. A quoy Panurge print sa longue braguette et la secouoit tant qu'il povoit contre ses cuisses, puis[4] mist ses deux mains lyez en forme de peigne sur sa teste, tirant la langue tant qu'il povoit et tournant les yeulx en la teste comme une chievre qui meurt[5]. Ha! j'entens, dist[5] Thaumaste ; mais quoy? faisant tel signe, qu'il mettoit le manche de son poignard contre la poictrine, et sur la poincte mettoit le plat de la main en retournant quelque peu le bout des doigts. A quoy Panurge baissa sa teste du cousté gauche et mist le doigt mylieu en l'aureille dextre, eslevant le poulce contre mont; puis[6] croisa les deux bras sur la poictrine, toussant par cinq foys, et à la cinquiesme frappant du pied droit contre terre ; puis[7] leva le bras gauche, et, serrant tous les doigtz au poing, tenoit le poulse contre le front, frappant de la main dextre par six foys contre[8] la poictrine[9]. Mais Thaumaste, comme non content de ce, mist le poulse de la gauche sur le bout du nez, fermant la reste de ladicte main.

Dont Panurge mist les deux maistres doigtz à chascun cousté de la bouche, le retirant tant qu'il pouvoit et monstrant toutes ses dentz, et des deux poulses rabaissoit[10] les paulpiers des yeulx bien parfondement, en faisant assez layde grimace, selon que sembloit ès assistans.

1. A : Et *alors*. B : Et *lors*.— 2. A : *il y a... coulde* manque. — 3. A, B : Et puis.— 4. B : et puis. — 5. A : *qui se meurt*.— B : ce *dist*. — 6. A, B : et *puis*. — 7. A : et *puis*. — 8. B : en- contre. — 9. Depuis ce mot jusqu'à la fin du chapitre, le passage manque dans A. Il se trouve dans B et C. — 10. B : il *rabessoit*.

*Comment Thaumaste racompte les vertus
et sçavoir de Panurge.*
Chapitre XX[1].

Adoncques se leva Thaumaste, et, ostant son bonnet de la teste, remercia ledict Panurge doulcement ; puis dist à haulte voix à toute l'assistance : Seigneurs, à ceste heure puis-je bien dire le mot evangelicque : *Et ecce plusquam Salomon hic.* Vous avez icy un thesor incomparable en vostre presence : c'est monsieur Pantagruel, duquel la renommée me avoit icy attiré du fin fond de[2] Angleterre pour conferer avecques luy des problemes insolubles tant[3] de magie, alchymie, de caballe, de geomantie, de astrologie, que de philosophie, lesquelz je avoys en mon esprit. Mais de present je me courrouce contre la renommée, laquelle me semble estre envieuse contre luy, car elle n'en raporte la[4] miliesme partie de ce que en est par efficace. Vous avez veu comment son seul disciple me a contenté et m'en a plus dict que n'en demandoys[5] : d'abundand[6] m'a ouvert et ensemble solu d'aultres doubtes inestimables. En quoy je vous puisse asseurer qu'il m'a ouvert le vrays[7] puits et abysme de encyclopedie, voire en une sorte que je ne pensoys[8] trouver homme qui en sceust les premiers elemens seulement, c'est quand nous[9] avons disputé par signes, sans dire mot ny demy. Mais à temps je redigeray par escript ce que avons dict et resolu, affin que l'on ne

---

1. *Comment... chapitre XX* manque dans A, B, C. L'intitulé (*Comment..... Panurge*) manque dans F. Juste, 1542. — 2. du pays *de*. — 3. A, B : *avecques luy des doubtes inexpuy*sables, *tant*. — 4. A, B : *point la*. — 5. A, B : *que je ne demandoys*. — 6. A, B : *et d'a*bundand. — 7. A : *le vray*. — 8. A, B : *pensoys pas*. — 9. B : *quant luy et moy nous*.

pense que ce ayent¹ esté mocqueries, et le feray imprimer, à ce que chascun y apreigne comme je ay faict. Dont povez juger ce que eust peu dire le maistre, veu que le disciple a faict telle prouesse, car *non est discipulus super² magistrum.* En tous cas Dieu soit loué! et bien humblement vous remercie de l'honneur que nous avez faict à cest acte. Dieu vous le retribue eternellement! Semblables actions de graces rendit Pantagruel à toute l'assistance, et, de là, partant mena disner Thaumaste avecques luy, et croyez qu'ilz beurent à ventre deboutonné car en ce temps là on fermoit les ventres à boutons, comme les colletz de present), jusques³ à dire : Dont venez-vous? Saincte dame ! comment ils tiroyent au chevrotin! et flaccons d'aller, et eulx de corner : Tyre, baille, paige, vin, boutte, de par le diable! boutte⁴. Il n'y eut celluy⁵ qui ne beust vingt-cinq ou trente muys; et sçavez⁶ comment? *Sicut terra sine aqua,* car il faisoit chault, et dadvantaige, se estoyent alterez. Au⁷ regard de l'exposition des propositions mises par Thaumaste, et⁸ significations des signes desquelz ils userent en disputant, je vous les exposeroys selon la relation d'entre eulx mêmes; mais l'on m'a dit que Thaumaste en feist un grand livre imprimé à Londres, auquel il declaire tout sans rien laisser : par ce, je m'en deporte pour le present.

1. A, B : *pense* point que ce ayent.—2. A, C : *supra.*—3. A : *beurent* comme toutes bonnes ames le jour des mortz, le ventre contre terre, *jusques.* B, C : *beurent* comme toutes bonnes ames le jour des mortz, *à ventre desboutonné, jusques.* — 4. A : *flaccons d'aller... boutte* manque. — 5. *eut* pas sans faulte *celuy.* — 6. A, B : *sçavez*-vous. — 7. A, B : Et *au.* — 8. A, B : *et* des.

Comment Panurge feut amoureux d'une haulte dame de Paris. — Chapitre XXI[1].

Panurge commença estre[2] en reputation en la ville de Paris par ceste disputation que il obtint contre l'Angloys, et faisoit dès lors bien valoir sa braguette, et la feist au dessus esmoucheter de broderie à la romanicque[3]. Et le monde le louoit publiquement, et en feust faicte une chanson, dont les petitz enfans alloyent à la moustarde, et estoit bien venu en toutes compaignies des dames et damoiselles, en sorte qu'il devint glorieux, si bien qu'il entreprint venir[4] au dessus d'une des grandes dames de la ville. De faict, laissant un tas de longs prologues et protestations que font ordinairement ces dolens contemplatifs amoureux de karesme, lesquelz poinct à la chair ne touchent[5], luy dict un jour : Ma dame, ce seroit bien[6] fort utile à toute la republicque, delectable à vous, honneste à vostre lignée, et à moy necessaire, que feussiez couverte de ma race ; et le croyez, car l'experience vous le demonstrera. La dame, à ceste parolle, le reculla plus de cent lieues, disant : Meschant fol, vous appertient il me[7] tenir telz propos ? A qui[8] pensez-vous parler ? Allez, ne vous trouvez jamais devant moy : car, si n'estoit pour un petit, je vous feroys coupper bras et jambes. — Or (dist il) ce me seroit bien tout un d'avoir bras et jambes couppez, en condition que nous fissons, vous et moy, un transon de chere lye, jouans des manequins à basses marches : car (monstrant sa longue braguette) voicy

---

1. A, B : *de Paris, et du tour qu'il luy fist. Chapitre* XIV. C : *Chapitre* XVIII. — 2. B : *à estre.* — 3. A, B : *à la tudesque.* — 4. A, B : *de venir.* — 5. A, B : *lesquelz... ne touchent* manque. — 6. A, B : *seroit un bien.* — 7. A, B : *de me.* — 8. A, B : *Et à qui.*

maistre Jean Jeudy qui vous sonneroit une antiquaille dont vous sentirez [1] jusques à la moelle des os. Il [2] est galland, et vous sçait tant bien trouver les alibitz forains et petits poullains grenez en la ratouere, que après luy n'y [3] a que espousseter. A quoy respondit la dame : Allez, meschant, allez. Si vous me dictes [4] encores un mot, je appelleray le monde, et vous feray icy assommer de coups. — Ho (dist il,)! vous n'estez tant male [5] que vous dictez, non, ou [6] je suis bien trompé à vostre physionomie [7] : car plus tost la terre monteroit ès cieulx et les haulx cieulx descendroyent en l'abysme, et tout ordre de nature seroyt parverti, qu'en si grande beaulté et elegance comme la vostre y eust une goutte de fiel ny de malice. L'on dict bien que à grand peine veit-on jamais femme belle qui aussi ne feust rebelle; mais cella est dict de [8] ces beaultez vulgaires. La vostre [9] est tant excellente, tant singuliere, tant celeste, que je croy que nature l'a mise en vous comme un parragon pour nous donner entendre [10] combien elle peut faire quand elle veult employer toute sa puissance et tout son sçavoir. Ce n'est que miel, ce n'est que sucre, ce n'est que manne celeste, de tout ce qu'est en vous. C'estoit à vous à qui Pâris debvoit adjuger la pomme d'or, non à Venus, non, ny à Juno, ny à Minerve: car oncques n'y eut tant de magnificence en Juno, tant de prudence en Minerve, tant de elegance en Venus, comme y a [11] en vous. O [12] dieux et deesses celestes! que heureux sera celluy à qui ferez celle grace de

---

1. A, B, C : *sentiriez*. — 2. A, B : *Car il*. — 3. A, B : *il n'y*. — 4. A, B : *m'en dictes*. — 5. A, B : *n'estes pas si male*. — 6. B : *non, non, ou*. — 7. B : *trompé à* considerer et veoir vostre contenance et *physio-* nomie. — 8. B : *dict et pensé de*. — 9. A, B : *Toutesfoys la vostre*. — 10. A, B : *à entendre*. — 11. A : *comme il y a*. — 12. B : *comme il y a en vostre noble et doulce personne. O*.

ceste cy accoller, de la baiser[1] et de frotter son lart avecques elle[2]! Par Dieu! ce sera moy, je le voy bien, car desjà elle me ayme tout[3] à plein; je le congnoys et suis à ce predestiné des phées[4]. Doncques, pour gaigner temps, boutte, poussenjambions.

Et la[5] vouloit embrasser, mais elle fist semblant de se mettre à la fenestre pour appeller les voisins à la force. Adoncques sortit[6] Panurge bien tost, et lui dist en fuyant : Ma dame, attendez moy icy; je les voys querir moy mesme, n'en prenez[7] la poine. Ainsi s'en alla, sans grandement[8] se soucier du reffus qu'il avoit eu, et n'en fist oncques pire chiere.

Au lendemain[9] il se trouva à l'eglise à l'heure qu'elle alloit à la messe. A[10] l'entrée lui bailla de l'eau beniste, se enclinant parfondement devant elle; après[11] se agenouilla[12] auprès de elle familiairement, et luy dist : Ma dame, saichez que je suis tant amoureux de vous que je n'en peuz ny pisser ny fianter; je ne sçay comment l'entendez. S'il m'en advenoit quelque[13] mal, que en seroit il? — Allez (dist elle), allez[14], je ne m'en soucie[15]; laissez moy icy prier Dieu. — Mais (dist il) equivocquez sur A Beaumont le Viconte. — Je ne scauroys, dist elle. — C'est (dit il) A beau con le vit monte. Et sur cella priez Dieu qu'il me doint ce que vostre noble cueur desire, et me donnez ces patenostres par grace. —Tenez (dist elle), et ne me tabustez plus. Ce dict[16], luy vouloit tirer ses patenostres, qui estoyent de cestrin avecques gros-

---

1. A, B : *ferez* ceste grace de vous accoller, de vous *baiser*. — 2. A, B : vous. — 3. A, B : *desjà* vous me aymez *tout*. — 4. A : *et suis... phées* manque. — 5. A, B : *temps*, faisons. *Et la*. — 6. A, B : s'en *sortit*. — 7. A, B : *prenez* pas. — 8. *Grandement* manque dans B. — 9. A, B : Le *lendemain*. — 10. A, B, C : Et *à*. — 11. A, B, C : et après. — 12. B : se alla agenouiller. — 13. *quelque* manque dans B. — 14. A, B : allez, allez, dist-elle. — 15. A, B : *soucie* pas. — 16. A, B : Et *ce dict*.

ses¹ marques² d'or; mais Panurge promptement tira un de ses cousteaux, et les couppa trèsbien, et les emporta à la fryperie, luy disant : Voulez-vous mon cousteau? — Non, non, dist elle. — Mais (dist il), à propos, il est bien à vostre commandement, corps et biens, trippes et boyaulx.

Ce pendent la dame n'estoit fort³ contente de ses patenostres, car c'estoit une de ses contenences à l'eglise; et pensoit : Ce bon⁴ bavart icy est quelque esventé, homme d'estrange pays; je ne recouvreray jamais mes patenostres. Que m'en dira mon mary? Il se⁵ courroucera à moy, mais je luy diray que un larron me les a couppés dedans l'eglise, ce que il croira facilement, voyant encores le bout du ruban à ma ceincture. Après disner, Panurge l'alla veoir, portant en sa manche une grande bourse pleine d'escuz du Palais et⁶ de gettons, et luy commença dire : Lequel des deux ayme plus l'autre, ou⁷ vous moy, ou moy vous? A quoy elle respondit : Quant est de moy, je ne vous hays poinct, car, comme Dieu le commande, je ayme tout le monde.

— Mais, à propos (dist il), n'estez vous amoureuse⁸ de moy? — Je vous ay (dist elle) jà dict tant de foys que vous ne me tenissiez plus telles parolles; si vous m'en parlez encores, je vous monstreray que ce n'est⁹ à moy à qui vous debvez ainsi parler de deshonneur. Partez d'icy, et¹⁰ me rendez mes patenostres, à ce¹¹ que mon mary ne me les demande. — Comment, dist il, Madame, voz patenostres? Non feray, par mon sergent! Mais je vous en veux bien donner d'aultres. En aymerez vous mieulx

---

1. B : belles *grosses*. — 2. C : marches. — 3. A, B : pas *fort*. — 4. A, B, C : *bon* manque. — 5. A, C : s'en. — 6. A, B, C : *d'escuz du palais et* manque. — 7. A : *des deux* s'entre aime le plus, *ou*. — 8. A, B : *vous* pas. — 9. A, B : *n'est* pas. — 10. A, B : *deshonneur. Allez vous en, et.* — 11. A, B : *à ce* manque.

d'or bien esmaillé en forme de grosses spheres, ou de
beaulx lacz d'amours, ou bien toutes massifves comme
gros lingotz[1], ou si en voulez de ebene, ou de gros
hyacinthes, de gros grenatz[2] taillez avecques les marches de fines turquoyses, ou[3] de beaulx topazes marchez
de fins saphiz, ou de beaulx balays à tout grosses marches de dyamans[4] à vingt et huyt quarres? Non, non,
c'est trop peu. J'en sçay un beau chapelet de fines esmeraudes marchées de ambre gris, coscoté[5], et à la
boucle un union persicque gros comme une pomme d'o-
range; elles ne coustent que vingt et cinq mille ducatz :
je vous en veulx faire un present, car j'en ay du content. Et de ce disoit faisant sonner ses gettons comme
si se feussent esculz au soleil. Voulés vous une piece de veloux violet cramoysi tainct en grene, une piece
de satin broché ou bien cramoysi[6]? Voulez vous chaisnes, doreures, templettes, bagues? Il ne fault que
dire ouy. Jusques à cinquante mille ducatz, ce ne m'est
rien cela. Par la vertus desquelles parolles il luy faisoit venir l'eau à la bouche; mais elle luy dict : Non,
je vous remercie; je ne veulx rien de vous.—Par Dieu
(dist il)! si veulx bien moy de vous; mais c'est chose
qui ne vous coustera rien, et n'en aurez rien[7] moins.
Tenez (montrant sa longue braguette), voicy maistre
Jan Chouart[8] qui demande logis. Et après la vouloit accoller; mais elle commença à s'escrier, toutesfoys non[9]
trop hault. Adoncques Panurge tourna son faulx visage
et lui dist : Vous ne voulez doncques aultrement me
laisser un peu faire? Bren pour vous. Il ne vous appartient tant[10] de bien ny de honneur; mais, par Dieu! je

1. A, B : *lingotz* d'or. — 2. A, B : *de gros grenatz* manque. — 3. A : *de fins* grenatz, *ou*. — 4. B : *de fins saphiz... marches* manque. — 5. A, B, C : *coscoté* manque. — 6. B : *une pièce de satin... cramoysi* manque. — 7. A, B : *aurez de rien*. — 8. A : *maistre Jan Chouart* manque. — 9. A, B : *non* pas. — 10. A, B : pas *tant*.

vous feray chevaucher aux chiens. Et se dict, s'en fouit le grand pas de peur des coups, lesquelz il craignoit naturellement.

Comment Panurge feist un tour à la dame parisianne qui ne fut poinct à son adventage.
CHAPITRE XXII[1].

Or notez que lendemain[2] estoit la grande feste du sacre[3], à laquelle toutes les femmes se mettent en leur triumphe de habillemens; et pour ce jour ladicte dame s'estoit vestue d'une tresbelle robbe de satin cramoysi et d'une cotte de veloux blanc bien precieux. Le[4] jour de la Vigile, Panurge chercha tant d'un cousté et d'aultre qu'il trouva une lycisque orgoose, en laquelle[5] il lya avecques sa ceincture, et la mena en sa chambre, et la nourrist très bien cedict jour et toute la nuyct; au matin la tua, et en prit ce que sçavent les geomantiens gregoys, et le mist en pieces le plus menu qu'il peut, et les emporta bien cachées, et alla[6] où la dame devoit aller pour suyvre la procession, comme est[7] de coustume à ladicte feste; et alors qu'elle entra, Panurge luy donna de l'eaue beniste, bien courtoisement la saluant, et quelque peu de temps après quelle eut dict ses menuz suffrages, il se va[8] joindre à elle en son banc, et luy bailla un rondeau par escript en la forme que s'ensuyt :

RONDEAU.

Pour ceste foys que à vous, dame trèsbelle,

---

1. A : *lesquelz il craignoit... chapitre XXII* manque. B : *Comment Panurge... chapitre XXII* manque. C : chapitre XIX. — 2. A : le *lendemain*. — 3. A, B, C : *feste* du corps Dieu, *à*. — 4. A, B : *precieulx* et excellentement riche. Ce jour — 5. A, B, C : *une* chienne qui estoit en chaleur, *laquelle*. — 6. A : s'en *alla*. B : s'en *alla* à l'esglise, *où*. — 7. A, B, C : c'est. — 8. A, B : s'en *va*.

Mon cas disoys, par trop feustes rebelle
De me chasser sans espoir de retour,
Veu que à vous oncq ne feis austere tour
En dict ny faict, en soubson ny libelle.
Si tant à vous desplaisoit ma querelle,
Vous pouviez par vous, sans maquerelle,
Me dire : Amy, partez d'icy entour
  Pour ceste foys.

Tort ne vous fays, si mon cueur vous decelle,
En remonstrant comme l'ard[1] l'estincelle
De la beaulté que couvre vostre atour :
Car rien n'y[2] quiers, sinon qu'en vostre tour
Me faciez dehait la combrecelle
  Pour ceste foys.

Et ainsi qu'elle ouvrit se[3] papier pour veoir que c'estoit, Panurge promptement[4] sema la drogue qu'il avoit sur elle en divers lieux, et mesmement au replis de ses manches et de sa robbe, puis[5] luy dist : Ma dame, les pauvres amans ne sont[6] tousjours à leur aise. Quant est de moy, j'espere que les males nuictz, les travaulx et ennuytz esquelz me tient l'amour de vous me seront en deduction de autant des poines de purgatoire. A tout le moins priez Dieu qu'il me doint en mon mal patience. Panurge n'eut[7] achevé ce mot que tous les chiens qui estoient en l'eglise acoururent[8] à ceste dame, pour l'odeur des drogues que il avoit espandu sur elle. Petitz et grands, gros et menuz, tous y venoyent tirans le membre, et la sentens, et pissans par tout sur elle. C'estoyt la plus grande villanie du monde[9]. Panurge[10] les

---

1. B : le lart. — 2. B : ne. — 3. B : le. — 4. B : proprement. — 5. A, B : et *puis.* — 6. B : *ne sont* pas. — 7. A, B : *n'eut* pas. — 8. A, B : *l'eglise ne s'en vinssent à.* — 9. A, B, C : *c'estoit la plus...du monde* manque. — 10. A, B : *Et Panurge.*

chassa quelque peu, puis d'elle print congé, et se retira en¹ quelque chappelle pour veoir le deduyt, car ces villains chiens compissoyent² tous ses habillemens, tant que un grand levrier luy³ pissa sur la teste⁴, les aultres aux manches, les aultres à la croppe ; les petitz pissoient sus ses⁵ patins : en sorte que toutes les femmes de là autour avoyent beaucoup affaire à la saulver. Et Panurge de rire, et dist à quelc'un des seigneurs de la ville : Je croy que ceste dame là est en chaleur, ou bien que quelque levrier l'a couverte fraischement. Et quand il veid que tous les chiens grondoyent bien à l'entour de elle, comme ils font autour d'une chienne chaulde, partit de là et⁶ alla querir Pantagruel. Par⁷ toutes les rues où il trouvoit chiens, il leur bailloit un coup de pied, disant : Ne⁸ yrez vous pas avec⁹ voz compaignons aux nopces ? Devant, devant, de par le diable ! devant¹⁰ ! Et, arrivé au logis, dist à Pantagruel : Maistre, je vous prye, venez veoir tous les chiens du pays qui¹¹ sont assemblés à l'entour d'une dame, la plus belle de ceste ville, et la veullent jocqueter¹². A quoy voluntiers consentit Pantagruel, et veit le mystere, lequel il trouva¹³ fort beau et nouveau. Mais le bon feut à la procession, en laquelle feurent veuz plus¹⁴ de six cens mille et quatorze¹⁵ chiens à l'entour d'elle, lesquelz luy¹⁶ faisoient mille hayres ; et par tout où elle passoit les chiens frays venuz la suyvoyent à la trasse, pissans par le chemin où ses robbes avoyent touché.

1. A, B : *peu*, et print congé d'elle et s'en alla *en*. — 2. A, C : la conchoient toute et *compissoyent*. — 3. A, B : *tant* qu'il y eut un grand levrier qui *luy*. — 4. A, B, C : et lui culletoit son collet par derrière. — 5. A, B, C : *les petiz* culletoient *ses*. — 6. A, B : *chaulde*, il s'en partit, *et*. — 7. A, B : Et *par*. — 8. A, B : Et *ne*. — 9. A : à. B : point à. C : à *vos*. — 10. A : *de par le diable..., devant !* manque. — 11. A, B : *chiens* de ceste ville, *qui*. — 12. B : jocquer. — 13. A, B : *mystère*, qu'il *trouva*. — 14. A, B : *procession*, car il se y trouva *plus*. — 15. A : *mille et quatorze* manque. B : *et quatorze* manque. — 16. A, B : *d'elle*, qui *luy*.

Tout[1] le monde se arestoit à ce spectacle, considerant les contenences de ces chiens, qui luy montoyent jusques au col, et luy gasterent tous ces beaulx acoustremens, à quoy ne sceust trouver aulcun remede, sinon soy retirer en son hostel[2].

Et chiens d'aller après, et elle de se cacher, et chamberieres de rire[3]. Quand[4] elle feut entrée en sa maison et fermé la porte après elle, tous les chiens y acouroyent de demye lieue, et compisserent si bien la porte de sa maison, qu'ilz y feirent un ruysseau de leurs urines auquel les[5] cannes eussent bien nagé[6]; et c'est celluy ruysseau qui de present passe à Sainct-Victor, auquel Guobelin tainct l'escarlatte, pour la vertu specifique de ses pisse chiens, comme jadis prescha publiquement nostre maistre Doribus[7]. Ainsi vous aist Dieu, un moulin y eust peu mouldre, non tant toutesfoys que ceulx du Bazacle à Thoulouse[8].

Comment Pantagruel partit de Paris ouyant nouvelles que les Dipsodes envahyssoient le pays des Amaurotes, et la cause pourquoy les lieues sont tant petites en France[9].

Chapitre XXIII[10].

eu de temps après, Pantagruel ouÿt nouvelles que son pere Gargantua avoit esté translaté au pays des Phées par Morgue, comme feut jadis Ogier et Artus, ensemble[11] que, le

---

1. A, B : Et *tout*. — 2. A, B : *accoustremens*, qu'elle ne sceust y trouver mès remedes, sinon s'en aller à *son hostel*. — 3. A, B : *elle de se cacher, et chamberiers de rire*, manque. — 4. A, B : Et *quand*. — 5. A, B : *urines*, où *les*. — 6. A, B, C : noué. — 7. C : nostre maistre *de Quercu*. — 8. A, B : *et c'est celluy ruisseau... Thoulouse* manque. — 9. A, B, C, ajoutent : et l'exposition d'ung mot escrit en ung aneau. — 10. A, B : chapitre XV. C : chapitre XX. — 11. A, B, C : *feut* jadis Enoch et Hélye, *ensemble*.

bruyt de sa translation entendu, les Dipsodes estoyent
yssus de leurs limites et avoyent gasté un grand pays
de Utopie, et tenoyent pour lors la¹ grande ville des
Amaurotes assiegée. Dont partit de Paris sans dire
à Dieu à nulluy, car l'affaire requeroit diligence, et
vint² à Rouen. Or, en cheminant, voyant Pantagruel que
les lieues de France estoient petites par trop au regard
des aultres pays, en demanda la cause et raison à
Panurge, lequel luy dist une histoire que mect *Marotus
du Lac, monachus*, ès gestes des rois de Canarre :

Disant que d'ancienneté les pays n'estoyent³ distinctz
par lieues, miliaires, stades⁴ ny parasanges, jusques
à ce que le roy Pharamond les distingua, ce que feut
faict en la maniere que s'ensuyt : car il print dedans
Paris cent beaulx jeunes et gallans compaignons bien
deliberez, et cent belles garses picardes, et les feist
bien traicter et bien penser par huyt jours, puis les
appella, et à un chascun bailla sa garse avecques force
argent pour les despens, leur faisant commandement
qu'ilz⁵ allassent en divers lieux par cy et par là ; et à
tous les passaiges qu'ilz biscoteroyent leurs⁶ garses,
que ilz missent une pierre, et ce seroit une lieue. Ainsi⁷
les compaignons joyeusement partirent, et pour ce
qu'ilz estoient frays et de sejour, ilz fanfreluchoient à⁸
chasque bout de champ. Et voylà pourquoy les lieues
de France sont tant petites. Mais quand ilz eurent long
chemin parfaict, et estoient jà las comme pauvres
diables, et n'y avoit plus d'olif en lycaleil⁹, ilz ne belinoient si¹⁰ souvent, et se contentoyent bien (j'entends

---

1. A : *tenoyent* de present *la*.
— 2. A, B : *et* s'en *vint*. —
3. A, B, C : *n'estoyent* point.
— 4. A, B : *stades* manque.—
5. A, B : *qu'ilz* s'en. — 6. A : *qu'ilz* chevaucheroyent *leurs*.
— 7. A, B, C : Par *ainsi*. —
8. A, B : *ilz* chevauchoient *à*.
— 9. B : lycaliel.— 10. A : *ne* chevauchoient pas *si*. B : *ne belinoient* pas *si*.

quand aux hommes) de quelque meschante et paillarde foys le jour. Et voylà qui faict les lieues de Bretaigne, de Lanes, d'Allemaigne et aultre pays plus esloignez si grandes. Les aultres mettent d'aultres raisons, mais celle-là me semble la meilleure. A quoy consentit voluntiers Pantagruel. Partans de Rouen, arriverent à Hommefleur, où se mirent sur mer Pantagruel, Panurge, Epistemon, Eusthenes et Carpalim. Auquel lieu, attendans le vent propice et calfretant leur nef, receut d'une dame de Paris (laquelle il avoit entretenu bonne espace de temps) unes lettres inscriptes au dessus :

Au plus aymé des belles, et moins loyal des preux,
P. N. T. G. R. L.

Lettres que un messagier aporta à Pantagruel d'une dame de Paris, et l'exposition d'un mot escript en un anneau d'or. — CHAPITRE XXIV[1].

uand Pantagruel eut leue l'inscription, il feut bien esbahy, et, demandant audict messagier le nom de celle qui l'avoit envoyé, ouvrit les lettres, et rien ne trouva dedans escript, mais seulement un anneau d'or avecques un diament en table. Lors[2] appella Panurge et luy monstra le cas. A quoy Panurge luy dist que la feuille de papier estoit escripte ; mais c'estoit par telle subtilité[3] que l'on n'y veoit poinct d'escripture. Et pour le sçavoir, la mist auprès du feu pour veoir si l'escripture estoit faicte avec du sel ammoniac destrempé en eau ; puis la mist dedans l'eau[4] pour sçavoir si la lettre estoit escripte du[5] suc de tithymalle.

1. A, B, C : *Lettres... chapitre XXIII* manque. Le récit continue ainsi : Laquelle inscription leue, *il feut bien esbahy, et, demandant au messagier...* — 2. A, B : Et *lors.* — 3. B : subtille. — 4. A, B : *dedans de l'eau.*— 5. B : *lettre estoit* escripture du.

Puis la monstra à la chandelle, si elle estoit poinct escripte du jus de oignons blans¹; puis en frotta une partie d'huille de noix, pour veoir si elle estoit poinct escripte de lexif de figuier; puis en frotta une part de laict de femme allaictant sa fille premiere née, pour veoir si elle estoit poinct² escripte de sang de rubettes; puis en frotta un coing de cendres d'un nic de arondelles, pour veoir si elle estoit escripte de rousée³ qu'on trouve dedans les pommes de Alicacabut.

Puis en frotta un aultre bout de la sanie des aureilles, pour veoir si elle estoit escripte de fiel de corbeau; puis les trempa en vinaigre, pour veoir si elle estoit escripte de laict de espurge; puis les graissa d'axunge de souris chauves, pour veoir si elle estoit escripte avec sperme de baleine qu'on appelle ambre gris; puis la mist tout doulcement dedans un bassin d'eau fresche, et soubdain la tira, pour veoir si elle estoit escripte avecques alum de plume.

Et voyant qu'il n'y congnoissoit rien, appella le messagier, et luy demanda : Compaing, la dame qui t'a icy envoyé t'a elle poinct baillé de baston pour apporter? pensant que feust la finesse que mect Aule Gelle. Et le messagier luy respondit : Non, Monsieur. Adoncques Panurge luy voulut faire raire les cheveulx pour sçavoir si la dame avoit⁴ faict escripre avecques fort moret sur sa teste rase ce qu'elle vouloit mander; mais voyant que ses cheveulx estoyent fort grands, il desista⁵, considerant que en si peu de temps ses cheveulx n'eussent creuz⁶ si longs. Alors dist à Pantagruel : Maistre, par les vertus Dieu! je n'y sçauroys que⁷ faire ny dire. Je ay employé, pour congnoistre si rien

---

1. B : *Puis la monstra... oignons blans* manque. — 2. B : *point* manque. — 3. A, B : *de la rousée*. — 4. B : *avoit* point. — 5. A : *il s'en desista*. — 6. B : *n'eussent* pas *creuz*. — 7. A : *qui*.

y ha icy escript, une partie de ce que en met messere Francesco di Nianto le Thuscan, qui a escript la maniere de lire lettres non apparentes, et ce que escript Zoroaster, Peri grammaton acriton, et Calphurnius Bassus, *De literis illegibilibus*; mais je n'y voy rien, et croy qu'il n'y a aultre chose que l'aneau. Or le voyons.

Lors, le[1] regardant, trouverent escript par dedans en hébrieu: Lamah hazabthani, dont appellerent Epistemon, luy demandant que c'estoit à dire. A quoy respondit que c'estoyent motz[2] hebraïcques signifians: Pourquoy me as tu laissée? Dont soubdain replicqua Panurge: J'entens le cas; voyez vous ce dyament? c'est un dyamant faulx. Telle est doncques l'exposition de ce que veult dire la dame: Dy, amant faulx, pourquoy me as tu laissée? Laquelle exposition entendit Pantagruel incontinent, et luy souvint comment à son departir n'avoit dict[3] à Dieu à la dame, et s'en contristoit, et voluntiers fust retourné à Paris pour faire sa paix avecques elle. Mais Epistemon luy reduyt à memoire le departement de Eneas d'avecques Dido et le dict de Heraclides Tarentin, que, la[4] navire restant à l'ancre quand la necessité presse, il fault coupper la chorde plus tost que perdre temps à la deslier, et qu'il debvoit laisser tous pensemens pour survenir à la ville de sa nativité, qui estoit en danger. De faict, une heure après se leva le vent nommé nord-nord-west, auquel ilz donnerent pleines voilles, et prindrent la haulte mer, et en briefs jours, passans[5] par Porto Sancto et par[6] Medere, firent scalle ès isles de Canarre. De là partans, passerent par cap Blanco, par Senege, par cap Virido, par Gambre, par Sagres[7], par Melli, par le cap

---

1. A, B, C: *Lors, en le.* — 2. A, B, C: ung nom. — 3. A: *n'avoit point dict.* — 4. A: à *la.* — 5. B: *iours, et* en peu de temps, *passans.* — 6. B: *et aussi bien par.* — 7. B: *par Sagres* manque.

de Bona Sperantza, et firent scalle[1] au royaulme de
Melinde. De là partans, feirent voille au vent de la
Transmontane, passans[2] par Meden, par Uti, par Udem,
par Gelasim, par les isles des Phées, et jouxte le
royaulme de Achorie; finablement arriverent au port de
Utopie[3], distant de la ville des Amaurotes[4] par troys[5]
lieues et quelque peu davantaige. Quand[6] ilz feurent en
terre quelque peu refraichiz, Pantagruel dist : Enfans,
la ville n'est[7] loing d'icy; davant que marcher oultre, il
seroit bon deliberer[8] de ce qu'est à faire, affin que ne
semblons ès Atheniens, qui ne consultoient jamais sinon
après le cas faict. Estez vous[9] deliberez de vivre et mourir avecques moy ? — Seigneur, ouy (dirent ilz tous);
tenez-vous[10] asseuré de nous comme de voz doigtz propres. — Or (dist il) il n'y a qu'un poinct que tienne mon
esperit suspend[11] et doubteux : c'est que je ne sçay en
quel ordre ny en quel nombre sont les ennemis qui
tiennent la ville assiegée; car, quand je le sçauroys, je
m'y en iroys en plus grande asseurance. Par ce, advisons
ensemble du moyen comment nous le pourrons sçavoir.
A quoy tous ensemble dirent : Laissez nous y aller
veoir, et nous attendez icy[12]; car pour tout le jourdhuy
nous vous en apporterons nouvelles certaines. — Je[13] (dist
Panurge) entreprens[14] de entrer en leur camp par le meillieu des guardes et du guet, et bancqueter avec eulx
et bragmader[15] à leurs despens, sans estre congneu de
nully; visiter[16] l'artillerie, les tentes[17] de tous les capi-

1. Dans A, les mots *et firent scalle* sont remplacés par *piedmont scalle* (*prindrent scalle?*) — 2. A, C : et *passans*. — 3. A : *port de Achorie*. — 4. B : *amouretes*. — 5. A : de *troys*. — 6. B : Et *quant*. — 7. A, B : *n'est* pas. — 8. B : de *deliberer*. — 9. B : N'estes vous pas. — 10. B : et vous tenés. — 11. A, B : *poinct* qui me tiengne *suspend*. — 12. B : ung peu *icy*. — 13. A, B : Moy. — 14. A, B : j'entreprens. — 15. A, B : *et bragmarder* manque. — 16. A : et de *visiter*. — 17. B : et aussi visiter *les tentes*.

taines, et me prelasser par les bandes, sans jamais
estre descouvert. Le[1] diable ne me affineroit pas, car[2]
je suis de la lignée de Zopyre[3]. — Je[4] (dist Epistemon)
sçay[5] tous les stratagemates et prouesses des vaillans
capitaines et champions du temps passé et toutes les
ruses et finesses de discipline militaire; je iray, et,
encores que feusse descouvert et decelé, j'eschapperay
en leur faisant croire de vous tout ce que[6] me plaira,
car suis[7] de la lignée de Sinon. — Je[8] (dist Eusthenes)
entreray[9] par à travers leurs tranchées, maulgré le guet
et tous les gardes, car je leur passeray sur le ventre
et leur rompray bras et jambes, et feussent ilz aussi
fors que le diable, car je suis de la lignée de Hercules.
— Je[10] (dist Carpalim) y[11] entreray si les oiseaulx y entrent, car j'ay le corps tant allaigre que je auray saulté
leurs tranchées et percé oultre tout leur camp davant
qu'ilz me ayent apperceu; et ne crains ny traict, ny
flesche, ny cheval tant soit legier, et feust ce Pegase[12]
de Perseus ou Pacolet, que devant eulx je n'eschappe
gaillard et sauf. J'entreprens de marcher sur les espiz
de bled, sur l'herbe des prez, sans qu'elle flechisse dessoubz moy, car je suis de la lignée de Camille Amazone.

Comment Panurge, Carpalim, Eusthenes, Epistemon,
compaignons de Pantagruel, desconfirent six cens
soixante chevaliers bien subtilement.

Chapitre XXV[13].

Ainsi qu'il disoit cela, ilz adviserent[14] six cens
soixante chevaliers, montez à l'advantage sus
chevaulx legiers, qui acouroyent là veoir
quelle navire c'estoit qui estoit de nouveau

---

1. B, C : car *le*. — 2. B : *car* manque. — 3. B : Zopy-rus. — 4. A. B : Moy. — 5. A, B : je *sçay*. — 6. B : qu'il. — 7. A, B, C : *car je suis*. — 8. A, B : Moy. — 9. A, B : je entreray. — 10. A, B : Moy. — 11. A, B : je y. — 12. A, B, C : *feust ce* Pegasus. — 13. A, B : chapitre XVI. C : chapitre XXI. — 14. A, B : *ilz vont adviser*.

abordée au port, et couroyent à bride avallée pour les prendre s'ilz eussent peu. Lors dist Pantagruel : Enfans, retirez vous en la navire ; voyez cy de[1] noz ennemis qui accourent, mais je vous les tueray icy comme bestes, et feussent ilz dix foys autant. Cependant retirez vous, et en prenez vostre passetemps. Adonc respondit Panurge : Non, seigneur, il n'est de[2] raison que ainsi faciez ; mais au contraire retirez vous en la navire, et vous et les aultres, car tout[3] seul les desconfiray icy ; mais y ne fauldra[4] pas tarder. Avancez vous. A quoy dirent les aultres : C'est bien dict, seigneur, retirez vous, et nous ayderons icy à Panurge, et vous congnoistrez que nous sçavons faire. Adonc Pantagruel dist : Or je le veulx bien ; mais, au cas que feussiez plus[5] foybles, je ne vous fauldray[6]. Alors Panurge tira deux grandes cordes de la nef et les atacha au tour qui estoit sur le tillac, et les mist en terre, et en fist un long circuyt, l'un plus loing, l'aultre dedans cestuy là ; et dist à Epistemon : Entrez dedans[7] la navire, et quand je vous sonneray, tournez le tour sus le tillac[8] diligentement en ramenant à vous ces deux chordes. Puis dist à Eusthenes et à Carpalim : Enfans, attendez icy, et vous offrez ès ennemys franchement, et obtemperez à eux, et faictes semblant de vous rendre ; mais advisez que ne entrez[10] au cerne de ces chordes : retirez vous tousjours hors. Et incontinent entra dedans la navire, et print un fais de paille et une botte de pouldre de canon, et espandit[11] par le cerne des chordes, et avec une[12] migraine de feu se tint auprès. Soubdain[13] arrive-

1. A, B : navire, car voicy de. — 2. A, B : n'est pas de. — 3. A, B : car moy tout. — 4. A, B : fault. — 5. A, B : les plus. — 6. B : fauldray pas. — 7. A, B : entrez-vous en dedans. — 8. A, B, C : sus le tillac manque. — 9. A, B : offrez à ces ennemis. — 10. A, B : entrez point au. — 11. A : l'espandit. — 12. A, B : et à tout une. — 13. A, B, C : Tout soubdain.

rent à grande force les chevaliers, et les premiers chocquerent jusques auprès de la navire ; et parce que le rivage glissoit, tumberent eux et leurs chevaulx¹ jusques au nombre de quarante et quatre. Quoy voyans, les aultres approcherent, pensans que on leur eust resisté à l'arrivée. Mais Panurge leur dist : Messieurs, je croy que vous soyez faict mal ; pardonnez le nous, car ce n'est de² nous, mais c'est de la lubricité de l'eau de mer, qui est tousjours unctueuse. Nous nous rendons à vostre bon plaisir. Autant en dirent ses deux compaignons, et Epistemon, qui estoit sur le tillact.

Cependent³ Panurge s'esloignoit, et, voyant⁴ que tous estoyent dedans le cerne des chordes et que ses deux compaignons s'en estoyent esloignez, faisans place à tous ces chevaliers qui à foulle alloyent pour veoir la nef, et qui estoit dedans, soubdain⁵ crya à Epistemon : Tire! tire! Lors Epistemon⁶ commença tirer⁷ au tour, et les deux chordes se empestrerent entre⁸ les chevaulx, et les ruoyent par terre bien aysement avecques les chevaucheurs ; mais eulx, ce voyant, tirerent à l'espée, et les vouloyent desfaire, dont Panurge met le feu en la trainée, et les fist touts là brusler comme ames dannées. Hommes et chevaulx, nul n'en eschappa, excepté un qui estoit monté sur un cheval turcq, qui le gaigna⁹ à fouyr ; mais quand Carpalim l'apperceut, il courut après en telle hastiveté et allaigresse qui le attrapa en moins de cent pas, et, saultant sur la crouppe de son cheval, l'embrassa par derriere et l'amena¹⁰ à la navire. Ceste deffaicte¹¹ parachevée, Pantagruel feut bien joyeux, et loua merveilleusement l'industrie de ses

1. B : *chevaulx* dedans. — 2. A, B : *n'est* pas *de*. — 3. A, B : Et cependant. — 4. A, B : veoit. — 5. A, B : dont tout soubdain. — 6. A, B, C : *tire*. — A quoy *Epistemon*. — 7. A, B : de *tirer*. — 8. A, B : se vont empestrer *entre*. — 9. A, B, C : gaignoit. — 10. B : le mena. — 11. A, B : desconfiture.

compaignons, et les fist refraichir et bien repaistre
sur le rivaige joyeusement, et boire d'autant le ventre
contre terre, et leur prisonnier avecques eulx familiairement, sinon que le pauvre diable n'estoit point asseuré
que Pantagruel ne le devorast tout entier, ce qu'il eust
faict[1], tant avoit la gorge large, aussi facillement que
feriez un grain de dragée, et ne luy eust monté[2] en sa
bouche en plus[3] qu'un grain de millet[4] en la gueulle
d'un asne.

*Comment Pantagruel et ses compaignons estoient fachez
de manger de la chair salée, et comme Carpalim
alla chasser pour avoir de la venaison.*

CHAPITRE XXVI[5].

Ainsi comme ilz[6] bancquetoyent, Carpalim dist:
Et ventre sainct Quenet! ne mangerons nous
jamais de venaison? Ceste chair sallée me al-
tere tout. Je vous voys[7] apporter icy une cuysse
de ces chevaulx que avons faict brusler : elle sera assez
bien rostie. Tout ainsi qu'il se levoit pour ce faire, apperceut à l'orée du boys un beau grand chevreul qui
estoit yssu du fort, voyant le feu de Panurge, à mon
advis. Incontinent courut après de telle[8] roiddeur, qu'il
sembloit que feust un carreau d'arbaleste, et l'attrapa
en un moment; et[9] en courant print de ses mains en
l'air quatre grandes otardes[10],

Sept[11] bitars,

1. B : bien *faict*. — 2. A, B, C : monstré. — 3. A, B : non *plus*. — 4. A, B, C : mil. — 5. A, B, C : *Comment... chapitre XXV* manque. — 6. A, B, C : Ainsi qu'ilz. — 7. A, B : je m'envoys vous. C : je voys vous. — 8. A, B, C : *advis*. Et incontinent se mist après à cou- rir *de telle*. — 9. A, B : *en* moins d'ung riens, *et*. — 10 A : Les treize lignes qui suivent sont remplacées par : *et en courant tua des pieds dix ou douze que levraulx que lapins, qui ja estoient hors de page. Doncq il frappa le chevreuil...* — 11. B : six.

Vint et six perdrys grises,
Trente et deux rouges[1],
Seize faisans,
Neuf beccasses,
Dix et neuf herons[2],
Trente et deux pigeons ramiers,
Et tua de ses[3] pieds dix ou douze que levraulx, que lapins, qui jà estoyent hors de paige,
Dixhuyt rasles parez ensemble.
Quinze sanglerons,
Deux blereaux,
Troys grands renards[4].

Frappant doncques le[5] chevreul de son malcus à travers la teste, le[6] tua, et l'apportant recueillit ses levraulx, rasles et sanglerons[7]; et de tant loing que peust estre ouy s'escria[8], disant : Panurge, mon amy, vinaigre ! vinaigre ! Dont pensoit le bon Pantagruel que le cueur luy fist mal, et commanda qu'on luy apprestast du vinaigre. Mais Panurge entendit bien qu'il y avoit levrault au croc; de faict, monstra[9] au noble Pantagruel comment il portoit à son col un beau chevreul et toute sa ceincture brodée de levraulx. Soubdain[10] Epistemon fist, au nom des neuf Muses[11], neuf[2] belles broches de boys à l'anticque. Eusthenes[13] aydoit à escorcher, et Panurge mist deux selles d'armes des chevaliers en tel ordre qu'elles servirent de landiers, et firent roustisseur leur prisonnier[14], et au feu où brusloyent les chevaliers firent

1. Cette ligne manque dans C. — 2. Cette ligne et les trois qui précèdent manquent dans B. — 3. B, C : des *piedz*. — 4. Cette ligne et les trois précédentes manquent dans B.— 5. Donc il frappa *le*. C : doncq en frappa *le*. — 6. A, B, C : *et le*. — 7. A, B : *rasles et san-glerons* manque. — 8. A, B : *il s'escria*. — 9. A, B, C : *et de faict, le monstra*.— 10. A, B, C : Incontinent. — 11. A, B : *au nom des neuf muses* manque. — 12. A, B : deux. — 13. A, B : Et Eusthènes. — 14. A, B : *firent* leur roustisseur de leur *prisonnier*.

roustir leur venaison. Et après[1], grand chere à force vinaigre ! au diable l'un qui ce faignoit : c'estoit triumphe de les veoir bauffrer. Lors dist Pantagruel : Pleust à Dieu que chascun de vous eust deux paires de sonnettes de sacre au menton, et que je eusse au mien les grosses horologes de Renes, de Poictiers, de Tours et de Cambray, pour veoir l'aubade que nous donnerions au remuement de noz badigoinces ! — Mais, dist Panurge, il vault[2] mieulx penser de nostre affaire un peu et par quel moyen nous pourrons venir au dessus de noz ennemys. — C'est bien advisé, dist Pantagruel. Pourtant[3] demanda à leur prisonnier : Mon amy, dys nous icy la verité, et ne nous mens en rien, si tu ne veulx estre escorché tout vif, car c'est moy qui mange les petiz enfans. Conte[4] nous entierement l'ordre, le nombre et la forteresse de l'armée. A quoy respondit le prisonnier : Seigneur, sachez pour la verité que en l'armée sont troys[5] cens geans tous armez de pierre de taille, grands à merveilles, toutesfoys non tant du tout que vous, excepté un qui est leur chef et a nom Loupgarou, et est tout armé d'enclumes cyclopicques ; cent[6] soixante et troys mille pietons tous armés de peaulx de lutins, gens fortz et courageux ; unze mille[7] quatre cens hommes d'armes ; troys mille six cens doubles canons, et d'espingarderie sans nombre ; quatre vingtz quatorze mille pionniers ; cent[8] cinquante mille putains, belles comme deesses — Voylà pour moy, dist Panurge — dont les aulcunes sont Amazones, les aultres Lyonnoyses, les aultres Parisiannes[9], Tourangelles, Angevines, Poictevines, Normandes, Allemandes ; de tous

1. B : *Et* puis *après*. — 2. B : *il* nous *vault*. — 3. A, B, C : *Et pourtant*. — 4. A : Contez. B : Comptes. — 5. A, B : *l'armée y a trois.* — 6. A, B : il y a *cent*. — 7. A, B, C : troys mille. — 8. A, B : quatre cens. — 9. A, B : parisiennes.

pays et toutes langues y en a.—Voire mais (dist Pantagruel), le roy y est il?—Ouy, Sire, dist le prisonnier; il y est en personne, et nous le nommons Anarche, roy des Dypsodes, qui vault[1] autant à dire comme gens alterez : car vous ne veistes oncques gens tant alterez ny beuvans plus voluntiers; et a sa tente en la garde des geans.— C'est assez, dist Pantagruel. Sus, enfans, estez vous[2] deliberez d'y venir avecques moy? A quoy respondit Panurge : Dieu confonde qui vous laissera! J'ay ja pensé comment je vous les rendray touts mors comme porcs, qu'il n'en eschappera. Au diable le jarret! Mais je me soucie quelque peu d'un cas.

— Et qu'est ce? dist Pantagruel.

— C'est (dist Panurge) comment je pourray avanger à braquemarder toutes les putains qui y sont en ceste après disnée, qu'il n'en eschappe pas une que je ne taboure[3] en forme commune.

— Ha, ha, ha! dist Pantagruel.

Et Carpalim dist : Au diable de Biterne! Par Dieu! j'en embourreray quelque une. — Et je[4], dist Eusthenes, quoy! qui ne dressay oncques puis que bougeasmes de Rouen, au moins que l'aguille montast jusques[5] sur les dix ou unze heures, voire encores que l'aye dur et fort comme cent diables.

— Vrayement, dist Panurge, tu en auras des plus grasses et des plus refaictes.—Comment (dist Epistemon) tout le monde chevauchera et je meneray l'asne! Le diable emporte qui en fera rien! Nous userons du droict de guerre, *qui potest capere capiat.* —Non, non, dist Panurge; mais atache ton asne à un croc et chevauche comme le monde[6]. Et le bon Pantagruel ryoit à tout,

---

1. A : valent. — 2. A, B : n'estes-vous pas. — 3. A : que je ne passaige. — 4. A, | B : Et moy.—5. *jusques* manque dans B.—6 A, B : *Non, non... le monde,* manque.

puis leur dist : Vous comptez sans vostre hoste[1]. J'ay grand peur que, devant qu'il soit nuyct, ne[2] vous voye en estat que ne aurez grande[3] envie d'arrester, et qu'on vous chevauchera à grand coup de picque et de lance.

— Baste! dist[4] Epistemon. Je vous les rends à roustir ou boillir, à fricasser ou mettre en paste. Ilz ne sont en si[5] grand nombre comme avoit Xercès[6], car il avoit trente cens mille combatans, si croyez Herodote et Troge Pompone ; et toutesfoys Themistocles à peu de gens les desconfit. Ne vous souciez, pour Dieu ! — Merde, merde, dist Panurge. Ma seulle braguette espoussetera tous les hommes, et sainct Balletrou, qui dedans y repose, decrotera toutes les femmes.

— Sus doncques, enfans, dict Pantagruel ; commençons à marcher.

Comment Pantagruel droissa[7] un trophée en memoire de leur prouesse, et Panurge un aultre en memoire des levraulx ; et comment Pantagruel de ses petz engendroit les petitz hommes, et de ses vesnes les petites femmes ; et comment Panurge rompit un gros baston sur deux verres.

CHAPITRE XXVII[8].

Devant que partions[9] d'icy, dist Pantagruel, en memoire de la prouesse que avez presentement faict, je veulx eriger en ce lieu un beau trophée. Adoncques un chascun d'entre eulx, en grande liesse et petites chansonnettes villaticques,

1. B : *sans l'hoste.* — 2. A : *je ne.* — 3. A, B : *ne aurez pas grand.* — 4. A, B : *lance. Non, non, dist.* — 5. A, B : *pas si.* — 6. A, B : *comme estoit Xercès.* — 7. A, B : *erigea.* — 8. A, B : chapitre XVII. C : chapitre XXII. — 9. A, B, C : *partons.*

dresserent un grand boys auquel y pendirent une selle d'armes, un chanfrain de cheval, des pompes, des estrivieres, des esperons, un haubert, un hault appareil asseré, une hasche, un estoc d'armes, un gantelet, une masse, des goussetz, des greves, un gorgery, et ainsi de [1] tout appareil requis à un arc triumphal ou trophée; puis en memoire eternelle escripvit Pantagruel le dicton victorial comme s'ensuyt :

> Ce fut icy qu'apparut la vertus
> De quatre preux et vaillans champions
> Qui de bon sens, non de harnois vestuz [2],
> Comme Fabie ou les deux Scipions,
> Firent six cens soixantes morpions,
> Puissans ribaulx, brusler comme une escorce.
> Prenez-y tous, roys, ducz, rocz et pions,
> Enseignement que engin mieulx vault que force :
> > Car la victoire,
> > Comme est notoire,
> > Ne gist que en heur.
> > Du consistoire
> > Où regne en gloire
> > Le hault Seigneur
> Vient, non au plus fort ou greigneur,
> Ains à qui [3] luy plaist, com' fault croire.
> Doncques a chevanche et honneur [4]
> Cil qui par foy en luy espoire.

Cependent [5] que Pantagruel escripvoit les carmes susdictz, Panurge emmancha en un grand pal les cornes du chevreul et la peau et les piedz droitz [6] de devant d'icelluy; puis les aureilles des [7] trois levraulx, le rable

---

1. A : *et aussy de.* — 2 A : Qui non d'harnoys, mais de bon sens vestuz. — 3. A, B : mais *à qui.* — 4. A, B : doncq a et chevance et honneur. — 5. A, B : En cependant. — 6. A, B : le pied droict. — 7. A, B : de.

d'un lapin, les mandibules d'un lievre, les aesles de deux bitars, les piedz de quatre ramiers[1], une guedofle de vinaigre, une corne où ilz mettoient le sel, leur broche de boys, une lardouere, un meschant chauldron tout pertuisé, une breusse où ilz saulsoient, une saliere de terre et un guobelet de Beauvoys ; et, en imitation des vers et trophée de Pantagruel, escripvit ce que[2] s'ensuyt :

<pre>
    Ce feut icy que mirent à baz culz
    Joyeusement quatre gaillars pions,
    Pour bancqueter à l'honneur de Baccus,
    Beuvans à gré comme beaux carpions[3].
    Lors y perdit rables et cropions
    Maistre Levrault, quand chascun s'y efforce.
    Sel et vinaigre, ainsi que scorpions,
    Le poursuivoyent, dont en eurent l'estorce[4] :
              Car l'inventoire
              D'un defensoire
              En la chaleur,
              Ce n'est que à boire
              Droict et net, voire
              Et du meilleur.
    Mais manger levrault c'est malheur
    Sans de vinaigre avoir memoire :
    Vinaigre est son ame et valeur,
    Retenez-le en poinct peremptoire.
</pre>

Lors dist Pantagruel : Allons, enfans, c'est trop

---

1. A : *les aesles ramiers* manque. — 2. B : qui. — 3. A donne ainsi les quatre premiers vers :

Ce fut icy que, à l'honneur de Bacchus,
Fut bancqueté par quatre bons pyons,
Qui gayement tous mirent à bas culz,
Soupples de rains comme beaux carpions.

4. Vers omis dans B.

musé icy à la viande ; car à grand poine voit on advenir[1] que grans bancqueteurs facent beaulx faictz d'armes. Il n'est umbre que d'estandartz, il n'est[2] fumée que de chevaulx et clycquetys[3] que de harnoys. A ce commencza Epistemon soubrire[4], et dist : Il n'est umbre que de cuisine[5], fumée que de pastez et clicquetys que de tasses[6]. A quoy respondit Panurge : Il n'est umbre que de courtines, fumée que de tetins[7] et clicquetys[8] que de couillons. Puis se levant fist un pet, un sault et un sublet, et crya à haulte voix joyeusement : Vive tousjours Pantagruel ! Ce voyant[9], Pantagruel en voulut autant faire; mais[10] du pet qu'il fist la terre trembla[11] neuf lieues à la ronde[12], duquel avec l'air corrumpu engendra[13] plus de cinquante et troys mille[14] petitz hommes nains et contrefaictz, et d'une vesne qu'il fist[15] engendra autant de petites femmes acropies, comme vous en voyez en plusieurs lieux, qui jamais ne croissent, sinon comme les quehues des vasches, contre bas, ou bien comme les rabbes de Lymousin, en rond. Et quoy ! dist Panurge, voz petz sont-ilz tant fructueux ? Par Dieu ! voicy de belles savates d'hommes et de belles vesses de femmes ; il les fault marier ensemble, ilz engendreront des mouches bovines. Ce que fist Pantagruel, et les nomma pygmées; et les envoya vivre en une isle là auprès, où ilz se sont fort multipliez despuis. Mais les grues leur font continuellement guerre,

---

1. A, B : arriver. — 2. *Il n'est* manque dans B. — 3. A : et n'est *clycquetys*. — 4. B : *cliquetis que de* lances. Adoncques Epistemon se print à *soubzrire*. — 5. B, C : de muraille. — 6. A : *A ce commencza. . de tasses* manque. — 7. B : *de* con. — 8. A : *il n'est umbre que de* cuysine; il n'est *fumée que de tetins,* et n'est *clycquetis*. — 9. A : *Ce que voyant.* — 10. B : dont *du pet.* — 11. B : en *trembla.* — 12. *Neuf lieues à la ronde* manque dans B. — 13. A : *du pet qu'il fist... il engendra.* — 14. A, B : *et troys mille* manque. — 15. A : *qu'il fist* manque.

desquelles ilz se defendent courageusement, car ces petitz boutz d'hommes (lesquelz en Escosse l'on appelle manches d'estrilles) sont volontiers cholericques. La raison physicale est parce qu'ilz ont le cueur près de la merde. En ceste mesme heure Panurge print deux verres qui là estoient, tous deux d'une grandeur, et les emplit d'eau tant qu'ilz en peurent tenir, et en mist l'un sur une escabelle et l'aultre sur une aultre, les esloingnans à part par la distance de cinq piedz ; puis print[1] le fust d'une javeline de la grandeur[2] de cinq piedz et demy et le mist dessus les deux verres, en sorte que les deux boutz du fustz touchoient justement les bors des verres. Cela faict, print un gros pau et dist à Pantagruel et ès aultres : Messieurs, considerez comment nous aurons victoire facilement de noz ennemys : car, ainsi[3] comme je rompray ce fust icy dessus les verres sans que les verres soient en rien rompus ne brisez[4], encores, que[5] plus est, sans que une seulle goutte d'eau en sorte dehors, tout ainsi nous romprons la teste à noz Dipsodes, sans ce que nul de nous soit blessé et sans perte aulcune de noz besoignes[6]. Mais, affin que ne pensez qu'il y ait enchantement, tenez, dist-il à Eusthenes, frappez de ce pau tant que pourrez[7] au millieu. Ce que fist Eusthenes, et le fust rompit en deux pieces tout net, sans que une goutte d'eau tumbast des verres ; puis dist : J'en sçay bien d'aultres ; allons seullement en asseurance.

---

1. A, B : *puis* après *print*. — 2. *De la grandeur* manque B. — 3. C : tout *ainsi*. — 4. *Ne brisez* manque dans B. — 5. A : qui. — 6. *et sans... besoignes* manque B. — 7. B : vous pourrez.

Comment Pantagruel eut victoire bien estrangement des Dipsodes et des geans. — Chapitre XXVIII[1].

Après tous ces propos, Pantagruel appella leur prisonnier et le renvoya, disant : Va t'en à ton roy en son camp, et luy dis[2] nouvelles de ce que tu as veu, et qu'il se delibere de me festoyer demain sus[3] le midy : car, incontinent que mes galleres seront venues, qui sera de matin au plus tard, je luy prouveray par dixhuit cens mille combattans et sept mille geans tous plus grans que tu me veois qu'il a faict follement et contre raison de assaillir ainsi mon pays. En quoy faignoit Pantagruel avoir armée[4] sur mer. Mais le prisonnier respondit qu'il se rendoit son esclave et qu'il estoit content de jamais ne retourner à ses gens, ains[5] plustost combatre avecques Pantagruel contre eulx, et, pour Dieu, qu'ainsi le permist. A quoy Pantagruel ne voulut[6] consentir, ains luy commanda que partist de là briefvement et allast ainsi qu'il avoit dict, et luy bailla une boette pleine de euphorbe et de grains de coccognide confictz en eau ardente en forme de compouste[7], luy commandant la porter à son roy et luy dire que s'il en pouvoit manger une once sans boire, qu'il pourroit à luy resister sans peur. Adonc le prisonnier le supplia à joinctes[8] mains que à l'heure de sa[9] bataille il eust de luy pitié. Dont luy dist Pantagruel : Après que tu auras le tout annoncé à ton roy, metz[10] tout

---

1. A, B : chapitre XVIII. C : chapitre XXIII. — 2. B : *dis des*. — 3. A : *sur*. — 4. A, B : *Pantagruel qu'il eust son armée*. — 5. A, B : *mais* — 6. A, B : *ne se voulut*. — 7 A : *confictz... compouste* manque. — 8. B : *à belles joinctes*. — 9. A, B. C : *la*. — 10. A, B, C : *roy, je ne te dys pas, comme les caphars : Ayde toy, Dieu te aydera; car c'est au rebours : Ayde toy, le diable te rompra le col. Mais je te dys : Metz...*

ton espoir en Dieu, et il ne te delaissera poinct : car de moy, encores que soye puissant, comme tu peulz veoir, et aye gens infinitz en armes, toutesfoys je n'espere[1] en ma force ny en mon industrie ; mais toute ma fiance est en Dieu mon protecteur, lequel jamais ne delaisse ceulx qui en luy ont mis leur espoir et pensée.

Ce faict, le prisonnier luy requist que touchant sa ransson il luy voulut faire party raisonnable. A quoy respondist Pantagruel que sa fin n'estoit de piller ny ransonner les humains, mais de les enrichir et reformer[2] en liberté totalle.

Va-t'en (dist-il) en la paix du Dieu vivant, et ne suiz jamais maulvaise compaignie, que malheur ne te advienne.

Le prisonnier party, Pantagruel[3] dist à ses gens : Enfans, j'ay donné entendre[4] à ce prisonnier que nous avons armée sur mer[5], ensemble que nous ne leur donnerons l'assaut que jusques à demain sus le midy, à celle fin que eulx, doubtant la grande venue de gens, ceste nuyct se occupent à mettre en ordre et soy remparer ; mais ce[6] pendent mon intention est que nous chargeons sur eux environ l'heure du premier somme.

Laissons[7] icy Pantagruel avecques ses apostoles, et parlons du roy Anarche et de son armée. Quand le[8] prisonnier feut arrivé, il se transporta vers le roy et luy conta comment estoit[9] venu un grand geant, nommé Pantagruel, qui avoit desconfit et faict roustir cruellement tous les six cens cinquante et neuf chevaliers, et

---

1. B : *n'espère* point. — 2. B : *et remettre en*. — 3. Les deux alinéas qui précèdent manquent dans A, où on lit : *ce faict, le prisonnier s'en alla, et Pantagruel*... — 4. A, B, C : *à entendre.* — 5. B : *sur la mer*. — 6. A, B : *en ce*. — 7. A, B : *Mais laissons*. — 8. A, B, C : *Quand doncques le*. — 9. A, B : *il estoit*.

luy seul estoit saulvé pour en porter les nouvelles. Davantaige, avoit charge dudict geant de luy dire¹ qu'il luy aprestast au lendemain, sur le midy, à disner, car il² deliberoit de le envahir à la dicte heure. Puis luy bailla celle boete en laquelle estoient³ les confitures. Mais, tout soubdain qu'il en eut avallé une cueillerée, luy vint tel⁴ eschauffement de gorge avecque ulceration de la luette que la langue luy pela. Et pour remede qu'on luy feist, ne trouva⁵ allegement quelconques⁶, sinon de boire sans remission : car incontinent qu'il ostoit le guobelet de la bouche la langue luy brusloit. Par ce⁷, l'on ne faisoit que luy entonner vin en gorge⁸ avec un embut. Ce que voyans ses capitaines, baschatz et gens de garde, gousterent⁹ desdictes drogues pour esprouver si elles estoient tant alteratives ; mais il leur en print comme à leur roy. Et tous flacconnerent si bien que le¹⁰ bruyt vint par tout le camp comment le prisonnier estoit de retour, et qu'ilz debvoient avoir¹¹ au lendemain l'assault, et que à ce jà se preparoit le roy et les capitaines, ensemble les gens de garde, et ce par boire à tyre larigot. Parquoy un chascun de l'armée commencza martiner¹², chopiner et tringuer de mesmes. Somme, ilz beurent tant et tant qu'ilz¹³ s'endormirent comme porcs, sans ordre¹⁴, parmy le camp.

Maintenant¹⁵, retournons au bon Pantagruel, et racontons comment il se porta en cest affaire. Partant du lieu du trophée, print le mast de leur navire en sa

1. *de luy dire* manque dans B. — 2. A, B : il *se.* — 3. A : *boete où estoient.* — 4. A, B : *il luy vint ung tel.* — 5. A, B, C : *et pour le remede ne trouva.* — 6. A : *quiconques.* — 7. A, B, C : *Par ainsi.* — 8. A, B, C : *en gorge* manque. — 9. A, B, C : *tastèrent.* — 10. A, B, C : *Et tous se mirent si bien à flacconner, que.* — 11. B : *qu'ilz auroyent.* — 12. A, B, C : *l'armée se mist à martiner.* — 13. A, B, C : *beurent si bien qu'ilz.* — 14. A, B, C : *sans nul ordre.* — 15. A, B, C : Or *maintenant.*

main comme un bourdon, et mist dedans la hune deux cens trente et sept poinsons de vin blanc d'Anjou, du reste de Rouen, et atacha à sa ceincture la barque toute pleine de sel, aussi aisement comme les lansquenettes portent leurs petitz panerotz[1], et ainsi se mist en chemin[2] avecques ses compaignons.

Quand[3] il fut près du camp des ennemys, Panurge luy dist : Seigneur, voulez-vous bien faire ? devallez ce vin blanc d'Anjou de la hune et beuvons icy à la bretesque[4]. A quoy[5] condescendit voluntiers Pantagruel, et beurent si net qu'il[6] n'y demeura une seulle goutte des deux cens trente et sept poinsons, excepté une ferriere de cuir bouilly de Tours que Panurge emplit pour soy, car il l'appelloit son *vademecum*, et quelques meschantes baissieres pour le vinaigre. Après qu'ilz eurent bien tiré au chevrotin, Panurge donna à manger à Pantagruel quelque diable de drogues composées de lithontripon, nephrocatarticon, coudinac cantharidisé, et aultres[7] especes diureticques. Ce faict, Pantagruel dist à Carpalim : Allez en[8] la ville, gravant[9] comme un rat contre la muraille, comme bien sçavez faire, et leur dictes que à l'heure presente ilz sortent et donnent sur les ennemys tant roiddement qu'ilz pourront ; et ce dict, descendez, prenant[10] une torche allumée avecques laquelle vous mettrez le feu dedans toutes les tentes et pavillons du camp ; puys vous[11] crierez tant que pourrez de vostre grosse voix, et partez dudit camp[12].—Voire mais,

---

1. A : peniers. — 2. A, B : à *cheminer*. — 3. A, B : Et quand. — 4. A : tudesque. — 5. A, B, C : *A quoy se*. — 6. A, B, C : *beurent* si bien *qu'il*. — 7. A : *composées* de trochistz, d'alkekangi et de cantharides, *et aultres*. — 8. A, B : *Allez* vous *en à*. — 9. A, B : en *gravant*. — 10. A, B : *descendez* vous en, *prenant*. — 11. A, B, C : *camp*, et ce faict *vous*. — 12. A, B, C : *voix* qui est plus espouvantable que n'estoit celle de Stentor, qui fut ouï par sur tout le bruict de la bataille des Troyans, et vous en *partez dudit camp*. (C : *et partez dudit*.)

dist Carpalim, seroit-ce bon¹ que je encloasse toute leur artillerie?—Non, non, dist Pantagruel, mais bien mettez le feu en leurs pouldres. A quoy obtemperant, Carpalim partit soubdain, et fist comme avoit esté decreté par Pantagruel, et sortirent de la ville tous les combatans qui y estoyent. Et alors que il eut mis le feu par les tentes et pavillons, passoit legierement par sur eulx sans qu'ilz en sentissent rien, tant ilz ronfloyent et dormoyent parfondement. Il vint au lieu où estoit l'artillerie, et mist le feu en leurs munitions (mais ce feust le dangier). Le feu² fut si soubdain que il cuida embraser le pauvre Carpalim, et n'eust esté sa merveilleuse hastiveté³, il estoit fricassé comme un cochon⁴ ; mais il departit⁵ si roidement q'un quarreau d'arbaleste ne vole pas⁶ plustost. Quant⁷ il feust hors des tranchées, il s'escria si espoventablement qu'il sembloit que tous les diables feussent deschainez. Auquel son s'esveillerent les ennemys, mais sçavez-vous comment? Aussi estourdys que le premier son de matines, qu'on appelle en Lussonnoys frotte-couille.

Ce⁸ pendent Pantagruel commença semer le sel qu'il avoit en sa barque, et, parce qu'ilz dormoient la gueulle baye et ouverte, il leur en remplit tout le gouzier, tant que ces pauvres haires toussissoient comme regnards, cryans : Ha! Pantagruel⁹, tant tu nous chauffes le tizon! Soubdain¹⁰ print envie à Pantagruel de pisser, à cause des drogues que luy avoit baillé Panurge, et pissa parmy leur camp si bien et copieusement qu'il les noya tous ; et y eut deluge particulier dix lieues à la ronde; et dist l'histoire que si la grand jument de

1. A, B : *seroit ce pas bon*. — 2. A, B, C : *mais, ô la pitié! Le feu*. — 3. A : *hastiveté et celerité*. — 4. A : *comme un cochon* manque. — 5. A, B, C : *il s'en partit*. — 6. A, C : *ne va pas*. — 7. A, B : *Et quand*. — 8. A, B : *Et ce*. — 9. A, B, repètent : *Pantagruel*.— 10. A, B : *mais tout soubdain*.

son pere y eust esté et pissé pareillement, qu'il y eust deluge[1] plus enorme que celluy de Deucalion, car elle ne pissoit foys qu'elle ne fist une riviere plus grande que n'est le Rosne et le Danouble[2]. Ce que voyant ceulx qui estoient yssuz de la ville, disoient : Ilz sont tous mors cruellement; voyez le sang courir. Mais ilz estoient trompez, pensans de l'urine de Pantagruel que feust le sang des ennemys, car ilz ne veoyent sinon au lustre du feu des pavillons et quelque peu de clarté de la lune. Les ennemys, après soy estre reveillez, voyans d'un cousté le feu en leur camp et l'inundation et deluge urinal, ne sçavoyent que dire ny que penser. Aulcuns disoient que c'estoit la fin du monde et le jugement final, qui doibt estre consommé par feu; les aultres que les dieux marins Neptune, Protheus, Tritons, aultres[3], les persecutoient, et que de faict c'estoit eaue marine et salée.

O ! qui pourra maintenant racomter comment se porta Pantagruel contre les troys cens geans ! O ma muse ! ma Calliope, ma Thalie, inspire-moy à ceste heure, restaure-moy mes esperitz, car voicy le pont aux asnes de logicque, voicy le trebuchet, voicy la difficulté de pouvoir exprimer l'horrible bataille que[4] fut faicte. A la mienne volunté que je eusse maintenant un boucal du meilleur vin que beurent oncques ceulx qui liront ceste histoire tant veridicque.

1. A, C : *eust* eu *deluge*. — 2. A, B : *et le Danouble* manque. — 3. A, B, C : *dieux marins, Neptune* et *les aultres*. — 4. A, B : qui.

*Comment Pantagruel deffit les troys cens geans armez
de pierres de taille et Loupgarou leur capitaine.*
Chapitre XXIX[1].

Les geans, voyant que tout leur camp estoit noyé[2], emporterent leur roy Anarche à leur col, le mieulx qu'ilz peurent, hors du fort, comme fist Eneas son pere Anchises de la conflagration de Troye. Lesquelz quand Panurge apperceut, dist à Pantagruel : Seigneur, voyez là[3] les geans qui sont yssuz ; donnez dessus à vostre mast gualantement à la vieille escrime[4], car c'est à ceste heure qu'il se fault monstrer homme de bien ; et de nostre cousté nous ne vous fauldrons[5], et hardiment, que je vous en tueray beaucoup. Car, quoy ! David tua bien Goliath facillement[6]. Et puis ce gros paillard Eusthenes[7], qui est fort comme quatre beufz, ne s'y espargnera[8]. Prenez couraige, chocquez à travers d'estoc et de taille. Or dist Pantagruel : De couraige, j'en ay pour plus de cinquante francs. Mais quoy ! Hercules ne ausa jamais entreprendre contre deux.

— C'est, dist Panurge, bien chié[9] en mon nez ; vous comparez-vous à Hercules ? Vous avez, par Dieu, plus de force aux dentz et plus de sens au cul que n'eut jamais Hercules en tout son corps et ame. Autant vault l'homme comme il s'estime. Eulx disans ces[10] paroles,

---

1. A : chapitre XIX. B : L'intitulé de ce chapitre (*comment XIX*) manque, mais il figure à la table des chapitres. C : chapitre XXIIII. — 2. A, B : submergé. — 3. A, B : voylà. — 4. A : *dessus de vostre mast à la vieille escrime.* — 5. A, B : *ne vous fauldrout point.* — 6. A, B, C, ajoutent : Moy doncques qui en battroys douze telz qu'estoit David, car en ce temps là ce n'estoit que ung petit chiart, n'en deffferay-je pas bien une douzaine ? (C : *Je doncques.*) — 7. A, B : de Eusthenes. — 8. A, B : *espargnera pas.* — 9. A : *bien chien chié.* - 10. A, B : Et ainsi qu'ilz disoient ces.

voicy arriver Loupgarou avecques tous ses geans, lequel, voyant Pantagruel seul[1], feut esprins de temerité et oultrecuidance, par espoir qu'il avoit de occire le pauvre bon hommet[2]. Dont dict à ses compaignons geans : Paillars de plat pays, par Mahom ! si aulcun de[3] vous entreprent combatre[4] contre ceulx-cy, je vous feray mourir cruellement. Je veulx que me laissiez combattre[5] seul[6] ; ce pendent vous aurez vostre passetemps à nous regarder. Adonq se retirerent tous les geans, avecques leur roy, là auprès où estoient les flaccons, et Panurge et ses compaignons avecques eulx, qui contrefaisoit ceulx qui ont eu la verolle, car il tordoit[7] la gueule et retiroit les doigts, et en parolle enrouée leur dist : Je renie bieu, compaignons ; nous ne faisons poinct la guerre. Donnez-nous à repaistre avecques vous ce pendent que nos maistres s'entrebatent. A quoy voluntiers le roy et les geans consentirent, et les firent bancqueter avecques eulx. Ce pendent[8] Panurge leur contoit les fables de Turpin, les[9] exemples de sainct Nicolas et le conte de la Ciguoingne[10].

Loupgarou doncques s'adressa[11] à Pantagruel avec une masse toute d'acier pesante neuf mille sept cens quintaulx deux quarterons[12], d'acier de Calibes, au bout de laquelle estoient treze[13] poinctes de dyamans, dont la moindre estoit aussi grosse comme la plus grande cloche de Nostre-Dame de Paris (il s'en failloit par adventure l'espesseur d'un ongle, ou au plus, que je ne mente, d'un doz de ces cousteaulx qu'on appelle couppe-aureille, mais pour un petit, ne avant ne ar-

---

1. A, B, C : tout *seul*. — 2. A, B : *occire le pouvre Pantagruel*. — 3. A, B, C : *si nul de*. — 4. A : *de combattre*. — 5. A, C : *que me laissez combattre*. 6. C : *tout seul*. — 7. A, B, C : *tortoit*. — 8. A, B : *Et cependant*. — 9. A, B : *contoit des fables et les*. — 10. A, B : *et le conte de la ciguoingne* manque. — 11. A, B, C : *Alors Loupgarou s'adressa*. — 12. A, B, C : *deux quarterons* manque. — 13. A, B : *laquelle y avoit treze*.

riere), et estoit phée, en maniere que jamais ne pouvoit rompre, mais au contraire tout ce qu'il en touchoit rompoit incontinent. Ainsi doncques, comme il approuchoit en grande fierté, Pantagruel, jectants les yeulx[1] au ciel, se recommanda à Dieu de bien[2] bon cueur, faisant veu[3] tel comme s'ensuyt : Seigneur Dieu, qui tousjours as esté mon protecteur et mon servateur, tu vois la destresse en laquelle je suis maintenant. Rien icy ne me amene sinon zele naturel, ainsi[4] comme tu as octroyé[5] ès humains de garder et defendre soy, leurs femmes, enfans, pays et famille, en cas que ne seroit ton negoce propre, qui est la foy : car en tel affaire tu ne veulx coadjuteur[6], sinon de confession catholicque et service de[7] ta parolle. Et nous as defendu toutes armes et defences, car tu es le Tout-Puissant, qui en ton affaire propre, et où ta cause propre est tirée en action, te peulx defendre trop plus qu'on ne sçauroit estimer, toy qui as mille milliers de centaines[8] de milions de legions d'anges, duquel le moindre peut occire tous les humains et tourner le ciel et la terre à son plaisir, comme jadys[9] bien apparut en l'armée de Sennacherib. Doncques, s'il te plaist à ceste heure me estre en ayde, comme en toy seul est ma totale confiance et espoir, je te fais veu que par toutes contrées, tant de ce pays de Utopie que d'ailleurs, où je auray puissance et auctorité, je feray prescher ton sainct Evangile, purement, simplement et entierement, si que les abus d'un tas de papelars et faulx prophetes, qui ont par constitutions humaines et inventions depravées envenimé tout le monde, seront d'entour moy

---

1. A, B : ses *yeulx*. — 2. B : *bien* manque. — 3. B : *veu à Dieu*. — 4. A, B : *ainsi* manque. — 5. A, B : concedé. — 6. A, B : *veulx* nul *coadjuteur*. — 7. A : *service et ministère de*. — 8. B : centenaires. — 9. A, B : *jadys* manque.

exterminez. Alors¹ feut ouye une voix du ciel, disant: *Hoc fac et vinces*, c'est-à-dire : Fays ainsi, et tu auras victoire. Puys voyant² Pantagruel que Loupgarou approcheoit la gueulle ouverte, vint contre luy hardiment et s'escrya tant qu'il peut : A mort, ribault! à mort! pour luy faire paour, selon la discipline des Lacedemoniens, par son horrible cry. Puis luy getta de sa barque, qu'il portoit à sa ceincture, plus de dix et huyct cacques et un minot³ de sel, dont il luy emplit et gorge et gouzier, et le nez et les yeulx. De ce irrité⁴, Loupgarou luy lancea un coup de sa masse, luy voulant rompre la cervelle.

Mais Pantagruel feut habille, et eut tousjours bon pied et bon œil. Par ce demarcha du pied gausche un pas arriere; mais il ne sceut si bien faire que le coup ne tumbast sur la barque, laquelle rompit en quatre mille octante et⁵ six pieces, et versa la reste du sel en terre.

Quoy voyant Pantagruel, gualentement ses bras desplie, et⁶, comme est l'art de la hasche, luy donna du gros bout de son mast en estoc au dessus de la mammelle, et, retirant le coup à gauche en taillade, luy frappa entre col et collet; puis, avanceant le pied droict, luy donna sur les couillons un pic du hault bout de son mast, à quoy rompit la hune, et versa troys ou quatre poinsons de vin qui estoient de reste. Dont Loupgarou pensa qu'il luy eust incisé la vessie, et du vin que se feust son urine qui en sortist.

De ce non contant, Pantagruel vouloit redoubler au coulouoir; mais Loupgarou, haussant sa masse, avancea son pas sur luy, et de toute sa force la vou-

---

1. A, B: Et *alors*. — 2. A : Ce faict, *voyant*. — 3. *et un minot* manque dans A, B, C. — 4. A, B: Dont *irrité*. — 5. A, B : *quatre mille octante et* manque. — 6. A, B : *galantement* desploye ses bras, *et*.

loit enfoncer sur Pantagruel. De faict¹, en donna si vertement que, si Dieu n'eust secouru le bon Pantagruel, il l'eust fendu despuis le sommet de la teste jusques au fond de la² ratelle; mais le coup declina à droict par la brusque hastiveté de Pantagruel, et entra sa masse plus de soixante et treize³ piedz en terre à travers ung gros rochier, dont il feist sortir le feu plus gros que neuf mille six tonneaux⁴. Voyant⁵ Pantagruel qu'il s'amusoit à tirer sa dicte masse qui tenoit en terre entre le roc, luy court sus, et luy vouloit avaller la teste tout net; mais son mast, de male fortune, toucha un peu au fust de la masse de Loupgarou, qui estoit phée (comme nous avons⁶ dict devant). Par ce moyen, son mast luy rompit à troys doigtz de la poignée, dont il feut plus estonné qu'un fondeur de cloches, et s'escria : Ha! Panurge, où es-tu? Ce que ouyant Panurge, dict au roy et aux geans : Par Dieu! ilz se feront mal, qui ne les departira. Mais les geans estoient aises comme s'ilz feussent de nopces.

Lors Carpalim se voulut lever de là pour secourir son maistre; mais un geant luy dist : Par Golfarin, nepveu de Mahom, si tu bouges d'icy, je te mettray au fond de mes chausses comme on faict d'un suppositoire! Aussi bien suis je constipé du ventre, et ne peulx gueres bien cagar, sinon à force de grincer les dentz. Puis Pantagruel, ainsi destitué de baston, reprint le bout de son mast en frappant torche⁷ lorgne dessus le geant; mais il ne luy faisoit mal en plus⁸ que feriez baillant⁹ une chicquenaude sus un enclume de¹⁰

---

1. A, B : Et *de faict.* — 2. A : *jusques* à *la.* — 3 A, B : *et treize* manque. — 4. A, B : *plus gros qu'ung tonneau.* C : *neuf mille t.* — 5. A : *Ce que voyant.* B : *Par ce voyant.* — 6. A, C : *comme avons.* — 7. B : *frappant* à grans coups, *torche.* — 8. B : non *plus.* — 9. B : en *baillant.* — 10. A, B, C : *sus ung mail de.*

forgeron. Ce pendent¹ Loupgarou tiroit de terre sa masse, et l'avoit jà tirée, et la paroit pour en ferir Pantagruel, qui estoit soubdain au remuement, et declinoit² tous ses coups jusques à ce que une foys, voyant que Loupgarou le menassoit, disant : Meschant, à ceste heure te hascheray je comme chair à pastez ; jamais tu ne altereras les pauvres gens, Pantagruel le frappa³ du pied un si grand coup contre le ventre qu'il le getta en arriere à jambes rebindaines, et vous le trainnoyt ainsi à l'escorche cul plus d'un traict⁴ d'arc. Et Loupgarou s'escrioit, rendant le sang par la gorge : Mahom ! Mahom ! Mahom !

A quelle⁵ voix se leverent tous les geans pour le secourir. Mais Panurge leur dist : Messieurs, n'y alez pas, si m'en croyez, car nostre maistre est fol et frappe à tors et à travers, et ne regarde point où. Il vous donnera malencontre⁶. Mais les geans n'en tindrent compte, voyant que Pantagruel estoit sans baston. Lorsque aprocher les veid Pantagruel⁷, print Loupgarou par les deux piedz, et son corps leva comme une picque en l'air, et d'icelluy armé⁸ d'enclumes frappoit parmy ces geans armez de pierres de taille, et les abbatoit comme un masson faict de couppeaulx, que nul arrestoit⁹ devant luy qu'il ne ruast par terre. Dont à la rupture de ces harnoys pierreux feut faict un si horrible tumulte, qu'il me souvint quand la grosse tour de beurre qui estoit à Sainct Estienne de Bourges fondit au soleil. Panurge¹⁰, ensemble Carpalim et Eusthenes, ce pendent esgorgetoyent ceulx qui estoyent por-

---

1. A, B : Et ce *pendant*. — 2. A, B : *ferir Pantagruel. Mais Pantagruel, qui estoit soubdain au remuement, declinoit*. — 3. A, B : *gents, luy frappa*. C : *luy frappa Pantagruel*. — 4. B : *grant traict*. — 5. A, C : *A la quelle*. — 6. *Il... nalencontre* manque dans B. — 7. A, B, C : *Et comme ilz approchoient, Pantagruel*. — 8. A : *piedz, et du corps de Loupgarou armé*. — 9. A, C : *nul n'arrestoit*. — 10. A, B, C : *Et Panurge*.

tez par terre. Faictes vostre compte qu'il n'en eschappa un seul, et, à veoir Pantagruel, sembloit un fauscheur qui de sa faulx (c'estoit Loupgarou) abbatoit l'herbe d'un pré (c'estoyent les geans). Mais à ceste escrime Loupgarou perdit la teste. Ce feut[1] quand Pantagruel en abatit un qui avoit nom Riflandouille,[2] qui estoit armé à hault appareil, c'estoit de pierres de gryson, dont un esclat couppa la gorge tout oultre à Epistemon ; car aultrement la plus part d'entre eulx estoyent armez à la legiere, c'estoit de pierre de tufe, et les aultres de pierre ardoyzine. Finablement, voyant que tous estoient mors, getta le corps de Loupgarou tant qu'il peut contre la ville, et tomba comme une grenoille sus le ventre en la place mage de ladicte ville, et en tombant du coup tua un chat bruslé, une chatte mouillée, une canne petiere et un oyson bridé.

Comment Epistemon, qui avoit la coupe testée[3], *feut guery habillement par Panurge, et des nouvelles des diables et des damnez.*

Chapitre XXX[4].

Ceste desconfite gigantale parachevée, Pantagruel se retira au lieu des flaccons, et appella[5] Panurge et les aultres, lesquelz se rendirent à luy sains et saulves, excepté Eusthenes, lequel un des[6] geans avoit egraphiné quelque peu au visaige, ainsi qu'il l'esgorgetoit, et Epistemon, qui ne se[7] comparoit poinct. Dont Pantagruel fut si dolent qu'il se voulut tuer soy-mesmes ; mais Panurge luy dict : Dea, seigneur, attendez un peu, et nous le

1. A, B : *Et ce feut.* — 2. A : *avoit nom* Moricault. — 3. A, B : *teste tranchée.* — 4. A : chapitre XX. B : L'intitulé du chapitre (*comment... chapitre* XX) manque, mais il figure à la table. C : chapitre XXV. — 5. A : *appelle.* — 6. A, B : Eusthènes, qu'ung *des.* — 7. A, B : *se* manque.

chercherons entre les mors, et voirons la verité du tout. Ainsi doncques, comme ilz cherchoyent, ilz le trouverent tout roidde mort, et sa teste entre ses bras toute sanglante.

Lors Eusthenes[1] s'escria : Ha! male mort, nous as-tu tollu le plus parfaict des hommes? A laquelle voix se leva Pantagruel au plus grand dueil qu'on veit jamais au monde, et dist à Panurge : Ha! mon amy, l'auspice de vos deux verres et du fust de javeline estoyt bien par trop fallace[2]! Mais Panurge dist : Enfans, ne pleurez goutte[3]; il est encores tout chault, je vous le gueriray aussi sain qu'il fut jamais. Ce[4] disant, print la teste et la tint sus sa braguette chauldement, affin[5] qu'elle ne print vent. Eusthenes[6] et Carpalim porterent le corps au lieu où ilz avoient bancquetté, non par espoir que jamais guerist, mais affin que Pantagruel le veist. Toutesfoys Panurge les reconfortoit, disant : Si je ne le guery, je veulx perdre la teste (qui est le gaige d'un fol). Laissez ces pleurs et me aydez. Adonc nectoya très bien de beau vin blanc le col et puis la teste, et y synapiza de pouldre[7] de diamerdis[8], qu'il portoit tousjours en une de ses fasques; après[9] les oignit de je ne sais quel oingnement, et les afusta justement veine contre veine, nerf contre nerf, spondyle contre spondyle, affin qu'il ne feust tortycolly (car telles gens il hayssoit de mort). Ce faict, luy fist alentour quinze ou seize poincts[10] de agueille, affin qu'elle ne tumbast de rechief; puis mist à l'entour un peu d'un unguent[11] qu'il appelloit resuscitatif. Soubdain[12] Epistemon com-

1. A, B : Dont *Eusthènes.* — 2. A, B, C : *et dist à Panurge... fallace* manque. — 3. A, B : *ne pleurez point.* — 4. A, B, C : *Et ce.* — 5. A, B : *affin* manque. — 6. A, B : *Et Eusthènes.* — 7. B : *de la poudre.* — 8. A : *aloès.* — 9. A, B, C : *et après.* — 10. A, B : *Et ce faict, luy fit deux ou trois poins.* C : *quinze ou seize poincts.* — 11. A : *ung peu de unguent.* — 12. A : *Et soubdain.* B : *Et tout soubdain.*

mença respirer[1], puis ouvrir[2] les yeulx, puis baisler[3], puis esternuer[4], puis fist un gros pet de mesnage. Dont dist Panurge : A ceste heure est-il guery asseurement. Et luy bailla à boire un voirre d'un grand villain vin blanc avecques une[5] roustie succrée. En ceste faczon feust Epistemon guery habillement, excepté qu'il feut enroué plus de troys sepmaines, et eut une toux seiche, dont il ne peut oncques guerir sinon à force de boire.

Et là commencza à parler, disant qu'il avoit veu les diables, avoit[6] parlé à Lucifer familierement et fait grand chere en enfer et par les Champs Elisées; et asseuroit davant tous que les diables estoyent bons compaignons. Au[7] regard des damnez, il dist qu'il estoit bien marry de ce que Panurge l'avoit si tost revocqué en vie. Car je prenois (dist il) un singulier passetemps à les veoir.

— Comment? dist Pantagruel. — L'on ne les traicte[8] (dist Epistemon) si mal que vous penseriez; mais leur estat est changé en estrange façon, car je veis Alexandre le Grand qui repetassoit de vieilles chausses, et ainsi gaignoit sa pauvre[9] vie.

Xercès crioit la moustarde.
Romule estoit saulnier[10].
Numa, clouatier.
Tarquin, tacquin.
Piso, paisant.
Sylla, riveran.
Cyre estoit vachier.
Themistocles, verrier[11].

1. A, B : à *respirer*. — 2. A, B : à *ouvrir*. — 3. A, B : à *baisler*. — 4. A, B : à *esternuer*. — 5. A : *blanc*, à tout *une*. — 6. A, B : et *avoit*. — 7. A, B : Et *au*. — 8. A, B : *traicte pas*. — 9. A : *pauvre* manque. — 10. Cette ligne et les dix-sept suivantes manquent dans A et B. — 11. C : estoit verrier.

Epaminondas, myrallier.
Brute et Cassie, agrimenseurs.
Demosthenes, vigneron.
Ciceron, atizefeu.
Fabie, enfileur de patenostres.
Artaxercès, cordier.
Eneas, meusnier.
Achilles, teigneux.
Agamenon, lichecasse.
Ulysses, faurcheur.
Nestor, harpailleur.
Darie[1], cureur de retraictz.
Ancus Martius, gallefretier[2].
Camillus, gallochier.
Marcellus, esgousseur de febves.
Drusus, trinquamolle.
Scipion Africain cryoit la lye en un sabot.
Asdrubal estoit lanternier[3].
Hannibal, cocquassier[4].
Priam vendoit les vieulx drapeaulx.
Lancelot du Lac estoit escorcheur de chevaulx mors.

Tous les chevaliers de la Table ronde estoyent pauvres gaingnedeniers, tirans la rame pour passer[5] les rivieres de Coccyte[6], Phlegeton, Styx, Acheron et[7] Lethé, quand messieurs les diables se voulent esbatre sur l'eau, comme font les bastelieres de Lyon et gondoliers[8] de Venise. Mais pour chascune passade ilz ne ont

---

1. A, B : Darius.— 2. Cette ligne et les trois suivantes manquent dans A, B, C.— 3. A, B : Pharamond estoit lanternier.— 4. A, B : Hannibal estoit coquetier. C : coquetier. — 5. A. B : *guaignedeniers*, à tirer la rame *et passer*. C : mis *à tirer*. — 6. A, B : Coccytus. —7. A : *et* manque. — 8 A, B, C : *gondoliers de* manque.

que une nazarde, et sus le¹ soir quelque morceau de pain chaumeny².

Trajan estoit pescheur de grenoilles³.

Antonin, lacquays.

Commode, gayetier.

Pertinax, eschalleur de noyx.

Luculle, grillotier.

Justinian, bimbelotier.

Hector estoit fripesaulce.

Paris estoit pauvre loqueteux.

Achilles, boteleur de foin.

Cambyses, mulletier.

Artaxerces, escumeur de potz.

Neron estoit vielleux, et Fierabras son⁴ varlet; mais il luy faisoit mille maulx et luy faisoit manger le pain bis et boire vin poulsé; luy⁵ mangeoit et beuvoit du meilleur.

Julles Cesar et Pompée estoient⁶ guoildronneurs de navires.

Valentin et Orson servoient aux estuves d'enfer et estoient ragletorelz.

Giglan et Gauvain estoient pauvres porchiers.

Geoffroy à la grand dent estoit allumetier.

Godeffroy de Billon, dominotier⁷.

Jason estoit manillier⁸.

1. B : *ilz ont tant seullement une nazade, et devers le.* — 2. A, B, ajoutent : *Les douze pers de France sont là et ne font riens que je aye veu, mais ilz gaignent leur vie à endurer force plameuses, chinquenaudes, alouettes et grans coups de poing sus les dentz.* — 3. Cette ligne et les dix suivantes manquent dans A. Les six premières (*Trajan..., bimbelotier*) manquent dans B. — 4. A, B : estoit *son*. — 5. A, B : et *luy*. — 6. A, B, C : Jason et Pompée *estoient*. — 7. A, B, C : estoit *dominotier*. — 8. A, B : *Jason estoit manillier* manque. C : *Baudouin estoit manillier.*

Don Pietre de Castille, porteur de rogatons.

Morgant, brasseur de byere.

Huon de Bourdeaulx estoit relieur de tonneaulx.

Pyrrhus, souillart de cuysine¹.

Antioche² estoit ramoneur de cheminées.

Romule³ estoit rataconneur de bobelins.

Octavian, ratisseur⁴ de papier.

Nerva, houssepaillier⁵.

Le pape Jules, crieur de petitz pastez; mais il ne portoit plus sa grande et bougrisque barbe.

Jan de Paris estoit gresseur de bottes.

Arthus de Bretaigne, degresseur de bonnetz.

Perceforest⁶, porteur de coustretz.

Boniface pape huytiesme estoit escumeur des marmites⁷.

Nicolas pape tiers estoit papetier.

Le pape Alexandre estoit preneur de ratz.

Le pape Sixte⁸, gresseur de verolle.

— Comment! dist Pantagruel, y a il des verollez de par delà?—Certes, dist Epistemon; je n'en veiz oncques tant: il en y a plus de cent millions, car croyez que ceulx qui n'ont eu la verolle en ce monde-cy⁹ l'ont en l'aultre.

— Cor Dieu! dist Panurge, j'en suis doncques quite, car je y ay esté jusques au trou de Gylbathar et remply les bondes de Hercules¹⁰, et ay abatu des plus meures!

Ogier le Dannoys estoit frobisseur de harnoys.

Le roy Tigranes¹¹ estoit recouvreur.

Galien Restauré¹², preneur de taulpes.

---

1. A, B, C: Jules César *souillart*. — 2. A, B: Antiochus. — 3. A, B: Romulus. — 4. A, B: estoit *ratisseur*. — 5. A, B: Charlemaigne estoit *houssepaillier*. — 6. A, B, ajoutent: portoit une hotte; je ne sçay pas s'il estoit. — 7. A. B: *Boniface... marmites* manque. — 8. A, B: estoit *gresseur*. — 9. A, B, C: icy — 10. A: *et remply... Hercules* manque — 11. A, B: Pepin. — 12. A, B: estoit *preneur*.

Les quatre filz Aymon[1], arracheurs de dentz.
Le pape Calixte estoit barbier de maujoinct[2].
Le pape Urbain, crocquelardon[3].
Melusine estoit souillarde de cuysine.
Matabrune, lavandière de buées.
Cleopatra[4], revenderesse d'oignons.
Helene[5], courratiere de chamberieres.
Semyramis[6], espouilleresse de belistres.
Dido vendoit des mousserons.
Panthasilée estoit cressonniere.
Lucresse, hospitaliere[7].
Hortensia, filandiere.
Livie, racleresse de verdet.

En ceste façon, ceulx qui avoient esté gros seigneurs en ce monde icy guaingnoyent leur pauvre meschante et paillarde vie là-bas. Au[8] contraire, les philosophes et ceulx qui avoient esté indigens en ce monde, de par[9] delà estoient gros seigneurs en leur tour. Je veiz Diogenes qui se prelassoit en magnificence avec une grand robbe de poulpre et un sceptre en sa dextre[10], et faisoit enrager Alexandre le Grand quand il n'avoit bien[11] repetassé ses chausses, et le payoit en grands coups de baston. Je veiz Epictete[12], vestu gualentement à la françoyse, soubz une belle ramée, avecques force damoizelles, se rigolant, beuvant, dançant, faisant en tous cas grand chere, et auprès de luy force escuz au

---

1. A B : estoient *arr.* — 2. Cette ligne manque dans A, B. — 3. Cette ligne manque dans A. — 4. A B : estoit. — 5. A, B : estoit. — 6. A, B : estoit. — 7. Cette ligne et les deux suivantes manquent dans A et B. — 8. A. B, C : Et *au.* — 9. A : monde par delà. — 10. A : *en sa dextre* manque. — 11. A, B : n'avoit pas *bien.* 12. *Je veiz Epictete..* ces mots et tout ce qui suit jusqu'à : *le desrobèrent la nuyct* (dix-neuf lignes plus loin) manquent dans A et B.

soleil. Au dessus de la treille estoient pour sa devise
ces vers escriptz :

> Saulter, dancer, faire les tours,
> Et boire vin blanc et vermeil,
> Et ne faire rien tous les jours
> Que compter escuz au soleil.

Lors, quand me veit [1], il me invita à boire avecques
luy courtoisement, ce que je feiz voluntiers, et chopinasmes theologalement. Ce pendent vint Cyre luy demander un denier, en l'honneur de Mercure, pour achapter un peu d'oignons pour son souper. Rien, rien, dict
Epictete ; je ne donne poinct deniers. Tien, marault,
voylà un escu ; soys homme de bien. Cyre feut bien aise
d'avoir rancontré tel butin ; mais les aultres coquins de
royx qui sont là bas, comme Alexandre, Daire et aultres, le desroberent la nuyct. Je veiz Pathelin, thesaurier de Rhadamanthe [2], qui marchandoit des petitz pastez que cryoit le pape Jules, et luy demanda combien
la douzaine. — Troys blancs dist le pape. — Mais, dist Pathelin, troys coups de barre ! Baille icy, villain, baille, et
en va querir d'aultres. Le [3] pauvre pape alloit pleurant [4].
Quand il feut devant son maistre patissier, luy [5] dict
qu'on luy avoit osté ses pastez. Adonc le patissier luy
bailla l'anguillade, si bien que sa peau n'eust rien vallu
à faire cornemuses [6].

Je [7] veiz maistre Jean le Maire qui contrefaisoit du
pape, et à tous ces pauvres roys et papes de ce monde
faisoit [8] baiser ses piedz, et en faisant du grobis leur [9]
donnoit sa benediction, disant [10] : Gaignez les pardons,

---

1. C : Lorsqu'il me veit. —
2. A : *Thesaurier de Rhadamante* manque. B : Rhadamantus. —
3. C : *Et le.* — 4. A, B : *barre.* Baillez ici, villain, baillez, et en allez querir d'aultres. Et le pauvre pape s'en *alloit pleurant.* — 5. A, B, C : il *luy.* —
6. B : des *cornemuses.* — 7. B : Puis après je. — 8. B : il *faisoit.* — 9. B : il *leur.* — 10. B : en leur *disant.*

coquins, guaignez : ilz sont à bon marché. Je vous absoulz de pain et de souppe, et vous dispense de ne valoir jamais rien. Et appella Caillette et Triboulet, disant[1] : Messieurs les cardinaulx, depeschez leurs bulles, à chascun un coup[2] de pau sus les reins. Ce que fut faict incontinent[3]. Je veiz maistre Françoys Villon qui demanda à Xercès : Combien la denrée de moustarde ? — Un denier, dist[4] Xercès. A quoy dict ledict de Villon : Tes fievres quartaines, villain ! la blanchée n'en vault qu'un pinard, et tu nous surfaictz icy les vivres. Adonc[5] pissa dedans son bacquet, comme font les moustardiers à Paris.

Je veiz le Franc Archier de Baignolet qui estoit inquisiteur des heretiques. Il rencontra Perseforest pissant contre une muraille en laquelle estoit painct le feu de sainct Antoine. Il le declaira heretique et le eust fait brusler tout vif, n'eust esté[6] Morgant, qui, pour son proficiat et aultres menuz droict, luy donna neuf muys de biere[7]. — Or dist Pantagruel : Reserve nous ces beaulx comptes à une aultre foys ; seullement, dis nous comment y sont traictez les usuriers.

Je les veiz, dist Epistemon, tous[8] occupez à chercher les espingles rouillées et vieulx cloux parmy les ruisseaulx des rues, comme vous voyez que font les coquins en ce monde. Mais le quintal de ses quinqualleries ne vault que un boussin de pain ; encores y en a-il maulvaise depesche. Ainsi[9] les pauvres malautruz sont aulcunes foys plus de troys sepmaines sans man-

---

1. B : *riens* et ne faire jamais nul bien. Adoncq il *appella* Caillette, Triboulet et d'aultres qui leur sembloyent, *disant* — 2. B : grand *coup*. — 3. B : tout *incontinent*. — 4. B : respondit. — 5. A, B : Et *adoncq*. — 6. C : ne feust. — 7. A, B : *Je veiz... bière* manque. — 8. A, B, C : Adonc dist Epistemon : Je les veiz *tous*. — 9. A, C : par *ainsi*.

ger morceau ny miette¹, et travaillent jour² et nuict attendant la foyre à venir ; mais de ce travail et de malheurté y³ ne leur souvient⁴, tant ilz sont actifz et mauldictz, pourveu⁵ que, au bout de l'an, ilz gaignent quelque meschant denier.— Or, dict Pantagruel, faisons un transon de bonne chere et beuvons, je vous en prie, enfans, car il faict beau boire tout ce moys⁶. Lors degainerent flaccons à tas, et des munitions du camp feirent grande chere ; mais le pauvre roy Anarche ne se povoit esjouyr, dont dist Panurge : De⁷ quel mestier ferons nous Monsieur du roy icy, affin qu'il soit jà tout expert en l'art quand il sera de par delà à tous les diables ? — Vrayement, dist Pantagruel, c'est bien advisé à toy. Or, fais-en à ton plaisir ; je le te donne.— Grand mercy, dist Panurge ; le present n'est de⁸ refus, et l'ayme de vous.

Comment Pantagruel entra en la ville des Amaurotes, et comment Panurge maria le roy Anarche et le feist cryeur de saulce vert.— CHAPITRE XXXI⁹.

près celle victoire merveilleuse, Pantagruel envoya Carpalim en la ville des Amaurotes, dire et annoncer comment le roy Anarche estoit prins et tous leurs ennemys defaictz. Laquelle nouvelle entendue, sortirent au devant de luy tous les habitans de la ville, en bon ordre et en grande¹⁰ pompe triumphale, avecques une liesse divine, et¹¹ le conduirent en la ville ; et furent faictz beaulx feux de joye par toute la ville, et belles tables rondes, gar-

---

1. B : *miette* de pain. — 2. A : *et à travailler jour.*— 3. B : il. — 4. B : *soubvrient* point. — 5. *Souvient* point, tant ilz sont maulditz et inhumains, pourveu. — 6. A. B. C : *tout ce moys* manque.— 7. A, B : Et de. — 8. A. B : *n'est pas de.* — 9. A B : chapitre XXI. C : chapitre XXVI.— 10. A : *grande* manque. — 11. A : *et* manque.

nies de force vivres, dressées[1] par les rues. Ce feut un renouvellement du temps de Saturne, tant y fut faicte lors[2] grande chere. Mais Pantagruel, tout le senat ensemble[3], dist : Messieurs, ce pendent que le fer est chault il le fault batre ; pareillement[4], devant que nous debaucher davantaige, je veulx que allions prendre d'assault tout le royaulme des Dipsodes. Pourtant, ceulx[5] qui avecques moy vouldront venir se aprestent à demain après boire, car lors je commenceray marcher[6]. Non qu'il[7] me faille gens davantaige pour me ayder à le conquester, car autant vauldroit que[8] je le tinse desjà ; mais je voy que ceste ville est tant pleine des habitans qu'ilz ne peuvent se tourner par les rues. Doncques je les meneray comme une colonie en Dipsode[9] et leur donneray tout le pays, qui est beau, salubre, fructueux et plaisant sus tous les pays du monde, comme plusieurs de vous sçavent qui y estes allez aultreffoys. Un chascun de vous qui y vouldra venir soit prest comme j'ay dict.

Ce conseil et deliberation fut divulgué par la ville, et au lendemain[10] se trouverent en la place devant le palais jusques au nombre de dixhuyct cens cinquante et six[11] mille et unze[12], sans les femmes et petitz enfans. Ainsi commencerent à marcher droict en Dipsodie, en si bon ordre qu'ilz ressembloyent ès enfans d'Israël quand ilz partirent de Egypte pour passer la mer Rouge.

Mais davant que poursuyvre ceste entreprinse, je vous veulx dire comment Panurge traicta son prisonnier le roy Anarche. Il lui souvint de ce que avoit raconté

---

1. B : lesquelles estoient dressées. — 2. A, B : alors — 3. A : assemblé. — 4. B, C : aussi. — 5. A, B, C : Par ainsi, ceulx. — 6. A, B : à marcher. — 7. A, B : Non pas qu'il. — 8. A, B : vauldroit-il que. — 9. A, C : Dipsodie. — 10. A, C : et le lendemain. — 11. A : et six manque. — 12. A, B, C : et unze manque.

Epistemon, comment estoient traictez les roys et riches de ce monde par les Champs Elisées, et comment ilz gaignoient pour lors leur vie à vilz et salles mestiers. Pourtant un jour habilla son dict roy d'un beau petit[1] pourpoint de toille tout deschicqueté comme la cornette d'un Albanois, et de belles chausses à la marinière, sans souliers : Car (disoit-il) ilz luy gasteroient la veue, et un petit bonnet pers, avecques une grande plume de chappon. Je faulx, car il m'est advis qu'il y en avoit deux, et une belle ceincture de pers et vert, disant que ceste livrée luy advenoit bien, veu qu'il avoit esté pervers. En tel poinct l'amena davant Pantagruel, et luy dist : Congnoissez-vous ce[2] rustre ? — Non, certes, dist Pantagruel. — C'est Monsieur du roy de troys cuittes. Je le veulx faire homme de bien ; ces diables de roys icy ne sont que veaulx et ne sçavent ny ne valent rien, sinon à faire des maulx ès pauvres subjectz et à troubler tout le monde par guerre pour leur inique et detestable plaisir. Je le veulx mettre à mestier et le faire crieur de saulce vert. Or commence à cryer : Vous fault-il poinct de saulce vert ? Et le pauvre diable cryoit.
— C'est trop bas, dist Panurge. Et le print[3] par l'aureille, disant[4] : Chante plus[5] hault en *g, sol, ré, ut*. Ainsi, diable ! tu as bonne gorge, tu ne fuz jamais si heureux que de n'estre plus roy. Et Pantagruel prenoit à tout plaisir, car je ause bien dire que c'estoit le meilleur petit bon[6] homme qui fust d'icy au bout d'un baston. Ainsi feut Anarche bon crieur de saulce vert. Deux[7] jours après, Panurge le maria avecques une vieille lanternière, et luy-mesmes fist les nopces à belles testes de mouton, bonnes hastilles à la moustarde et beaulx

---

1. *petit* manque dans B. — 2. B : *dist* : Monseigneur, congnoissez-vous point *ce*. — 3. B : *dist Panurge* à Monsieur du Roy. Adoncques il *le prent*. — 4. B : en *disant*. — 5. B : donc *plus*. — 6. A : *Petit bon* manque. — 7. B, C : *Et deux*.

tribars aux ailz, dont il envoya[1] cinq sommades à Pantagruel, lesquelles il mangea toutes, tant il les trouva appetissantes, et à boire belle piscantine[2] et beau cormé. Et, pour les faire dancer, loua un aveugle qui leur sonnoit la note avecques sa vielle. Après[3] disner les amena au palais et les monstra à Pantagruel, et luy dist, monstrant la mariée : Elle n'a garde de peter. — Pourquoy? dist Pantagruel. — Pource[4], dist Panurge, qu'elle est bien entamée. — Quelle parole[5] est cela ? dist Pantagruel. — Ne voyez-vous[6], dist Panurge, que les chastaignes qu'on faict cuire au feu, si elles sont entieres, elles petent que c'est raige, et pour les engarder de peter l'on[7] les entame[8]. Aussi ceste nouvelle[9] mariée est bien entamée[10] par le bas : ainsi elle ne petera poinct.

Pantagruel[11] leur donna une petite loge auprès de la basse rue, et un mortier de pierre à piler la saulce. Et firent en ce poinct leur petit mesnage, et feut aussi gentil cryeur de saulce vert qui feust oncques veu en Utopie. Mais l'on m'a dict despuis[12] que sa femme le bat comme plastre, et le pauvre sot ne se ause defendre, tant il est niès.

Comment Pantagruel de sa langue couvrit toute une armée, et de ce que l'auteur veit dedans sa bouche. — Chapitre XXXII[13].

Ainsi que Pantagruel avecques toute sa bande entrerent ès terres des Dipsodes, tout le monde en estoit joyeux, et incontinent se rendirent à luy[14], et de leur franc vouloir luy

---

1. B, C : en *envoya* — 2. A : biscantine — 3. A, B : Et *après.* — 4. A, B, C : Par ce. — 5. A, B, C : parabolle. — 6. A, B : *voyez-vous* pas. — 7. B : communément l'on. — 8. A, B, C : entomme. — 9. A : *nouvelle* manque. — 10. A, B, C : entommée. — 11. A, B, C : Et *Pantagruel.* — 12. B : *despuis* manque. — 13. A, B : chapitre XXII : C : chapitre XXVII. — 14. A : *et incontinent* tout le monde se rendoit à luy.

apporterent[1] les clefz de toutes les villes où il alloit, exceptez les Almyrodes, qui voulurent tenir contre luy, et feirent responce à ses heraulx qu'ilz ne se renderoyent[2] sinon à bonnes enseignes.

Quoy[3]! dict Pantagruel, en demandent-ilz meilleures[4] que la main au pot et le verre au poing? Allons[5], et qu'on me les mette à sac. Adonc tous se mirent en ordre comme deliberez de donner l'assault.

Mais on chemin, passant une grande campaigne, furent saisiz d'une grosse housée de pluye. A quoy commencerent se[6] tresmousser et se serrer l'un l'aultre. Ce que voyant Pantagruel, leur fist dire par les capitaines que ce n'estoit rien, et qu'il veoit bien au dessus des nuées que ce ne seroit qu'une petite rousée[7], mais à toutes fins qu'ilz se missent en ordre, et qu'il les vouloit couvrir. Lors se mirent en bon ordre et bien serrez. Et Pantagruel[8] tira sa langue seulement à demy, et les en couvrit comme une geline faict ses poulletz. Ce pendent je, qui vous fais ces tant veritables contes, m'estois caché dessoubz une fueille de bardane qui n'estoit moins[9] large que l'arche du pont de Monstrible; mais, quand je les veiz ainsi bien couvers, je m'en allay à eulx rendre à l'abrit, ce que je ne peuz, tant ilz estoient, comme l'on dict, au bout de l'aulne fault le drap. Doncques, le mieux que je peuz, montay[10] par dessus, et cheminay bien deux lieues sus sa langue, tant que je entray dedans sa bouche. Mais, ô dieux et deesses! que veiz-je là? Juppiter me confonde de sa fouldre trisulque si j'en mens! Je y

---

1. A : apportoient. — 2. A, B : *rendroyent* point. — 3 A, B, C : Et *quoy*. — 4. A, B : de *meilleures*. — 5. B : *allons doncques*. — 6. A, B, C : à *quoy* ilz commencerent à *se*. — 7. A : venue. C : housée. — 8. A, B, C : Adoncques *Pantagruel*. — 9. A, B : *n'estoit* point *moins*. — 10. A, B : je *montay*.

cheminoys comme l'on faict en Sophie à Constantinople, et y veiz de grands rochiers comme les monts des Dannoys, je croy que c'estoient ses dentz, et de grands prez, de grandes forestz, de fortes et grosses villes, non moins grandes que Lyon ou Poictiers. Le [1] premier que y trouvay, ce fut un bon homme qui plantoit des choulx. Dont tout esbahy luy demanday : Mon amy, que fais-tu icy? — Je plante (dist-il) des choulx. — Et à quoy ny comment? dis-je. — Ha! Monsieur (dist-il), chascun ne peut avoir les couillons aussi pesant qu'un mortier, et ne pouvons [2] estre tous riches. Je gaigne ainsi ma vie, et les [3] porte vendre au marché en la cité qui est icy derriere.—Jesus (dis-je)! il y a icy un nouveau monde?—Certes (dist-il), il n'est mie nouveau, mais l'on dist bien que hors d'icy y a une terre neufve où ilz ont et soleil et lune et tout plein de belles [4] besoignes; mais cestuy-cy est plus ancien. — Voire mais (dis-je), mon amy, comment a nom ceste ville où tu portes vendre tes choulx? — Elle a (dist-il) nom Aspharage, et sont christians, gens de biens, et vous feront grande chere. Bref, je deliberay [5] d'y aller.

Or, en mon chemin, je trouvay un compaignon qui tendoit aux pigeons, auquel je demanday : Mon amy, dont vous viennent ces pigeons icy? — Cyre (dist-il), ils viennent de l'aultre monde.

Lors je pensay que, quand Pantagruel basloit, les pigeons à pleines volées entroyent dedans sa gorge, pensans que feust un colombier. Puis entray [6] en la ville, laquelle je trouvay belle, bien forte et en bel air; mais à l'entrée les portiers me demanderent mon bulletin; de quoy je fuz fort esbahy, et leur deman-

---

1. A, B : Et le. — 2. A, B : Ha! monsieur (dist-il), nous ne pouvons. — 3. B : et je les. — 4. B : de plusieurs. — 5. A, B : je me deliberay. — 6. A, B : puis m'en entray.

day : Messieurs, y a-il ici dangier de peste? —O! seigneur (dirent-ilz), l'on se meurt icy auprès tant, que le chariot court par les rues.—Vray Dieu [1] (dis-je)! et où? A quoy me dirent que c'estoit en Laringues et Pharingues, qui sont deux grosses villes telles comme Rouen et Nantes, riches et bien marchandes. Et la cause de la peste a esté pour une puante et infecte exhalation qui est sortie des abysmes despuis n'a gueres, dont ilz sont mors plus de vingt et deux cens soixante mille et seize [2] personnes despuis huict jours.

Lors je pense et calcule, et trouve que c'estoit une puante halaine qui estoit venue de l'estomach de Pantagruel alors qu'il mangea tant d'aillade, comme nous avons dict dessus.

De là partant, passay entre [3] les rochiers, qui estoient ses dentz, et feis tant que je montay sus une, et là trouvay les plus beaulx lieux du monde, beaulx grands jeux de paulme, belles galleries, belles praries, force vignes et une infinité de cassines à la mode italicque par les champs pleins de delices; et là demouray bien quatre moys, et ne feis oncques telle chere que pour lors. Puis descendis [4] par les dentz du derriere pour venir [5] aux baulievres, mais en passant je fuz destroussé des brigans par une grande forest qui est vers la partie des aureilles; puis trouvay une petite bourgade à la devallée (j'ay oublié son nom) où je feiz encore meilleure chere que jamais, et gagnay quelque peu d'argent pour vivre. Sçavez [6]-vous comment? A dormir [7], car l'on loue les gens à journée pour dormir, et gaignent cinq et six solz par jour; mais ceulx qui ronflent bien fort [8] gaignent bien sept solz et demy.

1. A, B, C : *rues.* Jesus (dis-je)! — 2. A B, C : XXII cens mille *personnes.* — 3. A, B : *passay par entre.*— 4. A, B : *puis me descendis.*— 5. A, B : *pour me venir.* — 6. B : *Et sçavez.* — 7. B : *c'est à dormir.* — 8. B : *fort* manque.

Et contois aux senateurs comment on m'avoit destroussé par la vallée, lesquelz me dirent que pour tout vray les gens de delà estoient[1] mal vivans et brigans de nature.

A quoy je congneu que, ainsi comme nous avons les contrées de deçà et de delà les montz, aussi ont-ilz deçà et delà les dentz. Mais il fait beaucoup meilleur deçà, et y a meilleur air.

Là[2] commençay penser qu'il est bien vray ce que l'on dit, que la moytié du monde ne sçait comment l'autre vit, veu que nul avoit[3] encores escrit de ce païs-là, auquel sont plus[4] de xxv royaulmes habitez, sans les desers et un gros bras de mer; mais j'en ay composé un grand livre intitulé l'histoire des *Gorgias*[5] : car ainsi les ay-je nommez parce qu'ilz demourent en la gorge de mon maistre Pantagruel.

Finablement vouluz[6] retourner, et, passant par sa barbe, me gettay sus ses espaules, et de là me devalle en terre et tumbe devant luy. Quand[7] il me apperceut, il me demanda : Dond viens-tu, Alcofrybas? Je[8] luy responds : De vostre gorge, Monsieur. — Et despuis quand y es-tu? dist-il. — Despuis (dis-je) que vous alliez contre les Almyrodes. — Il y a (dist-il) plus de six moys. Et de quoy vivois-tu?[9] que beuvoys-tu? Je responds : Seigneur, de mesmes vous, et des plus frians morceaulx qui passoient par vostre gorge j'en prenois le barraige. — Voire mais (dist-il), où chioys-tu? — En vostre gorge, Monsieur, dis-je. — Ha! ha! tu es gentil compaignon (dist-il). Nous avons, avecques l'ayde de Dieu, conquesté tout le pays des Dipsodes ; je te donne la

---

1. A, B, C : *delà les dentz estoient*. — 2. A, B : *Et là.* — 3. A, B : *n'avoit.* — 4. A, B : *païs là*, où il y a *p'us*. — 5. A, B : *de Guorgias.* — 6. A, B : *finablement je m'en vouluz.* — 7. A, B : *Et quand.* — 8. A, B : *Et je.* — 9. A, B : ajoutent : *que mangeoys-tu?*

chatellenie de Salmigondin. — Grand mercy (dis-je), Monsieur ; vous me faictes du bien plus que n'ay deservy envers vous [1].

Comment Pantagruel feut malade, et la façon comment il guerit. — CHAPITRE XXXIII [2].

Peu de temps après, le bon Pantagruel tomba malade, et feut tant prins de l'estomach qu'il ne pouvoit boire ny manger ; et parce qu'un malheur ne vient jamais seul, luy [3] print une pisse chaulde qui le tourmenta plus que ne penseriez ; mais ses medicins le secoururent, et très bien, avecques [4] force de drogues lenitives [5] et diureticques, le [6] feirent pisser son malheur. Son urine tant estoit chaulde que [7] despuis ce temps-là elle n'est encores [8] refroydie. Et en avez en France en divers lieulx, selon qu'elle print son cours, et l'on appelle les bains chaulx, comme :

   A Coderetz,
   A Limons [9],   à Dast,
   A Balleruc,
   A Neric,
   A Bourbonnensy et ailleurs :
      En Italie :
A Mons Grot,
A Appone,
A Sancto Petro de Padua,
A Saincte Helene,
A Casa Nova,

1. A : *vous me faictes... envers vous* manque. — 2. A, B : chapitre XXIII. C : chapitre XXVIII. — 3. A, B : *il luy*. — 4. A : *secoururent* très bien, et *avec*. — 5. A : *lenitives* manque. — 6. ilz *le*. — 7. A, B : *malheur. Et son urine estoit si chaulde que*. — 8. A, B : *n'est point encores*. — 9. B, C : Limous.

A Sancto Bartholomeo,
En la conté de Bouloigne,
A la Porrette et mille aultres lieux.

Et m'esbahis grandement d'un tas de fols philosophes et medicins, qui perdent temps à disputer dont vient la chaleur de cesdictes eaulx, ou si c'est à cause du baurach, ou du soulphre, ou de l'allun, ou du salpetre qui est dedans la minere : car ilz ne y font que ravasser, et mieulx leur vauldroit se aller froter le cul au panicault que de perdre ainsi le temps à disputer de ce dont ilz ne sçavent l'origine ; car la resolution est aysée, et n'en fault enquester davantaige, que lesdictz[1] bains sont chaulx parce qu'ilz sont yssus par une chaulde-pisse du bon Pantagruel. Or, pour vous dire comment il guerist de son mal principal, je laisse icy comment pour une minorative il print quatre quintaulx de scammonnes colophoniacque, six vingt et dix-huyt charretées de casse, unze mille neuf cens livres de reubarbe, sans les aultres barbouillemens.

Il vous fault entendre que, par le conseil des medicins, feut decreté qu'on osteroit ce qui luy faisoit le mal à l'estomach. Pource, l'on[2] fist dix-sept grosses pommes de cuyvre plus grosses que celle qui est à Rome à l'aguille de Virgile, en telle façon qu'on les ouvroit par le mylieu et fermoit à un ressort. En l'une entra un de ses gens portant une lanterne et un flambeau allumé. Et ainsi l'avalla Pantagruel comme une petite pillule.

En[3] cinq aultres entrerent troys paysans[4], chascun ayant une pasle à son col.

En sept aultres entrèrent sept porteurs de coustretz,

---

1. B : et lesdictz. — 2. A, B, C : *l'estomach*. Et de faict, *l'on*. — 3. A, B : Et en. — 4. A, B : *entrerent* d'aultres gros varlets, chascun portant ung pic à son col. En troys aultres entrèrent *troys paizans*.

chascun ayant une corbeille à son col, et ainsi furent avallées comme pillules. Quand[1] furent en l'estomach, chascun deffit son ressort et sortirent de leurs cabanes, et premier celluy qui portoit la lanterne, et ainsi cherchèrent plus de demye lieue eu un goulphre horrible, puant et infect plus que Mephitis, ny la Palus Camarine, ny le punays lac de Sorbone, duquel escript Strabo. Et n'eust esté qu'ilz estoient très bien antidotez le cueur, l'estomach et le pot au vin (lequel on nomme la caboche), ilz feussent suffoquez et estaincts de ces vapeurs abhominables. O quel parfum! O quel vaporament pour embrener touretz de nez à jeunes Gualoyses! Après, en tactonnant et fleuretant, approcherent de la matiere fecale et des humeurs corrumpues; finablement trouverent[2] une mont-joye d'ordure. Lors[3] les pionniers frapperent sus pour la desrocher, et les aultres, avecques leurs pasles, en emplirent les corbeilles; et quand tout fut bien nettoyé, chascun se retira en sa pomme. Ce[4] faict, Pantagruel se parforce de rendre sa gorge, et facillement les mist dehors, et ne monstroient en sa gorge en plus qu'un pet en la vostre, et là sortirent hors de leurs pillules joyeusement. Il me souvenoit quand les Gregeoys sortirent du cheval en Troye. Et par ce moyen fut guery et reduict à sa premiere convalescence. Et de ces pillules d'arin en avez une à Orleans, sus le clochier de l'esglise de Saincte-Croix.

1. A : Et *quand*. — 2. A, B : *ainsi* cherchèrent plus de demye lieue où estoient les humeurs corrompues, *finablement trouvèrent*. C : *ainsi* cherent... — 3. A, C : Alors. — 4. A, B, C : Et *ce*.

La conclusion du present livre et l'excuse de l'auteur.
Chapitre XXXIV[1].

Or, Messieurs, vous avez ouy un commencement de l'histoire horrificque de mon maistre et seigneur Pantagruel. Ici je feray fin à ce premier livre : la[2] teste me faict un peu de mal[3], et sens bien que les registres de mon cerveau sont quelque peu brouillez de ceste purée de septembre. Vous aurez la reste de l'histoire à ces foires de Francfort prochainement venantes, et là vous verrez comment Panurge fut marié, et cocqu dès le premier moys de ses nopces, et comment Pantagruel[4] trouva[5] la pierre philosophale, et la maniere de la trouver et d'en user ; et[6] comment il passa les mons Caspies, comment il naviga par la mer Athlanticque, et deffit les Cannibales, et conquesta les isles de Perlas ; comment il espousa la fille du roy de Inde nommée Presthan[7] ; comment il combatit contre les diables et fist brusler cinq chambres d'enfer, et mist à sac la grande chambre noire, et getta Proserpine au feu[8], et rompit quatre dentz à Lucifer et une corne au cul, et comment[9] il visita les regions de la lune pour sçavoir si, à la verité, la lune n'estoit entiere[10], mais que les femmes en avoient troys quartiers en la teste ; et mille aultres petites joyeusetés toutes veritables. Ce sont belles besoignes. Bon soir[11], Mes-

---

1. Ce titre manque dans A, B, C. — 2. A : car la. — 3. B : un *peu mal*. — 4. A : *Panurge fut... Pantagruel* manque. — 5. A : comment il trouva. — 6. A : *et la maniere de la trouver et d'en user, et* manque. B : *et la maniere* pour la trouver et la manière d'en user. — 7. A, B : dit Prestre Jehan. — 8. A : *et mist... au feu* manque. — 9. A : *corne au cul, comment.* — 10. A, B : *n'estoit pas entiere.* — 11 A, B, C : *veritable.* Ce sont beaux textes d'Evangilles en françoys. *Bonsoir*.

sieurs. *Pardonnate my*, et ne pensez tant[1] à mes faultes que ne[2] pensez bien ès vostres.[3] Si vous me dictes : Maistre, il sembleroit que ne fussiez grandement saige de nous escrire ces balivernes et plaisantes mocquettes, je vous responds que vous ne l'estes gueres plus de vous amuser à les lire. Toutesfoys, si pour passetemps joyeulx les lisez, comme passant temps les escripvoys, vous et moy sommes plus dignes de pardon q'un grand tas de sarrabovittes, cagotz, escargotz, hypocrites, caffars, rapars, botineurs et aultres telles sectes de gens qui se sont desguisez comme masques pour tromper le monde.

Car, donnans entendre au populaire commun qu'ilz ne sont occupez sinon à contemplation et devotion, en jeusnes et maceration de la sensualité, sinon vrayement pour sustenter et alimenter la petite fragilité de leur humanité, au contraire font chiere, Dieu sçait quelle ! *Et curios simulant, sed bacchanalia vivunt*. Vous le pouvez lire en grosse lettre et enlumineure de leurs rouges muzeaulx et ventres à poulaine, sinon quand ilz se parfument de soulphre. Quant est de leur estude, elle est toute consummée à la lecture des livres pantagruelicques, non tant pour passer temps joyeusement que pour nuyre à quelc'un meschantement, sçavoir est, articulant,

---

1. A, B : *ne pensez pas tant*. — 2. *Que vous ne*. — 3. A, B, se terminent ici par le mot *Finis*. On trouve ensuite, dans B, la table, qui commence ainsi :

Sensuyt lindice des matieres principales contenues au present livre par chascun chapitre.

Et premierement, le prologue de lacteur :

*De lorigine et antiquité du grand Pantagruel, chapitre I*er*,

et continue jusqu'au 23e chapitre, bien que, par le fait, l'index, aussi bien que le texte, en contienne 24. La différence provient d'erreurs dans la numérotation des chapitres, qui sont cotés, dans l'Index, de la manière suivante : 1, 2, 3, 4, 5, 6, 7, 8, 9, 9, 10, 11, 12, 13, 14, 15, 16, 18, 18, 19, 20, 21, 22, 23. — *Cy finist lindice de ce present livre.*

monorticulant, torticulant, culletant, couilletant et
diabliculant, c'est-à-dire callumniant. Ce que faisans,
semblent ès coquins de village qui fougent et echar-
bottent la merde des petitz enfans, en la saison des ce-
rises et guignes, pour trouver les noyaulx, et iceux
vendre ès drogueurs qui font l'huile de Maguelet.
Iceulx fuyez, abhorrissez et hayssez aultant que je foys,
et vous en trouverez bien, sur ma foy. Et si desirez estre bons Pantagruelistes (c'est-à-dire vivre en paix,
joye, santé, faisans tousjours grand chere), ne vous
fiez jamais en gens qui regardent par un partuys [1].

Fin des chronicques de Pantagruel, roy des Dipsodes, restituez à leur naturel, avec ses faictz
et prouesses espoventables, compo-
sez par feu M. ALCOFRIBAS,
abstracteur de quinte-
essence.

1. C : *Finis. S'ensuyt l'indice des matiere principales*, etc.

LE TIERS LIVRE

DES FAICTS ET DICTS HEROÏQUES

DU BON PANTAGRUEL

Composé par M. Fran. RABELAIS

Docteur en medicine

Reveu et corrigé par l'Autheur, sus la censure antique

L'autheur susdict
supplie les lecteurs benevoles
soy reserver à rire
au soixante et dixhuytiesme Livre.

A PARIS

*De l'imprimerie de Michel Fezandat, au Mont
S. Hilaire, à l'hostel d'Albret.*

1552
Avec privilege du Roy.

François Rabelais
à l'esprit de la royne de Navarre.

Esprit abstraict, ravy et ecstatic,
Qui, frequentant les cieulx, ton origine,
As delaissé ton hoste et domestic,
Ton corps concords, qui tant se morigine
A tes edictz, en vie peregrine
Sans sentement, et comme en apathie,
Vouldrois tu poinct faire quelque sortie
De ton manoir divin, perpetuel,
Et ça bas veoir une tierce partie
Des faictz joyeux du bon Pantagruel?

PRIVILEGE DU ROY.

Henry, par la grace de Dieu roy de France, au prevost de Paris, bailly de Rouen, seneschaulx de Lyon, Tholouze, Bordeaux, Daulphiné, Poictou, et à tous nos autres justiciers et officiers, ou à leurs lieutenants, et à chascun d'eulx si comme à luy appartiendra, salut et dilection. De la partie de nostre cher et bien aymé M. François Rabelais, docteur en médicine, nous a esté exposé que icelluy suppliant ayant par cy devant baillé à imprimer plusieurs livres en grec, latin, francois et thuscan, mesmement certains volumes des faicts et dicts heroïques de Pantagruel, non moins utiles que delectables, les imprimeurs auroient iceulx livres corrompuz, depravez et pervertiz en plusieurs endroictz; auroient davantage imprimez plusieurs autres livres scandaleux, au nom dudict suppliant, à son grand desplaisir, prejudice et ignominie, par luy totalement desadvouez comme faulx et supposez; lesquelz il desireroit, soubs nostre bon plaisir et volonté, supprimer. Ensemble les autres siens advouez, mais depravez et deguisez, comme dict est, reveoir et corriger et de nouveau reimprimer. Pareillement mettre en lumière et vente la suitte des faicts et dicts heroïques de Pantagruel, nous humblement requerant sur ce luy octroyer nos letres à ce necessaires et convenables. Pour ce est-il que nous, enclinans liberalement à la supplication et requeste dudict M. François Rabelais, exposant, et desirans le bien et favorablement traicter en cest endroit, à icelluy, pour ces causes et autres bonnes considerations à ce nous mouvans, avons permis, accordé et octroyé, et de nostre certaine science, pleine puissance et auctorité royale, permettons, accordons et octroyons par ces présentes qu'il puisse et luy soit loysible, par tels imprimeurs qu'il advisera, faire imprimer et de nouveau mettre et exposer en vente tous et chascuns lesdicts livres et suitte de Pantagruel par luy composez et entreprins, tant ceulx qui ont ja esté imprimez, qui seront pour cest effect par luy reveuz et corrigez, que aussi ceulx qu'il delibere de nouveau mettre en lumière; pareillement supprimer ceulx qui faulcement luy sont attribuez. Et affin qu'il ait moyen de supporter les frais necessaires à l'ouverture de ladicte impression, avons par ces presentes tresexpressement inhibé et deffendu, inhibons et deffendons à tous autres libraires et imprimeurs de cestuy nostre royaulme, et autres nos terres et seigneuries, qu'ilz n'ayent à imprimer ne faire imprimer, mettre et exposer en vente aucuns des dessus dicts livres, tant vieux que nouveaux, durant le temps et terme de dix ans ensuivans et consecutifz, commençans au jour et dacte de l'impression desdicts livres, sans le vouloir et consentement dudict exposant, et ce sur peine de confiscation des livres qui se trouveront avoir esté imprimez au prejudice de ceste nostre presente permission, et d'amende arbitraire.

Si voulons et vous mandons, et à chascun de vous endroict soy et si comme à luy appartiendra, que nos presens congé, licence et permission, inhibitions et deffenses, vous entretenez, gardez et observez. Et si aucuns estoient trouvez y avoir contrevenu, procedez et faictes proceder à l'encontre d'eulx par les peines susdictes et autrement. Et du contenu cy dessus faictes ledict suppliant jouyr et user plainement et paisiblement, durant ledict temps, à commencer et tout ainsi que dessus est dict, cessans et faisans cesser tous troubles et empeschemens au contraire. Car tel est nostre plaisir. Nonobstant quelzconques ordonnances, restrinctions, mandemens ou deffenses à ce contraires. Et pour ce que de ces présentes l'on pourra avoir à faire en plusieurs et divers lieux, Nous voulons que au *vidimus* d'icelles, faict soubs seel royal, foy soit adjoustée comme à ce present original. Donné à Sainct Germain en Laye le sixiesme jour d'aoust, l'an de grace mil cinq cens cinquante, et de nostre regne le quatriesme. Par le Roy, le cardinal de Chastillon præsent.

Signé DU THIER.

PROLOGUE DE L'AUTHEUR

M. François Rabelais, pour le tiers livre
des faicts et dicts heroiques
du bon Pantagruel [1].

Bonnes gens[2], beuveurs tresillustres et vous goutteux tresprecieux, veistez-vous oncques Diogenes le philosophe cynic? Si l'avez veu, vous n'aviez perdu la veue, ou je suis vrayement forissu d'intelligence et de sens logical. C'est belle chose veoir la clairté du (vin et escuz) soleil. J'en demande à l'aveugle né tant renommé par les tressacrés bibles, lequel ayant option de requerir tout ce qu'il vouldroit, par le commandement de celluy qui est tout puissant, et le dire duquel est en un moment par effect representé, rien plus ne demanda que veoir. Vous item n'estes jeunes, qui est qualité competente pour en vin, non en vain, ains plus que physicalement philosopher, et desormais estre du conseil bacchicque, pour en lopinant opiner des substance, couleur, odeur, excellence, eminence, proprieté, faculté, vertus[3], effect et dignité du

---

1. A : *Prologue du tiers livre*. — 2. A : *Bonnes gens* manque. — 3. A : *proprieté..., vertus*, manque.

benoist et desiré piot. Si veu ne l'avez (comme facilement je suis induict à croire) pour le moins avez vous ouy de luy parler. Car par l'aër et tout ce ciel est son bruyt et nom jusques à present resté memorable et celebre assez. Et puys vous estes tous du sang de Phrygie extraictz (ou je me abuse), et si n'avez tant d'escuz comme avoit Midas, si avez vous de luy je ne sçay quoy, que plus jadis louoient les Perses en tous leurs otacustes, et que plus soubhaytoit l'empereur Antonin ; dont depuys feut la serpentine de Rohan surnommée Belles Aureilles. Si n'en avez ouy parler, de luy vous veulx presentement une histoire narrer, pour entrer en vin (beuvez doncques) et propous (escoutez doncques), vous advertissant (affin que ne soyez en simplesse pippez comme gens mescreans) qu'en son temps il feut philosophe rare, et joyeux entre mille. S'il avoit quelques imperfections, aussi avez vous, aussi avons nous. Rien n'est, sinon Dieu, perfaict. Si est-ce que Alexandre le grand, quoy qu'il eust Aristoteles pour præcepteur et domestic, l'avoit en telle estimation, qu'il soubhaytoit, en cas que Alexandre ne feust, estre Diogènes Sinopien.

Quand Philippe, roy de Macedonie, entreprint assieger et ruiner Corinthe, les Corinthiens, par leurs espions advertiz que contre eulx il venoit en grand arroy et exercite numereux, tous feurent non à tort espoventez, et ne feurent negligens soy soigneusement mettre chascun en office et debvoir pour à son hostile venue resister et leur ville defendre. Les uns des champs es forteresses retiroient

PROLOGUE.

meubles, bestail, grains, vins, fruictz, victuailles et munitions necessaires. Les autres remparoient murailles, dressoient bastions, esquarroient ravélins, cavoient fossez, escuroient contremines, gabionnoient defenses, ordonnoient platesformes, vuidoient chasmates, rembarroient faulses brayes, erigeoient cavalliers, ressapoient contrescarpes, enduisoient courtines, produisoient moyneaux, taluoient parapetes, enclavoient barbacanes, asseroient machicoulis, renouoient herses sarrazinesques[1] et cataractes, assoyoient sentinelles, forissoient patrouilles. Chascun estoit au guet, chascun portoit la hotte. Les uns polissoient corseletz, vernissoient alecretz, nettoioient bardes, chanfrains, aubergeons, briguandines, salades, bavières, cappelines, guisarmes[2], armetz, mourions, mailles, jazerans, brassalz, tassettes[3], goussetz, guorgeriz, hoguines, plastrons, lamines, aubers, pavoys, boucliers, caliges, greves, soleretz, esprons. Les autres apprestoient arcs, fondes, arbalestes, glands, catapultes, phalarices[4], micraines, potz, cercles et lances à feu, balistes, scorpions et autres machines bellicques repugnatoires et destructives des Helepolides. Esguisoient vouges, picques, rancons, halebardes, hanicroches, volains[5], lances, azes guayes, fourches fieres, parthisanes, massues, hasches, dards, dardelles, javelines, javelotz, espieux. Affiloient cimeterres, brands d'assier, badelaires,

1. A : *sarrasinesques* manque. — 2. A : *bavières....guisarmes*, manque. — 3. A : *jazerans....tassettes*, manque. — 4. A : *phalarices* manque. — 5. A : *volains* manque.

paffuz¹, espées, verduns, estocz, pistoletz, viroletz, dagues, mandousianes, poignars, cousteaulx, allumelles, raillons. Chascun exerceoit son penard, chascun desrouilloit son bracquemard. Femme n'estoit, tant preude ou vieille feust, qui ne feist fourbir son harnoys, comme vous sçavez que les antiques Corinthienes estoient au combat couraigeuses.

Diogenes les voyant en telle ferveur mesnaige remuer, et n'estant par les magistratz employé à chose aulcune faire, contempla par quelques jours leur contenance sans mot dire; puys, comme excité d'esprit martial, ceignit son palle en escharpe, recoursa ses manches jusques ès coubtes, se troussa en cuilleur de pommes, bailla à un sien compaignon vieulx sa bezasse, ses livres et opistographes, feit hors la ville tirant vers le Cranie (qui est une colline et promontoire lez Corinthe) une belle esplanade, y roulla le tonneau fictil qui pour maison luy estoit contre les injures du ciel, et en grande vehemence d'esprit desployant ses braz, le tournoit, viroit, brouilloit, barbouilloit², hersoit, versoit, renversoit, nattoit, grattoit, flattoit, barattoit, bastoit, boutoit, butoit, tabustoit, cullebutoit, trepoit, trempoit, tapoit, timpoit, estouppoit, destouppoit, detraquoit, triquotoit, tripotoit, chapotoit, croulloit, elançoit, chamailloit³, bransloit, esbransloit, levoit, lavoit, clavoit, entravoit, bracquoit, bricquoit, blocquoit, tracassoit, ramassoit, clabossoit, afestoit, affustoit, baffouoit, enclouoit,

---

1. A : *paffuz* manque. — 2. A : *barbouilloit* manque. — 3. A : *chamailloit* manque.

amadouoit, goildronnoit, mittonnoit, tastonnoit, bimbelotoit, clabossoit, terrassoit, bistorioit, vreloppoit, chaluppoit¹, charmoit, armoit, gizarmoit, enharnachoit, empennachoit, caparassonnoit; le devalloit de mont à val, et præcipitoit par le Cranie; puys de val en mont le rapportoit, comme Sisyphus faict sa pierre, tant que peu s'en faillit qu'il ne le defonçast. Ce voyant quelq'un de ses amis, luy demanda quelle cause le mouvoit à son corps, son esprit, son tonneau ainsi tormenter. Auquel respondit le philosophe qu'à aultre office n'estant pour la republicque employé, il en ceste façon son tonneau tempestoit, pour entre ce peuple tant fervent et occupé n'estre veu seul cessateur et ocieux.

Je pareillement, quoy que soys hors d'effroy, ne suis toutesfoys hors d'esmoy; de moy voyant n'estre faict aulcun pris digne d'œuvre, et considerant par tout ce tresnoble royaulme de France², deça, dela les mons, un chascun aujourd'huy soy instantement exercer et travailler, part à la fortification de sa patrie et la defendre, part au repoulsement des ennemis et les offendre, le tout en police tan belle, en ordonnance si mirificque, et à profit tant evident pour l'advenir (car desormais sera France superbement bournée, seront Françoys en repous asceurez), que peu de chose me retient que je n'entre en l'opinion du bon Heraclitus, affermant³ guerre estre de tous biens père, et croye que guerre soit en latin dicte belle, non par antiphrase,

1. A : baffouoit..... chaluppoit, manque. — 2. A : de France manque. — 3. A : disant.

ainsi comme ont cuydé certains repetasseurs [1] de vieilles ferrailles latines, parce qu'en guerre gueres de beaulté ne voyoient, mais absolument et simplement, par raison qu'en guerre apparoisse toute espèce de bien et beau, soit decelée toute espèce de mal et laidure. Qu'ainsi soit, le roy saige et pacific Solomon n'a sceu mieulx nous repræsenter la perfection indicible de la sapience divine, que la comparant à l'ordonnance d'une armée en camp.

Par doncques n'estre adscript et en ranc mis des nostres en partie offensive, qui me ont estimé trop imbecille et impotent; de l'autre, qui est defensive, n'estre employé aulcunement, feust-ce portant hotte, cachant crotte, ployant rotte [2] ou cassant motte, tout m'estoit indifferent, ay imputé à honte plus que mediocre estre veu spectateur ocieux de tant vaillans, disers et chevalereux personnaiges, qui en veue et spectacle de toute Europe jouent ceste insigne fable et tragicque comedie, ne me esvertuer de moy-mesmes, et non y consommer ce rien mon tout qui me restoit. Car peu de gloire me semble accroistre à ceulx qui seulement y emploictent leurs œilz [3], au demeurant y espargnent leurs forces, celent leurs escuz, cachent leur argent, se grattent la teste avecques un doigt, comme Landorez desgoustez, baislent aux mousches comme veaulx de disme, chauvent des aureilles comme asnes de Arcadie au chant des musiciens, et par mines en silence signifient qu'ilz consentent à la prosopopée.

1. A : *cuydé* nos antiques *r.* — 2. A : *ployant rotte* manque. — 3. A : yeulx.

PROLOGUE.

Prins ce choys et election, ay pensé ne faire exercice inutile et importun si je remuois mon tonneau diogenic, qui seul m'est resté du naufrage faict par le passé on far de Mal'encontre. A ce triballement de tonneau que feray-je, en vostre advis? Par la vierge qui se rebrasse, je ne sçay encores. Attendez un peu que je hume quelque traict de ceste bouteille. C'est mon vray et seul Helicon; c'est ma fontaine caballine; c'est mon unicque enthusiasme. Icy beuvant je delibere, je discours, je resoulz et concluds. Après l'epilogue je riz, j'escripz, je compose, je boy. Ennius beuvant escrivoit, escrivant beuvoit. Æschylus (si à Plutarche foy avez en Symposiacis) *beuvoit composant, beuvant composoit. Homère jamais n'escrivit à jeun. Caton jamais n'escrivit que après boyre. Affin que ne me dictez ainsi vivre sans exemple des bien louez et mieulx prisez. Il est bon et frays assez, comme vous diriez sus le commencement du second degré. Dieu, le bon Dieu Sabaoth (c'est-à-dire des armées), en soit eternellement loué! Si de mesmes vous autres beuvez un grand ou deux petitz coups en robbe, je n'y trouve inconvenient aulcun, pourveu que du tout louez Dieu un tantinet.*

Puys doncque que telle est ou ma sort ou ma destinée (car à chascun n'est oultroyé entrer et habiter Corinthe), ma deliberation est servir et ès uns et ès autres; tant s'en fault que je reste cessateur et inutile. Envers les vastadours, pionniers et rempareurs, je feray ce que feirent Neptune et Apollo en Troie soubs Laomedon, ce que feit Re-

naud de Montaulban sus ses derniers jours : je serviray les massons, je mettray bouillir pour les massons, et le past terminé, au son de ma musette mesureray la musarderie des musars. Ainsi fonda, bastit et edifia Amphion sonnant de sa lyre la grande et celebre cité de Thebes[1]. Envers les guerroyans je voys de nouveau percer mon tonneau, et de la traicte (laquelle par deux præcedens volumes (si par l'imposture des imprimeurs n'eussent esté pervertiz et brouillez) vous feust assez congneue) leurs tirer du creu de nos passetemps epicenaires un guallant tiercin, et consecutivement un joyeulx quart de sentences pantagruelicques. Par moy licite vous sera les appeler diogenicques. Et me auront, puysque compaignon ne peuz estre, pour architriclin loyal refraischissant à mon petit povoir leur retour des alarmes ; et laudateur, je diz infatiguable, de leurs prouesses et glorieulx faicts d'armes. Je n'y fauldray, par lapathium acutum de Dieu, si Mars ne failloit à Quaresme. Mais il s'en donnera bien guarde, le paillard !

Me souvient toutesfoys avoir leu que Ptolemé filz de Lagus, quelque jour, entre autres despouilles et butins de ses conquestes, præsentant aux Ægyptiens en plain theâtre un chameau bactrian tout noir et un esclave biguarré, tellement que de son corps l'une part estoit noire, l'autre blanche, non en compartiment de latitude par le diaphragme, comme feut celle femme sacrée à Venus indicque, laquelle feut recongneue du philosophe Tyanien

---

1. A : Ainsi... Thebes manque.

PROLOGUE. 351

entre le fleuve Hydaspes et le mont Caucase, mais en dimension perpendiculaire, choses non encores veues en Ægypte, esperoit par offre de ces nouveaultez l'amour du peuple envers soy augmenter. Qu'en advient il? A la production du chameau, tous feurent effroyez et indignez; à la veue de l'homme biguarré, aulcuns se mocquerent, autres le abhominerent comme monstre infame, créé par erreur de nature. Somme, l'esperance qu'il avoit de complaire à ses Ægyptiens, et par ce moyen extendre l'affection qu'ils luy portoient naturellement, luy decoulla des mains. Et entendit plus à plaisir et delices leurs estre choses belles, eleguantes et perfaictes, que ridicules et monstrueuses. Depuys eut tant l'esclave que le chameau en mespris, si que bien toust après, par negligence et faulte de commun traictement, feirent de vie à mort eschange. Cestuy exemple me faict entre espoir et craincte varier, doubtant que pour contentement propensé, je rencontre ce que je ahhorre; mon thesaur soit charbons; pour Venus advieigne Barbet le chien; en lieu de les servir, je les fasche; en lieu de les esbaudir, je les offense; en lieu de leurs complaire, je desplaise; et soit mon adventure telle que du coq de Euclion, tant celebré par Plaute en sa Marmite et par Ausone en son Gryphon et ailleurs, lequel pour en grattant avoir descouvert le thesaur, eut la couppe guorgée. Advenent le cas, ne seroit-ce pour chevreter? Autresfoys est il advenu; advenir encores pourroit. Non fera, Hercules! Je recognois en eulx tous une *forme specificque et proprieté individuale*[1] *laquelle nos majeurs nommoient pantagruelisme, moyennant laquelle jamais en maulvaise partie ne prendront choses quelconques ilz congnoistront sourdre de bon, franc et loyal couraige. Je les ay ordinairement veuz bon vouloir en payement prendre, et en icelluy acquiescer quand debilité de puissance y a esté associé.*

De ce poinct expedié, à mon tonneau je retourne. Sus à ce vin, compaings! Enfans, beuvez à pleins guodetz. Si bon ne vous semble, laissez le. Je ne suys de ces importuns Lifrelofres qui, par force, par oultraige et violence contraignent les Lans et compaignons trinquer, voire caros et alluz, qui pis est. Tout beuveur de bien, tout goutteux de bien, alterez, venens à ce mien tonneau, s'ilz ne voulent ne beuvent. S'ilz voulent et le vin plaist au guoust de la seigneurie de leurs seigneuries, beuvent franchement, librement, hardiment, sans rien payer, et ne l'espargnent. Tel est mon decret. Et paour ne ayez que le vin faille, comme feist ès nopces de Cana en Galilée. Autant que vous en tirerez par la dille, autant en entonneray par le bondon. Ainsi demeurera le tonneau inexpuisible. Il a source vive et vene perpetuelle. Tel estoit le brevaige contenu dedans la couppe de Tantalus, representé par figure entre les saiges Brachmanes. Telle estoit en Iberie la montaigne de sel tant celebrée par Caton. Tel estoit le rameau d'or sacré

---

1. A : individuable.

PROLOGUE.

à la deesse soubsterraine, tant celebré par Virgile. C'est un vray Cornucopie de joyeuseté et raillerie. Si quelque foys vous semble estre expuysé jusques à la lie, non pourtant sera il à sec. Bon espoir y gist au fond, comme en la bouteille de Pandora; non desespoir, comme on bussart des Danaïdes.

Notez bien ce que j'ay dict, et quelle manière de gens je invite. Car (affin que personne n'y soit trompé), à l'exemple de Lucillius, lequel protestoit n'escrire que à ses Tarentins et Consentinois, je ne l'ay persé que pour vous, gens de bien[1], beuveurs de la prime cuvée, et goutteux de franc alleu. Les geants Doriphages avalleurs de frimats ont au cul passions assez, et assez sacs au croc pour venaison; y vacquent s'ilz voulent : ce n'est icy leur gibbier. Des cerveaulx à bourlet grabeleurs de corrections ne me parlez, je vous supplie on nom et reverence des quatre fesses qui vous engendrèrent et de la vivificque cheville qui pour lors les coupploit. Des Caphars encores moins, quoy que tous soient beuveurs oultrez, tous verollez croustelevez, guarniz de alteration inextinguible et manducation insatiable. Pourquoy ? Pource qu'ilz ne sont de bien, ains de mal, et de ce mal duquel journellement à Dieu requerons estre delivrez; quoy qu'ilz contrefacent quelques foys des gueux. Oncques vieil cinge ne feit belle moue. Arrière, mastins ! hors de la quarrière ! hors de mon soleil, cahuaille au diable ! Venez vous icy culletans articuler mon vin et compisser mon ton-

---

1. A : *gens de bien* manque.

neau ? Voyez cy le baston que Diogènes par testament ordonna estre près luy posé après sa mort pour chasser et esrener ces larves bustuaires et mastins cerbericques. Pourtant, arrière, cagotz ! Aux ouailles, mastins ! Hors d'icy, caphards ! de par le diable, hay ! Estes vous encores là ? Je renonce ma part de papimanie, si je vous happe, g22. g222. g222222. Davant, davant ! Iront ilz ? Jamais ne puissiez vous fianter que à sanglades d'estrivieres, jamais pisser que à l'estrapade, jamais eschauffer que à coups[1] de baston !

1. A : *d'estrivières*. Jamais ne puissez vous eschauffer qu'à coups.

Comment Pantagruel transporta une colonie de Utopiens en Dipsodie. — CHAPITRE I.

antagruel, avoir entierement conquesté le pays de Dipsodie, en icelluy transporta une colonie de Utopiens en nombre de 9876543210 hommes, sans les femmes et petitz enfans, artizans de tous mestiers et professeurs de toutes sciences liberales, pour ledict pays refraichir, peupler et orner, mal autrement habité et desert en grande partie. Et les transporta non tant pour l'excessive multitude d'hommes et femmes qui estoient en Utopie multipliez comme locustes. Vous entendez assez, ja besoin n'est dadventaige vous l'exposer, que les Utopiens avoient les genitoires tant feconds et les Utopienes portoient matrices tant amples, gloutes, tenaces, et cellulées par bonne architecture, que au bout de chascun neufvieme mois sept enfans pour le moins, que masles, que femelles, naissoient par chascun mariaige : à l'imitation du peuple judaïc en Ægypte, si de Lyra ne delyre. Non tant aussi pour la fertilité de sol, salubrité du ciel et commodité du pays de Dipsodie, que pour icelluy contenir en office et obeïssance par nouveau transport de ses antiques et féaulx subjects. Lesquelz de toute memoire autre Seigneur n'avoient congneu, recongneu, advoué ne servy que luy. Et lesquelz, dès lors que nasquirent et entrerent on monde, avec le laict de leurs meres nourrices avoient pareillement sugcé la doulceur et debonnaireté de son regne, et en icelle estoient tousdis confictz et nourris. Qui estoit espoir certain que plus tost defauldroient de vie corporelle que de ceste premiere et unicque subjection naturellement deue à leur prince, quelque lieu que feussent espars et transportez. Et non seulement telz seroient eulx et les enfans successivement naissans de leur sang, mais aussi en ceste féaulté et obeissance entretiendroient les nations de nouveau adjoinctes à son empire. Ce que veritablement advint, et ne feut aulcunement frustré en sa deliberation. Car si les Utopiens avant cestuy transport avoient esté féaulx et bien recongnoissans, les Dipsodes, avoir peu de jours avecques eulx conversé, l'estoient encore d'adventaige, par ne sçay quelle ferveur naturelle en tous humains au commencement de toutes œuvres qui leur viennent à gré. Seulement se plaignoient, obtestans tous les cieulx et intelligences motrices, de ce que plus toust n'estoit à leur notice venue la renommée du bon Pantagruel.

Notez doncques icy, beuveurs, que la maniere d'entretenir et retenir pays nouvellement conquestez n'est (comme a esté l'opinion erronée de certains espritz tyrannicques, à leur dam et deshonneur) les peuples pillant, forçant, angariant, ruinant, mal vexant et regissant avecques verges de fer : brief les peuples mangeant et devorant, en la façon que Homere appelle le roy inique Demovore[1], c'est-à-dire, mangeur de peuple. Je ne vous allegueray à ce propos les histoires antiques, seulement vous revocqueray en recordation de ce qu'en ont veu vos peres, et vous-mesmes, si trop jeunes n'estez ; comme enfant nouvellement né, les fault alaicter, berser, esjouir. Comme arbre nouvellement planté, les fault appuyer, asseurer, defendre de toutes vimeres, injures et calamitez ; comme personne

---

1. A : δημοβόρον.

saulvé de longue et forte maladie, et venent à convalescence, les fault choyer, espargner, restaurer: de sorte qu'ilz conçoipvent en soi cette opinion, n'estre on monde roy ne prince, que moins voulsissent ennemy, plus optassent amy. Ainsi Osiris, le grand roy des Ægyptiens, toute la terre conquesta, non tant à force d'armes, que par soulaigement des angaries, enseignemens de bien et salubrement vivre, loix commodes, gratieuseté et biensfaicts. Pourtant du monde feut il surnommé le grand roy Evergetes (c'est-à-dire bienfaicteur) par le commendement de Juppiter faict à une Pamyle. De faict, Hesiode en sa hierarchie colloque les bons dæmons (appellez les, si voulez, anges ou genies[1]) comme moyens et mediateurs des dieux et hommes, superieurs des hommes, inferieurs des dieux. Et pource que par leurs mains nous adviennent les richesses et biens du ciel, et sont continuellement envers nous bienfaisans, tousjours du mal nous præservent, les dict estre en office de roys, comme bien tousjours faire, jamais mal, estant acte unicquement royal. Ainsi feut empereur de l'univers Alexandre Macedon. Ainsi feut par Hercules tout le continent possedé, les humains soullageant des monstres, oppressions, exactions et tyrannies : en bon traictement les gouvernant: en æquité et justice les maintenant : en benigne police et loix convenentes à l'assieté des contrées les instituent : suppliant à ce que deffailloit : ce que abondoit avalluant, et pardonnant tout le passé, avecques oubliance sempiternelle de toutes les offenses præcedentes, comme estoit la amnestie des Atheniens, lors que feurent par la prouesse et industrie de Thrasibulus les tyrans exterminez : depuys en Rome exposée par Ciceron, et renouvellée soubs l'empereur Aurelian.

1. A : *ou genies* manque.

Ce sont les philtres, iynges et attraictz d'amour, moienans lesquelz pacificquement on retient ce que peniblement on avoit conquesté. Et plus en heur ne peut le conquerant regner, soit roy, soit prince, ou philosophe, que faisant Justice à Vertus succeder. Sa vertu est apparue en la victoire et conqueste. Sa justice apparoistra en ce que par la volunté et bonne affection du peuple donnera loix, publiera edictz, establira religions, fera droict à un chascun, comme de Octavian Auguste dict le noble poëte Maro :

> Il qui estoit victeur, par le vouloir
> De gens vaincuz, faisoit ses loix valoir.

C'est pourquoy Homere en son iliade, les bons princes et grands roys appelle κοσμήτορας λαῶν, c'est-à-dire ornateurs des peuples. Telle estoit la consideration de Numa Pompilius, roy second des romains, juste, politic et philosophe, quand il ordonna au Dieu Terme, le jour de sa feste, qu'on nommoit Terminales, rien n'estre sacrifié qui eust prins mort, nous enseignant que les termes, frontieres et annexes des royaulmes convient en paix, amitié, debonnaireté, guarder et regir, sans ses mains souiller de sang et pillerie. Qui aultrement faict, non seulement perdera l'acquis, mais aussi patira ce scandale et opprobre, qu'on le estimera mal et à tort avoir acquis, par ceste consequence que l'acquest luy est entre mains expiré. Car les choses mal acquises mal deperissent. Et ores qu'il en eust toute sa vie pacificque jouissance, si toutesfoys l'acquest deperit en ses hoirs, pareil sera le scandale sus le defunct, et sa memoire en malediction, comme de conquerant inique. Car vous dictez en proverbe commun : des choses mal acquises le tiers hoir ne jouira.

Notez aussi, goutteux fieffez, en cestuy article, comment par ce moyen Pantagruel feit d'un ange deux, qui est accident opposite au conseil de Charles Maigne, lequel feit d'un diable deux, quand il transporta les Saxons en Flandre, et les Flamens en Saxe. Car non povant en subjection contenir les Saxons par luy adjoincts à l'empire, que à tous momens n'entrassent en rebellion, si par cas estoit distraict en Hespaigne, ou autres terres loingtaines, les transporta en pays sien, et obeissant naturellement, savoir est Flandres : et les Hannuiers et Flamens, ses naturelz subjectz, transporta en Saxe, non doubtant de leur féaulté, encores qu'ilz transmigrassent en regions estranges. Mais advint que les Saxons continuerent en leur rebellion et obstination premiere, et les Flamens habitans en Saxe embeurent les meurs et contradictions des Saxons.

Comment Panurge feut faict chastellain de Salmiguondin en Dipsodie, et mangeoit son bled en herbe.
CHAPITRE II.

Donnant Pantagruel ordre au gouvernement de toute Dipsodie, assigna la chastellenie de Salmiguondin à Panurge, valent par chascun an 6789106789 royaulx en deniers certains, non comprins l'incertain revenu des hanetons et cacqueroles, montant bon an mal an de 2435768 à 2435769 moutons à la grande laine. Quelques foys revenoit 1234554321 seraphz quand estoit bonne année de cacqueroles, et hanetons de requeste; mais ce n'estoit tous les ans. Et se gouverna si bien et prudentement Monsieur le nouveau chastellain, qu'en moins de quatorze jours il dilapida le revenu certain incertain de sa chastellenie pour troys ans. Non proprement dilapida, comme vous pourriez dire en fondations de monasteres, erections de temples, bastimens de collieges et hospitaulx, ou jectant son lard aux chiens; mais despendit en mille petitz bancquetz et festins joyeulx, ouvers à tous venens, mesmement tous bons compaignons, jeunes fillettes et mignonnes gualoises. Abastant hoys, bruslant les grosses souches pour la vente des cendres, prenant argent d'avance, achaptant cher, vendent à bon marché, et mangeant son bled en herbe. Pantagruel, adverti de l'affaire, n'en feut en soy aulcunement indigné, fasché, ne marry. Je vous ay ja dict et encores rediz que c'estoit le meilleur petit et grand bon homme que oncques ceignit espée. Toutes choses prenoit en bonne partie, tout acte interpretoit à bien. Jamais ne se tourmentoit, jamais ne se scandalizoit. Aussi eust il esté bien forissu du deificque manoir de raison, si aultrement se feust contristé ou altéré. Car tous les biens que le ciel couvre, et que la terre contient en toutes ses dimensions, haulteur, profundité, longitude et latitude, ne sont dignes d'esmouvoir nos affections et troubler nos sens et espritz.

Seulement tira Panurge à part, et doulcettement luy remonstra que si ainsi vouloit vivre, et n'estre aultrement mesnagier, impossible seroit, ou pour le moins bien difficile, le faire jamais riche. « Riche? respondit Panurge. Aviez-vous là fermé vostre pensée? Aviez-vous en soing pris me faire riche en ce monde? Pensez vivre joyeulx, de par li bon Dieu et li bons homs. Autre soing, autre soucy ne soit receup on sacrosainct domicile de vostre celeste cerveau. La serenité d'icelluy jamais ne soit troublée par nues quelconques de pensement passementé de meshaing et fascherie. Vous vivent joyeulx, guaillard, dehait, je ne seray riche que trop. Tout le monde crie mesnaige, mesnaige! mais tel parle de mesnaige, qui ne sçayt mie que c'est. C'est de moy que fault conseil prendre. Et de moy pour ceste heure prendrez advertissement que ce qu'on me impute à vice, a esté imitation des Université et Parlement de Paris, lieux esquelz consiste la vraye source et vive idée de

Pantheologie, de toute justice aussi. Hæreticque qui en doubte, et fermement ne le croyt. Ilz toutesfoys en un jour mangent leur evesque, ou le revenu de l'evesché (c'est tout un) pour une année entiere, voyre pour deux aulcunes foys. C'est au jour qu'il y faict son entrée. Et n'y a lieu d'excuse, s'il ne vouloit estre lapidé sur l'instant. A esté aussi acte des quatre vertus principales. De prudence, en prenent argent d'avance. Car on ne sçait qui mord ne qui rue. Qui sçayt si le monde durera encores troys ans? Et ores qu'il durast dadventaige, est-il home tant fol qui se ausast promettre vivre troys ans?

Oncq' homme n'eut les Dieux tant bien à main,
Qu'asceuré feust de vivre au lendemain.

De justice: commutative, en achaptant cher (je diz à credit) vendant à bon marché (je diz argent comptant). Que dict Caton en sa mesnagerie sus ce propos? Il fault (dict-il) que le perefamile soit vendeur perpetuel. Par ce moyen est impossible qu'en fin riche ne devieigne, si tousjours dure l'apothecque. Distributive, donnant à repaistre aux bons (notez bons) et gentilz compaignons, lesquelz Fortune avoit jecté comme Ulyxes sus le roc de bon appetit, sans provision de mangeaille : et aux bonnes (notez bonnes) et jeunes gualoises [1] (notez jeunes, car scelon la sentence de Hippocrates, jeunesse est impatiente de faim, mesmement si elle est vivace, alaigre, brusque, movente, voltigeante). Lesquelles gualoises [2] voluntiers et de bon hayt font plaisir à gens de bien, et sont Platonicques et Ciceronianes jusques là qu'elles se reputent estre on monde nées, non pour soy seulement, ains de leurs

1. Dans A, le mot *gualoises* se trouve après la parenthèse, avant : *Lesquelles*. — 2. A : *gualoises* manque.

propres personnes font part à leur patrie, part à leurs amis.

De force, en abastant les gros arbres, comme un second Milo, ruinant les obscures forestz, tesnieres de loups, de sangliers, de renards; receptacles de briguans et meurtriers, taulpinieres de assassinateurs, officines de faulx monnoieurs, retraictes d'hæreticques, et les complanissant en claires guarigues et belles bruieres, jouant des haulx boys, et præparant les sieges pour la nuict du jugement.

De temperance, mangeant mon bled en herbe, comme un hermite vivent de salades et racines; me emancipant des appetitz sensuelz, et ainsi espargnant pour les estropiatz et souffreteux. Car ce faisant, j'espargne les sercleurs, qui guaingnent argent; les mestiviers, qui beuvent voluntiers et sans eau; les gleneurs, esquelz fault de la fouace; les basteurs, qui ne laissent ail, oignon ne eschalote és jardins, par l'auctorité de Thestilis Virgiliane; les meusniers, qui sont ordinairement larrons, et les boulangiers, qui ne valent gueres mieulx. Est-ce petite espargne? Oultre la calamité des mulotz, le deschet des greniers, et la mangeaille des charrantons et mourrins. De bled en herbe vous faictez belle saulce verde, de legiere concoction, de facile digestion, laquelle vous esbanoist le cerveau, esbaudist les espritz animaulx, resjouist la veue, ouvre l'appetit, delecte le goust, assere le cœur, chatouille la langue, faict le tainct clair, fortifie les muscles, tempere le sang, allegre le diaphragme, refraischist le foye, desoppile la ratelle, soulaige les roignons, assouplist les reins, desgourdist les spondyles, vuide les ureteres, dilate les vases spermaticques, abbrevie les cremasteres, expurge la vessie, enfle les genitoires, corrige le prepuce, incruste le balane, rectifie le membre: vous faict bon ventre, bien rotter, vessir, peder, fianter, uriner, esternuer, sangloutir, toussir, cracher, vomiter, baisler, mouscher, haleiner, inspirer, respirer, ronfler, suer, dresser le virolet, et mille autres rares adventaiges.—J'entend bien (dist Pantagruel) ; vous inferez que gens de peu d'esprit ne sçauroient beaucoup en brief temps despendre. Vous n'estez le premier qui ayt conceu ceste hæresie. Neron le maintenoit, et sus tous humains admiroit C. Caligula son oncle, lequel en peu de jours avoit par invention mirificque despendu tout l'avoir et patrimoine que Tiberius luy avoit laissé. Mais en lieu de guarder et[1] observer les loix cœnaires et sumptuaires des romains, la Orchie, la Fannie, la Didie, la Licinie, la Cornelie, la Lepidiane, la Antie, et des Corinthiens, par les quelles estoit rigoreusement à un chascun defendu plus par an despendre que portoit son annuel revenu, vous avez faict protervie, qui estoit entre les romains sacrifice tel que l'aigneau paschal entre les juifz. Il y convenoit tout mangeable manger, le reste jecter on feu, rien ne reserver au lendemain. Je le peuz de vous justement dire, comme le dist Caton de Albidius, lequel, avoir en excessive despense mangé tout ce qu'il possedoit, restant seulement une maison, y mist le feu dedans, pour dire : *consummatum est*, ainsi que depuys dist Sainct Thomas d'Acquin, quand il eust la lamproye toute mangée. Cela non force.

Comment Panurge loue les debteurs et émprunteurs.
Chapitre III.

ais (demanda Pantagruel) quand serez-vous hors de debtes? — Es Calendres grecques, respondit Panurge : lors que tout le monde sera content, et que serez heritier de vous-mesmes. Dieu me garde d'en estre hors ! Plus lors ne

---

1. A : *guarder et* manque.

trouverois qui un denier me prestast. Qui au soir ne laisse levain, ja ne fera au matin lever paste. Debvez-vous tousjours à quelq'un? par icelluy sera continuellement Dieu prié vous donner bonne, longue et heureuse vie ; craignant sa debte perdre, tousjours bien de vous dira en toutes compaignies, tousjours nouveaulx crediteurs vous acquestera, affin que par eulx vous faciez versure, et de terre d'aultruy remplissez son fossé. Quand jadis en Gaulle, par l'institution des Druydes, les serfs, varlets et appariteurs estoient tout vifz bruslez aux funérailles et exeques de leurs maistres et seigneurs, n'avoient-ilz belle paour que leurs maistres et seigneurs mourussent? Car ensemble force leurs estoit mourir. Ne prioient-ilz continuellement leur grand dieu Mercure, avecq Dis le Pere aux Escuz, longuement en santé les conserver? N'estoient-ils soingneux de bien les traicter et servir? Car ensemble povoient-ilz vivre, au moins jusques à la mort. Croyez qu'en plus fervente devotion vos crediteurs priront Dieu que vivez, craindront que mourez, d'autant que plus ayment la manche que le braz, et la denare que la vie. Tesmoings les usuriers de Landerousse, qui n'a gueres se pendirent, voyans les bleds et vins ravaller en pris, et bon temps retourner. » Pantagruel rien ne respondent, continua Panurge : « Vray bot, quand bien je y pense, vous me remettez à poinct en ronfle veue, me reprochant mes debtes et crediteurs. Dea ! en ceste seule qualité je me reputois auguste, reverend et redoubtable, que sus l'opinion de tous philosophes (qui disent rien de rien n'estre faict), rien ne tenent, ne matiere premiere, estoys facteur et createur. Avois creé, quoy? tant de beaulx et bons crediteurs! Crediteurs sont (je le maintiens jusques au feu exclusivement) creatures belles et bonnes. Qui rien ne preste, est creature laide et mauvaise, creature du grand vil-

lain diantre d'enfer. Et faict, quoy? debtes. O chose
rare et antiquaire! Debtes, diz-je, excedentes le nom
bre des syllabes resultantes au couplement de toutes
es consonantes avecques les vocales, jadis projecté et
compté par le noble Xenocrates. A la numerosité
des crediteurs si vous estimez la perfection des debteurs, vous ne errerez en arithmetique praticque. Cui-
dez-vous que je suis aise quand tous les matins autour
de moy je voy ces crediteurs tant humbles, serviables
et copieux en reverences? Et quand je note que moy
faisant à l'un visaige plus ouvert et chere meilleure
que és autres, le paillard pense avoir sa depesche le
premier, pense estre le premier en date, et de mon ris
cuyde que soit argent content, il m'est advis que je
joue encores le Dieu de la Passion de Saulmur, accompaigné de ses anges et cherubins. Ce sont mes candi-
datz, mes parasites, mes salueurs, mes diseurs de
bons jours, mes orateurs perpetuelz. Et pensois veritablement en debtes consister la montaigne de vertus
heroïcque, descripte par Hesiode, en laquelle je tenois
degré premier de ma licence, à laquelle tous humains
semblent tirer et aspirer. Mais peu y montent, pour la
difficulté du chemin; voyant au jourd'huy tout le
monde en desir fervent et strident appetit de faire
debtes et crediteurs nouveaulx. Toutesfois il n'est debteur qui veult : il ne fait crediteurs qui veult. Et vous
me voulez debouter de ceste felicité soubeline? Vous
me demandez quand seray hors de debtes?

Bien pis y ha : je me donne à sainct Babolin le bon
sainct, en cas que toute ma vie je n'aye estimé debtes
estre comme une connexion et colligence des cieulx et
terre, ung entretenement unicque de l'humain lignaige,
je dis, sans lequel bien tost tous humains periroient :
estre par adventure celle grande ame de l'univers, laquelle, selon les academicques, **toutes choses vivifie.**

Qu'ainsi soit, repræsentez-vous en esprit serain l'idée et forme de quelque monde; prenez, si bon vous semble, le trentiesme de ceulx que imaginoit le philosophe Metrodorus, ou le soixante et dix huyctieme de Petron[1], on quel ne soit debteur ne crediteur aulcun. Un monde sans debtes; là entre les astres ne sera cours regulier quiconque. Tous seront en desarroy. Juppiter, ne s'estimant debiteur à Saturne, le depossedera de sa sphære, et avecques sa chaine homericque suspendera toutes les intelligences, dieux, cieulx, dæmons, genies, heroes, diables, terre, mer, tous clemens. Saturne se r'aliera avecques Mars, et mettront tout ce monde en perturbation. Mercure ne vouldra soy asservir és aultres; plus ne sera leur Camille, comme en langue hetrusque estoit nommé. Car il ne leurs est en rien debteur. Venus ne sera venerée, car elle n'aura rien presté. La lune restera sanglante et tenebreuse. A quel propous luy departiroit le soleil sa lumiere? Il n'y estoit en rien tenu : le soleil ne luyra sus leur terre; les astres ne y feront influence bonne. Car la terre desistoit leur prester nourrissement par vapeurs et exhalations, desquelles disoit Heraclitus, prouvoient les stoïciens, Ciceron maintenoit, estre les estoilles alimentées. Entre les elemens ne sera symbolisation, alternation ne transmutation aulcune. Car l'un ne se reputera obligé à l'autre : il ne luy avoit rien presté. De terre ne sera faicte eau; l'eaue en aer ne sera transmuée; de l'aer ne sera faict feu; le feu n'eschauffera la terre. La terre rien ne produira que monstres, Titanes, Aloïdes[2], geans : il n'y pluyra pluye, n'y luyra lumiere, n'y ventera vent, n'y sera esté ne automne. Lucifer se desliera, et sortant du profond d'enfer avecques les Furies, les Poines et Diables cor-

---

1. A : *ou le... Petron* manque. — 2. A : *Aloïdes* manque.

nuz, vouldra deniger des cieulx tous les dieux, tant
des majeurs comme des mineurs peuples. De cestuy
monde rien ne prestant ne sera qu'une chienerie, que
une brigue plus anomale que celle du recteur de Paris,
qu'une diablerie plus confuse que celle des jeux de
Doué. Entre les humains l'un ne saluera l'autre : il
aura beau crier à l'aide, au feu, à l'eau, au meurtre : personne ne ira à secours. Pourquoy? Il n'avoit
rien presté, on ne luy debvoit rien. Personne n'a interest en sa conflagration, en son naufrage, en sa ruine,
en sa mort. Aussi bien ne prestoit-il rien. Aussi bien
n'eust il par après rien presté. Brief, de cestuy monde
seront bannies Foy, Esperance, Charité ; car les homes
sont nez pour l'ayde et secours des homes. En lieu
d'elles succederont Defiance, Mespris, Rancune, avecques la cohorte de tous maulx, toutes maledictions et
toutes misères. Vous penserez proprement que là eust
Pandora versé sa bouteille. Les hommes seront loups
és hommes, loups guaroux et lutins, comme feurent
Lychaon, Bellerophon, Nabugotdonosor : briguans,
assassineurs, empoisonneurs, malfaisans, malpensans,
malveillans, haine portans : un chascun contre tous,
comme Ismaël, comme Metabus, comme Timon Athe-
nien, qui pour ceste cause feut surnommé μισάνθρωπος.
Si que chose plus facile en nature seroit nourrir en
l'aer les poissons, paistre les cerfz on fond de l'Ocean,
que supporter ceste truandaille de monde, qui rien ne
preste. Par ma foy, je les hays bien.

Et si au patron de ce fascheux et chagrin monde
rien ne prestant vous figurez l'autre petit monde, qui
est l'homme, vous y trouverez un terrible tintamarre.
La teste ne vouldra prester la veue de ses œilz[1] pour
guider les piedz et les mains. Les piedz ne la daigne-

---

1. A : yeulx.

ront porter : les mains cesseront travailler pour elle. Le cueur se faschera de tant se mouvoir pour les pouls des membres, et ne leurs prestera plus. Le poulmon ne luy fera prest de ses souffletz. Le foye ne luy envoyra sang pour son entretien. La vessie ne vouldra estre debitrice aux roignons. L'urine sera supprimée. Le cerveau, considerant ce train desnaturé, se mettra en resverie, et ne baillera sentement és nerfz, ne mouvement és muscles. Somme, en ce monde desrayé, rien ne debvant, rien ne prestant, rien ne empruntant, vous voirez une conspiration plus pernicieuse que n'a figuré Æsope en son apologue. Et perira sans doubte : non perira seullement, mais bien tost perira, feust-ce Æsculapius mesme. Et ira soubdain le corps en putrefaction ; l'ame toute indignée prendra course à tous les diables, après mon argent.

Continuation du discours de Panurge, à la louange des presteurs et debteurs. — Chapitre IV.

Au contraire, representez-vous un monde autre, on quel un chascun preste, un chascun doibve : tous soient debteurs, tous soient presteurs. O quelle harmonie sera parmy les reguliers mouvemens des cieulz ! Il m'est advis que je l'entends aussi bien que feit oncques Platon. Quelle sympathie entre les clemens ! O comment nature se y delectera en ses œuvres et productions ! Céres chargée de bleds, Bacchus de vins, Flora de fleurs, Pomona de fruictz, Juno en son aer serain seraine, salubre, plaisante. Je me pers en ceste contemplation. Entre les humains paix, amour, dilection, fidelité, repous, banquetz, festins, joye, liesse, or, argent, menue monnoye, chaisnes, bagues, marchandises, troteront de main en main. Nul procés, nulle guerre, nul debat : nul n'y sera usurier, nul leschart, nul chichart, nul refusant. Vray Dieu ! ne sera ce l'aage d'or, le regne de Saturne, l'idée des regions olympicques, ès quelles toutes autres vertus cessent, Charité seule regne, regente, domine, triumphe? Tous seront bons, tous seront beaulx, tous seront justes. O monde heureux! O gens de cestuy monde heureux! O beatz troys et quatre foys! Il m'est advis que je y suis. Je vous jure le bon Vraybis que si cestuy monde, beat monde[1], ainsi à un chascun prestant, rien ne refusant, eust pape foizonnant en cardinaulx, et associé de son sacré colliege, en peu d'années vous y voiriez les sainctz plus druz, plus miraclificques, à plus de leçons, plus de veuz, plus de bastons, et plus de chandelles, que ne sont tous ceulx des neufz eveschez de Bretaigne, exceptez seulement Sainct-Ives. Je vous prie, considerez comment le noble Patelin, voulant déifier et par divines louenges mettre jusques au tiers ciel le Pere Guillaume Jousseaulme, rien plus ne dist, sinon,

Et si prestoit
Ses denrées à qui en vouloit.

O le beau mot! A ce patron figurez nostre Microcosme, id est petit monde, c'est l'homme[2], en tous ses membres, prestans, empruntans, doivans, c'est-à-dire en son naturel. Car nature n'a créé l'homme que pour prester et emprunter. Plus grande n'est l'harmonie des cieux que sera de sa police. L'intention du fondateur de ce Microcosme est y entretenir l'ame, laquelle il y a mise comme hoste, et la vie. La vie consiste en sang. Sang est le siege de l'ame; pourtant, un seul labeur poine ce monde: c'est forger sang continuellement. En ceste forge sont tous membres en office propre, et est leur hierarchie telle, que sans cesse l'un de l'autre emprunte,

1. A : *beat monde* manque. — 2. *id est... l'homme* manque.

l'un à l'autre preste, l'un à l'autre est debteur. La matiere et metal convenable pour estre en sang transmué est baillé par nature : pain et vin. En ces deux sont comprinses toutes especes des alimens. Et de ce est dict le companage en langue goth. Pour icelles trouver, præparer et cuire travaillent les mains, cheminent les piedz, et portent toute ceste machine : les œilz[1] tout conduisent. L'appetit en l'orifice de l'estomach, moyenant un peu de melancholie aigretté, que luy est transmis de la ratelle, admonneste de enfourner viande. La langue en faict l'assay, les dens la maschent : l'estomach la reçoit, digere et chylifie. Les veines mesaraïcques en sugcent ce qu'est bon et idoine, delaissent les excremens, les quelz par vertus expulsive sont vuidez hors par exprès conduictz, puys la portent au foye : il la transmue de rechef, et en faict sang. Lors quelle joye pensez vous estre entre ces officiers, quand ilz ont veu ce ruisseau d'or, qui est leur seul restaurant? Plus grande n'est la joye des alchymistes quand, après longs travaulx, grand soing et despense, ilz voyent les metaulx transmuez dedans leurs fourneaulx. Adoncques chascun membre se præpare et s'esvertue de nouveau à purifier et affiner cestuy thesaur. Les roignons par les venes emulgentes en tirent l'aiguosité, que vous nommez urine, et par les ureteres la decoulent en bas. Au bas trouve receptacle propre, c'est la vessie, laquelle en temps opportun la vuide hors. La ratelle en tire le terrestre et la lie, que vous nommez melancholie. La bouteille du fiel en soubstraict la cholere superflue. Puys est transporté en une autre officine pour mieulx estre affiné, c'est le cœur, lequel par ces mouvemens diastolicques et systolicques le subtilie et enflambe, tellement que par le ventricule dextre le met à perfec-

1. A : yeulx.

tion, et par les venes l'envoye à tous les membres.
Chascun membre l'attire à soy, et s'en alimente à sa
guise : pieds, mains, œilz¹, tous : et lors sont faictz
debteurs, qui paravant estoient presteurs. Par le ventricule gausche il le faict tant subtil, qu'on le dict spirituel, et l'envoye à tous les membres par ses arteres,
pour l'autre sang des venes eschauffer et esventer. Le
poulmon ne cesse avecques ses lobes et souffletz le refraischir. En recongnoissance de ce bien, le cœur luy en
depart le meilleur par la vene arteriale. En fin, tant est
affiné dedans le retz merveilleux, que par après en sont
faictz les espritz animaulx, moyennans les quelz elle
imagine, discourt, juge, resoust, delibere, ratiocine
et rememore. Vertus guoy! je me naye, je me pers,
je m'esguare, quand je entre on profond abisme de ce
monde ainsi prestant, ainsi doibvant. Croyez que chose
divine est prester : debvoir est vertus heroïcque.

Encores n'est ce tout. Ce monde prestant, doibvant,
empruntant, est si bon, que, ceste alimentation parachevée, il pense desja prester à ceulx qui ne sont encores nez, et par prest se perpetuer s'il peult, et multiplier en images à soy semblables, ce sont enfans. A
ceste fin, chascun membre du plus precieux de son
nourrissement decide et roigne une portion, et la ren-
voye en bas; nature y a præparé vases et receptacles
opportuns, par les quelz descendent és genitoires, en
longs ambages et flexuositez, reçoit forme competente,
et trouve lieux idoines, tant en l'homme comme en la
femme, pour conserver et perpetuer le genre humain.
Ce faict le tout par prestz et debtes de l'un à l'autre :
dont est dict le debvoir de mariage. Poine par nature
est au refusant interminée, acre vexation parmy les
membres, et furie parmy les sens : au prestant loyer
consigné, plaisir, alaigresse, et volupté. »

1. A : yeulx.

Comment Pantagruel deteste les debteurs et emprunteurs.
Chapitre V.

J'entends (respondit Pantagruel), et me semblez bon topicqueur et affecté à vostre cause. Mais preschez et patrocinez d'icy à la Pentecoste, en fin vous serez esbahy comment rien ne me aurez persuadé, et par vostre beau parler, ja ne me ferez entrer en debtes. Rien (dict le sainct Envoyé) à personne ne doibvez, fors amours et dilection mutuelle.

Vous me usez icy de belles graphides et diatyposes, et me plaisent très bien. Mais je vous diz que si figurez un affronteur efronté, et importun emprunteur, entrant de nouveau en une ville ja advertie de ses meurs, vous trouverez que à son entrée plus seront les citoyens en effroy et trepidation que si la peste y entroit en habillement tel que la trouva le philosophe Tyanien dedans Ephese. Et suys d'opinion que ne erroient les Perses, estimans le second vice estre mentir, le premier estre debvoir; car debtes et mensonges sont ordinairement ensemble ralliez. Je ne veulx pourtant inferer que jamais ne faille debvoir, jamais ne faille prester. Il n'est si riche qui quelques foys ne doibve. Il n'est si pauvre de qui quelques foys on ne puisse emprunter. L'ocasion sera telle que la dict Platon en ses loix, quand il ordonne qu'on ne laisse chés soy les voysins puiser eau, si premierement ilz n'avoient en leurs propres pastifz foussoié et beché jusques à trouver celle espece de terre qu'on nomme ceramite (c'est terre à potier), et là n'eussent rencontré source ou degout d'eaux. Car icelle terre, par sa substance, qui est grasse, forte, lize, et dense, retient l'humidité, et n'en est facilement faict exhalation. Ainsi est-ce grande vergouigne, tousjours, en tous lieux, d'un chascun emprunter, plus toust que travailler et guaingner. Lors seulement debvroit on, scelon mon jugement, prester, quand la personne, travaillant, n'a peu par son labeur faire guain, ou quand elle est soubdainement tumbée en perte inopinée de ses biens. Pourtant laissons ce propos, et dorenavant ne vous attachez à crediteurs : du passé je vous delivre. — Le moins de mon plus (dist Panurge) en cestuy article sera vous remercier, et si les remercimens doibvent estre mesurez par l'affection des biensfaicteurs, ce sera infiniment, sempiternellement : car l'amour que de vostre grace me portez est hors le dez d'estimation : il transcende tout poix, tout nombre, toute mesure ; il est infiny, sempiternel. Mais, le mesurant au qualibre des biensfaictz et contentement des recepvans, ce sera assez laschement. Vous me faictes des biens beaucoup, et trop plus que ne m'appartient, plus que n'ay envers vous deservy, plus que ne requeroient mes merites, force est que le confesse, mais non mie tant que pensez en cestuy article. Ce n'est là que me deult, ce n'est là que me cuist et demange : car doresnavant, estant quitte, quelle contenence auray-je? Croiez que je auray maulvaise grace pour les premiers moys, veu que je n'y suis ne nourry ne accoustumé. Je en ay grand paour. D'adventaige, desormais ne naistra ped en tout Salmiguondinoys qui ne ayt son renvoy vers mon nez. Tous les peteurs du monde petans disent : Voy là pour les quittes. Ma vie finera bien toust, je le prævoy. Je vous recommande mon epitaphe. Et mourray tout confict en pedz. Si quelque jour, pour restaurant à faire peter les bonnes femmes en extreme passion de colicque venteuse, les medicamens ordinaires ne satisfont aux medicins, la momie de mon paillard et empeté corps leurs sera remede præsent. En prenent tant peu que direz, elles peteront plus qu'ilz n'entendent. C'est pourquoy je vous prirois voluntiers que de debtes me laissez quelque centurie, comme le roy Loys unziesme, jectant hors de procès Miles d'Illiers, evesque de Chartres, feut importuné luy en laisser quelque un pour se exercer. J'ayme mieux leurs donner toute ma cacqueroliere, ensemble ma hannetonniere, rien pourtant ne deduisant du sort principal. — Laissons (dist Pantagruel) ce propos, je vous l'ay ja dict une foys.

Pourquoy les nouveaulx mariés estoient exemptz d'aller en guerre. — CHAPITRE VI.

Mais (demanda Panurge) en quelle loy estoit-ce constitué et estably, que ceulx qui vigne nouvelle planteroient, ceulx qui logis neuf bastiroient et les nouveaux mariés seroien exemptz d'aller en guerre pour la premiere année? — En la loy (respondit Pantagruel) de Moses. — Pourquoy (demanda Panurge) les nouveaulx mariés? Des planteurs de vigne je suis trop vieux pour me soucier : je acquiesce on soucy des vendangeurs, et les beaulx bastisseurs nouveaulx de pierres mortes ne sont escriptz en mon livre de vie. Je ne bastis que pierres vives, ce sont hommes. — Selon mon jugement (respondit Pantagruel), c'estoit affin que pour la premiere année ilz jouissent de leurs amours à plaisir, vacassent à production de lignage et feissent provision de heritiers. Ainsi, pour le moins, si l'année seconde estoient en guerre occis, leur nom et armes restast en leurs enfans. Aussi que leurs femmes on congneust certainement estre ou brehaignes, ou fecondes (car l'essay d'un an leurs sembloit suffisant, attendu la maturité de l'aage en laquelle ilz faisoient nopces), pour mieulx, après le decés des mariz premiers, les colloquer en secondes nopces : les fecondes, à ceulx qui vouldroient multiplier en enfans ; les brehaignes, à ceulx qui n'en appeteroient, et les prendroient pour leurs vertus, sçavoir, bonnes graces, seulement en consolation domesticque et entretenement de mesnage. — Les prescheurs de Varenes (dist Panurge) detestent les secondes nopces, comme folles et deshonnestes. — Elles sont (respondit Pantagruel) leur fortes fiebvres quartaines. — Voire (dist Panurge) et à frere Enguainnant aussi, qui, en plain sermon, preschant à Parillé et detestant les nopces secondes, juroit et se donnoit au plus viste diable d'enfer en cas que mieulx n'aymast depuceller cent filles que biscoter une vefve. Je trouve vostre raison bonne et bien fondée. Mais que diriez-vous si ceste exemption leurs estoit oultroyée pour raison que, tout le decours d'icelle prime année, ilz auroient tant taloché leurs amours de nouveau possedez (comme c'est l'æquité et debvoir et tant esgoutté leurs vases spermaticques, qu'ilz en restoient tous effilez, tous evirez, tous enervez et flatriz, si que, advenent le jour de bataille, plus tost se mettroient au plongeon comme canes, avecques le baguaige, que avecques les combatans et vaillans champions on lieu onquel par Enyo est meu le hourd, et sont les coups departiz? Et soubs l'estandart de Mars ne frapperoient coup qui vaille, car les grands coups auroient ruez sous les courtines de Venus s'amie. Qu'ainsi soit, nous voyons encores maintenant, entre autres reliques et monumens d'antiquité, qu'en toutes bonnes maisons, apres ne sçay quantz jours, l'on envoye ces nouveaux mariez veoir leur oncle, pour les absenter de leurs femmes, et ce pendent soy reposer et de rechief se avitailler pour mieux au retour combatre, quoy que souvent ilz n'ayent ne oncle ne tante. En pareille forme que le roy Petault, après la journée des Cornabons, ne nous cassa proprement parlant, je diz moy et Courcaillet, mais nous envoya refraischir en nos maisons. Il est encores cherchant la sienne. La marraine de mon grand-pere me disoit, quand j'estois petit, que,

> Patenostres et oraisons
> Sont pour ceulx là qui les retiennent.
> Un fiffre allans en fenaisons
> Est plus fort que deux qui en viennent.

Ce que me induict en ceste opinion est que les planteurs de vigne à peine mangeoient raisins ou beuvoient vin de leur labeur durant la première année, et les bastisseurs, pour l'an premier, ne habitoient en leurs logis de nouveau faictz, sur poine de y mourir suffocquez par deffault de expiration, comme doctement l'a noté Galen, lib. 2, *De la difficulté de respirer*. Je ne l'ay demandé sans cause bien causée, ne sans raison bien resonnante. Ne vous desplaise.

Comment Panurge avoit la pusse en l'aureille, et desista porter sa magnificque braguette.

Chapitre VII.

Au lendemain, Panurge se feit perser l'aureille dextre à la judaïque et y atacha un petit anneau d'or à ouvraige de tauchie, on caston duquel estoit une pusse enchassée. Et estoit la pusse noire, affin que de rien ne doubtez. C'est belle chose, estre en tous cas bien informé. La despence de laquelle, raportée à son bureau, ne montoit par quartier gueres plus que le mariage d'une tigresse hircanicque, comme vous pourriez dire 600000 malvedis. De tant excessive despense se fascha lors qu'il feut quitte, et depuis la nourrit en la façon des tyrans et advocatz, de la sueur et du sang de ses subjectz. Print quatre aulnes de bureau, s'en acoustra comme d'une robbe longue à simple cousture, desista porter le hault de ses chausses, et attacha des lunettes à son bonnet. En tel estat se presenta davant Pantagruel, lequel trouva le desguisement estrange, mesmement ne voyant plus sa belle et magnificque braguette, en laquelle il souloit comme en l'ancre sacre constituer son dernier refuge contre tous naufraiges d'adversité. N'entendant le bon Pantagruel ce mystere, le interrogea, demandant que pretendoit ceste nouvelle prosopopée. J'ay (respondit Panurge) la pusse en l'aureille. Je me veulx marier. — En bonne heure soit, dist Pantagruel; vous m'en avez bien resjouy. Vrayement, je n'en vouldrois pas tenir un fer chauld. Mais ce n'est la guise des amoureux, ainsi avoir bragues avalades et laisser pendre sa chemise sur les genoilx sans hault de chausses, avecques robbe longue de bureau, qui est couleur inusitée en robbes talares entre gens de bien et de vertus. Si quelques personaiges de hæresies et sectes particuliaires s'en sont autres fois acoutrez, quoy que plusieurs l'ayent imputé à piperie, imposture et affectation de tyrannie sus le rude populaire, je ne veulx pourtant les blamer, et en cela faire d'eulx jugement sinistre. Chascun abonde en son sens, mesmement en choses foraines, externes et indifferentes, lesquelles de soy ne sont bonnes ne maulvaises, pource qu'elles ne sortent de nos cœurs et pensées, qui est l'officine de tout bien et tout mal : bien, si bonne est, et par le esprit munde reiglée l'affection : mal, si hors æquité par l'esprit maling est l'affection depravée. Seulement me deplaist la nouveaulté, et mespris du commun usaige.

— La couleur, respondit Panurge, est aspre aux potz, à propos; c'est mon bureau; je le veulx dorenavant tenir et de près reguarder à mes affaires. Puys qu'une foys je suis quitte, vous ne veistes oncques homme plus mal plaisant que je seray, si Dieu ne me ayde. Voicz cy mes bezicles : à me veoir de loing, vous diriez proprement que c'est frere Jan Bourgeoys. Je croy bien que l'année qui vient je prescheray encores une foys la croisade. Dieu guard de mal les pelotons. Voiez vous ce bureau? Croiez qu'en luy consiste quelque occulte propriété à peu de gens congneue. Je ne l'ay prins qu'à ce matin, mais desja j'endesve, je deguene, je grezille d'estre marié et labourer en diable bur dessus ma femme, sans craincte des coups de baston. O le grand mesnaiger que je seray! Après ma mort on me fera brusler en bust honorificque, pour en avoir les cendres, en mémoire et exemplaire du mesnaiger perfaict. Corbieu! sus cestuy mien bureau ne se joue pas mon argentier d'allonger les ss., car coups de poing troteroient en face. Voyez moy davant et darriere; c'est la forme d'une toge, antique habillement des Romains on temps de paix. J'en ay prins la forme en la columne de Trajan à Rome, en l'arc triumphal aussi de Septimius Severus. Je suis las de guerre, las de sages et hocquetons. J'ay les espaules toutes usées à force de porter harnois. Cessent les armes, reignent les toges, au moins pour toute ceste subsequente année, si je suis marié, comme vous me allegastez hier par la loy mosaïque.

Au reguard du hault de chausses, ma grande tante Laurence jadis me disoit qu'il estoit faict pour la braguette. Je le croy, en pareille induction, que le gentil falot Galen, lib. 9, de l'usage de nos membres, dict la teste estre faicte pour les œilz [1]. Car nature eust peu mettre nos testes aux genoulx ou aux coubtes; mais ordonnant les œilz [2] pour descouvrir au loing, les fixa en la teste comme en un baston au plus hault du corps, comme nous voyons les phares et haultes tours sus les

1. A : yeulx. — 2. A : yeulx.

havres de mer estre erigées, pour de loing estre veue
la lanterne. Et pource que je vouldrois quelque espace
de temps, un an pour le moins, respirer de l'art militaire, c'est à dire me marier, je ne porte plus braguette, ne par consequent hault de chausses. Car la
braguette est premiere piece de harnoys pour armer
l'homme de guerre. Et maintiens jusques au feu (exclusivement entendez) que les Turcs ne sont aptement
armez, veu que braguettes porter est chose en leurs
loix defendue.

*Comment la braguette est premiere piece de harnois
entre gens de guerre.* — CHAPITRE VIII.

Voulez-vous (dist Pantagruel) maintenir que
la braguette est piece premiere de harnois
militaire? C'est doctrine moult paradoxe et
nouvelle. Car nous disons que par esprons
on commence soy armer. —Je le maintiens, respondit
Panurge, et non à tord je le maintiens. Voyez comment nature, voulent les plantes, arbres, arbrisseaulx,
herbes et zoophytes une fois par elle créez, perpetuer
et durer en toute succession de temps, sans jamais deperir les especes, encores que les individuz perissent,
curieusement arma leurs germes et semences, ès
quelles consiste icelle perpetuité, et les a muniz et
couvers par admirable industrie de gousses, vagines,
testz, noyaulx, calicules, coques, espiz, pappes, escorces, echines poignans, qui leurs sont comme belles et
fortes braguettes naturelles. L'exemple y est manifeste
en poix, febves, faseolz, noix, alberges, cotton, colocynthes, bleds, pavot, citrons, chastaignes, toutes
plantes generalement, ès quelles voyons apertement le
germe et la semence plus estre couverte, munie, et armée qu'autre partie d'icelles. Ainsi ne pourveut nature à la perpetuité de l'humain genre, ains crea

l'home nud, tendre, fragile, sans armes ne offensives
ne defensives, en estat d'innocence et premier aage
d'or, comme animant, non plante : comme animant
(diz je) né à paix, non à guerre : animant né à jouissance mirificque de tous fruictz et plantes vegetables,
animant né à domination pacificque sus toutes bestes.
Advenent la multiplication de malice entre les humains en succession de l'aage de fer et regne de Juppiter, la terre commença à produire ¹ orties, chardons,
espines, et telle aultre maniere de rebellion contre
l'home entre les vegetables : d'autre part, presque
tous animaulx, par fatale disposition, se emanciperent
de luy, et ensemble tacitement conspirerent plus ne le
servir, plus ne luy obeir, en tant que resister pourroient, mais luy nuire scelon leur faculté et puissance.
L'home adoncques, voulent sa premiere jouissance
maintenir et sa premiere domination continuer, non
aussi povant soy commodement passer du service de
plusieurs animaulx, eut necessité soy armer de nouveau. — Par la dive Oye guenet ! (s'escria Pantagruel)
depuys les dernieres pluyes tu es devenu grand lifrelo-
fre, voyre, diz je, philosophe.

—Considerez (dist Panurge) comment nature l'inspira
soy armer, et quelle partie de son corps il commencza
premier armer. Ce feut (par la vertus Dieu) la couille
et le bon messer Priapus ; quand eut faict, ne la pria
plus. Ainsi nous le tesmoigne le capitaine et philosophe
Hebrieu Moses, affermant qu'il se arma d'une brave et
gualante braguette, faicte par moult belle invention de
feueilles de figuier : lesquelles sont naïfves, et du tout
commodes en dureté, incisure, frizure, polissure, grandeur, couleur, odeur, vertus et faculté pour couvrir
et armer couilles. Exceptez moy les horrificques

---

1. A ; *commença produire.*

couilles de Lorraine, lesquelles à bride avalée descendent au fond des chausses, abhorrent le mannoir des braguettes haultaines, et sont hors toute methode : tesmoing Viardiere, le noble Valentin, lequel un premier jour de May, pour plus guorgias estre, je trouvay à Nancy, descrotant ses couilles extendues sur une table comme une cappe à l'espaignole. Doncques ne fauldra dorenavant dire, qui ne vouldra improprement parler, quand on envoyra le franc taulpin en guerre : Saulve Tevot le pot au vin, c'est le cruon. Il faut dire : Saulve Tevot le pot au laict, ce sont les couilles, de par[1] tous les diables d'enfer. La teste perdue, ne perist que la persone : les couilles perdues, periroit toute humaine nature. C'est ce que meut le gualant Cl. Galen, *Lib.* 1. *De spermate*, à bravement conclure, que mieulx (c'est à dire moindre mal) seroit poinct de cœur n'avoir, que poinct n'avoir de genitoires. Car là consiste, comme en un sacré repositoire, le germe conservatif de l'humain lignage. Et croieroys pour moins de cent francs que ce sont les propres pierres moyenans les quelles Deucalion et Pyrrha restituerent le genre humain, aboly par le deluge poëtique. C'est ce qui meut le vaillant Justinian, *Lib.* 4. *De cagotis tollendis*, à mettre *summum bonum in braguibus et braguetis*.

Pour ceste et aultres causes, le seigneur de Merville, essayant quelque jour un harnoys neuf, pour suyvre son Roy en guerre (car du sien antique et à demy rouillé plus bien servir ne se povoit, à cause que depuys certaines années la peau de son ventre s'estoit beaucoup esloingnée des roignons), sa femme consydera, en esprit contemplatif, que peu de soing avoit du pacquet et baston commun de leur mariage, veu

1. A, B : departez.

qu'il ne l'armoit que de mailles, et feut d'advis qu'il le munist très bien et gabionnast d'ung gros armet de joustes, lequel estoit en son cabinet inutile. D'icelle sont escriptz ces vers on tiers livre du Chiabrena des pucelles :

> Celle qui veid son mary tout armé,
> Fors la braguette, aller à l'escarmouche,
> Luy dist : Amy, de paour qu'on ne vous touche,
> Armez cela, qui est le plus aymé.
> Quoy ? tel conseil doibt-il estre blasmé ?
> Je diz que non : car sa paour la plus grande
> De perdre estoit, le voyant animé,
> Le bon morceau dont elle estoit friande.

Desistez doncques vous esbahir de ce nouveau mien acoustrement.

Comment Panurge se conseille à Pantagruel pour sçavoir s'il se doibt marier. — CHAPITRE IX.

Pantagruel rien ne replicquant, continua Panurge, et dist avecques un profond soupir : Seigneur, vous avez ma deliberation entendue, qui est me marier, si de mal encontre n'estoient tous les trous fermez, clous et bouclez ; je vous supply, par l'amour que si long temps m'avez porté, dictez m'en vostre advis. — Puis (respondit Pantagruel) qu'une foys en avez jecté le dez, et ainsi l'avez decreté et prins en ferme deliberation, plus parler n'en fault ; reste seullement la mettre à execution.

— Voyre mais (dist Panurge) je ne la vouldrois executer sans votre conseil et bon advis. — J'en suis (respondit Pantagruel) d'advis et vous le conseille. — Mais (dist Panurge) si vous congnoissiez que mon meilleur feust tel que je suys demeurer, sans entreprendre cas de nouvelleté, j'aymerois mieulx ne me marier poinct. — Poinct doncques ne vous mariez, respondit Pantagruel. — Voire mais (dist Panurge) vouldriez vous qu'ainsi seulet je demeurasse toute ma vie sans compaignie conjugale? Vous sçavez qu'il est escript : *Veh soli.* L'homme seul n'a jamais tel soulas qu'on veoyd entre gens mariez.— Mariez vous doncq, de par Dieu, respondit Pantagruel.

— Mais si (dist Panurge) ma femme me faisoit coqu, comme vous sçavez qu'il en est grande année, ce seroit assez pour me faire trespasser hors les gonds de patience. J'aime bien les coquz, et me semblent gens de bien, et les hante voluntiers; mais pour mourir je ne le vouldroys estre. C'est un poinct qui trop me poingt. — Poinct doncques ne vous mariez (respondit Pantagruel). Car la sentence de Senecque est veritable hors toute exception : *Ce qu'à aultruy tu auras faict, soys certain qu'aultruy te fera.* — Dictez vous, demanda Panurge, cela sans exception? — Sans exception il le dict, respondit Pantagruel. — Ho ho (dist Panurge) de par le petit diable, il entend en ce monde ou en l'aultre.

Voyre mais, puis que de femme ne me peuz passer en plus qu'un aveugle de baston (car il fault que le virolet trote, aultrement vivre ne sçauroys), n'est ce le mieulx que je me associe quelque honneste et preude femme, qu'ainsi changer de jour en jour avecques continuel dangier de quelque coup de baston, ou de la verolle pour le pire? Car femme de bien oncques ne me feut rien, et n'en desplaise à leurs mariz. — Mariez vous doncq[1] de par Dieu, respondit Pantagruel.

— Mais si (dist Panurge) Dieu le vouloit, et advint que j'esposasse quelque femme de bien, et elle me batist, je seroys plus que tiercelet de Job, si je n'enrageois tout vif; car l'on m'a dict que ces tant femmes de bien ont communement maulvaise teste, aussi ont elles bon vi-

---

1. A : *doncq* manque.

naigre en leur mesnaige. Je l'auroys encores pire, et luy battroys tant et trestant sa petite oye, ce sont braz, jambes, teste, poulmon, foye et ratelle, tant luy deschicqueterois ses habillemens à bastons rompuz, que le grand Diole en attendroit l'ame damnée à la porte. De ces tabus je me passerois bien pour ceste année, et content serois n'y entrer poinct. — Point doncques ne vous mariez, respondit Pantagruel.

—Voire mais, dist Panurge, estant en estat tel que je suis, quitte, et non marié. Notez que je diz quitte en la male heure. Car estant bien fort endebté, mes crediteurs ne seroient que trop soingneux de ma paternité. Mais quitte, et non marié, je n'ay personne qui tant de moy se souciast, et amour tel me portast, qu'on dit estre amour conjugal. Et si par cas tombois en maladie, traicté ne serois qu'au rebours. Le saige dict : *Là où n'est femme*, j'entends merefamiles, et en mariage legitime, *le malade est en grand estrif*. J'en ay veu claire experience en papes, legatz, cardinaulx, evesques, abbez, prieurs, presbtres et moines. Or là jamais ne m'auriez. — Mariez-vous doncq de par Dieu, respondit Pantagruel.

— Mais si, dist Panurge, estant malade et impotent au debvoir de mariage, ma femme, impatiente de ma langueur, à aultruy se abandonnoit, et non seulement ne me secourust au besoing, mais aussi se mocquast de ma calamité, et (que pis est) me desrobast, comme j'ay veu souvent advenir, ce seroit pour m'achever de paindre, et courir les champs en pourpoinct.— Poinct doncques ne vous mariez, respondit Pantagruel.

—Voire mais, dist Panurge, je n'aurois jamais aultrement filz ne filles legitimes, ès quelz j'eusse espoir mon nom et armes perpetuer; ès quelz je puisse laisser mes heritaiges et acquestz (j'en feray de beaulx un de ces matins, n'en doubtez, et d'abondant seray grand retireur de rantes), avecques les quelz je me puisse esbauldir, quand d'ailleurs serois meshaigné, comme je voys journellement vostre tant bening et debonnaire pere faire avecques vous, et font tous gens de bien en leur serrail et privé. Car quitte estant, marié non estant, estant par accident fasché, en lieu de me consoler, advis m'est que de mon mal riez. — Mariez vous doncq de par Dieu, respondit Pantagruel.

Comment Pantagruel remonstre à Panurge difficile chose estre le conseil de mariage, et des sors Homeriques et Virgilianes. — CHAPITRE X.

Vostre conseil (dist Panurge), soubs correction, semble à la chanson de Ricochet. Ce ne sont que sarcasmes, mocqueries et redictes[1] contradictoires. Les unes destruisent les aultres. Je ne sçay ès quelles me tenir. — Aussi (respondit Pantagruel) en vos propositions tant y a de *Si* et de *Mais*, que je n'y sçaurois rien fonder ne rien resouldre. N'estez vous asceuré de vostre vouloir? Le poinct principal y gist : tout le reste est fortuit, et dependent des fatales dispositions du Ciel. Nous voyons bon nombre de gens tant heureux à ceste rencontre, qu'en leur mariage semble reluire quelque idée et repræsentation des joyes de paradis. Aultres y sont tant malheureux, que les Diables qui tentent les Hermites par les deserts de Thebaïde et Monsserrat ne le sont dadvantaige. Il se y convient mettre à l'adventure, les œilz[2] bandez, baissant la teste, baisant la terre, et se recommandant à Dieu au demourant, puisqu'une foys l'on se y veult mettre. Aultre asceurance ne vous en sçauroys je donner.

1. A : *mocqueries*, paronomasies, epanalepses *et redictes.*—
2. A : yeulx.

Or voyez cy que vous ferez, si bon vous semble. Apportez moy les œuvres de Virgile, et, par troys foys avecques l'ongle les ouvrans, explorerons par les vers du nombre entre nous convenu le sort futur de votre mariage. Car comme par sors Homericques souvent on a rencontré sa destinée : tesmoing Socrates, lequel, oyant en prison reciter ce metre de Homere, dict de Achiles, 9. Iliad. :

"Ἤματί κὲν τριτάτῳ φθίην ἐρίβωλον ἱκοίμην.
Je parviendray, sans faire long sejour,
En Phthie, belle et fertile, au tiers jour,

præveid qu'il mourroit le tiers subsequent jour, et le asceura à Æschines [1], comme escrivent *Plato in Critone*, Ciceron *primo de divinatione*, et Diogenes Laertius. Tesmoing Opilius Macrinius, auquel, convoitant sçavoir s'il seroit Empereur de Rome, advint en sort ceste sentence, 8. Iliad. :

Ὦ γέρον ἦ μάλα δή σε νέοι τείρουσι μαχηταί.
Σὴ δὲ βίη λέλυται, χαλεπὸν δέ σε γῆρας ὀπάζει.
O home vieulx ! les soubdars desormais,
Jeunes et forts, te lassent, certes ; mais
Ta vigueur est resolue, et vieillesse
Dure et moleste accourt, et trop te presse.

De faict il estoit ja vieulx, et ayant obtenu l'Empire seulement un an et deux mois, feut par Heliogabalus, jeune et puissant, depossedé et occis. Tesmoing Brutus, lequel voulant explorer le sort de la bataille Pharsalicque, en laquelle il feut occis, rencontra ce vers dict de Patroclus, Iliad. 16 :

Ἀλλά με μοῖρ' ὀλοὴ, καὶ Λητοῦς ἔκτανεν υἱός.
Par mal engroin de la Parce felonne
Je feuz occis, et du fils de Latonne,

1. Ce qui suit, jusqu'aux mots : *Tesmoing Brutus*, treize lignes plus bas, manque dans A.

c'est Apollo, qui feut pour mot du guet le jour d'icelle bataille. Aussi par sors Virgilianes ont esté congneues anciennement et preveues choses insignes, et cas de grande importance, voire jusques à obtenir l'empire Romain, comme advint à Alexandre Severe, qui rencontra en ceste maniere de sort ce vers escript, Æneid. 6 :

Tu regere imperio populos, Romane, memento.
   Romain enfant, quand viendras à l'Empire,
   Regiz le monde en sorte qu'il n'empire.

Puys feut après certaines années realement et de faict créé Empereur de Rome. En Adrian, empereur romain, lequel, estant en doubte et poine de sçavoir quelle opinion de luy avoit Trajan, et quelle affection il luy portoit, print advis par sors Virgilianes, et rencontra ces vers, Eneid. 6 :

Quis procul, ille autem ramis insignis olivæ
Sacra ferens? nosco crines, incanaque menta
Regis Romani.
   Qui est cestuy qui là loing en sa main
   Porte rameaulx d'olive, illustrement?
   A son gris poil et sacre accoustrement,
   Je recongnois l'antique Roy rommain.

Puys feut adopté de Trajan, et luy succeda à l'empire[1].

En Claude, second empereur de Rome, bien loué, auquel advint par sort ce vers escript 6 Æneid. :

Tertia dum Latio regnantem viderit æstas.
   Lors que t'aura regnant manifesté
   En Rome et veu tel le troiziesme æsté.

1. A : ce qui suit, jusqu'aux mots : *s'ils se montrent rebelles*, p. 388, lig. 17, manque dans A.

De faict, il ne regna que deux ans. A icelluy mesmes s'enquerant de son frere Quintel, lequel il vouloit prendre au gouvernement de l'Empire, advint ce vers 6 Æneid. :

Ostendent terris hunc tantum fata.
Les Destins seulement le montreront ès terres.

Laquelle chose advint, car il feut occis dix et sept jours après qu'il eut le maniment de l'empire. Ce mesmes sort escheut à l'empereur Gordian le jeune. A Clode Albin, soucieux d'entendre sa bonne adventure, advint ce qu'est escript Æneid. 6 :

Hic rem Romanam magno turbante tumultu
Sistet eques, etc.
    Ce chevallier, grand tumulte advenent,
    L'Estat Romain sera entretenent.
    Des Cartagiens victoires aura belles,
    Et des Gaullois, s'ilz se montrent rebelles.

En D. Claude empereur, predecesseur de Aurelian, auquel, se guementant de sa posterité, advint ce vers en sort, Æneid. 1[1] :

His ego nec metas rerum, nec tempora pono.
    Longue durée à ceulx cy je prætends,
    Et à leurs biens ne mets borne ne temps.

Aussi eut-il successeurs en longues genealogies.

En M. Pierre Amy, quand il explora pour sçavoir s'il eschapperoit de l'embusche des Farfadetz, et rencontra ce vers, Æneid. 3[2] :

Heu ! fuge crudeles terras, fuge littus avarum.
    Laisse soubdain ces nations Barbares,
    Laisse soubdain ces rivages avares.

Puys eschappa de leurs mains sain et saulve. Mille

---

1. A : *Æneid.* 1 manque. — 2. A : *Æneid.* 3 manque.

aultres, desquelz trop prolix seroit narrer les adventures advenues scelon la sentence du vers par tel sort rencontré. Je ne veulx toutesfoys inferer que ce sort universellement soit infaillible, affin que ne y soyez abusé.

Comment Pantagruel remonstre le sort des dez estre illicite. — CHAPITRE XI.

Ce seroit (dist Panurge) plus toust faict et expedié à troys beaulx dez. — Non, respondit Pantagruel; ce sort est abusif, illicite et grandement scandaleux. Jamais ne vous y fiez. Le mauldict livre du Passe temps des dez feut, longtemps a, inventé par le calumniateur ennemy en Achaïe pres Boure, et davant la statue de Hercules Bouraïque y faisoit jadis, de præsent en plusieurs lieux faict, maintes simples ames errer, et en ses lacz tomber. Vous sçavez comment Gargantua, mon pere, par tous ses royaulmes l'a defendu, bruslé avecques les moules et protraictz, et du tout exterminé, supprimé et aboly, comme peste tresdangereuse. Ce que des dez je vous ay dict je diz semblablement des tales; c'est sort de pareil abus. Et ne m'alleguez au contraire le fortuné ject des tales que feit Tibere dedans la fontaine de Apone à l'oracle de Gerion : ce sont hamessons par les quelz le calumniateur tire les simples ames à perdition eternelle.

Pour toutesfoys vous satisfaire, bien suys d'avis que jectez troys dez sus ceste table. Au nombre des poinctz advenens nous prendrons les vers du feuillet que aurez ouvert. Avez-vous icy dez en bourse ?— Pleine gibbessiere, respondit Panurge. C'est le verd du Diable, comme expose Merl. Coccaius, *libro secundo de patria Diabolorum*. Le Diable me prendroit sans verd, s'il me rencontroit sans dez. Les dez feurent tirez et jectez, et tomberent ès poinctz de cinq, six, cinq. Ce sont, dist Panurge, seze. Prenons les vers seziemes du feuillet. Le nombre me plaist, et croy que nos rencontres seront heureuses. Je me donne à travers tous les Diables, comme un coup de boulle à travers ung jeu de quilles, ou comme un coup de canon à travers un bataillon de gens de pied, guare Diables qui vouldra, en cas que aultant de foys je ne belute ma femme future la premiere nuyct de mes nopces. — Je n'en fays doubte, repondit Pantagruel ; ja besoing n'estoit en faire si horrificque devotion. La première foys sera une faulte, et vauldra quinze : au desjucher vous l'amenderez, par ce moyen seront seze. — Et ainsi (dist Panurge) l'entendez ? Oncques ne feut faict solœcisme par le vaillant champion qui pour moy faict sentinelle au bas ventre. Me avez vous trouvé en la confrairie des faultiers ? Jamais, jamais, au grand fin jamais. Je le fays en pere, et en beat pere [1], sans faulte. J'en demande aux joueurs.

Ces parolles achevées, feurent aportez les œuvres de Virgile. Avant les ouvrir, Panurge dist à Pantagruel : Le cœur me bat dedans le corps comme une mitaine ; touchez un peu mon pouls en ceste artere du braz guausche. A sa frequence et elevation vous diriez qu'on me pelaude en tentative de Sorbone[2]. Seriez-vous poinct d'avis, avant proceder oultre, que invocquions Hercules et les deesses Tenites, les quelles on dict præsider en la chambre des Sorts ? — Ne l'un (respondit Pantagruel) ne les aultres. Ouvrez seulement avec l'ongle.

1. A : beaupere. — 2. touchez.... Sorbonne manque.

Comment Pantagruel explore par sors Virgilianes quel sera le mariage de Panurge.—CHAPITRE XII.

doncques ouvrant Panurge le livre, rencontra on ranc sezieme ce vers :

Nec Deus hunc mensa, Dea nec dignata cubili est,

Digne ne feut d'estre en table du Dieu,
Et n'eut on lict de la Déesse lieu.

Cestuy (dist Pantagruel) n'est à vostre adventaige. Il denote que vostre femme sera ribaulde, vous coqu par consequent. La Déesse que vous n'aurez favorable est Minerve, vierge tres redoubtée, Déesse puissante, fouldroiante, ennemie des coquz, des muguetz, des adulteres ; ennemie des femmes lubricques, non tenentes la foy promise à leurs mariz, et à aultruy soy abandonnantes. Le Dieu est Juppiter tonnant, et fouldroyant des cieulx. Et noterez par la doctrine des anciens Ethrusques que les manubies (ainsi appelloient ilz les jectz des fouldres Vulcanicques) competent à elle seulement : exemple de ce feut donné en la conflagration des navires de Ajax Oileus, et à Juppiter son pere capital. A aultres dieux Olympicques n'est licite fouldroier. Pourtant ne sont ilz tant redoubtez des humains. Plus vous diray, et le prendrez comme extraict de haulte mythologie : Quand les Geantz entreprindrent guerre contre les dieux, les dieux au commencement se mocquerent de telz ennemis et disoient qu'il n'y en avoit pas pour leurs pages. Mais quand ilz veirent par le labeur des Geantz le mons Pelion posé dessus le mons Osse, et ja esbranlé le mons Olympe pour estre mis au dessus des deux, feurent tous effrayez. Adoncques tint Juppiter chapitre general. Là feut conclud de tous les dieux qu'ilz se mettroient vertueusement en deffence. Et pource qu'ilz avoient plusieurs foys veu

les batailles perdues par l'empeschement des femmes
qui estoient parmy les armées, feut decreté que pour
l'heure on chasseroit des cieulx en Ægypte et vers les
confins du Nil toute ceste vessaille des Déesses, desgui‑
sées en beletes, fouines, ratepenades, museraignes et
aultres metamorphoses. Seule Minerve feut de retenue
pour fouldroier avecques Juppiter, comme déesse des
lettres et de guerre, de conseil et execution : déesse
née armée, déesse redoubtée on ciel, en l'air, en la
mer et en terre.

— Ventre guoy[1] (dist Panurge) seroys je bien Vulcan,
duquel parle le poete ? Non. Je ne suys ne boiteux, ne
faulx monnoieur, ne forgeron, comme il estoit. Par ad‑
venture ma femme sera aussi belle et advenente comme
sa Venus, mais non ribaulde comme elle, ne moy
coqu comme luy. Le villain jambe-torte se feist decla‑
rer coqu par arrest et en veute figure de tous les
Dieux. Pource entendez au rebours.

Ce sort denote que ma femme sera preude, pudic‑
que et loyalle, non mie armée, rebousse, ne ecervelée
et extraite de cervelle comme Pallas : et ne me sera cor‑
rival ce beau Juppin, et ja ne saulsera son pain en ma
souppe, quand ensemble serions à table. Considerez ses
gestes et beaulx faitz. Il a esté[2] le plus fort ruffien et plus
infame cor, je diz bordelier, qui oncques feut : paillard
tousjours comme un verrat : aussi feut il nourry par
une truie en Dicte de Candie, si Agathocles Babylonien
ne ment : et plus boucquin que n'est un boucq : aussi
disent les autres qu'il feut alaicté d'une chevre Amal‑
thée. Vertus de Acheron ! il belina pour un jour la
tierce partie du monde, bestes et gens, fleuves et
montaignes : ce feut Europe. Pour cestuy belinaige les
Ammoniens le faisoient protraire en figure de belier

1. A : Ventre sus ventre. — 2. A : ce *a esté*.

belinant, belier cornu. Mais je sçay comment guarder se fault de ce cornard. Croyez qu'il n'aura trouvé un sot Amphitryon, un niais Argus avecques ses cent bezicles : un couart Acrisius, un lanternier Lycus de Thebes, un resveur Agenor, un Asope phlegmaticq, un Lychaon patepelue, un madourré Corytus de la Toscane, un Atlas à la grande eschine. Il pourroit cent et cent foys se transformer en cygne, en taureau, en satyre, en or, en coqu, comme feist quand il depucella Juno sa sœur : en aigle, en belier, en pigeon, comme feist estant amoureux de la pucelle Phtie, laquelle demouroit en Ægie[1] : en feu, en serpent, voire certes en pusse, en atomes epicureicques, ou magistronostralement en secondes intentions. Je le vous grupperay au cruc. Et sçavez que luy feray? Cor bieu[2], ce que feist Saturne au Ciel son pere. Seneque l'a de moy predict, et Lactance confirmé. Ce que Rhea feist à Athys. Je vous luy coupperay les couillons tout rasibus du cul. Il ne s'en fauldra un pelet. Par ceste raison ne sera il jamais Pape, car *testiculos non habet.* — Tout beau, fillol (dist Pantagruel), tout beau! Ouvrez pour la seconde foys. Lors rencontra ce vers :

Membra quatit, gelidusque coït formidine sanguis.
  Les os luy rompt, et les membres luy casse,
  Dont de la paour le sang on corps luy glasse.

Il denote (dist Pantagruel) qu'elle vous battera dos et ventre. — Au rebours (respondit Panurge). C'est de moy qu'il prognosticque, et dict que je la batteray en tigre si elle me fasche. Martin baston en fera l'office. En faulte de baston, le Diable me mange si je ne la mangeroys toute vive, comme la sienne mangea Cambles, roy des Lydiens. — Vous estez (dist Pantagruel) bien

---

1. A : *en pigeon... Ægie* manque. — 2. A : Cor dieu.

couraigeux. Hercules ne vous combatteroit en ceste fureur; mais c'est ce que l'on dict, que le Jan en vault deux, et Hercules seul n'auza contre deux combatre.— Je suys Jan? dist Panurge.—Rien, rien, respondit Pantagruel. Je pensois au jeu du lourche et tricquetrac. Au tiers coup rencontra ce vers :

> *Fœmineo prædæ et spoliorum ardebat amore.*
>   Brusloit d'ardeur en feminin usaige,
>   De butiner et robber le baguaige.

Il denote (dist Pantagruel) qu'elle vous desrobera. Et je vous voy bien en poinct, selon ces troys sors : Vous serez coqu, vous serez batu, vous serez desrobbé.— Au rebours (respondit Panurge), ce vers denote qu'elle m'aimera d'amour perfaict. Oncques n'en mentit le Satyricque, quand il dict que femme bruslant d'amour supreme prend quelques foys plaisir à desrobber son amy. Sçavez quoy? Un guand, une aiguillette pour la faire chercher. Peu de chose, rien d'importance. Pareillement, ces petites noisettes, ces riottes qui par certain temps sourdent entre les amans, sont nouveaulx refraischissemens et aiguillons d'amour, comme nous voyons par exemple les coustelleurs[1] leurs coz quelques foys marteler pour mieulx aiguiser les ferremens. C'est pourquoy je prends ces trois sors à mon grand adventaige. Aultrement j'en appelle. — Appeller (dist Pantagruel) jamais on ne peult des jugemens decidez par Sort et Fortune, comme attestent nos antiques Jurisconsultes : et le dict Balde, *L. ult. C. de Leg.* La raison est, pource que Fortune ne recongnoist poinct de superieur, auquel d'elle et de ses sors on puisse appeller. Et ne peult en ce cas le mineur estre en son entier restitué, comme apertement il dict *in L. Ait prætor, § ult. ff. de minor.*

1. A : coustelliers.

*Comment Pantagruel conseille Panurge prevoir l'heur
ou malheur de son mariage par songes.*
Chapitre XIII.

r puys que ne convenons ensemble en l'exposition des sors Virgilianes, prenons aultre voye de divination. — Quelle? (demanda Panurge). — Bonne (respondit Pantagruel), antique et authenticque, c'est par songes; car en songeant avecques conditions lesquelles descrivent Hippocrates, Lib. περὶ Ἐνυπνίων, Platon, Plotin, Jamblicque, Synesius, Aristoteles, Xenophon, Galen, Plutarche, Artemidorus Daldianus, Herophilus, Q. Calaber, Theocrite, Pline, Atheneus [1] et aultres, l'ame souvent prevoit les choses futures; ja n'est besoing plus au long vous le prouver. Vous l'entendez par exemple vulguaire, quand vous voyez, lors que les enfans bien nettiz, bien repeuz et alaictez, dorment profondement, les nourrices s'en aller esbattre en liberté, comme pour icelle heure licentiées à faire ce que vouldront, car leur presence au tour du bers sembleroit inutile. En ceste façon nostre ame, lors que le corps dort et que la concoction est de tous endroictz parachevée, rien plus n'y estant necessaire jusques au resveil, s'esbat et reveoit sa patrie, qui est le ciel. De là receoit participation insigne de sa prime et divine origine, et en contemplation de ceste infinie et intellectuale sphære, le centre de laquelle est en chascun lieu de l'univers, la circunférence point (c'est Dieu, selon la doctrine de Hermes Trismegistus), à laquelle [2] rien ne advient, rien ne passe, rien ne dechet, tous temps sont præsens : notez, non seulement les choses passées en mouvemens inferieurs, mais aussi les

---

1. A : *Q. Calaber .... Atheneus* manque. — 2. A : *infinie sphære, à laquelle....*

futures, et les raportent à son corps, et par les sens et organes d'icelluy les exposant aux amys, est dicte vaticinatrice et prophete. Vray est qu'elle ne les rapporte en telle syncerité comme les avoit vues, obstant l'imperfection et fragilité des sens corporelz ; comme la lune, recevant du soleil sa lumiere, ne nous la communicque telle, tant lucide, tant pure, tant vive et ardente comme l'avoit receue. Pourtant reste à ces vaticinations somniales interprete, qui soit dextre, saige, industrieux, expert, rational, et absolu Onirocrite et Oniropole ; ainsi sont appellez des Græcs. C'est pourquoy Heraclitus disoit rien par songe ne nous estre exposé, rien aussi ne nous estre celé : seulement nous estre donnée signification et indice des choses advenir, ou pour l'heur et malheur nostre, ou pour l'heur et malheur d'aultruy. Les sacres letres le tesmoignent, les histoires prophanes l'asceurent, nous exposant mille cas advenuz scelon les songes, tant de la persone songeante, que d'aultruy pareillement. Les Atlanticques et ceulx qui habitent en l'isle de Thasos, l'une des Cyclades, sont privez de ceste commodité, on pays desquelz jamais persone ne songea. Aussi feurent Cleon de Daulie, Thrasymedes, et de nostre temps le docte Villanovanus François, lesquelz oncques ne songèrent. Demain doncques, sus l'heure que la joyeuse Aurore aux doigtz rosatz dechassera les tenebres nocturnes, adonnez vous à songer parfondement. Cependant despouillez vous de toute affection humaine : d'amour, de haine, d'espoir et de craincte. Car, comme jadis le grand vaticinateur Proteus, estant desguisé et transformé en feu, en eau, en tigre, en dracon et aultres masques estranges, ne prædisoit les choses advenir : pour les predire, force estoit qu'il feust restitué en sa propre et naïfve forme : aussi ne peult l'homme recepvoir divinité, et art de vaticiner, sinon lorsque la partie qui en luy plus est divine (c'est Νοῦς et *Mens*) soit coye, tranquille, paisible, non occupée ne distraicte par passions et affections foraines.

— Je le veulx, dist Panurge. Fauldra il peu ou beaucoup soupper à ce soir? Je ne le demande sans cause. Car si bien et largement je ne souppe, je ne dors rien qui vaille; la nuict ne fais que ravasser, et autant songe creux que pour lors estoit mon ventre. — Poinct soupper (respondit Pantagruel) seroit le meilleur, attendu vostre bon en poinct et habitude. Amphiaraus, vaticinateur antique, vouloit ceulx qui par songes recepvoient ses oracles rien tout celluy jour ne manger, et vin ne boyre troys jours davant. Nous ne userons de tant extreme et riguoreuse diæte. Bien croy je l'homme replet de viandes et crapule difficilement concepvoir notice des choses spirituelles; ne suis toutesfois en l'opinion de ceux qui après longs et obstinez jeusnes cuydent plus avant entrer en contemplation des choses celestes. Souvenir assez vous peult comment Gargantua mon pere (lequel par honneur je nomme) nous a souvent dict les escriptz de ces hermites jeusneurs aultant estre fades, jejunes, et de maulvaise salive, comme estoient leurs corps lorsqu'ilz composoient; et difficile chose estre, bons et serains rester les espritz, estant le corps en inanition : veu que les Philosophes et Medicins afferment les espritz animaulx sourdre, naistre et practiquer par le sang arterial purifié et affiné à perfection dedans le retz admirable qui gist soubs les ventricules du cerveau. Nous baillans exemple d'un Philosophe, qui en solitude pensant estre, et hors la tourbe, pour mieulx commenter, discourir et composer : cependant toutesfoys au tour de luy abayent les chiens, ullent les loups, rugient les lyons, hannissent les chevaulx, barrient les elephans, siflent les serpens, braislent les asnes, sonnent les cigalles, lamentent les tourterelles :

c'est à dire, plus estoit troublé que s'il feust à la foyre de Fontenay, ou Niort: car la faim estoit on corps, pour à laquelle remedier, abaye l'estomach, la veue esblouist, les veines sugcent de la propre substance des membres carniformes, et retirent en bas cestuy esprit vaguabond, negligent du traictement de son nourrisson et hoste naturel, qui est le corps: comme si l'oizeau sus le poing estant vouloit en l'aër son vol prendre, et incontinent par les longes seroit plus bas deprimé. Et à ce propos nous alleguant l'auctorité de Homere, pere de toute Philosophie, qui dict les Gregeoys lors, non plustost, avoir mis à leurs larmes fin du dueil de Patroclus, le grand amy de Achilles, quand la faim se declaira et leurs ventres protesterent plus de larmes ne les fournir. Car en corps exinaniz par long jeusne, plus n'estoit dequoy pleurer et larmoier. Mediocrité est en tous cas louée, et icy la maintiendrez. Vous mangerez à soupper non febves, non lievres, ne aultre chair; non poulpre (qu'on nomme polype), non choulx, ne aultres viandes qui peussent vos espritz animaulx troubler et obfusquer. Car, comme le mirouoir ne peult repræsenter les simulachres des choses objectées et à luy exposées si sa polissure est par halaines ou temps nubileux obfusquée, aussi l'esprit ne receoit les formes de divination par songes, si le corps est inquieté et troublé par les vapeurs et fumées des viandes præcedentes, à cause de la sympathie laquelle est entre eulx deux indissoluble. Vous mangerez bonnes poyres Crustumenies, et Berguamottes, une pome de Court pendu, quelques pruneaulx de Tours, quelques cerizes de mon verger. Et ne sera pour quoy doibvez craindre que vos songes en proviennent doubteux, fallaces, ou suspectz, comme les ont declairez aulcuns Peripateticques on temps de Automne, lors, sçavoir est, que les humains plus copieusement usent fructaiges qu'en aultre saison. Ce que les anciens prophetes et poëtes mysticquement nous enseignent, disans les vains et fallacieux songes gesir et estre cachez soubs les fueilles cheutes en terre. Par ce qu'en Automne les feuilles tombent des arbres. Car ceste ferveur naturelle laquelle abonde és fruictz nouveaulx, et laquelle par son ebullition facillement evapore és parties animales (comme nous voyons faire le moust), est, long temps a, expirée et resolue. Et boyrez belle eau de ma fontaine.—La condition (dist Panurge, m'est quelque peu dure. Je y consens toutesfois. Couste et vaille. Protestant desjeuner demain à bonne heure, incontinent aprés mes songeailles. Au surplus je me recommande aux deux portes de Homere, à Morpheus, à Icelon, à Phantasus et Phabetor. Si au besoing ilz me secourent, je leur erigeray un autel joyeulx tout composé de fin dumet. Si en Laconie j'estois dedans le temple de Ino entre OEtyle et Thalames, par elle seroit ma perplexité resolue en dormant à beaulx et joyeulx songes.

Puis demanda à Pantagruel : Seroit ce poinct bien faict si je mettoys dessoubs mon coissin quelques branches de laurier? — Il n'est (respondit Pantagruel) ja besoing. C'est chose superstitieuse ; et n'est que abus ce qu'en escript[1] Serapion Ascalonites, Antiphon, Philochorus, Artemon, et Fulgentius Placiades. Autant vous en diroys-je de l'espaule guausche du cocrodile et du chameleon, sauf l'honneur du vieulx Democrite. Autant de la pierre des Bactrians nommée Eumetrides. Autant de la corne de Hammon. Ainsi nomment les Æthiopiens une pierre precieuse à couleur d'or et forme d'une corne de belier, comme est la corne de Juppiter Hammonien, affirmans autant estre vrays et in-

---

1. A : *qu'en ont escript*.

faillibles les songes de ceulx qui la portent, que sont les oracles divins. Par adventure est ce que escrivent Homere et Virgile des deux portes de songe, esquelles vous estes recommandé. L'une est de yvoyre, par laquelle entrent les songes confus, fallaces et incertains, comme à travers l'ivoire, tant soit deliée que vouldrez, possible n'est rien veoir : sa densité et opacité empesche la penetration des esprits visifz et reception des especes visibles. L'aultre est de corne, par laquelle entrent les songes certains, vrays, et infaillibles, comme à travers la corne, par sa resplendeur et diaphaneïté, apparoissent toutes especes certainement et distinctement. — Vous voulez inferer (dist frere Jan)[1] que les songes des coquz cornuz, comme sera Panurge, Dieu aydant et sa femme, sont tousjours vrays et infaillibles.

Le songe de Panurge et interpretation d'icelluy.
Chapitre XIV.

Sus les sept heures du matin subsequent, Panurge se præsenta davant Pantagruel, estans en la chambre Epistemon, frere Jan des Entommeures, Ponocrates, Eudemon, Carpalim et aultres ; es quelz à la venue de Panurge dist Pantagruel : Voyez cy nostre songeur. — Ceste parolle, dict Epistemon, jadis cousta bon et feut cherement vendue ès enfans de Jacob. — Adoncques dist Panurge : J'en suys bien chez Guillot le songeur. J'ay songé tant et plus, mais je n'y entends note, exceptez que par mes songeries j'avoys une femme jeune, gualante, belle en perfection ; laquelle me traictoit et entretenoit mignonnement, comme un petit dorelot. Jamais home ne feut plus aise ne plus joyeulx : elle me flattoit, me cha-

---

1. A : Vous (dist frere Jan) voulez inferer.

touilloit, me tastonnoit, me testonnoit, me baisoit, me accolloit, et par esbattement me faisoit deux belles petites cornes au dessus du front. Je luy remontroys en folliant qu'elle me les debvoit mettre au dessoubz des oeilz[1], pour mieux veoir ce que j'en vouldroys ferir, affin que Momus ne trouvast en elle chose aulcune imperfaicte et digne de correction, comme il feist en la position des cornes bovines. La follastre, non obstant ma remonstrance, me les fischoyt encore plus avant; et en ce ne me faisoit mal quiconques, qui est cas admirable. Peu après me sembla que je feuz ne say comment transformé en tabourin, et elle en chouette. Là feut mon sommeil interrompu, et en sursault me resveiglay tout fasché, perplex et indigné. Voyez là une belle platelée de songes; faictez grand chere là dessus et l'exposez comme l'entendez. Allons desjeuner, Carpalim.

— J'entends (dit Pantagruel), si j'ay jugement aulcun en l'art de divination par songes, que vostre femme ne vous fera reallement et en apparence exterieure cornes on front comme portent les Satyres; mais elle ne vous tiendra foy ne loyaulté conjugalle, ains à aultruy se abandonnera et vous fera coqu. Cestuy poinct est apertement exposé par Artemidorus comme le diz; aussi ne sera de vous faicte metamorphose en tabourin, mais d'elle vous serez battu comme tabour à nopces; ne d'elle en chouette, mais elle vous desrobbera, comme est le naturel de la chouette. Et voyez vos songes conformes ès sors Virgilianes : vous serez coqu, vous serez battu, vous serez desrobbé. Là s'escria frere Jean, et dist : Il dict par Dieu vray; tu seras coqu home de bien, je t'en asseure : tu auras belles cornes. Hay, hay, hay, nostre maistre de Cornibus,

---

1. A : yeulx.

Dieu te guard! fayz nous deux motz de prædication, et je feray la queste parmy la paroece.

— Au rebours (dist Panurge), mon songe presagist qu'en mon mariage j'auray planté de tous biens, avecques la corne d'abondance; vous dictez que seront cornes de Satyres. *Amen, amen, fiat, fiatur, ad differentiam Papæ.* Ainsi auroys je eternellement le virolet en poinct et infatiguable, comme l'ont les Satyres, chose que tous desirent, et peu de gens l'impetrent des cieulx. Par consequent, coqu jamais, car faulte de ce est cause sans laquelle non, cause unicque, de faire les mariz coquz. Qui faict les coquins mendier? C'est qu'ils n'ont en leurs maisons dequoy leur sac emplir. Qui faict le loup sortir du bois? Default de carnage. Qui faict les femmes ribauldes? Vous m'entendez assez. J'en demande à messieurs les clercs, à messieurs les presidens, conseilliers, advocats, proculteurs et autres glossateurs de la venerable rubricque *de frigidis et maleficiatis.*

Vous (pardonnez moy si je mesprens) me semblez evidentement errer interpretant cornes pour cocuage. Diane les porte en teste en forme de beau croissant; est-elle coqüe pourtant? Comment diable seroit-elle coqüe, qui ne feut oncques mariée? Parlez, de grace, correct, craignant qu'elle vous en face au patron que feist à Acteon. Le bon Bacchus porte cornes semblablement : Pan, Juppiter Ammonien, tant d'aultres. Sont ilz coquz? Juno seroit elle putain? car il s'ensuivroyt par la figure dicte *Metalepsis*. Comme appellant un enfant, en præsence de ses pere et mere, champis ou avoistre, c'est honnestement, tacitement dire le pere coqu et sa femme ribaulde. Parlons mieulx : les cornes que me faisoit ma femme sont cornes d'abondance et planté de tous biens; je le vous affie. Au demourant, je seray joyeulx comme un tabour à nopces, tousjours sonnant, tousjours ronflant, tousjours bourdonnant et petant. Croyez que c'est l'heur de mon bien. Ma femme sera coincte et jolie comme une belle petite chouette. Qui ne le croid, d'enfer aille au gibbet. Noel nouvelet.

— Je note (dist Pantagruel) le poinct dernier qu'avez dict, et le confere avecques le premier. Au commencement vous estiez tout confict en delices de vostre songe; enfin vous eveiglastez en sursault fasché, perplex et indigné. — Voire, dist Panurge, car je n'avoys poinct dipné. — Tout ira en desolation, je le prevoy. Sçaichez pour vray que tout sommeil finissant en sursault, et laissant la persone faschée et indignée, ou mal signifie, ou mal præsagist. Mal signifie, c'est-à-dire maladie cacoethe, maligne, pestilente, oculte, et latente dedans le centre du corps, laquelle par sommeil, qui tousjours renforce la vertus concoctrice (selon les theoremes de medicine) commenceroit soy declairer et mouvoir vers la superficie. Au quel triste mouvement seroyt le repous dissolu, et le premier sensitif admonnesté de y compatir et pourveoir. Comme en proverbe l'on dict : irriter les freslons, mouvoir la camarine, esveigler le chat qui dort. Mal præsagist, c'est-à-dire, quant au faict de l'ame en matiere de divination somnialle, nous donne entendre que quelque malheur y est destiné et preparé, lequel de brief sortira en son effect. Exemple on songe et resveil espouvantable de Hecuba. On songe de Eurydice femme de Orpheus, lequel parfaict, les dict Ennius s'estre esveiglées en sursault et espovantées; aussi après veid Hecuba son mary Priam, ses enfans, sa patrie occis et destruictz. Eurydice bientost après mourut miserablement. En Æneas songeant qu'il parloit à Hector defunct, soubdain en sursault s'esveiglant. Aussi feut celle propre nuict Troye sacagée et bruslée. Aultre foys songeant qu'il veoyt ses dieux familiers et Penates, et en espouvantement s'esveiglant, patit au subsequent jour horrible tourmente sus mer. En Turnus, lequel estant incité par vision phantastique de la furie infernale à commencer guerre contre Æneas[1], s'esveigla en sursault tout indigné ; puis feut après longues desolations occis par icelluy Æneas. Mille aultres. Quand je vous compte de Æneas, notez que Fabius Pictor dict rien par luy n'avoir esté faict ne entreprins, rien ne luy estre advenu, que preallablement il n'eust congneu et præveu par divination somniale. Raison ne default ès exemples, car si le sommeil et repous est don et benefice special des dieux, comme maintiennent les philosophes et atteste le poète, disant :

> Lors l'heure estoit que sommeil, don des cieulx,
> Vient aux humains fatiguez, gracieux.

Tel don en fascherie et indignation ne peut estre terminé sans grande infelicité prætendue. Aultrement seroit repous non repous : don non don. Non des dieux amis provenent, mais des diables ennemis, jouxte le mot vulgaire : ἐχθρῶν ἄδωρα δῶρα. Comme si le perefamiles estant à table opulente, en bon appetit, au commencement de son repas, on voyoid en sursault espouventé soy lever. Qui n'en sçauroit la cause s'en pourroit esbahir. Mais quoy ? Il avoit ouy ses serviteurs crier au feu, ses servantes crier au larron, ses enfans crier au meurtre. Là failloit, le repas laissé, accourir, pour y remedier et donner ordre. Vrayement je me recorde que les Cabalistes et Massoretez interpretes des sacres letres, exposans en quoy l'on pourroit par discretion congnoistre la verité des apparitions angelicques (car souvent l'ange de Sathan se transfigure en ange de lumiere), disent la

---

1. A : *En Turnus.... Æneas* manque.

difference de ces deux estre en ce que l'Ange bening et consolateur apparoissant à l'homme, l'espovante au commencement, le console en la fin, le rend content et satisfaict; l'Ange maling et seducteur au commencement resjouist l'home, en fin le laisse perturbé, fasché et perplex.

Excuse de Panurge, et exposition de Caballe monasticque en matiere de beuf salé.
CHAPITRE XV.

Dieu (dist Panurge) guard' de mal qui void bien et n'oyt goutte. Je vous voy tresbien, mais je ne vous oy poinct, et ne sçay que dictez. Le ventre affamé n'a poinct d'aureilles. Je brame par Dieu de mal rage de faim. J'ay faict courvée trop extraordinaire. Il sera plus que maistre Mousche, qui de cestuy an me fera estre de songeailles. Ne souper poinct, de par le Diable! Cancre! Allons, rere Jan, desjeuner[1]. Quand j'ay bien a poinct desjeuné, et mon stomach est bien à point affené et agrené, encores pour un besoing et en cas de necessité me passeroys je de dipner. Mais ne soupper poinct? Cancre! C'est erreur. C'est scandale en nature. Nature a faict le jour pour soy exercer, pour travailler et pour vacquer chascun en sa néguociation; et, pour ce plus aptement faire, elle nous fournist de chandelle, c'est la claire et joyeuse lumiere du Soleil. Au soir elle commence nous la tollir, et nous dict tacitement: Enfans, vous estez gens de bien. C'est assez travaillé. La nuyct vient; il convient cesser du labeur et se restaurer par bon pain, bon vin, bonnes viandes, puis soy quelque peu esbaudir, coucher et reposer, pour au lendemain estre frays

---

1. Ce qui suit, jusqu'aux mots *envers Cerberus*, p. 406, lig. 21, manque dans A.

et alaigres au labeur comme devant. Ainsi font les Faulconniers : quand ilz ont repeu leurs oyzeaulx, ilz ne les font voler sus leurs guorges ; ilz les laissent enduire sus la perche. Ce que tresbien entendit le bon pape premier instituteur des jeusnes. Il ordonna qu'on jeusnast jusques à l'heure de Nones ; le reste du jour feut mis en liberté de repaistre. On temps jadis peu de gens dipnoient, comme vous diriez les moines et chanoines ; aussi bien n'ont-ilz aultre occupation : tous les jours leur sont festes, et ils observent diligemment un proverbe claustral : *de missa ad mensam*, et ne differeroient seulement attendans la venue de l'Abbé pour soy enfourner à table ; là, en bauffrant, attendent les moines l'abbé tant qu'il vouldra, non aultrement ne en aultre condition ; mais tout le monde souppoit, exceptez quelques resveurs songears, dont est dicte la cene comme cœne, c'est à dire à tous commune. Tu le sçaiz bien, frere Jan. Allons, mon amy, de par tous les diables allons. Mon stomach abboye de male faim comme un chien. Jectons luy force souppes en gueule pour l'appaiser, à l'exemple de la Sibylle envers Cerberus. Tu ayme les souppes de prime ; plus me plaisent les souppes de leurier, associées de quelque pièce de laboureur sallé à neuf leçons.

— Je te entends (respondit frere Jan). Ceste metaphore est extraicte de la marmite claustrale. Le laboureur c'est le beuf, qui laboure ou a labouré ; à neuf leçons, c'est à dire cuyct à perfection. Car les bons peres de religion, par certaine caballisticque institution des anciens, non escripte, mais baillée de main en main, soy levans, de mon temps, pour matines, faisoient certains præambules notables avant entrer en l'eclise. Fiantoient aux fiantouoirs, pissoient aux pissouoirs, crachoient aux crachouoirs, toussoient aux toussouoirs melodieusement, resvoient aux resvouoirs, afin de rien immonde ne porter au service divin. Ces choses faictes, devotement se transportoient en la saincte chapelle (ainsi estoit en leurs rebus nommée la cuisine claustrale) et devotement sollicitoient que dès lors feust au feu le beuf mis pour le desjeuner des religieux freres de nostre seigneur. Eulx mesmes souvent allumoient le feu soubs la marmite. Or est que matines ayant neuf leçons, plus matin se levoient, par raison plus aussi multiplioient en appetit et alteration aux abboys du parchemin, que matines estant ourlées d'une ou trois leçons seulement. Plus matin se levans, par ladicte caballe, plus tost estoit le beuf au feu; plus y estant, plus cuict restoit; plus cuict restant, plus tendre estoit, moins usoit les dens, plus delectoit le palat, moins grevoit l'estomach, plus nourrissoit les bons religieux. Qui est la fin unicque et intention premiere des fondateurs, en contemplation de ce qu'ilz ne mangent mie pour vivre; ilz vivent pour manger, et ne ont que leur vie en ce monde. Allons, Panurge.

—A ceste heure (dist Panurge) te ay je entendu, couillon velouté, couillon claustral et cabalicque. Il me y va du propre cabal. Le sort, l'usure et les interestz je pardonne. Je me contente des despens, puys que tant disertement nous as faict repetition sur le chapitre singulier de la caballe culinaire et monasticque. Allons, Carpalim. Frere Jan, mon baudrier, allons. Bon jour tous mes bons seigneurs. J'avoys assez songé pour boyre. Allons.

Panurge n'avoit ce mot achevé, quand Epistemon a haulte voix s'escria, disant: Chose bien commune et vulguaire entre les humains est le malheur d'aultruy entendre, prævoir, congnoistre et prædire. Mais ô que chose rare est son malheur propre prædire, congnoistre, prævoir et entendre! Et que prudentement le figura Æsope en ses apologes, disant chascun homme en ce

monde naissant une bezace au coul porter, on sachet de
laquelle davant pendent sont les faultes et malheurs
d'aultruy, tousjours exposées à nostre veue et congnoissance ; on sachet darriere pendent sont les faultes et
malheurs propres ; et jamais ne sont veues ne entendues, fors de ceulx qui des cieulx ont le benevole aspect !

Comment Pantagruel conseille à Panurge de conferer
avecques une Sibylle de Panzoust.
Chapitre XVI.

Peu de temps après, Pantagruel manda querir
Panurge, et luy dist : L'amour que je vous
porte, inveteré par succession de long temps,
me sollicite de penser à vostre bien et profict. Entendez ma conception : On m'a dict que à Panzoust, près le Croulay, est une Sibylle tresinsigne, laquelle prædit toutes choses futures ; prenez Epistemon
de compaignie et vous transportez devers elle[1], et oyez
ce que vous dira. — C'est (dist Epistemon) par adventure
une Canidie, une Sagane, une Pithonisse et Sorciere. Ce
que me le faict penser, est que celluy lieu est en ce nom
diffamé, qu'il abonde en sorcieres plus que ne feist
oncques Thessalie. Je ne iray pas voluntiers. La chose
est illicite et defendue en la loy de Moses. — Nous (dist
Pantagruel) ne sommez mie Juifz, et n'est chose confessée ne averée que elle soit sorciere. Remettons à vostre retour le grabeau et belutement de ces matieres.
Que sçavons nous si c'est une unzieme Sibylle, une seconde Cassandre ? Et ores que Sibylle ne feust, et de Sibylle ne meritast le nom, quel interest encourrez vous
avec elle conferant de vostre perplexité ? entendu mesmement qu'elle est en existimation de plus sçavoir, plus

---

1. A : par *devers*.

entendre que ne porte l'usance ne du pays ne du sexe?
Que nuist sçavoir tousjours, et tousjours apprendre, feust
ce d'un sot, d'un pot, d'une guedoufle, d'une moufle, d'une
pantoufle? Vous soubvieigne que Alexandre le Grand,
ayant obtenu victoire du roy Darie en Arbelles, presens ses satrapes, quelque foys refusa audience à un
compaignon, puys en vain mille et mille foys s'en repentit. Il estoit en Perse victorieux, mais tant esloigné
de Macedonie, son royaulme hereditaire, que grandement se contristoit, par non povoir moyen aulcun in-
venter d'en sçavoir nouvelles, tant à cause de l'enorme
distance des lieux, que de l'interposition des grands
fleuves, empeschement des desers et objection des
montaignes. En cestuy estrif et soigneux pensement,
qui n'estoit petit (car on eust peu son pays et royaulme
occuper, et là installer roy nouveau et nouvelle colonie, long temps davant que il en eust advertissement
pour y obvier) davant luy se presenta un homme de
Sidoine, marchant perit et de bon sens, mais au reste
assez pauvre et de peu d'apparence, luy denonceant
et affermant avoir chemin et moyen inventé par lequel son pays pourroit de ses victoires indianes, luy
de l'estat de Macedonie et Ægypte, estre en moins de
cinq jours asçavanté. Il estima la promesse tant abhorrente et impossible, qu'oncques l'aureille prester
ne luy voulut, ne donner audience. Que luy eust cousté
ouyr et entendre ce que l'homme avoit inventé? Quelle
nuisance, quel dommaige eust il encouru, pour sçavoir
quel estoit le moyen, quel estoit le chemin que l'homme luy vouloit demonstrer? Nature me semble non
sans cause nous avoir formé aureilles ouvertes, n'y
appousant porte ne clousture aulcune, comme a faict
és œilz[1], langue et aultres issues du corps. La cause je

1. A . yeulx.

cuide estre affin que tousjours, toutes nuyctz, continuellement puissions ouyr, et par ouye perpétuellement aprendre ; car c'est le sens sus tous aultres plus apte és disciplines. Et peut estre que celluy home estoit ange, c'est à dire, messagier de Dieu envoyé, comme feut Raphael à Tobie. Trop soubdain le comtemna, trop long temps après s'en repentit.

—Vous dictez bien, respondit Epistemon ; mais ja ne me ferez entendre que chose beaucoup adventaigeuse soit prendre d'une femme, et d'une telle femme, en tel pays, conseil et advis. — Je (dist Panurge) me trouve fort bien du conseil des femmes, et mesmement des vieilles. A leur conseil je foys tousjours une selle ou deux extraordinaires. Mon amy, ce sont vrays chiens de monstre, vrays rubricques de droict. Et bien proprement parlent ceulx qui les appellent sages femmes. Ma coustume et mon style est les nommer Præsages femmes. Sages sont elles ; car dextrement elles congnoissent. Mais je les nomme Presages, car divinement elles preveoyent et prædisent certainement toutes choses advenir. Aulcunesfoys je les appelle non Maunettes, mais Monettes, comme la Juno des Romains. Car de elles tousjours nous viennent admonitions salutaires et profitables. Demandez en à Pythagoras, Socrates, Empedocles, et nostre maistre Ortvinus. Ensemble je loue jusques és haulx cieulx l'antique institution des Germains, les quelz prisoient au poix du Sanctuaire et cordialement reveroient le conseil des vieilles : par leurs advis et responses tant heureusement prosperoient comme les avoient prudentement receues. Tesmoings la vieille Aurinie et la bonne mere Vellede, on temps de Vaspasian. Croyez que vieillesse feminine est tousjours foisonnante en qualité soubeline, je vouloys dire Sibylline. Allons, par l'ayde, allons, par la vertus Dieu, allons. Adieu, frere Jan ; je te recommande ma braguette.—Bien (dist Epistemon) je vous suivray, protestant que si j'ay advertissement qu'elle use de sort ou enchantement en ses responses, je vous laisseray à la porte, et plus de moy acompaigné ne serez.

Comment Panurge parle à la Sibylle de Panzoust.
CHAPITRE XVII.

Leur chemin feut de troys[1] journées. La troizième[2], à la croppe de une montaigne, soubs un grand et ample chastaignier, leurs feut monstrée la maison de la vaticinatrice. Sans difficulté ilz entrerent en la case chaumine, mal bastie, mal meublée, toute enfumée. Baste, dist Epistemon, Heraclitus, grand Scotiste et tenebreux philosophe, ne s'estonna entrant en maison semblable, exposant à ses sectateurs et disciples que là aussi bien residoient les Dieux comme en palais pleins de delices. Et croy que telle estoit la case de la tant celebrée Hecale, lors qu'elle y festoya le jeune Theseus; telle aussi celle de[3] Hireus ou Oenopion, en laquelle Juppiter, Neptune et Mercure ensemble ne prindrent à desdaing entrer, repaistre et loger : en[4] laquelle officialement pour l'escot forgerent Orion. Au coing de la cheminée trouverent la vieille. Elle est (s'escria Epistemon) vraye Sibylle et vray protraict naïfvement representé par τῇ καμίνοῖ de Homere. La vieille estoit mal en poinct, mal vestue, mal nourrie, edentée, chassieuse, courbassée, roupieuse, languoureuse, et faisoit un potaige de choux verds, avecques une couane de lard jausne, et un vieil savorados. Verd et bleu (dist Epistemon) nous avons failly. Nous ne aurons d'elle responce aulcune. Car nous n'avons le rameau d'or. —

1. A : six. — 2. A : *La septiesme.* — 3. A : *la tant... celle de* manque. — 4. A : et *en.*

Je y ay (respondit Panurge) pourveu. Je l'ay icy dedans ma gibbessierre en une verge d'or, acompaigné de beaulx et joyeulx Carolus.

Ces mots dictz, Panurge la salua profondement, luy præsenta six langues de bœuf fumées, un grand pot beurrier plein de coscotons, ung bourrabaquin guarny de brevaige, une couille de belier pleine de carolus nouvellement forgez ; enfin, avecques profonde reverence luy mist on doigt medical une verge d'or bien belle, en laquelle estoit une crapaudine de Beusse magnificquement enchassée. Puys en briefves parolles luy exposa le motif de sa venue, la priant courtoisement luy dire son advis et bonne fortune de son mariage entreprins.

La vieille resta quelque temps en silence, pensive et richinante[1] des dens; puys s'assist sus le cul d'un boisseau, print en ses mains troys vieulx fuseaulx, les tourna et vira entre ses doigtz en diverses manieres, puys esprouva leurs poinctes; le plus poinctu retint en main, les deux aultres jecta soubs une pille à mil. Après print ses devidoueres, et par neuf foys les tourna : au neufvieme tour consydera sans plus toucher le mouvement des devidoueres, et attendit leur repous perfaict. Depuys je veitz qu'elle deschaussa un de ses esclos (nous les nommons sabotz), mist son davantau sus sa teste, comme les presbtres mettent leur amict, quand ils voulent messe chanter : puys avecques un antique tissu riolé, piolé, le lia soubs la guorge. Ainsi affeublée, tira un grand traict du bourrabaquin, print de la couille beliniere trois carolus, les mist en trois coques de noix, et les posa sus le cul d'un pot à plume ; feist trois tours de balay par la cheminée, jecta on feu demy fagot de bruiere, et ung rameau de laurier

---

1. A : rechignant.

sec. Le consydera brusler en silence, et veid que bruslant ne faisoit grislement ne bruyt aulcun. Adoncques s'escria espouvantablement, sonnant entre les dens quelques motz barbares et d'estrange termination ; de mode que Panurge dist à Epistemon : Par la vertus Dieu, je tremble ; je croy que je suys charmé[1]. Elle ne parle poinct christian. Voyez comment elle me semble de quatre empans plus grande que n'estoit lorsqu'elle se capitonna de son davantau ! Que signifie ce remument de badiguouinces ? Que pretend ceste jectigation des espaulles ? A quelle fin fredonne elle des babines comme un cinge demembrant escrevisses ? Les aureilles me cornent, il m'est advis que je oy Proserpine bruyante : les Diables bien toust en place sortiront. O les laydes bestes ! Fuyons. Serpe Dieu, je meurs de paour. Je n'ayme poinct les Diables. Ilz me faschent et sont mal plaisans. Fuyons. Adieu, ma Dame, grand mercy de vos biens. Je ne me mariray poinct, non. Je y renonce dès à present comme allors. Ainsi commençoit escamper de la chambre, mais la vieille anticipa, tenente le fuseau en sa main, et sortit en un courtil près sa maison. Là estoit un sycomore antique : elle l'escrousla par trois foys, et sus huyct feueilles qui en tumberent, sommairement avecques le fuseau escrivit quelques briefz vers. Puys les jecta au vent, et leur dist : Allez les chercher, si voulez ; trouvez les, si povez ; le sort fatal de vostre mariage y est escript.

Ces paroles dictes, se retira en sa tesniere, et sus le perron de la porte se recoursa robbe, cotte et chemise, jusques aux escelles, et leurs monstroit son cul. Panurge l'aperceut, et dist à Epistemon : « Par le sambre goy de boys, voy la le trou de la Sibylle. » Soubdain

---

1. Ce qui suit, jusqu'à *escrevisses* (six lignes plus bas), manque dans A.

elle barra sus soy la porte; depuys ne feut veue. Ilz coururent aprés les feueilles, et les recuillerent, mais non sans grand labeur, car le vent les avoit esquartées par les buissons de la vallée. Et les ordonnans l'une aprés l'aultre, trouverent ceste sentence en metres :

  T'esgoussera   Te sugsera
  de renom.   le bon bout.
  Engroissera,   T'escorchera,
  de toy non.   mais non tout.

Comment Pantagruel et Panurge diversement exposent les vers de la Sibylle de Panzoust.
Chapitre XVIII.

Les feueilles recuillies, retournerent Epistemon et Panurge en la court de Pantagruel, part joyeulx, part faschez. Joyeulx pour le retour, faschez pour le travail du chemin, lequel trouverent raboteux, pierreux et mal ordonné. De leur voyage feirent ample rapport à Pantagruel, et de l'estat de la Sibylle : en fin luy presenterent les feueilles de Sycomore, et monstrerent l'escripture en petitz vers. Pantagruel, avoir leu le totaige, dist à Panurge en souspirant : Vous estez bien en poinct. La prophetie de la Sibylle apertement expose ce que ja nous estoit denoté, tant par les sorts Virgilianes que par vos propres songes : c'est que par vostre femme serez deshonoré : que elle vous fera coqu, se abandonnant à aultruy, et par aultruy devenent grosse; que elle vous desrobbera par quelque bonne partie, et qu'elle vous battera, escorchant et meurtrissant quelque membre du corps.

—Vous entendez autant (respondit Panurge) en exposition de ces recentes propheties, comme faict truye en espices. Ne vous desplaise si je le diz, car je me sens ung peu fasché. Le contraire est veritable. Prenez bien mes motz. La vieille dict : Ainsi comme la febve n'est veue se elle ne est esgoussée, aussi ma vertus et ma perfection jamais ne seroit mise en renom, si marié je n'estoys. Quantes foys vous ay je ouy disant que le magistrat et l'office descœuvre l'homme et mect en evidence ce qu'il avoit dedans le jabot? C'est à dire que lors on congnoist certainement quel est le personaige, et combien il vault, quand il est appelé au maniment des affaires. Paravant [1], sçavoir est, estant l'homme en son privé, on ne sçait pour certain quel il est, non plus que d'une febve en gousse. Voylà quant au premier article. Aultrement vouldriez vous maintenir que l'honneur et bon renom d'un homme de bien pendist au cul d'une putain?

Le second dict : Ma femme engroissera (entendez icy la prime felicité de mariage), mais non de moy. Cor Bieu [2], je le croy. Ce sera d'un beau petit enfantelet qu'elle sera grosse. Je l'ayme desja tout plein, et ja en suys tout assoty. Ce sera mon petit bedault. Fascherie du monde tant grande et vehemente n'entrera desormais à mon esprit, que je ne passe, seulement le voyant et le oyant jargonner en son jargonnoys pueril. Et benoiste soit la vieille! Je luy veulx vraybis constituer en Salmigondinois quelque bonne rente, non courante comme bacheliers insensez, mais assise comme beaulx docteurs regens. Aultrement vouldriez vous que ma femme dedans ses flans me portast, me conceust, me enfantast, et qu'on dist : Panurge est un second Bacchus : il est deux foys né. Il est René, comme feut Hippolytus, comme feut Proteus, une foys de Thetis, et secondement de la mere du philosophe Apollonius; comme feurent les deux Palices prés le fleuve [3] Syme-

---

1. A : Au paravant. — 2. A : Cor Dieu. — 3. A : *prés du fleuve.*

thos en Sicile. Sa femme estoit grosse de luy ; en luy est renouvellée l'antique palintocie des Megariens, et la palingenesie de Democritus ? Erreur ! Ne m'en parlez jamais.

Le tiers dict : Ma femme me sugsera le bon bout. Je m'y dispose. Vous entendez assez que c'est le baston à un bout qui me pend entre les jambes. Je vous jure et promectz que tousjours le maintiendray succulent et bien avitaillé. Elle ne me le sugsera poinct en vain. Eternellement y sera le petit picotin, ou mieulx. Vous exposez allegoricquement ce lieu, et le interpretez à larrecin et furt. Je loue l'exposition, l'allegorie me plaist; mais non à votre sens. Peut estre que l'affection syncere que me portez vous tire en partie adverse et refraictaire, comme disent les clercs chose merveilleusement crainctive estre amour, et jamais le bon amour ne estre sans craincte. Mais scelon mon jugement), en vous mesmes vous entendez que furt, en ce passaige comme en tant d'aultres des scripteurs Latins et antiques, signifie le doulx fruict de amourettes, lequel veult Venus estre secretement et furtivement cuilly. Pourquoy, par vostre foy ? Pour ce que la chosette faicte à l'emblée, entre deux huys, à travers les degrez, darriere la tapisserie, en tapinois, sus un fagot desroté, plus plaist à la deesse de Cypre (et en suys là, sans præjudice de meilleur advis), que faicte en veue du Soleil, à la Cynique, ou entre les precieulx conopées, entre les courtines dorées, à longs intervalles, à plein guogo, avec un esmouchail de soye cramoisine, et un panache de plumes indicques chassant les mousches d'autour, et la femelle s'escurante les dens avecques un brin de paille, qu'elle ce pendant auroit desraché du fond de la paillasse. Aultrement vouldriez vous dire qu'elle me desrobbast en sugsant, comme on avalle les huystres en escalle, et comme les femmes de

Cilicie (tesmoing Dioscorides) cuillent la graine de Alkermes? Erreur. Qui desrobbe ne sugse, mais gruppe: ne avalle, mais emballe, ravist et joue de passe passe.

Le quart dict : Ma femme me l'escorchera, mais non tout. O le beau mot! Vous l'interpretez à batterie et meurtrissure. C'est bien à propous, truelle, Dieu te guard de mal masson. Je vous supply, levez un peu vos espritz de terriene pensée en contemplation haultaine des merveilles de Nature, et ici condemnez vous vous mesmes, pour les erreurs qu'avez commis perversement exposant les dictz propheticques de la dive Sibylle. Posé, mais non admis ne concedé, le cas que ma femme, par l'instigation de l'ennemy d'enfer, voulust et entreprint me faire un maulvais tour, me diffamer, me faire coqu jusqu'au cul, me desrober et oultrager : encores ne viendra elle à fin de son vouloir et entreprinse.

La raison qui à ce me meut est en ce poinct dernier fondée, et est extraicte du fond de Pantheologie monasticque. Frere Artus Culletant me l'a aultres foys dict, et feut par un lundy matin, mangeans ensemble ung boisseau de guodiveaulx, et si pleuvoit, il m'en souvient, Dieu luy doint le bon jour.

Les femmes, au commencement du monde, ou peu aprés, ensemblement conspirerent escorcher les hommes tous vifz, parce que sus elles maistriser vouloient en tous lieux. Et feut cestuy decret promis, confermé et juré entre elles par le sainct sang breguoy. Mais, ô vaines entreprinses des femmes! ô grande fragilité du sexe feminin! elles commencerent escorcher l'homme, ou gluber, comme le nomme Catulle, par la partie qui plus leurs hayte, c'est le membre nerveulx, caverneulx, plus de six mille ans a, et toutesfoys jusques à present n'en ont escorché que la teste. Dont par fin despit les Juifz eulx mesmes en circuncision se le couppent et retaillent, mieulx aymans estre dictz recutitz et retaillatz marranes, que escorchez par femmes, comme les aultres nations. Ma femme, non degenerante de ceste commune entreprinse, me l'escorchera, s'il ne l'est. Je y consens de franc vouloir; mais non tout, je vous en asceure, mon bon Roy.

— Vous (dist Epistemon) ne respondez à ce que le rameau de laurier, nous voyans, elle consyderant et exclamante en voix furieuse et espouvantable, brusloit sans bruyt ne grislement aulcun. Vous sçavez que c'est triste augure et signe grandement redoubtable, comme attestent Properce, Tibulle, Porphyre, philosophe argut, Eustathius sur l'Iliade homericque, et aultres. — Vrayement (respondit Panurge), vous me alleguez de gentilz veaulx! Ilz feurent folz comme poëtes et resveurs comme philosophes: autant pleins de fine folie comme estoit leur Philosophie.

Comment Pantagruel loue le conseil des Muetz.
CHAPITRE XIX.

Pantagruel, ces motz achevez, se teut assez long temps, et sembloit grandement pensif; puys dist à Panurge: L'esprit maling vous seduyt; mais escoutez. J'ay leu qu'on temps passé les plus veritables et seurs oracles n'estoient ceulx que par escript on bailloit, ou par parolle on proferoit. Maintes foys y ont faict erreur ceulx voyre qui estoient estimez fins et ingenieux, tant à cause des amphibologies, equivocques et obscuritez des motz que de la briefveté des sentences. Pourtant feut Apollo, dieu de vaticination, surnommé λοξίας. Ceulx que l'on exposoit par gestes[1] et par signes estoient les plus

---

1. A : *par gestes* manque.

veritables et certains estimez. Telle estoit l'opinion de
Heraclitus. Et ainsi vaticinoit Juppiter en Amon[1]; ainsi
prophetisoit Apollo entre les Assyriens. Pour ceste raison le paingnoient-ilz avecques longue barbe et vestu
comme personaige vieulx et de sens rassis, non nud,
jeune et sans barbe, comme faisoient les Grecz. Usons
de ceste maniere, et, par signes, sans parler, conseil
prenez de quelque mut. — J'en suys d'advis (respondit
Panurge). — Mais (dist Pantagruel) il conviendroit que
le mut feust sourd de sa naissance, et par consequent
mut; car il n'est mut plus naïf que celluy qui oncques
ne ouyt.

— Comment (respondit Panurge), l'entendez? Si vray
feust que l'homme ne parlast qui n'eust ouy parler, je
vous menerois à logicalement inferer une proposition
bien abhorrente et paradoxe; mais laissons la. Vous
doncques ne croyez ce qu'escript Herodote des deux
enfans guardez dedans une case par le vouloir de Psammetic, roy des Ægyptiens, et nourriz en perpetuelle silence, les quelz, après certain temps, prononcerent
ceste parolle : *Becus*, laquelle, en langue phrygienne,
signifie pain? — Rien moins (respondit Pantagruel).
C'est abus, dire que ayons languaige naturel; les
languaiges sont par institutions arbitraires et convenences des peuples ; les voix (comme disent les dialecticiens) ne signifient naturellement, mais à plaisir. Je ne
vous dis ce propous sans cause; car Bartole (l. *prima
de verb. oblig.*) raconte que de son temps feut en Eugube un nommé messer Nello de Gabrielis, lequel par
accident estoit sourd devenu : ce non obstant entendoit
tout homme Italian, parlant tant secretement que ce
feust, seullement à la veue de ses gestes et mouvement des baulevres. J'ay d'adventaige leu en aucthcur

---

1. A : *ainsi... Amon* manque.

docte et eleguant que Tyridates, roy de Armenie, on temps de Neron, visita Rome et feut receu en solennité honorable et pompes magnificques, afin de l'entretenir en amitié sempiternelle du Senat et peuple romain; et n'y eut chose memorable en la cité qui ne luy feust monstrée et exposée. A son departement l'empereur luy feist dons grands et excessifz; oultre, luy feist option de choisir ce que plus en Rome luy plairoit, avecques promesse jurée de non l'esconduire, quoy qu'il demandast. Il demanda seullement un joueur de farces, lequel il avoit veu on theatre, et ne entendent ce qu'il disoit, entendoit ce qu'il exprimoit par signes et gesticulations, alleguant que soubs sa domination estoient peuples de divers languaiges, pour esquelz respondre et parler luy convenoit user de plusieurs truchemens : il seul à tous suffiroit ; car en matiere de signifier par gestes estoit tant excellent qu'il sembloit parler des doigtz. Pourtant, vous fault choisir un mut sourd de nature, affin que ses gestes et signes vous soient naïfvement propheticques, non faincts, fardez, ne affectez. Reste encores sçavoir si tel advis voulez ou d'homme ou de femme prendre.

— Je (respondit Panurge) voluntiers d'une femme le prendroys, ne feust que je crains deux choses : l'une, que les femmes, quelques choses qu'elles voyent, elles se repræsentent en leurs esperitz, elles pensent, elles imaginent que soit l'entrée du sacre Ithyphalle. Quelques gestes, signes et maintiens que l'on face en leur veue et præsence, elles les interpretent et referent à l'acte mouvent de belutaige. Pourtant y serions nous abusez, car la femme penseroit tous nos signes estre signes veneriens. Vous souvieigne de ce que advint en Rome deux cens lx ans après la fondation d'icelle : Un jeune gentil homme Romain, rencontrant on mons Cælion une dame latine nommée Verone, mute et sourde de nature, luy demanda avecques gesticulations italiques, en ignorance d'icelle surdité, quelz senateurs elle avoit rencontré par la montée? Elle[1], non entendent ce qu'il disoit, imagina estre ce qu'elle pourpensoit, et ce que un jeune home naturellement demande d'une femme. Adoncques par signes (qui en amour sont incomparablement plus attractifz, efficaces et vallables que parolles) le tira à part en sa maison : signes luy feist que le jeu luy plaisoit; en fin, sans de bouche mot dire, feirent beau bruit de culletis.

L'aultre, qu'elles ne feroient à nos signes response aulcune : elles soubdain tomberoient en arriere, comme reallement consententes à nos tacites demandes. Ou si signes aulcuns nous faisoient responsifz à nos propositions, ilz seroient tant follastres et ridicules que nous mesmes estimerions leurs pensemens estre venereicques. Vous sçavez comment à Croquignoles[2], quand la nonnain seur Fessue feut par le jeune briffault dam Royddimet engroissée, et la groisse congnue, appellée par l'abesse en chapitre et arguée de inceste, elle s'excusoit, alleguante que ce n'avoit esté de son consentement, ce avoit esté par violence et par la force du frere Royddimet. L'abbesse, replicante et disante : « Meschante, c'estoit on dortouoir : pourquoy ne crioys-tu à la force? Nous toutes eussions couru à ton ayde. » Respondit qu'elle ne ausoit crier on dortouoir, pour ce qu'on dortouoir y a silence sempiternelle. « Mais (dist l'abbesse), meschante que tu es, pourquoy ne faisois tu signes à tes voisines de chambre? — Je (respondit la Fessue) leurs faisois signes du cul tant que povois, mais personne ne me secourut.—Mais (demanda l'abbesse), meschante, pourquoy incontinent ne me le veins tu dire et l'accuser

---

1. A : *surdité*, quantes heures estoient à l'horologe de la rocquette Tarpeïe. *Elle*. — 2. A : *à Brignoles*.

reguliairement? Ainsi eusse je faict, si le cas me feust
advenu, pour demonstrer mon innocence. — Pource
(respondit la Fessue) que craignante demourer en peché et estat de damnation, de paour que ne feusse de
mort soubdaine prævenue, je me confessay à luy avant
qu'il departist de la chambre, et il me bailla en penitence non[1] le dire ne deceler à personne. Trop enorme
eust esté le peché, reveler sa confession, et trop detestable davant Dieu et les anges. Par adventure eust ce
esté cause que le feu du Ciel eust ars toute l'abbaye, et
toutes feussions tombées en abysme, avecques Datan et
Abiron.

— Vous (dist Pantagruel) ja ne m'en ferez rire. Je sçay
assez que toute moinerie moins crainct les commandemens de Dieu transgresser que leurs statutz provin-
ciaulx. Prenez doncques un homme. Nazdecabre me
semble idoine : il est mut et sourd de naissance.

Comment Nazdecabre par signes respond à Panurge.
Chapitre XX.

Nazdecabre feut mandé, et au lendemain arriva. Panurge, à son arrivée, luy donna un
veau gras, un demy pourceau, deux bussars
de vin, une charge de bled et trente francs
en menue monnoye; puis le mena davant Pantagruel,
et en præsence des gentilz homes de chambre, luy feist
tel signe : Il baisla assez longuement, et en baislant
faisoit hors la bouche, avecques le poulce de la main
dextre, la figure de la lettre grecque dicte Tau, par frequentes reiterations; puis leva les œilz[2] au Ciel et les
tournoyoit en la teste comme une chevre qui avorte,
toussoit ce faisant et profondement souspiroit. Cela faict,
monstroit le default de sa braguette; puys sous sa che-

1. A : de *non*. — 2. A : yeulx.

mise print son pistolandier à plein poing, et le faisoit melodieusement clicquer entre ses cuisses ; se enclina, flechissant le genoil guausche, et resta tenent ses deux braz sus la poictrine lassez l'un sus l'aultre.

Nazdecabre curieusement le reguardoit, puys leva la main guausche en l'aer, et retint clous en poing tous les doigtz d'icelle, excepté le poulce et le doigt indice, des quelz il accoubla mollement les deux ongles ensemble. J'entends (dist Pantagruel) ce qu'il prætend par cestuy signe : Il denote mariage, et d'abondant le nombre trentenaire, scelon la profession des Pythagoriens. Vous serez marié. — Grand mercy (dist Panurge, se tournant vers Nazdecabre), mon petit architriclin, mon comite, mon algousan, mon sbire, mon barizel[1].

Puis leva en l'aër plus hault la dicte main guausche, extendent tous les cinq doigtz d'icelle et les esloignant uns des aultres tant que esloigner povoit. « Icy (dist Pantagruel) plus amplement nous insinue, par signification du nombre quinaire, que serez marié. Et non-seulement effiancé, espousé et marié, mais en oultre que habiterez et serez bien avant de feste. Car Pythagoras appelloit le nombre quinaire nombre nuptial, nopces et mariage consommé, pour ceste raison qu'il est composé de Trias, qui est nombre premier impar et superflu, et de Dyas, qui est nombre premier par, comme de masle et de femelle coublez ensemblement. De faict, à Rome, jadis, au jour des nopces, on allumoit cinq flambeaulx de cire, et n'estoit licite d'en allumer plus, feust ès nopces des plus riches, ne moins, feust ès nopces des plus indigens. D'advantaige, on temps passé, les Payens imploroient cinq dieux, ou un dieu en cinq benefices, sus ceulx que l'on marioit : Juppiter nuptial ; Juno, præsidente de la feste ; Venus la belle ; Pytho, déesse de

---

1. *Mon sbire, mon barizel*, manque.

persuasion et beau parler, et Diane, pour secours on travail d'enfantement.

— O (s'escria Panurge) le gentil Nazdecabre! Je luy veulx donner une metairie prés Cinays et un moulin à vent en Mirebalais.» Ce faict, le mut esternua en insigne vehemence et concussion de tout le corps, se destournant à guausche. «Vertus beuf de boys (dist Pantagruel), qu'est ce là? Ce n'est à vostre adventaige. Il denote que vostre mariage sera infauste et malheureux. Cestuy esternuement (scelon la doctrine de Terpsion) est le demon Socraticque, lequel faict à dextre signifie qu'en asceurance et hardiment on peut faire et aller ce et la part qu'on a deliberé, les entrée, progrés et succés seront bons et heureux; faict à guausche, au contraire.
— Vous (dist Panurge) tous jours prenez les matieres au pis, et tous jours obturbez, comme un aultre Davus. Je n'en croy rien. Et ne congneuz oncques sinon en deception ce vieulx trepelu Terpsion. — Toutesfoys (dist Pantagruel), Ciceron en dict je ne sçay quoy, on second livre de divination. »

Puys se tourne vers Nazdecabre, et luy faict tel signe : Il renversa les paulpieres des œilz[1] contre mont, tortoit les mandibules de dextre en senestre, tira la langue à demy hors la bouche. Ce faict, posa la main guausche ouverte, exceptez le maistre doigt, lequel retint perpendiculairement sus la paulme, et ainsi l'assist au lieu de sa braguette; la dextre retint clause en poing, exceptez le poulce, lequel droict il retourna arriere soubs l'escelle dextre, et l'assist au dessus des fesses, on lieu que les Arabes appellent Al Katim. Soubdain aprés changea, et la main dextre tint en forme de la senestre, et la posa sus le lieu de la braguette; la guausche tint en forme de la dextre, et la

---

1. A : yeulx.

posa sus l'Al Katim. Cestuy changement de mains reïtera par neuf foys. A la neuviesme remist les paulpieres des œilz[1] en leur position naturelle; aussi feist les mandibules et la langue; puys jecta son regard biscle sus Nazdecabre, branlant les baulevres, comme font les cinges de sejour, et comme font les connins mangeans avoine en gerbe.

Adoncques Nazdecabre eleva en l'aër la main dextre toute ouverte, puys mist le poulce d'icelle jusques à la premiere articulation entre la tierce joincture du maistre doigt et du doigt medical, les resserrant assez fort au tour du poulce, le reste des joinctures d'iceulx retirant on poing, et droictz extendent les doigtz indice et petit. La main ainsi composée posa sus le nombril de Panurge, mouvent continuellement le poulce susdict, et appuyant icelle main sus les doigtz petit et indice comme sus deux jambes. Ainsi montoit d'icelle main successivement à travers le ventre, le stomach, la poictrine et le coul de Panurge; puys au menton et dedans la bouche luy mist le susdict poulce branslant; puys luy en frota le nez, et, montant oultre aux œilz[2], faignoit les luy vouloir crever avecques le poulce. A tant Panurge se fascha, et taschoit se defaire et retirer du mut. Mais Nazdecabre continuoit, luy touchant avecques celuy poulce branslant, maintenant les œilz[3], maintenant le front et les limittes de son bonnet. En fin Panurge s'escria, disant : « Par Dieu, maistre fol, vous serez battu si ne me laissez; si plus me faschez, vous aurez de ma main un masque sus vostre paillard visaige. — Il est (dist lors frere Jan) sourd; il n'entend ce que tu luy diz, Couillon. Faictz luy en signe une gresle de coups de poing sus le mourre. — Que diable (dist Panurge) veult prætendre ce maistre Alliboron? Il m'a

1. A : yeulx. — 2. A : yeulx. — 3. A : yeulx.

presque poché les œilz[1] au beurre noir. Par Dieu *da jurandi*, je vous festoiray d'un banquet de nazardes, entrelardé de doubles chinquenaudes. » Puys le laissa luy faisant la petarrade. Le mut, voyant Panurge demarcher, gaingna le davant, l'arresta par force, et luy feist tel signe : Il baissa le braz dextre vers le genoil tant que povoit l'extendre, clouant tous les doigtz en poing, et passant le poulce entre les doigtz maistre et indice; puys avecques la main guausche frottoit le dessus du coubte du susdict braz dextre, et peu à peu à ce frottement levoit en l'aër la main d'icelluy jusques au coubte et au dessus; soubdain la rabaissoit comme davant, puys à intervalles la relevoit, la rabaissoit et la monstroit à Panurge.

Panurge, de ce fasché, leva le poing pour frapper le mut; mais il revera la præsence de Pantagruel et se retint. Alors dist Pantagruel : « Si les signes vous faschent, ô quant vous fascheront les choses signifiées ! Tout vray à tout vray consone. Le mut prætend et

cycnes, qui sont oyseaulx sacrez à Apollo, ne chantent jamais sinon quand ilz approchent de leur mort, mesmement en Meander, fleuve de Phrygie (je le diz pource que Ælianus et Alexander Myndius escrivent[1] en avoir ailleurs veu plusieurs mourir, mais nul chanter en mourant); de mode que chant de cycne est præsaige certain de sa mort prochaine, et ne meurt que præalablement n'ayt chanté. Semblablement les poëtes, qui sont en protection de Apollo, approchans de leur mort ordinairement deviennent prophetes, et chantent par apolline inspiration, vaticinans des choses futures.

J'ay d'adventaige souvent ouy dire que tout homme vieulx, decrepit et près de sa fin facilement divine des cas advenir. Et me souvient que Aristophanes, en quelque comedie, appelle les gens vieulx Sibylles, Ὁ δὲ γέρων σιϐυλλιᾷ. Car, comme nous, estans sus le moule, et de loing voyans les mariniers et voyagiers dedans leurs naufz en haulte mer, seulement en silence les considerons, et bien prions pour leur prospere abourdement; mais lors qu'ilz approchent du havre, et par parolles et par gestes les saluons et congratulons de ce que à port de saulveté sont avecques nous arrivez, aussi les Anges, les Heroes, les bons Dæmons (scelon la doctrine des Platonicques), voyans les humains prochains de mort, comme de port tresceur et salutaire, port de repous et de tranquilité, hors les troubles et sollicitudes terrienes, les saluent, les consolent, parlent avecques eulx, et ja commencent leurs communicquer art de divination. Je ne vous allegueray exemples antiques de Isaac, de Jacob, de Patroclus envers Hector, de Hector envers Achilles, de Polynestor envers Agamemnon et Hecuba, du Rhodien celebré par Posi-

---

1. A : *pource que Alexander Myndius escript.*

donius, de Calanus Indian envers Alexandre le grand, de Orodes envers Mezentius, et aultres : sculement vous veulx ramentevoir le docte et preux chevallier Guillaume du Bellay, seigneur jadis de Langey, lequel on mont de Tarare mourut le 10 de Janvier, l'an de son aage le climatere, et de nostre supputation l'an 1543, en compte Romanicque. Les troys et quatre heures avant son decés il employa en parolles viguoureuses, en sens tranquil et serain nous prædisant ce que depuis part avons veu, part attendons advenir, combien que pour lors nous semblassent ces propheties aulcunement abhorrentes et estranges, par ne nous apparoistre cause ne signe aulcun present prognostic de ce qu'il prædisoit. Nous avons icy, près la Villaumere, un homme et vieulx et poëte : c'est Raminagrobis, lequel en secondes nopces espousa la grande Guorre, dont nasquit la belle Bazoche. J'ay entendu qu'il est en l'article et dernier moment de son decés. Transportez vous vers luy, et oyez son chant. Pourra estre que de luy aurez ce que prætendez, et par luy Apollo vostre doubte dissouldra.—Je le veulx (respondit Panurge). Allons y, Epistemon, de ce pas, de paour que mort ne le prævieigne. Veulx tu venir, frere Jan ? — Je le veulx (respondit frere Jan) bien voluntiers, pour l'amour de toy, Couillette, car je t'ayme du bon du foye.

Sus l'heure feut par eulx chemin prins, et arrivans au logis poëticque, trouverent le bon vieillard en agonie, avecques maintien joyeulx, face ouverte et reguard lumineux. Panurge, le saluant, luy mist on doigt medical de la main guausche, en pur don, un anneau d'or en la palle duquel estoit un sapphyr oriental beau et ample; puys, à l'imitation de Socrates, luy offrit un beau coq blanc, lequel, incontinent posé sus son lict, la teste elevée en grande alaigresse, secoua son pennaige, puys chanta en bien hault ton. Cela faict, Panurge requist[1] courtoisement dire et exposer son jugement sus le doubte du mariage prætendu. Le bon vieillard commenda luy estre apporté ancre, plume et papier. Le tout feut promptement livré. Adoncques escripvit ce que s'ensuyt :

> Prenez-la, ne la prenez pas.
> Si vous la prenez, c'est bien faict.
> Si ne la prenez, en effect,
> Ce sera œuvré par compas.
>
> Gualloppez, mais allez le pas.
> Recullez, entrez y de faict.
>   Prenez-la, ne.
> Jeusnez, prenez double repas,
> Defaictez ce qu'estoit refaict.
> Refaictez ce qu'estoit defaict.
> Soubhaytez-luy vie et trespas.
>   Prenez-la, ne.

Puys leurs bailla en main et leurs dist : Allez, enfans, en la guarde du grand Dieu des cieulx, et plus de cestuy affaire, ne de aultre que soit, ne me inquietez. J'ay ce jourd'huy, qui est le dernier de May et de moy, hors ma maison, à grande fatigue et difficulté, chassé un tas de villaines, immondes et pestilentes bestes, noires, guarres, fauves, blanches, cendrées, grivolées, les quelles laisser ne me vouloient à mon aise mourir, et par fraudulentes poinctures, gruppemens harpyiacques, importunitez freslonnicques, toutes forgées en l'officine de ne sçay quelle insatiabilité, me evocquoient du doulx pensement on quel je acquiesçois, contemplant et voyant, et ja touchant et guoustant le

---

1. A : le request.

bien et felicité que le bon Dieu a præparé à ses fidèles et esleuz en l'aultre vie et estat de immortalité. Declinez de leur voye, ne soyez à elles[1] semblables : plus ne me molestez, et me laissez en silence, je vous supply.

Comment Panurge patrocine à l'ordre des fratres Mendians. — CHAPITRE XXII.

Issant de la chambre de Raminagrobis, Panurge, comme tout effrayé, dist : Je croy, par la vertus Dieu, qu'il est hereticque, ou je me donne au Diable. Il mesdict des bons pères mendians Cordeliers et Jacobins, qui sont les deux hemispheres de la Christianté, et par la gyrognomonique circumbilivagination desquelz, comme par deux filopendoles cœlivages, tout l'Antonomatic matagrabolisme de l'eclise Romaine, soy sentente emburelucoquée[2] d'aulcun baragouinage d'erreur ou de hæresie, homocentricalement se tremousse. Mais que tous les Diables luy ont faict les paouvres diables de Capussins et Minimes ? Ne sont ilz assez meshaignez, les paouvres diables ? Ne sont ilz assez enfumez et perfumez de misere et calamité, les paouvres haires extraictz de Ichthyophagie ? Est il, frere Jan, par ta foy, en estat de salvation ? Il s'en va, par Dieu, damné comme une serpe à trente mille hottées de Diables. Mesdire de ces bons et vaillans piliers d'eclise ! Appellez vous cela fureur poëticque ? Je ne m'en peuz contenter : il peche villainement, il blaspheme contre la religion. J'en suys fort scandalisé. — Je (dist frere Jan) ne m'en soucie d'un bouton. Ilz mesdisent de tout le monde : sitout le

---

1. A : eulx. — 2. A : *celivages*, toute l'eclise romaine, quand elle se sont *emburelucoquée*.

monde mesdist d'eulx, je n'y pretends aulcun interest[1].
Voyons ce qu'il a escript. »

Panurge leut attentement l'escripture du bon vieillart, puys leur dist : Il resve, le paouvre beuveur : je l'excuse toutesfoys ; je croy qu'il est près de sa fin. Allons faire son epitaphe. Par la response qu'il nous donne, je suys aussi saige que oncques puys ne fourneasmes nous. Escoute ça, Epistemon, mon bedon. Ne l'estimez tu pas bien resolu en ses responses? Il est, par Dieu, sophiste argut, ergoté et naïf. Je guaige qu'il est Marrabais. Ventre beuf! comment il se donne guarde de mesprendre en ses parolles! Il ne respond que par disjonctives. Il ne peult ne dire vray, car à la verité d'icelles suffist l'une partie estre vraye. O quel patelineux! Sainct Jago de Bressuire, en est il encores de l'eraige?—Ainsi (respondit Epistemon) protestoit Tiresias le grand vaticinateur au commencement de toutes ses divinations, disant apertement à ceulx qui de luy prenoient advis : Ce que je diray adviendra, ou ne adviendra poinct. Et est le style des prudens prognosticqueurs.—Toutesfoys (dist Panurge), Juno luy creva les deux œilz[2].—Voyre (respondit Epistemon) par despit de ce que il avoit mieulx sententié que elle sus le doubte proposé par Juppiter. — Mais (dist Panurge) quel Diable possede ce maistre Raminagrobis, qui ainsi sans propous, sans raison, sans occasion, mesdict des paouvres beatz peres Jacobins, Mineurs et Minimes? Je en suys grandement scandalisé, je vous affie, et ne me en peuz taire. Il a grefvement peché. Son ame[3] s'en va à trente mille panerées de diables.—Je ne vous entends poinct (respondit Epistemon), et me scandalisez vous mesmes grandement, interpretant perversement des fratres Mendians ce que le bon Poëte disoit des

---

1. A : *pretends* nul *interest*. — 2. A : yeulx. — 3. A : asne.

bestes noires, faulves et aultres. Il ne l'entend (scelon mon jugement) en telle sophisticque et phantasticque allegorie. Il parle absolument et proprement des pusses, punaises, cirons, mousches, culices et aultres telles bestes, lesquelles sont unes noires, aultres fauves, aultres cendrées, aultres tannées et basanées, toutes importunes, tyrannicques et molestes, non és malades seulement, mais aussi à gens sains et viguoureux. Par adventure a il des ascarides, lumbriques et vermes dedans le corps; par adventure patist il (comme est en Ægypte et lieux confins de la mer Erithrée chose vulgaire et usitée) és bras ou jambes quelque poincture de draconneaulx grivolez, que les Arabes appellent Meden [1]. Vous faictez mal aultrement expousant ses parolles, et faictez tord au bon Poëte par detraction, et ès dictz fratres par imputation de tel meshain. Il fault tousjours de son presme interpreter toutes choses à bien.

— Aprenez moy (dist Panurge) à congnoistre mousches en laict! Il est, par la vertus Dieu, hæreticque. Je diz hæreticque formé, hæreticque clavelé, hæreticque bruslable, comme une belle petite horologe. Son ame [2] s'en va à trente mille charrettées de diables. Sçavez vous où? Cor Bieu, mon amy, droict dessoubs la scelle persée de Proserpine, dedans le propre bassin infernal on quel elle rend l'operation fecale de ses clysteres, à cousté guausche de la grande chauldiere, à trois toises près les gryphes de Lucifer, tirant vers la chambre noire de Demiourgon [3]. Ho le villain!

---

1. A : *appellent* venez *Meden*. — 2. A : asne. — 3. A : Demogorgon.

Comment Panurge faict discours pour retourner à Raminagrobis. — CHAPITRE XXIII.

Retournons (dist Panurge, continuant) l'admonester de son salut. Allons on nom, allons en la vertus de Dieu[1]. Ce sera œuvre charitable à nous faicte. Au moins, s'il perd le corps et la vie, qu'il ne damne son ame[2]. Nous le induirons à contrition de son peché : à requerir pardon ès dictz tant beatz peres, absens comme præsens. Et en prendrons acte, affin qu'après son trespas ilz ne le declairent hæreticque et damné, comme les Farfadetz feirent de la prævosté d'Orleans; et leurs satisfaire de l'oultrage, ordonnant par tous les convens de ceste province aux bons peres religieux force bribes, force messes, force obitz et anniversaires, et que au jour de son trespas sempiternellement ilz ayent tous quintuple pitance, et que le grand bourrabaquin, plein du meilleur, trote de ranco par leurs tables, tant des Burgotz, Layz et Briffaulx, que des presbtres et des clercs; tant des Novices que des Profés. Ainsi pourra il de Dieu pardon avoir.

Ho, ho! je me abuse, et me esguare en mes discours! Le Diable me emport si je y voys. Vertus Dieu, la chambre est desja pleine de diables. Je les oy desja soy pelaudans et entrebattans en Diable à qui humera l'ame Raminagrobidicque, et qui premier de broc en bouc la portera à messer Lucifer. Houstez vous de là. Je ne y voys pas. Le diable me emport si je y voys. Qui sçait s'ilz useroient de *qui pro quo*, et en lieu de Raminagrobis grupperoient le paouvre Panurge quitte? Ilz y ont maintes foys failly, estant safrané et endebté. Houstez vous de là. Je ne y voys pas. Je meurs, par

---

1. A : *Vertus Dieu.* — 2. A : asne.

Dieu, de male raige de paour. Soy trouver entre diables affamez! entre diables de faction! entre diables negotians! Houstez vous de là. Je guage que par mesme doubte à son enterrement n'assistera Jacobin, Cordelier, Carme, Capussin, Theatin [1] ne Minime. Et eulx saiges! Aussi bien ne leurs a il rien ordonné par testament. Le Diable me emport si je y voys. S'il est damné, à son dam. Pour quoy mesdisoit il des bons peres de religion? Pour quoy les avoit il chassé hors sa chambre sus l'heure que il avoit plus de besoing [2] de leur ayde, de leurs devotes prieres, de leurs sainctes admonitions? Pour quoy par testament ne leurs ordonnoit il au moins quelques bribes, quelque bouffaige, quelque carreleure de ventre, aux paouvres gens, qui n'ont que leur vie en ce monde? Y aille qui vouldra aller. Le diable me emport si je y voys. Si je y allois, le diable me emporteroit. Cancre! Houstez vous de là!

Frere Jan, veulx tu que præsentement trente mille charretées de diables t'emportent? Fays trois choses : Baille moy ta bourse. Car la croix est contraire au charme. Et te adviendroit ce que nagueres advint à Jan Dodin, recepveur du Couldray au gué de Vede, quand les gens d'armes rompirent les planches. Le pinart rencontrant sus la rive frere Adam Couscoil, Cordelier observantin de Myrebeau, luy promist un habit, en condition qu'il le passast oultre l'eau à la cabre morte sus ses espaules. Car c'estoit un puissant ribault. Le pacte feut accordé. Frere Couscoil se trousse jusques aux couilles, et charge à son dours, comme un beau petit Sainct Christophle, le dict suppliant Dodin. Ainsi le portoit guayement, comme Æneas porta son pere Anchises hort la conflagration de Troie, chantant un bel *Ave maris stella*. Quand ilz feurent au plus par-

---

1. A : *Theatin* manque. — 2. A : *plus besoing*.

fond du gué, au dessus de la roue du moulin, il luy demanda s'il avoit poinct d'argent sus luy. Dodin respondit qu'il en avoit pleine gibbessière, et qu'il ne se deffiast de la promesse faicte d'un habit neuf. « Comment ! (dist frere Couscoil) tu sçaiz bien que, par chapitre exprés de notre reigle, il nous est riguoureusement defendu porter argent sus nous. Malheureux es tu bien certes, qui me as faict pecher en ce poinct ! Pourquoy ne laissas tu ta bourse au meusnier? Sans faulte tu en seras præsentement puny. Et si jamais je te peuz tenir en nostre chapitre à Myrebeau, tu auras du *Miserere* jusques à *vitulos*. » Soubdain se descharge, et vous jecte Dodin en pleine eau la teste au fond. A cestuy exemple, frere Jan, mon amy doulx, affin que les diables t'emportent mieulx à ton aise, baille moy ta bourse : ne porte croix aulcune sus toy. Le danger y est evident. Ayant argent, portant croix, ilz te jecteront sus quelques rochiers, comme les aigles jectent les tortues pour les casser, tesmoing la teste pelée du poëte Æschylus. Et tu te ferois mal, mon amy. J'en seroys bien fort marry ; ou te laisseront tomber dedans quelque mer, je ne sçay où, bien loing, comme tomba Icarus. Et seroit par aprés nommée la mer Entommericque. Secondement, sois quitte. Car les diables ayment fort les quittes, je le sçay bien quant est de moy. Les paillards ne cessent me mugueter et me faire la court, ce que ne souloient estant safrané et endebté. L'ame d'un home endebté est toute hectique et discrasiée. Ce n'est viande à diables. Tiercement, avecques ton froc et ton domino de grobis, retourne à Raminagrobis. En cas que trente mille batelées de diables ne t'emportent ainsi qualifié, je payeray pinthe et fagot. Et si pour ta sceureté tu veulx compaignie avoir, ne me cherchez pas, non. Je t'en advise. Houstez vous de là, je n'y voys pas. Le Diable m'emport si je y voys.

— Je ne m'en souciroys (respondit frere Jan) pas tant par adventure que l'on diroyt, ayant mon bragmard on poing. — Tu le prens bien (dist Panurge), et en parles comme docteur subtil en lard. On temps que j'estudiois à l'eschole de Tolete, le reverend Pere en diable Picatris, recteur de la faculté diabolologicque, nous disoit que naturellement les diables craignent la splendeur des espées, aussi bien que la lueur du Soleil. De faict, Hercules descendent en enfer à tous les diables ne leurs feist tant de paour ayant seulement sa peau de lion et sa massue, comme par après feist Æneas estant couvert d'un harnoys resplendissant, et guarny de son bragmard bien à poinct fourby et desrouillé à l'ayde et conseil de la Sibylle Cunnane. C'estoit (peut estre) la cause pourquoy le Seigneur Jan Jacques Trivolse, mourant à Chartres, demanda son espée, et mourut l'espée nue on poing, s'escrimant tout autour du lict, comme vaillant et chevalereux, et par ceste escrime mettant en fuyte tous les diables qui le guestoient au passaige de la mort. Quand on demande aux Massorethz et Caballistes pourquoy les diables n'entrent jamais en paradis terrestre, ilz ne donnent aultre raison sinon que à la porte est un Chérubin tenent en main une espée flambante. Car, parlant en vraye diabolologie de Tolete, je confesse que les diables vrayement ne peuvent par coups d'espée mourir; mais je maintiens, scelon la dicte diabolologie, qu'ilz peuvent patir solution de continuité, comme si tu couppois de travers avecques ton bragmard une flambe de feu ardent, ou une grosse et obscure fumée. Et crient comme diables à ce sentement de solution, laquelle leurs est doloreuse en diable.

Quand tu voyds le hourt de deux armées, pense tu, Couillasse, que le bruyt si grand et horrible que l'on y oyt provienne des voix humaines, du hurtis des harnois, du clicquetis des bardes, du chaplis des masses, du froissis des picques, du bris des lances, du cris des navrez, du son des tabours et trompettes, du hannissement des chevaulx, du tonnoire des escouppettes et canons? Il en est véritablement quelque chose, force est que le confesse. Mais le grand effroy et vacarme principal provient du deuil et ulement des diables, qui là guestans pelle melle les paouvres ames des blessez, reçoivent coups d'espée à l'improviste, et patissent solution en la continuité de leurs substances aërées et invisibles, comme si à quelque lacquais crocquant les lardons de la broche maistre Hordoux donnoit un coup de baston sus les doigts. Puys crient et ulent comme diables, comme Mars, quand il feut blessé par Diomedes davant Troie, Homere dict avoir crié en plus hault ton et plus horrificque effroy que ne feroient dix mille hommes ensemble. Mais quoy! nous parlons de harnoys fourbiz et d'espécs resplendentes. Ainsi n'est il de ton bragmard. Car par discontinuation de officier, et par faulte de operer, il est, par ma foy, plus rouillé que la claveure d'un vieil charnier. Pourtant faiz de deux choses l'une : ou le desrouille bien à poinct et guaillard ; ou le maintenant ainsi rouillé, guarde que ne retourne[1] en la maison de Raminagrobis. De ma part, je n'y voys pas. Le diable m'emport si je y voys. »

Comment Panurge prend conseil de Epistemon.
CHAPITRE XXIV.

Laissans la Villaumere, et retournans vers Pantagruel, par le chemin Panurge s'adressa à Epistemon, et luy dist : « Compere, mon antique amy, vous voyez la perplexité de mon esprit. Vous sçavez tant de bons remedes. Me

---

1. A : retournez.

sçauriez vous secourir ? » Epistemon print le propous, et remonstroit à Panurge comment la voix publicque estoit toute consommée en mocqueries de son desguisement ; et luy conseilloit prendre quelque peu de ellebore, affin de purger cestuy humeur en luy peccant, et reprendre ses accoustremens ordinaires. « Je suys (dist Panurge), Epistemon, mon compere, en phantasie de me marier ; mais je crains estre coqu et infortuné en mon mariage. Pourtant ay je faict veu à sainct François le jeune, lequel est au Plessis lez Tours reclamé de toutes femmes en grande devotion (car il est premier fondateur des bons hommes, lesquelz elles appetent naturellement) porter lunettes au bonnet, ne porter braguette en chausses, que sus ceste mienne perplexité d'esprit je n'aye eu resolution aperte. — C'est (dist Epistemon) vrayement ung beau et joyeulx veu. Je me esbahys de vous, que ne retournez à vous mesmes et que ne revocquez vos sens de ce farouche esguarement en leur tranquillité naturelle. Vous entendent parler, me faictez souvenir du veu des Argives à la large perrucque, les quelz, ayans perdu la bataille contre les Lacedæmoniens en la controverse de Tyrée, feirent veu cheveux en teste ne porter jusques à ce qu'ilz eussent recouvert leur honneur et leur terre ; du veu aussi du plaisant Hespaignol Michel Doris, qui porta le tronçon de greve en sa jambe. Et ne sçay lequel des deux seroit plus digne et meritant, porter chapperon verd et jausne à aureilles de lievre, ou icelluy glorieux champion, ou Enguerrant, qui en faict le tant long, curieux et fascheux compte, oubliant l'art et maniere d'escrire histoires, baillée par le philosophe Samosatoys : car lisant icelluy long narré, l'on pense que doibve estre commencement et occasion de quelque forte guerre ou insigne mutation des royaulmes ; mais en fin de compte on se mocque et du benoist champion, et de l'Angloys qui le deffia, et de Enguerrant leur tabellion, plus baveux qu'un pot à moustarde. La mocquerie est telle que de la montaigne d'Horace, laquelle cryoit et lamentoyt enormement, comme femme en travail d'enfant. A son cris et lamentation accourut tout le voisinaige, en expectation de veoir quelque admirable et monstrueux enfantement ; mais en fin ne nasquit d'elle qu'une petite souriz.

—Non pourtant (dist Panurge), je m'en soubrys. Se mocque qui clocque. Ainsi feray comme porte mon veu. Or, long temps a que avons ensemble, vous et moy, foy et amitié jurée par Jupiter Philios ; dictez m'en vostre advis. Me doibz je marier, ou non ?—Certes (respondit Epistemon), le cas est hazardeux ; je me sens par trop insuffisant à la resolution. Et si jamais feut vray en l'art de medicine le dict du vieil Hippocrates de Lango : *Jugement difficile*, il est en cestuy endroict verissime. J'ay bien en imagination quelques discours moyennans les quelz nous aurions determination sus vostre perplexité. Mais ilz ne me satisfont poinct apertement. Aulcuns Platonicques disent que qui peut veoir son Genius peut entendre ses destinées. Je ne comprens pas bien leur discipline, et ne suys d'advis que y adhærez. Il y a de l'abus beaucoup. J'en ay veu l'experience en un gentil homme studieux et curieux ou pays d'Estangourre. C'est le poinct premier. Un aultre y a. Si encores regnoient les oracles de Juppiter en Amon[1], de Apollo en Lebadie, Delphes, Delos, Cyrrhe, Patare, Tegyres, Preneste, Lycie, Colophon ; en la fontaine Castallie, prés Antioche en Syrie ; entre les Branchides[2] de Bacchus en Dodone, de Mercure en Phares, prés Patras ; de Apis en Ægypte, de Serapis

---

1. A : *de Juppiter en Amon* manque. — 2. *en la fontaine..... Branchides* manque.

en Canobe, de Faunus en Mænalie et en Albunée, prés
de Tivoli[1]; de Tyresias en Orchomene, de Mopsus en
Cilicie, d'Orpheus en Lesbos, de Trophonius en Leucadie, je seroys d'advis (paradventure non seroys) y
aller, et entendre quel seroit leur jugement sus vostre
entreprinse. Mais vous sçavez que tous sont devenuz
plus mutz que poissons, depuys la venue de celluy
Roy servateur, onquel ont prins fin tous oracles et
toutes propheties, comme advenente la lumiere du
clair Soleil disparent tous Lutins, Lamies, Lemures,
Guaroux, Farfadetz et Tenebrions. Ores toutesfoys
qu'encores feussent en regne, ne conseilleroys je facillement adjouster foy à leurs responses. Trop de gens
y ont esté trompez. D'adventaige, je me recorde que
Agrippine mist sus à Lollie la belle avoir interrogué
l'oracle de Apollo Clarius, pour entendre si mariée elle
seroit avecques Claudius l'Empereur. Pour ceste cause
feut premierement bannie, et depuys à mort ignominieusement mise.

— Mais (dist Panurge) faisons mieulx : Les Isles Ogygies ne sont loing du Port Sammalo; faisons y un
voyage aprés qu'aurons parlé à nostre Roy. En l'une
des quatre, laquelle plus a son aspect vers soleil[2] couchant, on dict, je l'ay leu en bons et antiques autheurs,
habiter plusieurs divinateurs, vaticinateurs et prophetes; y estre Saturne lié de belles chaines d'or dedans
une roche d'or, alimenté de ambrosie et nectar divin,
les quelz journellement luy sont des cieulx transmis
en abundance par ne sçay quelle espèce d'oizeaulx
(peut estre que sont les mesmes corbeaulx qui alimentoient és desers sainct Paul premier hermite), et
apertement predire à un chascun qui veult entendre
son sort, sa destinée, et ce que luy doibt advenir. Car

---

1. A : *près de Tivoli.* — 2. A : au *soleil.*

les Parces rien ne fillent, Juppiter rien ne propense et rien ne delibere, que le bon pere en dormant ne congnoisse. Ce nous seroit grande abbreviation de labeur si nous le oyons un peu sus ceste mienne perplexité.— C'est (respondit Epistemon) abus trop évident et fable trop fabuleuse. Je ne iray pas.

Comment Panurge se conseille à Her Trippa.
CHAPITRE XXV.

Voyez cy (dist Epistemon continuant) toutesfoys que ferez avant que retournons vers nostre Roy, si me croyez. Icy prés l'isle Bouchart demeure Her Trippa. Vous sçavez comment par art de astrologie, geomantie, chiromantie, metopomantie [1] et aultres de pareille farine, il prædict toutes choses futures; conferons de vostre affaire avecques luy.—De cela (respondit Panurge) je ne sçay rien. Bien sçay je que luy un jour parlant au grand Roy des choses celestes et transcendentes, les lacquais de court par les degrez entre les huys sabouloient sa femme à plaisir, laquelle estoit assez bellastre. Et il voyant toutes choses ætherées et terrestres sans bezicles, discourant de tous cas passez et præsens, prædisant tout l'advenir, seulement ne voioit sa femme brimballante, et oncques n'en sceut les nouvelles. Bien, allons vers luy, puys qu'ainsi le voulez. On ne sçauroit trop apprendre.

Au lendemain arriverent au logis de Her Trippa. Panurge luy donna une robbe de peau de loup, une grande espée bastarde bien dorée à fourreau de velours, et cinquante beaulx angelots; puis familiairement avecques luy confera de son affaire. De premiere venue, Her Trippa, le regardant en face, dist : « Tu as

---

1. A : *metopomancie* manque.

la metaposcopie et physionomie d'un coqu. Je dy coqu scandalé et diffamé.» Puys, consyderant la main dextre de Panurge en tous endroictz, dist : « Ce faulx traict que je voy icy au dessus du mons *Jovis* oncques ne feut qu'en la main d'un coqu. » Puys avecques un style feist hastivement certain nombre de poinctz divers, les accoubla par geomantie, et dist : « Plus vraye n'est la verité qu'il est certain que seras coqu bien tost après que seras marié. » Cela faict, demanda à Panurge l'horoscope de sa nativité. Panurge luy ayant baillé, il fabrica promptement sa maison du ciel en toutes ses parties, et, consyderant l'assieté et les aspectz en leurs triplicitez, jecta un grand souspir, et dist : « J'avois ja prædict apertement que tu serois coqu; à cela tu ne povoys faillir : icy j'en ay d'abondant asceurance nouvelle, et te afferme que tu seras coqu. D'adventaige, seras de ta femme battu, et d'elle seras desrobbé : car je trouve la septiesme maison en aspectz tous malings, et en batterie de tous signes portans cornes, comme Aries, Taurus, Capricorne et aultres. En la quarte, je trouve decadence de *Jovis*, ensemble aspect tetragone de Saturne, associé de Mercure. Tu seras bien poyvré, homme de bien.

— Je seray (respondit Panurge) tes fortes fiebvres quartaines, vieulx fol, sot[1] mal plaisant que tu es. Quand tous coqus s'assembleront, tu porteras la baniere. Mais dont me vient ce cyron icy entre ces deux doigtz? » Cela disoit tirant droict vers Her Trippa les deux premiers doigtz ouvers en forme de deux cornes, et fermant on poing tous les aultres; puys dist à Epistemon : « Voyez cy le vray Ollus de Martial, lequel tout son estude addonnoit à observer et entendre les maulx et miseres d'aultruy; ce pendent sa femme tenoit le

---

1. A : *sot* manque.

brelant. Il, de son cousté, paouvre plus que ne feut Irus, au demourant glorieux, oultrecuydé, intolerable, plus que dixsept diables; en un mot, πτωκαλαξών, comme bien proprement telle peaultraille de belistrandiers nommoient les anciens. Allons, laissons icy ce fol enraigé, mat de cathene, ravasser tout son saoul avecques ses diables privez. Je croirois tantost que les diables voulussent servir un tel marault. Il ne sçait le premier traict de philosophie, qui est : CONGNOIS TOY, et, se glorifiant veoir un festu en l'œil d'aultruy, ne void une grosse souche laquelle luy poche les deux œilz. C'est un tel Polypragmon que descript Plutarche. C'est une aultre Lamie, laquelle en maisons estranges, en public, entre le commun peuple, voyant plus penetramment qu'un oince, en sa maison propre estoit plus aveugle qu'une taulpe : chés soy rien ne voioyt, car, retournant du dehors en son privé, oustoit de sa teste ses œilz exemptiles comme lunettes, et les cachoit dedans un sabot attaché darriere la porte de son logis.» A ces motz print Her Trippa un rameau de tamarix. Il prend bien (dist Epistemon); Nicander la nomme divinatrice [1].

—Voulez vous (dist Her Trippa) en sçavoir plus amplement la verité par Pyromantie, par Aëromantie, celebrée par Aristophanes en ses Nuées [2]; par Hydromantie, par Lecanomantie, tant jadis celebrée entre les Assyriens et exprovée par Hermolaus Barbarus [3]? Dedans un bassin plein d'eau [4] je te monstreray ta femme future brimballant avecques deux rustres. — Quand (dist Panurge) tu mettras ton nez en mon cul, soys recors de deschausser tes lunettes. — Par Catoptromantie (dist Her Trippa continuant), moyennant laquelle Di-

1. A : *A ces mots... divinatrice* manque. — 2. A : *celebrée... nuées* manque. — 3. A : *et exprovée... Barbarus* manque. — 4. A : *plein d'eau* manque.

dius Julianus, empereur de Rome, prævoyoit tout ce que luy doibvoit advenir[1]; il ne te fauldra poinct de lunettes. Tu la voyras en un mirouoir[2] brisgoutant aussi apertement que si je te la monstrois en la fontaine du temple de Minerve prés Patras. Par Coscinomantie, jadis tant religieusement observée entre les cerimonies des Romains[3] : ayons un crible et des forcettes; tu voyras diables. Par Alphitomantie, designée par Theocrite en sa Pharmaceutrie, et par Aleuromantie, meslant du froment avecques de la farine. Par Astragalomantie : j'ay ceans les projectz tous prestz. Par Tyromantie : j'ay un fromaige de Brehemont à propos. Par Gyromantie : je te feray icy tournoyer force cercles, les quels tous tomberont à gausche, je t'en asceure. Par Sternomantie : par ma foy tu as le pictz assez mal proportionné[4]. Par Libanomantie : il ne fault qu'un peu d'encent. Par Gastromantie, de laquelle en Ferrare longuement usa la dame Jacoba Rhodogine engastrimythe. Par Cephaleonomantie, de laquelle user souloient les Alemans, routissans la teste d'un asne sus des charbons ardens. Par Ceromantie[5] : là par la cire fondue en eaue tu voiras la figure de ta femme et de ses laboureurs. Par Capnomantie : sus des charbons ardens nous mettrons de la semence de pavot et de sisame. O chose gualante! Par Axinomantie : fais icy provision seulement d'une coingnée et d'une pierre Gagate, la quelle nous metterons sus la braze. O comment Homere en use bravement envers les amoureux de Penelope[6]! Par Onymantie : ayons de l'huylle et de la cire. Par Tephramantie : tu voiras la cendre en l'aër

---

1. A : *moyennant... advenir* manque. — 2. A : *en un mirouoir* manque. — 3. A : *jadis... Romains* manque. — 4. A : *Par Alphitomantie.... proportionné* manque. — 5. A : *Par Gastromantie, par Ceromantie...* — 6. A : *et d'une pierre... Penelope* manque.

figurante ta femme en bel estat. Par Botanomantie :
j'ay icy des fueilles de saulge à propos. Par Sycomantie, ô art divine! en feueilles de figuier. Par Ichthyomantie, tant jadis celebrée et practiquée par Tiresias
et Polydamas[1], aussi certainement que jadis estoit faict
en la fosse Dina on bois sacré à Apollo, en la terre des
Lyciens. Par Chœromantie : ayons force pourceaulx ;
tu en auras la vescie. Par Cleromantie, comme l'on
trouve la febve on guasteau la vigile de l'Epiphane[2].
Par Anthromantie, de laquelle usa Heliogabalus empereur de Rome. Elle est quelque peu fascheuse ; mais
tu l'endureras assez, puis que tu es destiné coqu. Par
Stichomantie sibylline ; par Onoatommantie. Comment
as tu nom? (Maschemerde, respondit Panurge.) Ou
bien par Alectryomantie : je feray icy un cerne gualantement, lequel je partiray, toy voyant et considerant,
en vingt et quatre portions equales. Sus chascune je
figureray une lettre de l'alphabet : sus chascune lettre
je poseray un grain de froment, puys lascheray un
beau coq vierge à travers. Vous voirez (je vous affie)
qu'il mangera les grains posez sus les lettres C. O. Q. U.
S. E. R. A., aussi fatidicquement comme soubs l'Empereur Valens, estant en perplexité de sçavoir le nom
de son successeur, le coc vaticinateur et alectryomantic
mangea sus les lettres Θ. E. O. Δ. Voulez vous en sçavoir par l'art de Aruspicine, par Extispicine, par Augure prins du vol des oyzeaulx, du chant des oscines,
du bal solistime des canes (par Estronspicine, respondit Panurge), ou bien par Necromantie? Je vous
feray soubdain resusciter quelqu'un peu cy devant
mort[3], comme feist Apollonius de Tyane envers Achilles, comme feist la Phitonisse en præsence de Saul,

---

1. A : *tant... Polydamas* manque. — 2. A : *Par Cleromantie... l'Epiphane* manque. — 3. A : *resusciter* quelque *mort*.

lequel nous en dira le totage, ne plus ne moins que à l'invocation de Erictho un deffunct prædist à Pompée tout le progrés et issue de la bataille Pharsalicque ; ou si avez paour des mors, comme ont naturellement tous coquz, je useray seulement de Sciomantie.

—Va (respondit Panurge), fol enraigé, au diable : et te faiz lanterner à quelque Albanoys, si auras un chapeau poinctu. Diable, que ne me conseillez tu aussi bien tenir une esmeraulde, ou la pierre de hyene, soubs la langue ? ou me munir de langues de puputz et de cœurs de ranes verdes : ou manger du cœur et du foye de quelque dracon, pour, à la voix et au chant des cycnes et oizeaulx, entendre mes destinées, comme faisoient jadis les Arabes on pays de Mesopotamie ? A trente diables soit le coqu, cornu, marrane, sorcier au diable, enchanteur de l'Antichrist ! Retournons vers nostre Roy. Je suys asceuré que de nous content ne sera, s'il entend une foys que soyons icy venuz en la tesniere de ce diable engiponné. Je me repens d'y estre venu, et donnerois voluntiers cent nobles et quatorze roturiers, en condition que celluy qui jadis souffloit on fond de mes chausses, præsentement de son crachatz luy enluminast les moustaches. Vray Dieu ! comment il m'a perfumé de fascherie et diablerie, de charme et de sorcellerie ! Le diable le puisse emporter ! Dictez *Amen*, et allons boyre. Je ne feray bonne chere de deux, non de[1] quatre jours.

Comment Panurge prent conseil de frere Jan des Entommeures. — Chapitre XXVI.

Panurge estoit fasché des propous de Her Trippa, et, avoir passé la bourgade de Huymes, s'adressa à frere Jan, et luy dist becguetant et soy grattant l'aureille guausche :

1. A: *non pas de.*

Tien moy un peu joyeulx, mon bedon. Je me sens tout matagrabolisé en mon esprit des propous de ce fol endiablé. Escoute, Couillon mignon[1].

Couillon moignon.
c. paté.
c. plombé.
c. feutré.
c. madré.
c. de stuc.
c. arabesque.
c. troussé à la levresque.
c. asceuré.

c. de renom.
c. naté.
c. laicté.
c. calfaté.
c. relevé.
c. de crotesque.
c. asseré.
c. antiquaire.
c. guarancé.

[1]. Dans A, cette liste est imprimée sur trois colonnes et dans l'ordre suivant, qui est le meilleur : Escoute, Couillon mignon.

Couillon moignon.
c. paté.
c. laicté.
c. madré.
c. crotesque.
c. troussé à la levresque.
c. garancé.
c. diapré.
c. entrelardé.
c. grené.
c. goildronné.
c. lyripipié.
c. d'ebene.
c. de passe.
c. effrené.
c. entassé.
c. bouffy.
c. poudrebif.
c. gerondif.
c. gigantal.
c. magistral.
c. viril.
c. de relès.
c. massif.
c. goulu.

c. naté.
c. feutré.
c. relevé.
c. arabesque.

c. calandré.
c. estamé.
c. juré.
c. d'esmorche.
c. palletoqné.
c. desiré.
c. de bresil.
c. à croc.
c. forcené.
c. compassé.
c. polly.
c. brandif.
c. genitif.
c. vital.
c. claustral.
c. subtil.
c. de sejour.
c. lassif.
c. absolu.

Couillon de renom.
c. plombé.
c. calfaté.
c. de stuc.
c. asseré.
c. asceuré.
c. requamé.
c. martelé.
c. bourgeois.
c. endesvé.
c. aposté.
c. vernissé.
c. de bouys.
c. d'estoc.
c. affecté.
c. farci.
c. jolly.
c. positif.
c. actif.
c. oval.
c. monachal.
c. de respect.
c. d'audace.
c. manuel.
c. resolu.

c. calandré.
c. diapré.
c. martelé.
c. juré.
c. grené.
c. endesvé.
c. palletoqué.
c. lyripipié.
c. vernissé.
c. de bresil.
c. organizé.
c. requamé.
c. estamé.
c. entrelardé.
c. bourgeois.
c. d'esmorche.
c. goildronné.
c. aposté.
c. desiré.
c. d'ebene.
c. de bouys.
c. latin.

c. membru.
c. courtoys.
c. brislant.
c. gent.
c. luisant.
c. prompt.
c. clabault.
c. de haulte lisse.
c. fallot.
c. de raphe.
c. patronimicque.
c. d'alidada.
c. robuste.
c. insuperable.
c. memorable.
c. musculeux.
c. tragique.
c. repercussif.
c. incarnatif.
c. musculinant.
c. fumilnant.
c. martelant.
c. aromatisant.
c. timpant.
c. paillard.
c. hochant.
c. farfouillant.
c. camus.
c. turquoys.
c. sifflant.
c. urgent.
c. duisant.
c. prinsaultier.
c. coyrault.
c. exquis.
c. cullot.
c. guelfe.
c. pouppin.
c. d'algamala.
c. venuste.
c. secourable.
c. notable.
c. bardable.
c. satyricque.
c. digestif.
c. restauratif.
c. ronssinant.
c. tonnant.
c. arietant.
c. djaspermatisant.
c. pimpant.
c. pillard.
c. brochant.
c. belutant.
c. gemeau.
c. fecond.
c. estrillant.
c. banier.
c. brusquet.
c. fortuné.
c. usual.
c. requis.
c. picardent.
c. ursin.
c. guespin.
c. d'algebra.
c. d'appetit.
c. agreable.
c. palpable.
c subsidiaire.
c. transpontin.
c. convulsif.
c. sigillatif.
c. refaict.
c. estincelant.
c. strident.

c. ronflant.
c. gaillard.
c. talochant.
c. culbutant.

Couillon hacquebutant, couillon culletant, frère Jan, etc.

c. de passe.
c. d'estoc.
c. forcené.
c. entassé.
c. farcy.
c. polly.
c. poudrebif.
c. positif.
c. genitif.
c. gigantal.
c. oval.
c. claustral.
c. viril.
c. de respect.
c. de sejour.
c. massif.
c. manuel.
c. absolu.
c. membru.
c. gemeau.
c. turquoys.
c. brislant.
c. estrillant.
c. urgent.
c. duisant.
c. prompt.
c. fortuné.
c. coyrault.
c. de haulte lisse.
c. requis.
c. cullot.
c. de raphe.
c. ursin.
c. de paraige.
c. patronymicque.

c. à croc.
c. effrené.
c. affecté.
c. compassé.
c. bouffy.
c. jolly
c. brandif.
c. gerondif.
c. actif.
c. vital.
c. magistral.
c. monachal.
c. subtil.
c. de relés.
c. d'audace.
c. lascif.
c. guoulu.
c. resolu.
c. cabus.
c. courtoys.
c. fecond.
c. sifflant.
c. gent.
c. banier.
c. brusquet.
c. prinsaultier.
c. clabault.
c. usual.
c. exquis.
c. fallot.
c. picardent.
c. Guelphe.
c. de triage.
c. de mesnage.
c. pouppin.

- c. guespin.
- c. d'algamala.
- c. robuste.
- c. d'appetit.
- c. secourable.
- c. redoubtable.
- c. affable.
- c. memorable.
- c. palpable.
- c. bardable.
- c. tragicque.
- c. transpontin.
- c. digestif.
- c. incarnatif.
- c sigillatif.
- c. ronssinant.
- c. refaict.
- c. tonnant.
- c. martelant.
- c. strident.
- c. timpant.
- c. pimpant.
- c. pailiard.
- c. guaillard.
- c. brochant.
- c. avorté.
- c. syndicqué.
- c. belutant.
- c. d'alidada.
- c. d'algebra.
- c. venuste.
- c. insuperable.
- c. agreable.
- c. espovantable.
- c. profitable.
- c. notable.
- c. musculeux.
- c. subsidiaire.
- c. satyricque.
- c. repercussif.
- c. convulsif.
- c. restauratif.
- c. masculinant.
- c. baudouinant.
- c. fulminant.
- c. estincelant.
- c. arietant.
- c. aromatisant.
- c. diaspermatisant.
- c. ronflant.
- c. pillard.
- c. hochant.
- c. talochant.
- c. eschalloté.
- c. farfouillant.
- c. culbutant.

Couillon hacquebutant, couillon culletant, frere Jan mon amy, je te porte reverence bien grande, et te reservoys à bonne bouche : je te prie, diz moy ton advis. Me dois je marier ou non ? » Frere Jan luy respondit en alaigresse d'esprit, disant : « Marye toy de par le diable, marie toy, et carrillonne à doubles carrillons de couillons. Je diz et entends le plus toust que faire pourras. Dès huy au soir faiz en crier les bancs et le challit. Vertus Dieu ! à quand te veulx tu reserver ? Sçaiz tu pas bien que la fin du monde approche ? Nous en sommes huy plus prés de deux trabutz et demie toise que n'estions avant hier. L'Antichrist est desja né, ce m'a l'on dict. Vray est que il ne faict encores que esgratigner sa nourrisse et ses gouvernantes, et ne monstre encores les thesaurs : car il est encores petit. *Crescite. Nos qui vivimus, multiplicamini*, il est escript. C'est matiere de breviaire. Tant que lle sac de bled ne vaille trois patacz, et le bussart de vin que six blancs. Vouldrois tu bien qu'on te trouvast les couilles pleines au jugement ? *Dum venerit judicare.* — Tu as (dist Panurge) l'esprit moult limpide et serain, frere Jan, couillon metropolitain, et parlez pertinemment. C'est ce dont Leander de Abyde en Asie, nageant par la mer Hellesponte pour visiter s'amie Hero de Seste en Europe, prioit Neptune et tous les dieux marins :

> Si en allant je suys de vous choyé,
> Peu au retour me chault d'estre noyé.

Il ne vouloit poinct mourir les couilles pleines. Et suys d'advis que dorenavant, en tout mon Salmigondinoys, quand on vouldra par justice executer quelque malfaicteur, un jour ou deux davant on le face brisgoutter en onocrotale, si bien que en tous ses vases spermaticques ne reste de quoy protraire ung Y gregoys. Chose si precieuse ne doibt estre follement perdue. Par adventure engendrera il un home. Ainsi mourra il sans regret, laissant home pour home.

Comment frere Jan joyeusement conseille Panurge.
Chapitre XXVII[1].

Par sainct Rigomé, dist frere Jan, Panurge, mon amy doulx, je ne te conseille chose que je ne feisse, si j'estoys en ton lieu. Seulement ayez esguard et consyderation de tous jours bien lier et continuer tes coups. Si tu y fays intermission, tu es perdu, paouvret, et t'adviendra ce que advient es nourrisses. Si elles desistent alaicter enfans, elles perdent leur laict. Si continuellement ne exercez ta mentule, elle perdra son laict, et ne te servira que de pissotiere ; les couilles pareillement ne te serviront que de gibbessiere. Je t'en advise, mon amy. J'en ay veu l'experience en plusieurs qui ne l'ont peu quand ilz vouloient, car ne l'avoient faict quand le povoient. Aussi par non usaige sont perduz tous privileges, ce disent les clercs. Pourtant, fillol, maintien tout ce bas et menu populaire troglodyte en [2] estat de labouraige sempiternel. Donne ordre qu'ilz ne vivent en gentilz homes, de leurs rantes, sans rien faire.

— Ne dea (respondit Panurge), frere Jan, mon couillon guausche, je te croiray. Tu vas rondement en besoigne. Sans exception ne ambages tu m'as apertement dissolu toute craincte qui me povoit intimider. Ainsi te soit donné des cieulx tousjours bas et roydde operer. Or doncques, à ta parolle je me mariray. Il n'y aura poinct de faulte. Et si auray tousjours belles chambrieres, quand tu me viendras veoir, et seras protecteur de leur sororité. Voylà quand à la premiere partie du sermon. — Escoute, (dist frere Jan), l'oracle des cloches de Varènes : Que disent elles ? — Je les entends (res-

---

1. A : *Comment.*. *Chap. XXVII* manque. — 2. A : *troglodyte*, braguettodyte, *cu.*

pondit Panurge). Leur son est par ma soif plus fatidique que des chauldrons de Juppiter en Dodone. Escoute : Marie toy, marie toy, marie, marie. Si tu te marie, marie, marie, tresbien t'en trouveras, veras, veras. Marie, marie. Je te asseure que je me mariray : tous les elemens me y invitent. Ce mot te soit comme une muraille de bronze.

Quant au second poinct, tu me semblez aulcunement doubter, voyre deffier, de ma paternité, comme ayant peu favorable le roydde Dieu des jardins. Je te supply me faire ce bien de croire que je l'ay à commandement, docile, benevole, attentif, obeissant en tout et par tout. Il ne luy fault que lascher les longes, je diz l'aiguillette, luy monstrer de près la proye, et dire : hale, compaignon. Et quand ma femme future seroit aussi gloutte du plaisir venerien que feut oncques Messalina, ou la marquise de Oinsestre en Angleterre, je te prie croire que je l'ay encores plus copieux au contentement. Je ne ignore que Salomon dict, et en parloit comme clerc et sçavant. Depuys luy Aristoteles a declairé l'estre des femmes estre de soy insatiable : mais je veulx qu'on saiche que de mesme qualibre j'ay le ferrement infatiguable. Ne me allegue poinct icy en paragon les fabuleux ribaulx Hercules, Proculus, Cæsar et Mahumet, qui se vente en son Alchoran avoir en ses genitoires la force de soixante guallefretiers. Il a menty, le paillard. Ne me alleguez poinct l'Indian tant celebré par Theophraste, Pline et Athenæus, lequel, avecques l'ayde de certaine herbe, le faisoit en un jour soixante et dix fois et plus. Je n'en croy rien. Le nombre est supposé. Je te prie ne le croyre. Je te prie croyre (et ne croyras chose que ne soit vraye) mon naturel, le sacre Ityphalle, Messer Cotal d'Albingues, estre le *prime d'el monde*. Escoute çà, Couillette. Veidz tu oncques le froc du moine de

Castres? quand on le posoit en quelque maison, feust à descouvert, feust à cachettes, soubdain par sa vertus horrificque tous les manens et habitans du lieu entroient en ruyt, bestes et gens, homes et femmes, jusques aux ratz et aux chatz. Je te jure qu'en ma braguette j'ay aultres foys congneu certaine energie encore plus anomale. Je ne te parleray de maison ne de buron, de sermon ne de marché : mais à la passion qu'on jouoit à sainct Maixent, entrant un jour dedans le parquet, je veidz par la vertus et occulte proprieté d'icelle, soubdainement tous, tant joueurs que spectateurs, entrer en tentation si terrificque, qu'il ne y eut Ange, Home, Diable, ne Diablesse, qui ne voulust biscoter. Le Portecole abandonna sa copie ; celluy qui jouoit sainct Michel descendit par la volerie : les Diables sortirent d'enfer et y emportoient toutes ces paovres femmelettes ; mesme Lucifer se deschayna. Somme, voyant le desarroy, je departuay du lieu, à l'exemple de Caton le Censorin, lequel voyant par sa præsence les festes Floralies en desordre, desista estre spectateur.

Comment frere Jan reconforte Panurge sus le doubte de Coqüage. — CHAPITRE XXVIII.

JE t'entends (dist frere Jan); mais le temps matte toutes choses. Il n'est le marbre ne le porphyre qui n'ayt sa vieillesse et decadence. Si tu ne en es là pour ceste heure, peu d'années après subsequentes je te oiray confessant que les couilles pendent à plusieurs par faulte de gibbessiere. Desja voy je ton poil grisonner en teste. Ta barbe, par les distinctions du gris, du blanc, du tanné et du noir, me semble une mappemonde. Reguarde icy : Voy là Asie. Icy sont Tigris et Euphrates. Voy là

Afrique. Icy est la montaigne de la Lune. Voydz tu les paluz du Nil? Deçà est Europe. Voydz tu Theleme? Ce touppet icy tout blanc, sont les mons Hyperborées. Par ma soif, mon amy, quand les neiges sont és montaignes, je diz la teste et le menton, il n'y a pas grand chaleur par les valées de la braguette.

—Tes males mules (respondit Panurge). Tu n'entends pas les Topiques. Quand la neige est sus les montaignes, la fouldre, l'esclair, les lanciz, le mau lubec, le rouge grenat, le tonnoire, la tempeste, tous les diables sont par les vallées. En veulx tu veoir l'experience? Va on pays de Souisse, et considere le lac de Wunderberlich, à quatre lieues de Berne, tirant vers Sion. Tu me reproches mon poil grisonnant, et ne consydere poinct comment il est de la nature des pourreaux, es quelz nous voyons la teste blanche, et la queue verde, droicte et vigoureuse[1]. Vray est que en moy je recongnois quelque signe indicatif de vieillesse; je diz verde vieillesse, ne le diz à personne. Il demourera secret entre nous deux. C'est que je trouve le vin meilleur et plus à mon goust savoureux que ne soulois; plus que ne soulois je crains la rencontre du mauvais vin. Note que cela argüe je ne sçay quoy du ponent, et signifie que le midy est passé. Mais quoy? Gentil compaignon tousjours, autant ou plus que jamais. Je ne crains pas cela, de par le diable. Ce n'est là[2] où me deult. Je crains que par quelque longue absence de nostre roy Pantagruel, au quel force est que je face compaignie, voire allast il à tous les diables[3], ma femme me face coqu. Voy là le mot peremptoire. Car tous ceulx à qui j'en ay parlé me en menassent, et afferment qu'il me est ainsi prædestiné des cieulx.—Il n'est

1. A : *Tu me reproches .. vigoureuse* manque. — 2. A : *ce n'est pas là*. — 3. A : *voire ... diables* manque.

(respondit frere Jan) coqu qui veult. Si tu es coqu, *ergo* ta femme sera belle : *ergo* tu seras bien traicté d'elle : *ergo* tu auras des amis beaucoup : *ergo* tu seras saulvé. Ce sont topicques monachales. Tu ne en vauldras que mieulx, pecheur. Tu ne feuz jamais si aise. Tu n'y trouveras rien moins. Ton bien acroistra d'advantaige. S'il est ainsi prædestiné, y vouldrois tu contrevenir ? diz[1], Couillon flatry, c. moisy.

c. rouy.   c. chaumeny.
c. poitry d'eaue froyde.   c. pendillant.
c. transy.   c. appellant.

1. Dans A, ce passage, évidemment écrit, comme la liste analogue du chapitre précédent, pour être imprimé sur trois colonnes, est disposé de la manière suivante :

Couillon flatry. Couillon moisy. Couillon rouy. Couillon chaumeny. Couillon transy. Couillon poitry d'eau froide. Couillon pendillant.

c. avallé.	c. gavaché.	
c. fené.	c. esgrené.	c. esrené.
c. hallebreué.	c. lanterné.	c. prosterné.
c. embrené.	c. engroué.	c. amadoué.
c. ecremé.	c. exprimé.	c. supprimé.
c. chetif.	c. retif.	c. putatif.
c. moulu.	c. vermoulu.	c. dissolu.
c. courbatu.	c. morfondu.	c. malautru.
c. dyscracié.	c. biscarié.	c. disgratié.
c. liegé.	c. flacqué.	c. diaphané.
c. esgoutté.	c. desgousté.	c. avorté.
c. escharbotté.	c. eschalloté.	c. hallebotté.
c. mitré.	c. chapitré.	c. syndicqué.
c. baratté.	c. chicquané.	c. bimbelotté.
c. eschaubouillé.	c. entouillé.	c. barbouillé.
c. vuydé.	c. riddé.	c. chagrin.
c. have.	c. demanché.	c. morné.
c. vereux.	c. pesneux.	c. vesneux.
c. forbeu.	c. malandré.	c. meshaigné.
c. thlasié.	c. thibié.	c. spadonicque.
c. spacelé.	c. bistorié.	c. deshinguandé.
c. farcineux.	c. hergneux.	c. varicqueux.
c. croustelevé.	c. escloppé.	c. depenaillé.

c. avallé.
c. fené.
c. esrené.
c. de faillance.
c. hallebrené.
c. prosterné.
c. engroué.
c. ecremé.
c. supprimé.
c. retif.
c. moulu.
c. dissolu.
c. morfondu.

c. guavasche.
c. esgrené.
c. incongru.
c. forbeu.
c. lanterné.
c. embrené.
c. amadoué.
c. exprimé.
c. chetif.
c. putatif.
c. mervoulu.
c. courbatu.
c. malautru.

c. franfreluché.
c. guoguelu.
c. trepané.
c. effillé.
c. feueilleté.
c. etrippé.
c. greslé.
c. soufleté.
c. corneté.
c. fusté.
c. frilleux.
c. mortifié.
c. diminutif.
c. quinault.
c. rouillé. *
c. paralyticque.
c. manchot.
c. de ratepenade.
c. acablé.
c. dessiré.
c. decadent.
c. appellant.
c. assassiné.
c. engourdely.
c. de matafain.
c. frippé.

c. matté.
c. farfelu.
c. boucané.
c. eviré.
c. fariné.
c. constippé.
c. syncopé.
c. buffeté.
c. ventousé.
c. poulsé.
c. fistuleux.
c. maleficié.
c. usé.
c. marpault.
c. maceré.
c. antidaté.
c. perclus.
c. maussade.
c. ballé.
c. desolé.
c. cornant.
c. mince.
c. bobeliné.
c. anouchaly.
c. de zero.
c. extirpé.

c. frelatté.
c. trepelu.
c. basané.
c. vietdazé.
c. mariné.
c. nieblé.
c. ripoppé.
c. dechicqueté.
c. talemousé.
c. de godalle.
c. scrupuleux.
c. rance.
c. tintalorisé.
c. matagrabolisé.
c. indague.
c. degradé.
c. confus.
c. de petarrade.
c. assablé.
c. hebeté.
c. soloecisant.
c. barré.
c. devalizé.
c. aneanty.
c. budelorié.
c. deschalandé.

Couillonnas Panurge, etc.

c. dyscrasié.
c. disgratié.
c. flacque.
c. esgoutté.
c. acravanté.
c. escharbotté.
c. mitré.
c. baratté.
c. bimbelotté.
c. entouillé.
c. vuidé.
c. chagrin.
c. demanché.
c. vereux.
c. vesneux.
c. malandré.
c. thlasié.
c. spadonicque.
c. bistorié.
c. farineux.
c. hergneux.
c. gangreneux.
c. croustelevé.
c. depenaillé.
c. matté.
c. guoguelu.
c. trepelu.
c. trepané.
c. basané.
c. eviré.
c. feuilleté.
c. estiomené.
c. etrippé.
c. nieblé.
c. syncopé.

c. biscarié.
c. liegé.
c. diaphane.
c. desgousté.
c. chippoté.
c. hallebotté.
c. chapitré.
c. chicquané.
c. eschaubouillé.
c. barbouillé.
c. riddé.
c. have.
c. morné.
c. pesneux.
c. forbeu.
c. meshaigné.
c. thlibié.
c. sphacelé.
c. deshinguandé.
c. farcineux.
c. varicqueux.
c. vereux.
c. esclopé.
c. franfreluché.
c. frelatté.
c. farfelu.
c. mitonné.
c. boucané.
c. effilé.
c. vietdazé
c. mariné.
c. extirpé.
c. constippé.
c. greslé.
c. souffleté.

c. ripoppé.
c. dechicqueté.
c. ventousé.
c. effructé.
c. gersé.
c. pantois.
c. fusté.
c. de godalle.
c. fistuleux.
c. langoureux.
c. maleficié.
c. hectique.
c. usé.
c. quinault.
c. matagrabolisé.
c. maceré.
c. paralyticque.
c. degradé.
c. perclus.
c. de Ratepenade.
c. de petarrade.
c. hallé.
c. dessiré.
c. hebeté.
c. cornant.
c. appellant.
c. barré.
c. assassiné.
c. devalizé.
c. anonchaly.
c. de matafain.
c. badelorié.
c. deschalandé.

c. buffeté.
c. corneté.
c. talemousé.
c. balafré.
c. eruyté.
c. putois.
c. poulsé.
c. frilleux.
c. scrupuleux.
c. fellé.
c. rance.
c. diminutif.
c. tintalorisé.
c. marpault.
c. rouillé.
c. indague.
c. antidaté.
c. manchot.
c. confus.
c. maussade.
c. acablé.
c. assablé.
c. desolé.
c. decadent.
c. solœcisant.
c. mince.
c. ulceré.
c. boboliné.
e. engourdely.
c. aneanty.
c. de zero.
c. frippé.
c. febricitant.

Couillonnas au diable[1], Panurge mon amy, puys

1. A : *au diable* manque.

qu'ainsi t'est prædestiné, vouldrois tu faire retrogader les planetes, demancher toutes les sphæres celestes, propouser erreur aux Intelligences motrices, espoincter les fuzeaulx, articuler les vertoilz, calumnier les bobines, reprocher les detrichoueres, condempner les frondrillons, defiller les pelotons des Parces? Tes fiebvres quartaines, Couillu! tu ferois pis que les Geants. Vien ça, Couillaud. Aimerois tu mieulx estre jaloux sans cause que coqu sans congnoissance? — Je ne vouldrois (respondit Panurge) estre ne l'un ne l'aultre. Mais si j'en suys une fois adverty, je y donneray bon ordre, ou bastons fauldront on monde. Ma foy, frere Jan, mon meilleur sera poinct ne me marier. Escoute que me disent les cloches à ceste heure que sommes plus prés : Marie poinct, marie poinct, poinct, poinct, poinct, poinct. Si tu te marie, marie poinct, marie poinct, poinct, poinct, poinct, poinct, tu t'en repentiras, tiras, tiras : coqu seras. Digne vertus de Dieu! je commence entrer en fascherie. Vous aultres, cerveaulx enfrocquez, n'y sçavez vous remede aulcun? Nature a elle tant destitué les humains, que l'homme marié ne puisse passer ce monde sans tomber és goulphres et dangiers de coqüage? — Je te veulx (dist frere Jan) enseigner un expedient moyenant lequel jamais ta femme ne te fera coqu sans ton sceu et ton consentement. — Je t'en prie (dist Panurge), couillon velouté. Or diz, mon amy. — Prends (dist frere Jan) l'anneau de Hans Carvel, grand lapidaire du roy de Melinde. Hans Carvel estoit home docte, expert, studieux, home de bien, de bon sens, de bon jugement, debonnaire, charitable, aulmosnier, philosophe; joyeulx au reste, bon compaignon, et raillart, si oncques en feut : ventru quelque peu, branslant de teste, et aulcunement malaisé de sa personne. Sus ses vieulx jours il espousa la fille du baillif Concordat, jeune, belle, frisque, guallante, advenente, gratieuse par trop envers ses voisins et serviteurs. Dont advint en succession de quelques hebdomades qu'il en devint jalous comme ung tigre, et entra en soubson qu'elle se faisoit tabourer les fesses d'ailleurs. Pour à la quelle chose obvier, luy faisoit tout plein de beaulx comptes touchant les desolations advenues par adultere; luy lisoit souvent la legende des preudes femmes; la preschoit de pudicité; luy feist un livre des louanges de fidelité conjugale, detestant fort et ferme la meschanceté des ribauldes mariées, et luy donna un beau carcan tout couvert de sapphyrs orientaulx. Ce non obstant, il la voioyt tant deliberée et de bonne chere avecques ses voisins, que de plus en plus croissoit sa jalousie. Une nuyct entre les aultres, estant avecques elle couché en telles passions, songea qu'il parloit au diable et qu'il luy comptoit ses doleances. Le diable le reconfortoit, et luy mist un anneau ou maistre doigt, disant: Je te donne cestuy anneau; tandis que l'auras on doigt, ta femme ne sera d'aultruy charnellement congneue sans ton sceu et consentement. Grand mercy (dist Hans Carvel), monsieur le diable. Je renye Mahon si jamais on me l'oste du doigt. Le diable disparut. Hans Carvel tout joyeulx s'esveigla, et trouva qu'il avoit le doigt on comment a nom de sa femme. Je oublioîs à compter comment sa femme, le sentent, reculoit le cul arriere, comme disant: Ouy, nenny, ce n'est pas ce qu'il y fault mettre: et lors sembloit à Hans Carvel qu'on luy voulust desrobber son anneau. N'est ce remede infaillible ? A cestuy exemple faiz, si me croys, que continuellement tu ayez l'anneau de ta femme on doigt. » Icy feut fin, et du propous et du chemin.

Comment Pantagruel faict assemblée d'un Theologien, d'un Medicin, d'un Legiste et d'un Philosophe, pour la perplexité de Panurge.
Chapitre XXIX.

Arrivez au palais, compterent à Pantagruel le discours de leur voyage et luy monstrerent le dicté de Raminagrobis. Pantagruel, l'avoir leu et releu, dist : Encores n'ay je veu response que plus me plaise. Il veult dire sommairement qu'en l'entreprinse de mariage chascun doibt estre arbitre de ses propres pensées, et de soy mesmes conseil prendre. Telle a tousjours esté mon opinion, et autant vous en diz la premiere foys que m'en parlastez. Mais vous en mocquiez tacitement, il m'en soubvient, et congnois que philautie et amour de soy vous deçoit. Faisons aultrement. Voicy quoy : Tout ce que sommes et qu'avons consiste en trois choses : En l'ame, on corps, és biens. A la conservation de chascun des troys respectivement sont aujourd'huy destinées troys manieres de gens. Les Theologiens à l'ame, les Medicins au corps, les Jurisconsultes aux biens. Je suys d'advis que dimanche nous ayons icy à dipner un Theologien, un Medicin et un Jurisconsulte. Avecques eulx ensemble nous confererons de vostre perplexité.—Par sainct Picault (respondit Panurge), nous ne ferons rien qui vaille, je le voy desja bien. Et voyez comment le monde est vistempenardé : Nous baillons en garde nos ames aux Theologiens, lesquelz pour la plus part sont hæreticques ; nos corps es Medicins, qui tous abhorrent les medicamens, jamais ne prenent medicine ; et nos biens es Advocatz, qui n'ont jamais procés ensemble.—Vous parlez en courtisan (dist Pantagruel). Mais le premier poinct je nie, voyant l'occupation principale, voyre unicque et totale des bons

Theologiens estre emploictée par faictz, par dictz, par escriptz, à extirper les erreurs et hæresies (tant s'en fault qu'ilz en soient entachez) et planter profundement és cueurs humains la vraye et vive foy catholicque. Le second je loue, voyant les bons Medicins donner tel ordre à la partie prophylactique et conservatrice de santé en leur endroict, qu'ilz n'ont besoing de la therapeutice et curative par medicamens. Le tiers je concede, voyant les bons advocatz tant distraictz en leurs patrocinations et responses du droict d'aultruy, qu'ilz n'ont temps ne loisir d'entendre à leur propre. Pourtant, dimanche prochain, ayons pour Theologien nostre pere Hippothadée, pour medicin nostre maistre Rondibilis, pour legiste nostre amy Bridoye. Encores suys je d'advis que nous entrons en la tetrade pythagoricque, et pour soubrequart ayons nostre feal le philosophe Trouillogan, attendu mesmement que le philosophe perfaict, et tel qu'est Trouillogan, respond assertivement de tous doubtes proposez. Carpalim, donnez ordre que les ayons tous quatre dimanche prochain à dipner.

— Je croy (dist Epistemon) qu'en toute la patrie vous ne eussiez mieulx choisy. Je ne diz seulement touchant les perfections d'un chascun en son estat, les quelles sont hors tout dez de jugement, mais d'abondant en ce que Rondibilis marié est, ne l'avoit esté; Hippothadée oncques ne le feut, et ne l'est; Bridoye l'a esté, et ne l'est; Trouillogan l'est et l'a esté. Je releveray Carpalim d'une peine : Je iray inviter Bridoye (si bon vous semble), lequel est de mon antique congnoissance, et au quel j'ay à parler pour le bien et advencement d'un sien honneste et docte filz, lequel estudie à Tholose soubs l'auditoire du tresdocte et vertueux Boissonné. — Faictez (dist Pantagruel) comme bon vous semblera. Et advisez si je peuz rien pour l'advencement du filz et dignité du seigneur Boissonné, lequel je ayme et revere comme l'un des plus suffisans qui soit huy en son estat. Je me y employray de bien bon cœur. »

Comment Hippothadée, theologien, donne conseil à Panurge sus l'entreprinse de mariage.
Chapitre XXX.

Le dipner au dimanche subsequent ne feut sitost prest, comme les invitez comparurent, excepté Bridoye, lieutenant de Fonsbeton. Sus l'apport de la seconde table, Panurge en parfonde reverence dist : « Messieurs, il n'est question que d'un mot. Me doibs je marier ou non? Si par vous n'est mon doubte dissolu[1], je le tiens pour insoluble comme sont *Insolubilia de Alliaco*[2]. Car vous estes tous esleuz, choisiz et triez chascun respectivement en son estat, comme beaulx pois sus le volet. »

Le Pere Hippothadée, à la semonce de Pantagruel et reverence de tous les assistans, respondit en modestie incroyable : « Mon amy, vous nous demandez conseil, mais premier fault que vous mesmes vous conseillez. Sentez vous importunement en vostre corps les aiguillons de la chair? — Bien fort (respondit Panurge), ne vous desplaise, nostre Pere. — Non faict il (dist Hippothadée), mon amy. Mais, en cestuy estrif, avez vous de Dieu le don et grace speciale de continence? — Ma foy non, respondit Panurge. — Mariez vous donc, mon amy, dist Hippothadée ; car trop meilleur est soy marier que ardre on feu de concupiscence. — C'est parlé cela (s'escria Panurge) gualantement, sans circumbilivaginer au tour du pot. Grand mercy, monsieur nostre Pere. Je me mariray sans poinct de faulte, et bien tost. Je vous convie à mes nopces. Corpe de galline, nous ferons

1. A : Si par vous mon doubte n'est dissolu. — 2. A : *comme... Alliaco* manque.

chere lie. Vous aurez de ma livrée, et si mangerons de l'oye, cor beuf, que ma femme ne roustira poinct. Encores vous priray je mener la premiere dance des pucelles, s'il vous plaist me faire tant de bien et d'honneur, pour la pareille. Reste un petit scrupule à rompre. Petit, diz je, moins que rien. Seray je point coqu?— Nenny dea, mon amy (respondit Hippothadée), si Dieu plaist.— O! la vertus de Dieu (s'escria Panurge) nous soit en ayde! Où me renvoyez vous, bonnes gens? Aux conditionales, les quelles en dialectique reçoivent toutes contradictions et impossibilitez. Si mon mulet Transalpin voloit, mon mulet Transalpin auroit aesles. Si Dieu plaist, je ne seray point coqu; je seray coqu, si Dieu plaist. Dea, si feust condition à laquelle je peusse obvier, je ne me desesperois du tout. Mais vous me remettez au conseil privé de Dieu, en la chambre de ses menuz plaisirs. Où prenez vous le chemin pour y aller, vous aultres François? Monsieur nostre Pere, je croy que vostre mieulx sera ne venir pas à mes nopces : Le bruyt et la triballe des gens de nopces vous romperoient tout le testament. Vous aymez repous, silence et solitude. Vous n'y viendrez pas, ce croy je. Et puis vous dansez assez mal, et seriez honteux menant le premier bal. Je vous envoiray du rillé en vostre chambre, de la livrée nuptiale aussy. Vous boirez à nous, s'il vous plaist.

—Mon amy (dist Hippothadée), prenez bien mes parolles, je vous en prie. Quand je vous diz : s'il plaist à Dieu, vous fays je tort? Est ce mal parlé? Est ce condition blaspheme ou scandaleuse? N'est ce honorer le seigneur createur, protecteur, servateur? N'est ce le recongnoistre unicque dateur de tout bien? N'est ce nous declairer tous dependre de sa benignité? Rien sans luy n'estre, rien ne valoir, rien ne povoir, si sa saincte grace n'est sus nous infuse? N'est ce mettre exception canonicque à toutes nos entreprinses, et tout ce que proposons remettre à ce que sera disposé par sa saincte volunté, tant és cieulx comme en la terre? N'est ce veritablement sanctifier son benoist nom? Mon amy, vous ne serez poinct coqu, si Dieu plaist. Pour sçavoir sur ce quel est son plaisir, ne fault entrer en desespoir, comme de chose absconse et pour laquelle entendre fauldroit consulter son conseil privé, et voyager en la chambre de ses tréssainctz plaisirs. Le bon Dieu nous a faict ce bien qu'ilz nous les a revelez, annoncez, declairez et apertement descriptz par les sacres bibles. Là vous trouverez que jamais ne serez coqu, c'est à dire que jamais vostre femme ne sera ribaulde, si la prenez issue de gens de bien, instruicte en vertus et honnesteté, non ayant hanté ne frequenté compaignie que de bonnes meurs, aymant et craignant Dieu, aymant complaire à Dieu par foy et observation de ses sainctz commandemens, craignant l'offenser et perdre sa grace par default de foy et transgression de sa divine loy, en laquelle est rigoureusement defendu adultere, et commendé adhærer unicquement à son mary, le cherir, le servir, totalement l'aymer[1] après Dieu. Pour renfort de ceste discipline, vous, de vostre cousté, l'entretiendrez en amitié conjugale, continuerez en preudhomie, luy monstrerez bon exemple, vivrez pudicquement, chastement, vertueusement en vostre mesnaige, comme voulez qu'elle, de son cousté, vive : car, comme le mirouoir est dict bon et perfaict, non celluy qui plus est orné de dorures et pierreries, mais celluy qui veritablement repræsente les formes objectes, aussi celle femme n'est la plus à estimer laquelle seroit riche, belle, elegante, extraicte de noble race, mais celle qui plus s'efforce avecques Dieu soy former en bonne grace et conformer aux meurs de son mary.

1. A : *le servir*, unicquement *l'aimer*.

Voyez comment la Lune ne prent lumiere ne de Mercure, ne de Juppiter, ne de Mars, ne d'aultre planette ou estoille qui soyt on ciel : elle n'en reçoit que du Soleil son mary, et de luy n'en reçoit poinct plus qu'il luy en donne par son infusion et aspectz. Ainsi serez vous à vostre femme en patron et exemplaire de vertus et honnesteté, et continuement implorerez la grace de Dieu à vostre protection. — Vous voulez doncques (dist Panurge, fillant les moustaches de sa barbe) que j'espouse la femme forte descripte par Solomon? Elle est morte, sans poinct de faulte. Je ne la veid oncques, que je saiche : Dieu me le veuille pardonner! Grand mercy toutesfoys, mon pere. Mangez ce taillon de massepain : il vous aydera à faire digestion; puys boirez une couppe de hippocras clairet : il est salubre et stomachal. Suyvons. »

Comment Rondibilis, medicin, conseille Panurge.
CHAPITRE XXXI.

Panurge, continuant son propous, dist : « Le premier mot que dist celluy qui escouilloit les moynes beurs à Saussignac, ayant escouillé le frai Cauldaureil, feut : Aulx aultres. Je diz pareillement : Aulx aultres. Czà, Monsieur nostre maistre Rondibilis, depeschez moy. Me doibz je marier ou non? — Par les ambles de mon mulet (respondit Rondibilis), je ne sçay que je doibve respondre à ce probleme. Vous dictez que sentez en vous les poignans aiguillons de sensualité. Je trouve en nostre faculté de medicine, et l'avons prins de la resolution des anciens platonicques, que la concupiscence charnelle est refrenée par cinq moyens. Par le vin. — Je le croy, dist frere Jan. Quand je suis bien yvre, je ne demande qu'à dormir. — J'entends (dist Rondibilis) par vin prins intemperamment; car par l'intemperance du vin advient au corps humain refroidissement de sang, resolution des nerfs, dissipation de semence generative, hebetation des sens, perversion des mouvemens, qui sont toutes impertinences à l'acte de generation. De faict, vous voyez painct Bacchus, dieu des yvroignes, sans barbe et en habit de femme, comme tout effœminé, comme eunuche et escouillé. Aultrement est du vin prins temperement. L'antique proverbe nous le designe, on quel est dict que Venus se morfond sans la compaignie de Cerès et Bacchus. Et estoit l'opinion des anciens, scelon le recite Diodore [1] Sicilien, mesmement des Lampsaciens, comme atteste Pausanias, que messer Priapus feut filz de Bacchus et de Venus.

Secondement, par certaines drogues et plantes, les quelles rendent l'home refroidy, maleficié et impotent à generation. L'experience y est en nymphæa heraclia, amerine, saule, chenevé, periclymenos, tamarix, vitex, mandragore, cigüe, orchis le petit, la peau d'un hippopotame, et aultres, les quelles dedans les corps humains, tant par leurs vertus elementaires que par leurs proprietez specificques, glassent et mortifient le germe prolificque, ou dissipent les espritz qui le doibvoient conduire aux lieux destinez par nature, ou oppilent les voyes et conduictz par les quelz povoit estre expulsé; comme, au contraire, nous en avons qui eschauffent, excitent et habilitent l'home à l'acte venerien. — Je n'en ay besoing (dist Panurge), Dieu mercy et vous, nostre maistre. Ne vous desplaise toutesfoys. Ce que j'en diz n'est par mal que je vous veuille.

—Tiercément (dist Rondibilis[2]), par labeur assidu : car en icelluy est faicte si grande dissolution du corps, que

---

1. A : *le recit de Diodore.*— 2. A : *(dist Rondibilis)* manque.

le sang, qui est par icelluy espars pour l'alimentation
d'un chascun membre, n'a temps, ne loisir, ne faculté,
de rendre celle resudation seminale et superfluité de
la tierce concoction. Nature particuliairement se la reserve, comme trop plus necessaire à la conservation
de son individu qu'à la multiplication de l'espece et
genre humain. Ainsi est dicte Diane chaste, laquelle
continuellement travaille à la chasse; ainsi jadis estoient dictz les Castres, comme castes, ès quelz continuellement travailloient les athletes et soubdars; ainsi
escript Hippocrates, *Lib. De aëre, aqua et locis*, de
quelques peuples en Scythie, les quelz, de son temps,
plus estoient impotens que eunuches à l'esbatement
venerien, par ce que continuellement ilz estoient à
cheval et au travail; comme au contraire disent les
philosophes Oysiveté estre mere de Luxure. Quand
l'on demandoit à Ovide quelle cause feut parquoy Ægistus devint adultere, rien plus ne respondoit si non par
ce qu'il estoit ocieux. Et qui housteroit Oysiveté du
monde, bien toust periroient les ars de Cupido; son
arc, sa trousse et ses fleches luy seroient en charge
inutile : jamais n'en feriroit persone, car il n'est mie
si bon archier qu'il puisse ferir les grues volans par
l'aer, et les cerfz relancez par les boucaiges, comme
bien faisoient les Parthes, c'est à dire les humains tracassans et travaillans. Il les demande quoys, assis, couchez et à sejour. De faict, Theophraste, quelques foys
interrogé quelle beste, quelle chose il pensoit estre
amourettes, respondit que c'estoient passions des espritz ocieux. Diogenes pareillement disoit Paillardise
estre l'occupation des gens non aultrement occupez.
Pourtant Canachus, Sicyonien sculpteur, voulent donner entendre que Oysiveté, Paresse, Non Chaloir, estoient les gouvernantes de ruffiennerie, feist la statue

de Venus assise, non de bout, comme avoient faict tous ses predecesseurs.

Quartement, par fervente estude : car en icelle est faicte incredible resolution des espritz, tellement qu'il n'en reste de quoy poulser aux lieux destinez ceste resudation generative, et enfler le nerf caverneux, duquel l'office est hors la projecter pour la propagation d'humaine nature. Qu'ainsi soit, contemplez la forme d'un home attentif à quelque estude : vous voirez en luy toutes les arteres du cerveau bendées comme la chorde d'une arbaleste, pour luy fournir dextrement espritz suffisans à emplir les ventricules du sens commun, de l'imagination et apprehension, de la ratiocination et resolution, de la memoire et recordation, et agilement courir de l'un à l'aultre par les conduictz manifestes en anatomie sus la fin du retz admirable on quel se terminent les arteres, les quelles de la senestre armoire du cœur prenoient leur origine, et les espritz vitaulx affinoient en longs ambages pour estre faictz animaux. De mode que en tel personnaige studieux vous voirez suspendues toutes les facultez naturelles, cesser tous sens exterieurs ; brief, vous le jugerez n'estre en soy vivent, estre hors soy abstraict par ecstase, et direz que Socrates n'abusoit du terme quand il disoit Philosophie n'estre aultre chose que meditation de mort. Par adventure est ce pour quoy Democritus se aveugla, moins estimant la perte de sa veue que diminution de ses contemplations, les quelles il sentoit interrompues par l'esguarement des œilz [1]. Ainsi est Vierge dicte Pallas, deesse de sapience, tutrice des gens studieux ; ainsi sont les Muses vierges ; ainsi demeurent les Charites en pudicité eternelle. Et me soubvient avoir leu que Cupido, quelques foys interrogé

---

1. A : yeulx.

de sa mere Venus pour quoy il n'assailloit les Muses, respondit qu'il les trouvoit tant belles, tant nettes, tant honestes, tant pudicques et continuellement occupées, l'une à contemplation des astres, l'autre à supputation des nombres, l'autre à dimension des corps geometricques, l'aultre à invention rhetoricque, l'aultre à composition poëticque, l'aultre à disposition de musique, que approchant d'elles il desbandoit son arc, fermoit sa trousse et extaignoit son flambeau par honte[1] et craincte de leur nuire; puys houstoit le bandeau de ses œilz[2] pour plus apertement les veoir en face, et ouyr leurs plaisans chantz et odes poeticques. Là prenoit le plus grand plaisir du monde, tellement que souvent il se sentoit tout ravy en leurs beaultez et bonnes graces, et s'endormoit à l'harmonie. Tant s'en fault qu'il les voulsist assaillir ou de leurs estudes distraire. En cestuy article je comprens ce que escript Hippocrates on livre susdict, parlant des Scythes, et au livre intitulé *De Geniture*, disant tous humains estre à generation impotens ès quelz l'on a une foys couppé les arteres parotides, les quelles sont[3] à cousté des aureilles, par la raison cy davant exposée, quand je vous parlois de la resolution des espritz et du sang spirituel, duquel les arteres sont receptacles; aussi qu'il maintient grande portion de la geniture sourdre du cerveau et de l'espine du dours.

Quintement, par l'acte venerien.—Je vous attendois là (dist Panurge), et le prens pour moy. Use des præcedens qui vouldra.—C'est (dist frere Jan) ce que Fray Scyllino, prieur de Sainct Victor lez Marseille, appelle maceration de la chair. Et suys en ceste opinion, aussi estoit l'hermite de saincte Radegonde, au dessus de Chinon, que plus aptement ne pourroient les hermites

---

1. A : de *honte*. — 2. A : *yeulx*. — 3. A : qui *sont*.

de Thebaïde macerer leurs corps, dompter ceste paillarde sensualité, deprimer la rebellion de la chair, que le feisant vingt et cinq ou trente foys par jour. — Je voy Panurge (dist Rondibilis) bien proportionné en ses membres, bien temperé en ses humeurs, bien complexionné en ses espritz, en aage competent, en temps oportun, en vouloir equitable de soy marier. S'il rencontre femme de semblable temperature, ilz engendreront ensemble enfans dignes de quelque monarchie Transpontine. Le plus toust sera le meilleur, s'il veult veoir ses enfans pourveuz. — Monsieur nostre maistre (dist Panurge), je le seray, n'en doubtez, et bien toust. Durant vostre docte discours, ceste pusse que j'ay en l'aureille m'a plus chatouillé que ne feist oncques. Je vous retiens de la feste. Nous y ferons chere et demie, je le vous prometz. Vous y amenerez vostre femme, s'il vous plaist, avecques ses voisines, cella s'entend. Et jeu sans villennie.

Comment Rondibilis declaire Coqüage estre naturellement des apennages de mariage.

Chapitre XXXII.

Reste (dist Panurge continuant) un petit poinct à vuider. Vous avez aultres foys veu on confanon de Rome S. P. Q. R. (si peu que rien). Seray je poinct coqu? — Havre de Grace (s'escria Rondibilis)! que me demandez vous? Si serez coqu? Mon amy, je suys marié, vous le serez par cy après; mais escrivez ce mot en vostre cervelle avecques un style de fer, que tout home marié est en dangier d'estre coqu. Coqüage est naturellement des apennages de mariage. L'umbre plus naturellement ne suyt le corps que Coqüage suyt les gens mariez. Et quand vous oirez dire de quelqu'un ces troys motz : Il est marié, si vous dictez : Il est doncques, ou a esté, ou sera, ou peult estre coqu, vous ne serez dict imperit architecte de consequences naturelles. — Hypochondres de tous les Diables (s'escria Panurge), que me dictez vous? —Mon amy (respondit Rondibilis), Hippocrates, allant un jour de Lango en Polystylo visiter Democritus le philosophe, escrivit unes letres à Dionys, son antique amy, par les quelles le prioit que pendent son absence il conduist sa femme chés ses pere et mere, les quelz estoient gens honorables et bien famez, ne voulant qu'elle seule demourast en son mesnaige. Ce neantmoins, qu'il veiglast sus elle soingneusement, et espiast quelle part elle iroit avecques sa mere, et quelz gens la visiteroient chés ses parens. Non (escrivoit il) que je me defie de sa vertus et pudicité, laquelle par le passé m'a esté explorée et congnue; mais elle est femme. Voy là tout. Mon amy, le naturel des femmes nous est figuré par la Lune, et en aultres choses, et en ceste, qu'elles se mussent, elles se constraignent et dissimulent en la veue et præsence de leurs mariz. Iceulx absens, elles prenent leur adventaige, se donnent du bon temps, vaguent, trotent, deposent leur hypocrisie et se declairent, comme la Lune en conjunction du Soleil n'apparoist on ciel ne en terre, mais en son opposition, estant au plus du Soleil esloingnée, reluist en sa plenitude et apparoist toute, notamment on temps de nuyct. Ainsi sont toutes femmes femmes.

Quand je diz femme, je diz un sexe tant fragil, tant variable, tant muable, tant inconstant et imperfaict, que nature me semble (parlant en tout honneur et reverence) s'estre esguarée de ce bon sens par lequel elle avoit créé et formé toutes choses quand elle ha basty la femme; et, y ayant pensé cent et cinq foys [1], ne sçay à quoy m'en resouldre, si non que, forgeant la femme,

---

[1]. A : *cent et cinq* cens *fois*.

elle a eu esguard à la sociale delectation de l'home et à la perpetuité de l'espece humaine plus qu'à la perfection de l'individuale muliebrité. Certes, Platon ne sçait en quel ranc il les doibve colloquer, ou des animans raisonnables, ou des bestes brutes : car Nature leurs a dedans le corps posé en lieu secret et intestin un animal, un membre, lequel n'est és homes, onquel quelques foys sont engendrées certaines humeurs salses, nitreuses, bauracineuses, acres, mordicantes, lancinantes, chatouillantes amerement, par la poincture et fretillement douloureux des quelles (car ce membre est tout nerveux et de vif sentement) tout le corps est en elles esbranlé, tous les sens raviz, toutes affections interinées, tous pensemens confonduz. De maniere que, si Nature ne leurs eust arrousé le front d'un peu de honte, vous les voiriez comme forcenées courir l'aiguillette plus espovantablement que ne feirent oncques les Prœtides, les Mimallonides ne les Thyades Bacchicques au jour de leurs Bacchanales, par ce que cestuy terrible animal a colliguance à toutes les parties principales du corps, comme est evident en l'anatomie.

Je le nomme animal, suyvant la doctrine tant des Academicques que des Peripateticques : car, si mouvement propre est indice certain de chose animée, comme escript Aristoteles, et tout ce qui de soy se meut est dict animal, à bon droict Platon le nomme animal, recongnoissant en luy mouvemens propres de suffocation, de præcipitation, de corrugation, de indignation, voire si violens, que bien souvent par eulx est tollu à la femme tout aultre sens et mouvement, comme si feust lipothymie, syncope[1], epilepsie, apoplexie et vraye resemblance de mort. Oultre plus, nous

---

1. A : *syncope* manque.

voyons en icelluy discretion des odeurs manifeste, et le sentent les femmes fuyr les puantes, suyvre les aromaticques. Je sçay que Cl. Galen s'efforce prouver que ne sont mouvemens propres et de soy, mais par accident, et que aultres de sa secte travaillent à demonstrer que ne soit en luy discretion sensitive des odeurs, mais efficace diverse procedente de la diversité des substances odorées. Mais si vous examinez studieusement et pesez en la balance de Critolaus leurs propous et raisons, vous trouverez que et en ceste matiere et beaulcoup d'aultres ilz ont parlé par guayeté de cœur et affection de reprendre leurs majeurs plus que par recherchement de verité. En cette disputation je ne entreray plus avant; seulement vous diray que petite ne est la louange des preudes femmes les quelles ont vescu pudicquement et sans blasme, et ont eu la vertus de ranger cestuy effréné animal à l'obéissance de raison; et feray fin si vous adjouste que cestuy animal assovy (si assovy peut estre) par l'aliment que Nature luy a præparé en l'home, sont tous ses particuliers mouvemens à but, sont tous ses appetitz assopiz, sont toutes ses furies appaisées. Pourtant ne vous esbahissez si sommes en dangier perpetuel d'estre coquz, nous qui n'avons pas tous jours bien de quoy payer et satisfaire au contentement.

—Vertus d'aultre que d'un petit poisson (dist Panurge), n'y sçavez vous remede aulcun en vostre art? — Ouy dea, mon amy (respondit Rondibilis), et trèsbon, du quel je use; et est escript en autheur celebre passé a dix huyct cens ans. Entendez.—Vous estez (dist Panurge), par la vertus Dieu! home de bien, et vous ayme tout mon benoist saoul. Mangez un peu de ce pasté de coins : ilz ferment proprement l'orifice du ventricule, à cause de quelque stypticité joyeuse qui est en eulx, et aydent à la concoction premiere. Mais quoy? je parle

latin davant les clercs. Attendez, que je vous donne à
boyre dedans cestuy hanat nestorien. Voulez vous encores un traict de hippocras blanc? Ne ayez paour de
l'esquinance, non. Il n'y a dedans ne squinanthi, ne
zinzembre, ne graine de Paradis; il n'y a que la belle
cinamone triée et le beau sucre fin, avecques le bon
vin blanc du cru de la Deviniere, en la plante du grand
Cormier, au dessus du Noyer groslier.

Comment Rondibilis, medicin, donne remede à Coqüage.
Chapitre XXXIII.

En temps (dist Rondibilis) que Juppiter feist
l'estat de sa maison Olympicque et le calendrier de tous ses Dieux et Deesses, ayant
estably à un chascun jour et saison de sa feste, assigné lieu pour les oracles et voyages, ordonné de
leurs sacrifices....—Feist il poinct (demanda Panurge)
comme Tinteville, evesque d'Auxerre? Le noble Pon-
tife aymoit le bon vin, comme faict tout home de bien;
pourtant avoit il en soing et cure speciale le bourgeon
pere ayeul de Bacchus. Or est que plusieurs années il
veid lamentablement le bourgeon perdu par les gelées,
bruines, frimatz, verglatz, froidures, gresles et calamitez advenues par les festes des [1] S. George, Marc,
Vital, Eutrope, Philippe, saincte Croix, l'Ascension et
aultres, qui sont on temps que le Soleil passe soubs le
signe de *Taurus*, et entra en ceste opinion que les
saincts susditz estoient saincts gresleurs, geleurs et
guasteurs du bourgeon. Pourtant vouloit il leurs festes
translater en hyver, entre Noël et l'Epiphanie, les [2] li-
centiant, en tout honneur et reverence, de gresler lors
et geler tant qu'ilz vouldroient. La gelée lors en rien

1. A : de. — 2. *noel et* a Tiphaine (ainsi nommoit il la mère de troys Roys) *les*.

ne seroit dommageable, ains evidentement profitable
au bourgeon. En leurs lieux mettre les festes des sainct
Christofle, sainct Jan decollaz, saincte Magdalene,
saincte Anne, sainct Dominicque, sainct Laurens, voire
la Myoust colloquer en May, ès quelles tant s'en fault
qu'on soit en dangier de gelée, que lors mestier on
monde n'est qui tant soit de requeste comme est des
faiseurs de friscades, composeurs de joncades, agen-
seurs de feueillades[1] et refraischisseurs de vin.

— Juppiter (dist Rondibilis) oublia le paouvre diable
Coqüage, lequel pour lors ne feut præsent. Il estoit à
Paris, on Palais, sollicitant quelque paillard procès
pour quelqu'un de ses tenanciers et vassaulx. Ne sçay
quants jours après Coqüage entendit la forbe qu'on luy
avoit faict, desista de sa sollicitation par nouvelle sollicitude de n'estre forclus de l'estat, et comparut en
persone davant le grand Juppiter, alleguant ses merites
præcedens et les bons et agreables services que aultresfoys luy avoit faict, et instantement requerant qu'il
ne le laissast sans feste, sans sacrifices, sans honneur.
Juppiter se excusoit, remonstrant que tous ces benefices estoient distribuez, et que son estat estoit clous.
Feut toutesfoys tant importuné par messer Coqüage,
que en fin le mist en l'estat et catalogue, et luy ordonna en terre honneur, sacrifices et feste. Sa feste
feut, pource que lieu vuide et vacant n'estoit en tout le
calendrier, en concurrence et au jour de la deesse Jalousie; sa domination, sus les gens mariez, notamment
ceulx qui auroient belles femmes; ses sacrifices, soubson, defiance, malengroin, guet, recherche et espies
des mariz sus leurs femmes, avecques commendement
riguoureux à un chascun marié de le reverer et honorer, celebrer sa feste à double, et luy faire les sacrifices

1. A : *composeurs... feuillades* manque.

susdictz, sus peine et intermination que à ceulx ne seroit messer Coqüage en faveur, ayde ne secours, qui ne l'honoreroient comme est dict ; jamais ne tiendroit de eulx compte, jamais n'entreroit en leurs maisons, jamais ne hanteroit leurs compaignies, quelques invocations qu'ilz luy feissent, ains les laisseroit eternellement pourrir seulz avecques leurs femmes, sans corrival aulcun, et les refuyroit sempiternellement comme hæreticques et sacrileges, ainsi qu'est l'usance des aultres dieux envers ceulx qui deuement ne les honorent : de Bacchus envers les vignerons, de Cerès envers les laboureux, de Pomona envers les fruictiers, de Neptune envers les nautonniers, de Vulcan envers les forgerons ; et ainsi des aultres. Adjoincte feut promesse au contraire infallible qu'à ceulx qui (comme est dict) chomeroient sa feste, cesseroient de toute negociation, mettroient leurs affaires propres en non chaloir pour espier leurs femmes, les resserrer et mal traicter par jalousie, ainsi que porte l'ordonnance de ses sacrifices, il seroit continuellement favorable, les aymeroit, les frequenteroit, seroit jour et nuyct en leurs maisons, jamais ne seroient destituez de sa præsence. J'ay dict.

— Ha, ha, ha (dist Carpalim en riant), voylà un remede encores plus naïf que l'anneau de Hans Carvel. Le Diable m'emport si je ne le croy ! Le naturel des femmes est tel. Comme la fouldre ne brise et ne brusle sinon les matieres dures, solides, resistentes, elle ne se arreste ès choses molles, vuides et cedentes ; elle bruslera l'espée d'assier sans endommaiger le fourreau de velours ; elle consumera les os des corps sans entommer la chair qui les couvre : ainsi ne bendent les femmes jamais la contention, subtilité et contradiction de leurs espritz si non envers ce que congnoistront leurs estre prohibé et defendu.— Certes (dist Hippothadée[1]),

1. A : (*dist* Parathadée).

aulcuns de nos docteurs disent que la premiere femme du monde, que les Hebrieux noment Eve, à poine eust jamais entré en tentation de manger le fruict de tout sçavoir s'il ne luy eust esté defendu. Qu'ainsi soit, consyderez comment le Tentateur cauteleux luy remembra on premier mot la defense sus ce faicte, comme voulent inferer : Il t'est defendu, tu en doibs doncques manger, ou tu ne serois pas femme.

Comment les femmes ordinairement appetent choses defendues. — CHAPITRE XXXIV[1].

n temps (dist Carpalim) que j'estois ruffien à Orleans, je n'avois couleur de rhetoricque plus valable, ne argument plus persuasif envers les dames, pour les mettre aux toilles et attirer au jeu d'amours, que vivement, apertement, detestablement remonstrant comment leurs mariz estoient d'elles jalous. Je ne l'avois mie inventé. Il est escript, et en avons loix, exemples, raisons et experiences quotidianes. Ayans ceste persuasion en leurs caboches, elles feront leurs mariz coquz infailliblement, par Dieu, sans jurer, deussent elles faire ce que feirent Semyramis, Pasiphaé, Egesta, les femmes de l'isle Mandés en Ægypte, blasonnées par Herodote et Strabo, et aultres telles mastines.

— Vrayement (dist Ponocrates[2]), j'ay ouy compter que le Pape Jan XXII, passant un jour par l'abbaye de Coingnaufond, feut[3] requis par l'Abbesse et meres[4] discretes leurs conceder un indult moyennant lequel se peussent confesser les unes ès aultres, alleguantes que les femmes de religion ont quelques petites imperfections secretes, les quelles honte insupportable leurs est deceler

---

1. A : *Comment... Chapitre XXXIV* manque.— 2. A : *(dist Pantagruel)*. — 3. A : *par* Fonshevrault, *feut.* — 4. *requis de l'Abbesse et des meres.*

aux homes confesseurs : plus librement, plus familierement, les diroient unes aux aultres soubs le sceau de confession. « Il n'y a rien (respondit le Pape) que volontiers ne vous oultroye ; mais je y voy un inconvenient : c'est que la confession doibt estre tenue secrette. Vous aultres femmes à poine la celeriez. — Trèsbien (dirent elles) et plus que ne font les homes. » Au jour propre, le Pere sainct leur bailla une boyte en guarde, dedans laquelle il avoit faict mettre une petite linote, les priant doulcement[1] qu'elles la serrassent en quelque lieu sceur et secret, leurs promettant en foy de Pape oultroyer ce que portoit leur requeste si elles la guardoient secrette, ce neantmoins leurs faisant defense riguoreuse qu'elles ne eussent à l'ouvrir en façon quelconques, sus poine de censure ecclesiasticque et de excommunication eternelle. La defense ne feut si tost faicte qu'elles grisloient en leurs entendemens d'ardeur de veoir qu'estoit dedans, et leurs tardoit que le Pape ne feut ja hors la porte pour y vacquer. Le Pere sainct, avoir donné sa benediction sus elles, se retira en son logis. Il n'estoit encores trois pas hors l'abbaye quand les bonnes dames toutes à la foulle accoururent pour ouvrir la boyte defendue et veoir qu'estoit dedans. Au lendemain, le Pape les visita, en intention, ce leurs sembloit, de leurs depescher l'indult ; mais avant entrer en propous, commanda qu'on luy apportast sa boyte. Elle luy feut apportée, mais l'oizillet n'y estoit plus. Adoncques leurs remonstra que chose trop difficile leurs seroit receller les confessions, veu que n'avoient si peu de temps tenu en secret la boyte tant recommandée. —Monsieur nostre maistre, vous soyez le trèsbien venu. J'ay prins moult grand plaisir vous oyant, et loue Dieu de tout. Je ne vous avois oncques puys veu que jouas-

---

1. A : doulcettement.

tez à Monspellier avecques nos antiques amys Ant. Saporta, Guy Bouguier, Balthasar Noyer, Tollet, Jan Quentin, François Robinet, Jan Perdrier et François Rabelais, la morale comœdie de celluy qui avoit espousé une femme mute.—Je y estois (dist Epistemon). Le bon mary voulut qu'elle parlast. Elle parla par l'art du Medicin et du Chirurgien, qui luy coupperent un encyliglotte qu'elle avoit soubs la langue. La parolle recouverte, elle parla tant et tant, que son mary retourna au Medicin pour remede de la faire taire. Le Medicin respondit en son art bien avoir remedes propres pour faire parler les femmes, n'en avoir pour les faire taire; remede unicque estre surdité du mary contre cestuy interminable parlement de femme. Le paillard devint sourd par ne sçay quelz charmes qu'ilz feirent. Sa femme, voyant qu'il estoit sourd devenu, qu'elle parloit en vain, de luy n'estoit entendue, devint enraigée[1]. Puys, le Medicin demandant son salaire, le mary respondit qu'il estoit vrayement sourd, et qu'il n'entendoit sa demande. Le Medicin luy jecta on dours ne sçay quelle pouldre, par vertus de la quelle il devint fol. Adoncques le fol mary et la femme enragée se rallierent ensemble, et tant bastirent les Medicin et Chirurgien, qu'ilz les laisserent à demy mors[2]. Je ne riz oncques tant que je feis à ce patelinage.

— Retournons à nos moutons (dist Panurge). Vos parolles, translatées de Baragouin en François, veulent dire que je me marie hardiment, et que ne me soucie d'estre coqu. C'est bien rentré de treufles noires[3]. Monsieur nostre maistre, je croy bien qu'au jour de mes nopces vous serez d'ailleurs empesché à vos prati-

---

1. A : *Sa femme... enraigée* manque. — 2. A : *Le Medicin luy jecta... mors* manque. — 3. A : *de picques noires.*

ques, et que n'y pourrez comparoistre : je vous en excuse.

Stercus et urina Medici sunt prandia prima.
Ex aliis paleas, ex istis collige grana.

— Vous prenez mal (dist Rondibilis); le vers subsequent est tel :

Nobis sunt signa, vobis sunt prandia digna.

— Si ma femme se porte mal... — J'en vouldrois veoir l'urine (dist Rondibilis), toucher le pouls et veoir la disposition du basventre et des parties umbilicares, comme nous commende Hippo. 2, Apho. 35, avant oultre proceder. — Non, non (dist Panurge), cela ne faict à propous. C'est pour nous aultres legistes, qui avons la rubricque *De ventre inspiciendo*. Je luy appreste un clystere barbarin. Ne laissez vos affaires d'ailleurs plus urgens. Je vous envoiray du rislé en vostre maison, et serez tous jours nostre amy. Puys s'approcha de luy et luy mist en main sans mot dire quatre nobles à la rose. Rondibilis les print trèsbien, puis luy dist en effroy, comme indigné : « Hé, hé, hé, Monsieur, il ne failloit rien. Grand mercy toutesfoys. De meschantes gens jamais je ne prens rien. Rien jamais des gens de bien je ne refuse. Je suys tousjours à vostre commendement. — En poyant, dist Panurge. — Cela s'entend », respondit Rondibilis.

Comment Trouillogan Philosophe traicte la difficulté de mariage. — Chapitre XXXV[1].

Ces parolles achevées, Pantagruel dist à Trouillogan le philosophe : « Nostre feal, de main en main vous est la lampe baillée. C'est à vous maintenant de respondre. Panurge

---

1. A : Chapitre 34.

se doibt il marier, ou non? — Tous les deux, respondit Trouillogan. — Que me dictez vous? demanda Panurge. — Ce que avez ouy, respondit Trouillogan. — Que ay je ouy? demanda Panurge. — Ce que j'ay dict, respondit Trouillogan. — Ha, ha, en sommes nous la! dist Panurge. Passe sans flus. Et doncques, me[1] doibz je marier ou non? — Ne l'un ne l'aultre, respondit Trouillogan. — Le Diable m'emport (dist Panurge) si je ne deviens resveur, et me puisse emporter si je vous entends! Attendez, je mettray mes lunettes à ceste aureille guausche, pour vous ouyr plus clair. »

En cestuy instant Pantagruel aperceut vers la porte de la salle le petit chien de Gargantua, lequel il nommoit Kyne, pour ce que tel fut le nom du chien de Tobie. Adoncques dist à toute la compaignie : « Nostre Roy n'est pas loing d'icy : levons nous. » Ce mot ne feut achevé quand Gargantua entra dedans la salle du banquet. Chascun se leva pour luy faire reverence. Gargantua, ayant debonnairement salué toute l'assistence, dist : « Mes bons amys, vous me ferez ce plaisir, je vous en prie, de non laisser ne vos lieux ne vos propous. Apportez moy à ce bout de table une chaire. Donnez moy que je boive à toute la compaignie. Vous soyez les tresbien venuz. Ores me dictez, sur quel propous estiez vous? » Pantagruel luy respondit que sus l'apport de la seconde table Panurge avoit propousé une matiere problematicque, à sçavoir, s'il se doibvoit marier, ou non, et que le pere Hippothadée[2] et maistre Rondibilis estoient expediez de leurs responses ; lors qu'il est entré respondoit le feal Trouillogan. Et premierement, quand Panurge luy a demandé : Me doibz je marier ou non? avoit respondu : Tous les deux ensemblement. A

---

1. A : *Trouillogan.* — Passe sans flus, dist Panurge. Me.
— 2. A : Parathadée.

la seconde foys avoit dict: Ne l'un ne l'autre. Panurge se complainct de telles repugnantes et contradictoires responses, et proteste n'y entendre rien. — Je l'entends (dist Gargantua) en mon advis. La response est semblable à ce que dist un ancien philosophe interrogé s'il avoit quelque femme qu'on luy nommoit. Je l'ay (dist il) amie[1], mais elle ne me a mie; je la possede, d'elle ne suys possedé. — Pareille response (dist Pantagruel) feist une fantesque de Sparte. On luy demanda si jamais elle avoit eu affaire à home. Respondit que non jamais, bien que les homes quelques foys avoient eu affaire à elle. — Ainsi (dist Rondibilis) mettons nous neutre en medicine, et moyen en philosophie, par participation de l'une et l'aultre extremité, par abnegation de l'une et l'aultre extremité, et par compartiment du temps, maintenant en l'une, maintenant en l'aultre extremité. — Le sainct Envoyé (dist Hippothadée[2]) me semble l'avoir plus apertement declairé, quand il dict: Ceulx qui sont mariez soient comme non mariez; ceulx qui ont femme soient comme non ayans femme. — Je interprete (dist Pantagruel) avoir et n'avoir femme en ceste façon, que femme avoir est l'avoir à usaige tel que nature la crea, qui est pour l'ayde, esbatement et societé de l'home; n'avoir femme est ne soy apoiltronner au tour d'elle, pour elle ne contaminer celle unicque et supreme affection que doibt l'home à Dieu; ne laisser les offices qu'il doibt naturellement à sa patrie, à la Republicque, à ses amys, ne mettre en non chaloir ses estudes et negoces, pour continuellement à sa femme complaire. Prenant en ceste maniere avoir et n'avoir femme, je ne voids repugnance ne contradiction és termes.

1. A : *amie* manque. — 2. A : Parathadée.

Continuation des responses de Trouillogan philosophe Ephectique et Pyrrhonien. — CHAPITRE XXXVI[1].

Vous dictez d'orgues, respondit Panurge. Mais je croy que je suis descendu on puiz tenebreux onquel disoit Heraclytus estre Verité cachée. Je ne voy goutte, je n'entends rien, je sens mes sens tous hebetez, et doubte grandement que je soye charmé. Je parleray d'aultre style. Nostre feal, ne bougez ; n'emboursez rien. Muons de chanse et parlons sans disjunctives. Ces membres mal joinctz vous faschent, à ce que je voy. Or çà, de par Dieu, me doibz je marier ? TROUILLOGAN. Il y a de l'apparence. PANURGE. Et si je ne me marie poinct ? TROU. Je n'y voy inconvenient aulcun[2]. PANUR. Vous n'y en voyez poinct ? TRO. Nul, ou la veue me deçoit. PAN. Je y en trouve plus de cinq cens. TRO. Comptez les. PAN. Je diz improprement parlant, et prenent nombre certain pour incertain, determiné pour indeterminé : c'est à dire beaucoup. TROUIL. J'escoute. PANUR. Je ne peuz me passer de femme, de par tous les diables. TROUIL. Houstez ces villaines bestes. PANUR. De par Dieu soit, car mes Salmigondinoys disent coucher seul, ou sans femme, estre vie brutale, et telle la disoit Dido en ses lamentations. TROUIL. A vostre commandement. PANUR. Pé lé quau Dé, j'en suis bien. Doncques, me mariray je ? TROUIL. Par adventure. PAN. M'en trouveray je bien ? TRO. Scelon la rencontre. PAN. Aussi, si je rencontre bien, comme j'espere, seray je heureux ? TRO. Assez. PAN. Tournons à contrepoil. Et si rencontre mal ? TRO. Je m'en excuse. PAN. Mais conseillez moy, de grace : que doibs je faire ? TRO. Ce que

---

1. A : Chapitre 35. — 2. Ce qui suit, jusqu'aux mots : *A vostre commandement*, dix lignes plus bas, manque dans A.

vouldrez. Pan. Tarabin tarabas. Tro. Ne invocquez
rien, je vous prie. Pa. On nom de Dieu soit. Je ne
veulx sinon ce que me conseillerez. Que m'en conseillez vous? Tro. Rien. Pan. Me mariray je[1]? Trou.
Je n'y estois pas. Pan. Je ne me mariray doncques
poinct. Tro. Je n'en peu mais. Pan. Si je ne suys
marié, je ne seray jamais coqu? Tro. Je y pensois.
Pan. Mettons le cas que je sois marié. Tro. Où
le mettrons nous? Pan. Je dis : prenez le cas que marié je soys[2]. [Tro.] Je suys d'ailleurs empesché. Pa.
Merde en mon nez; dea! si je osasse jurer quelque
petit coup en cappe, cela[3] me soulageroit d'autant.
Or bien, patience. Et doncques, si je suys marié,
je seray coqu? Tro. On le diroit. Pa. Si ma femme est
preude et chaste, je ne seray jamais coqu? Tro. Vous
me semblez parler correct. Pa. Escoutez. Tro. Tant
que vouldrez. Pan. Sera elle preude et chaste? Reste
seulement ce poinct Trouil. J'en doubte. Pan. Vous
ne la veistez jamais? Tro. Que je sache. Pan. Pourquoy doncques doubtez vous d'une chose que ne
congnoissez? Tro. Pour cause. Pa. Et si la congnoissiez? Tro. Encores plus. Panu. Paige, mon mignon, tien
icy mon bonnet : je le te donne, saulve les lunettes, et
va en la basse court jurer une petite demie heure pour
moy; je jureray pour toy quand tu vouldras. Mais qui
me fera coqu? Trouil. Quelqu'un. Panur. Par le
ventre beuf de boys, je vous frotteray bien, monsieur
le quelqu'un. Trou. Vous le dictez. Pan. Le diantre,
celluy qui n'a poinct de blanc en l'œil, m'emporte
doncques ensemble si je ne boucle ma femme à la ber-
gamasque, quand je partiray hors mon serrail. Tr.
Discourez mieulx. Pa. C'est bien chien chié chanté

---

1. A : Me doibs je marier ? — 2. A : *Où... je soys* manque.
— 3. A : *en* robbe, *cela*.

pour les discours! Faisons quelque resolution. Tr. Je
n'y contrediz. Pa. Attendez. Puis que de cestuy endroict ne peuz sang de vous tirer, je vous saigneray
d'aultre vene. Estez vous marié, ou non? Tr. Ne l'un
ne l'aultre, et tous les deux ensemble. Pa. Dieu nous
soit en ayde! Je sue par la mort beuf d'ahan, et sens
ma digestion interrompue. Toutes mes phrenes, metaphrenes et diaphragmes sont suspenduz et tenduz
pour incornifistibuler en la gibbessiere de mon entendement ce que dictez et respondez. Tr. Je ne m'en
empesche. P. Trut avant! nostre feal, estez vous marié? Tr. Il me l'est advis. Pa. Vous l'aviez esté une
aultre foys? Tr. Possible est. Pa. Vous en trouvastez
vous bien la premiere fois? Tr. Il n'est pas impossible. [Pa.] A ceste seconde fois, comment vous en
trouvez vous? Tr. Comme porte mon sort fatal. Panur. Mais quoy! à bon esciant, vous en trouvez vous
bien? Trouil. Il est vray semblable. Panu. Or ça, de
par Dieu, j'aymeroys, par le fardeau de sainct Christofle, autant entreprendre tirer un pet d'un asne mort
que de vous une resolution. Si vous auray je à ce
coup: Nostre feal, faisons honte au diable d'enfer: confessons verité. Feustez vous jamais coqu? Je dy vous
qui estez icy, je ne diz pas vous qui estez là bas au
jeu de paulme. Trouil. Non, s'il n'estoit prædestiné.
Pan. Par la chair, je renie; par le sang, je renague;
par le corps, je renonce. Il m'eschappe[1]. » A ces motz
Gargantua se leva et dist: « Loué soit le bon Dieu en
toutes choses! A ce que je voy, le monde est devenu
beau filz depuys ma congnoissance premiere. En
sommes nous là? Doncques sont huy les plus doctes
et prudens philosophes entrez on phrontistere et escholle des Pyrronhiens, Aporrheticques, Scepticques

---

1. A : *Par la chair, je renie, je renonce. Il m'eschappe.*

et Ephecticques? Loué soit le bon Dieu! Vrayement, on pourra dorenavant prendre les lions par les jubes, les chevaulx par les crains [1], les bœufz par les cornes, les bufles par le museau, les loups par la queue, les chevres par la barbe, les oiseaux par les piedz; mais ja ne seront telz Philosophes par leur parolles pris. Adieu, mes bons amys. » Ces motz prononcez, se retira de la compaignie. Pantagruel et les aultres le vouloient suyvre; mais il ne le voulut permettre.

Issu Gargantua de la salle, Pantagruel dist és invitez : « Le Timé de Platon, au commencement de l'assemblée, compta les invitez; nous au rebours les compterons en la fin. Un, deux, trois; où est le quart? N'estoitce nostre amy Bridoye? » Epistemon respondit avoir esté en sa maison pour l'inviter, mais ne l'avoir trouvé. Un huissier du parlement Myrelinguoys en Myrelingues l'estoit venu querir et adjourner pour personnellement comparoistre, et davant les Senateurs raison rendre de quelque sentence par luy donnée. Pourtant estoit il au jour præcedent departy affin de soy repræsenter au jour de l'assignation, et ne tomber en deffault ou contumace. « Je veulx (dist Pantagruel) entendre que c'est. Plus de quarante ans y a qu'il est juge de Fonsbeton ; icelluy temps pendent a donné plus de quatre mille sentences difinitives. De deux mille trois cens et neuf sentences par luy données feut appelé par les parties condemnées en la Court souveraine du parlement Myrelinguoys en Mirelingues : toutes par arrestz d'icelle ont esté ratifiées, approuvées et confirmées, les appeaulx renversez et à neant mis. Que maintenant doncques soit personnellement adjourné sus ses vieulx jours, il qui par tout le passé a vescu tant sainctement en son estat, ne

---

1. A : *les chevaulx par les crains* manque.

peut estre sans quelque desastre. Je luy veulx de tout
mon povoir estre aydant en æquité. Je sçay huy tant
estre la malignité du monde aggravée, que bon droict
a bien besoing d'aide. Et præsentement delibere y
vacquer, de paour de quelque surprinse. » Allors feurent
les tables levées. Pantagruel feist és invitez dons precieux et honorables de bagues, joyaulx, et vaisselle
tant d'or comme d'argent, et les avoir cordialement
remercié, se retira vers sa chambre.

Comment Pantagruel persuade à Panurge prendre conseil de quelque fol. — CHAPITRE XXXVII[1].

Pantagruel, soy retirant, aperceut par la guallerie Panurge en maintien de un resveur ravassant et dodelinant de la teste, et luy dist : « Vous me semblez à une souriz empegée ; tant plus elle s'efforce soy depestrer de la poix, tant plus elle s'en embrene. Vous semblablement efforsant issir hors les lacs de perplexité, plus que davant y demourez empestré, et n'y sçay remede fors un. Entendez : J'ay souvent ouy en proverbe vulguaire qu'un fol enseigne bien un saige. Puys que par les responses des saiges n'estez à plein satisfaict, conseillez vous à quelque fol. Pourra estre que, ce faisant, plus à vostre gré serez satisfaict et content. Par l'advis, conseil et prædiction des folz vous sçavez quants princes, roys et republicques ont esté conservez, quantes batailles guaingnées, quantes perplexitez dissolues. Ja besoing n'est vous ramentevoir les exemples. Vous acquiescerez en ceste raison. Car, come celluy qui de prés reguarde à ses affaires privez et domesticques, qui est vigilant et attentif au gouvernement de sa maison, duquel l'esprit n'est point esguaré, qui ne pert occa-

1. A : chapitre 36.

sion quelconques de acquerir et amasser biens et richesses, qui cautement sçayt obvier ès inconveniens de paovreté, vous appelez saige mondain, quoy que fat soit il en l'estimation des intelligences cælestes, ainsi fault il, pour davant icelles saige estre, je diz sage et præsage par aspiration divine, et apte à recepvoir benefice de divination, se oublier soy mesmes, issir hors de soy mesmes, vuider ses sens de toute terrienne affection, purger son esprit de toute humaine sollicitude, et mettre tout en non chaloir. Ce que vulguairement est imputé à follie. En ceste maniere feut du vulgue imperit appelé Fatuel le grand vaticinateur Faunus, filz de Picus roy des Latins[1]. En ceste maniere voyons nous entre les Jongleurs, à la distribution des rolles, le personaige du Sot et du Badin estre tous jours representé par le plus perit et parfaict joueur de leur compaignie. En ceste maniere disent les Mathematiciens un mesmes horoscope estre à la nativité des Roys et des Sotz ; et donnent exemple de Æneas et Chorœbus, lequel Euphorion dict avoir esté fol, qui eurent un mesme genethliaque. Je ne seray hors de propous si je vous raconte ce que dict Jo. André sus un canon de certain rescript papal, addressé au Maire et Bourgeoys de la Rochelle, et après luy Panorme en ce mesmes canon, Barbatia sus les Pandectes, et recentement Jason en ses conseilz, de Seigny Joan, fol insigne de Paris, bisayeul de Caillette. Le cas est tel :

A Paris, en la roustisserie du petit-Chastelet, au davant de l'ouvrouoir d'un roustisseur, un faquin mangeoit son pain à la fumée du roust, et le trouvoit, ainsi perfumé, grandement savoureux. Le roustisseur le lais-

---

1. Ce qui suit, jusqu'au mot *genethliaque*, huit lignes plus bas, manque dans A.

soit faire. En fin, quand tout le pain feut baufré, le
roustisseur happe le faquin au collet, et vouloit qu'il
lui payast la fumée de son roust. Le faquin disoit en
rien n'avoir ses viandes endommaigé, rien n'avoir du
sien prins, en rien ne luy estre debiteur. La fumée dont
estoit question evaporoit par dehors, ainsi comme ainsi
se perdoit elle; jamais n'avoit esté ouy que dedans Paris on eust vendu fumée de roust en rue. Le roustisseur replicquoit que de fumée de son roust n'estoit
tenu nourrir les faquins, et renioit, en cas qu'il ne
le payast, qu'il lui housteroit ses crochetz. Le faquin
tire son tribart et se mettoit en defense. L'altercation
feut grande. Le badault peuple de Paris accourut au
debat de toutes pars. Là se trouva à propous Seigny
Joan le fol, citadin de Paris. L'ayant apperceu, le
roustisseur demanda au faquin : « Veulx-tu, sus nostre
different, croire ce noble Seigny Joan? — Ouy, par le
sambreguoy », respondit le faquin. Adoncques Seigny
Joan, avoir leur discord entendu, commenda au faquin
qu'il luy tirast de son baudrier quelque piece d'argent.
Le faquin luy mist en main ung tournoys Philippus.
Seigny Joan le print et le mist sus son espaule guausche, comme explorant s'il estoit de poys; puys le timpoit sus la paulme de sa main guausche, comme pour
entendre s'il estoit de bon alloy; puys le posa sus la
prunelle de son œil droict, comme pour veoir s'il estoit
bien marqué. Tout ce feut faict en grande silence de
tout le badault peuple, en ferme attente du roustisseur et desespoir du faquin. En fin, le feist sus l'ouvroir sonner par plusieurs foys. Puys, en majesté præsidentale, tenent sa marote on poing, comme si feust
un sceptre, et affeublant en teste son chapperon de
martres cingesses à aureilles de papier fraizé à poincts
d'orgues, toussant prealablement deux ou trois bonnes
foys, dist à haulte voix : « La cour vous dict que le fa-

quin qui a son pain mangé à la fumée du roust civilement a payé le roustisseur au son de son argent. Ordonne ladicte court que chascun se retire en sa chascunière, sans despens, et pour cause.» Ceste sentence du fol Parisien tant a semblé equitable, voire admirable, ès docteurs susdictz, qu'ilz font doubte, en cas que la matiere eust esté on Parlement dudict lieu, ou en la rôtte à Rome[1], voire certes entre les Areopagites, decidée, si plus juridicquement eust esté par eulx sententié. Pourtant advisez si conseil voulez de un fol prendre.»

Comment Panurge est par Triboullet blasonné.
Chapitre XXXVIII[2].

Par mon ame (respondit Panurge), je le veulx. Il m'est advis que le boyau m'eslargit : je l'avois nagueres bien serré et constipé. Mais ainsi comme avons choizy la fine creme de sapience pour conseil, aussi vouldrois je qu'en nostre consultation præsidast quelqu'un qui feust fol en degré souverain.—Triboulet (dist Pantagruel) me semble competentement fol.» Panurge respond : «Proprement et totallement fol.»

PANTAGRUEL.	PANURGE.
f. fatal.	f. de haulte game.
f. de nature.	f. de b quarre et de b mol.
f. celeste.	f. terrien.
f. Jovial.	f. joyeulx et folastrant.
f. Mercurial.	f. jolly et folliant.
f. Lunaticque.	f. à pompettes.

1. A : *Ou en la rotte à Rome* manque. — 2. *Comment... Chapitre XXXVIII* manque dans A.

PANTAGRUEL. | | 493

PANTAGRUEL.
- f. erraticque.
- f. eccentricque.
- f. æteré et Junonien
- f. arcticque.
- f. heroïcque.
- f. Genial.
- f. prædestiné.
- f. Auguste.
- f. Cæsarin.
- f. imperial.
- f. royal.
- f. patriarchal.
- f. original.
- f. loyal.
- f. ducal.
- f. banerol.
- f. seigneurial.
- f. palatin.
- f. principal.
- f. pretorial.
- f. total.
- f. eleu.
- f. curial.
- f. primipile.
- f. triumphant.
- f. vulguaire.
- f. domesticque.
- f. exemplaire.
- f. rare et peregrin.
- f. aulicque.

PANURGE.
- f. à pilettes.
- f. à sonnettes.
- f. riant et venerien.
- f. de soubstraicte.
- f. de mere-goutte.
- f. de la prime cuvée.
- f. de montaison.
- f. original.
- f. Papal.
- f. consistorial.
- f. conclaviste[1].
- f. buliste.
- f. synodal.
- f. episcopal.
- f. doctoral.
- f. monachal.
- f. fiscal.
- f. extravaguant.
- f. à bourlet.
- f. à simple tonsure.
- f. cotal.
- f. gradué nommé en follie.
- f. commensal.
- f. premier de sa licence.
- f. caudataire.
- f. de supererogation.
- f. collateral.
- f. alateré alteré.
- f. niais.
- f. passagier.

1. A : Les deux colonnes de cette ligne et des deux suivante sont remplacées par :

    f. royal.   f. synodal.

PANTAGRUEL	PANURGE
f. civil.	f. branchier.
f. populaire.	f. aguard.
f. familier.	f. gentil.
f. insigne.	f. maillé.
f. favorit.	f. pillart.
f. latin.	f. revenu de queue.
f. ordinaire.	f. griays.
f. redoubté.	f. radotant.
f. transcendent.	f. de soubarbade.
f. souverain.	f. boursouflé.
f. special.	f. supercoquelicantieux.
f. metaphysical.	f. corollaire.
f. ecstaticque.	f. de levant.
f. categoricque.	f. soubelin.
f. predicable.	f. cramoisy.
f. décumane.	f. tainct en graine.
f. officieux.	f. bourgeoys.
f. de perspective.	f. vistempenard.
f. d'algorisme.	f. de gabie.
f. d'Algebra.	f. modal.
f. de caballe.	f. de seconde intention.
f. Talmudicque.	f. Tacuin.
f. d'Alguamala.	f. heteroclite.
f. compendieux.	f. sommiste[1].
f. abrevié.	f. abreviateur.
f. hyperbolicque.	f. de morisque.
f. antonomaticque.	f. bien bullé.
f. allegoricque.	f. mandataire.
f. tropologicque.	f. capussionnaire.
f. pléonasmicque.	f. titulaire.
f. capital.	f. tapinois.
f. cerebreux.	f. rebarbatif.
f. cordial.	f. bien mentulé.

1. A: Les 2 colonnes de cette ligne et de la suivante manquent

PANTAGRUEL.

PANTAGRUEL.
f. intestin.
f. epaticque.
f. spleneticque.
f. venteux.
f. legitime.
f. d'Azimuth.
f. d'Almicantarath.
f. proportionné.
f. d'architrave.
f. de pedestal.
f. parraguon.
f. celebre.
f. alaigre.
f. solennel.
f. annuel.
f. festival.
f. recreatif.
f. villaticque.
f. plaisant.
f. privilegié.
f. rusticque.
f. ordinaire.
f. de toutes heures.
f. en diapason.
f. resolu.
f. hieroglyphicque.
f. autenticque.
f. de valleur.
f. precieux.
f. fanaticque.
f. fantasticque.
f. lymphaticque.
f. panicque.
f. alambicqué.
f. non fascheux.

PANURGE.
f. mal empiété.
f. couilart.
f. grimault.
f. esventé.
f. culinaire.
f. de haulte fustaie.
f. contrehastier.
f. marmiteux.
f. catarrhé.
f. braguart.
f. à xxiiij caratz.
f. bigearre.
f. guinguoys.
f. à la martingualle.
f. à bastons.
f. à marotte.
f. de bon biés.
f. à la grande laise.
f. trabuchant.
f. susanné.
f. de rustric.
f. à plain bust.
f. guourrier.
f. guourgias.
f. d'arrachepied.
f. de rebus.
f. à patron.
f. à chapron.
f. à double rebras.
f. à la Damasquine.
f. de tauchie.
f. d'azemine.
f. barytonant.
f. moucheté.
f. à espreuve de hacquebutte.

Pant. Si raison estoit pourquoy jadis en Rome les Quirinales on nommoit la feste des folz, justement en France on pourroit instituer les Triboulletinales. **Pan.** Si tous folz portoient cropiere, il auroit les fesses bien escorchées. **Pant.** S'il estoit dieu Fatuel, du quel avons parlé, mary de la dive Fatue, son pere seroit Bonadies, sa grande mere Bonedée. **Pan.** Si tous folz alloient les ambles, quoy qu'il ait les jambes tortes, il passeroit de une grande toise. Allons vers luy sans sejourner. De luy aurons quelque belle resolution, je m'y attends. — Je veux (dist Pantagruel) assister au jugement de Bridoye. Ce pendent que je iray en Myrelingues (qui est de là la riviere de Loyre), je depescheray Carpalim pour de Bloys icy amener Triboullet. Lors feut Carpalim depesché. Pantagruel, acompaigné de ses domesticques, Panurge, Epistemon, Ponocrates, frere Jan, Gymnaste, Rhizotome et aultres, print le chemin de Myrelingues.

Comment Pantagruel assiste au jugement du juge Bridoye, lequel sententioit les procés au sort des dez.

Chapitre XXXIX[1].

Au jour subsequent, à lieure de l'assignation, Pantagruel arriva en Myrelingues. Les President, Senateurs et Conseillers le prierent entrer avecques eux, et ouyr la décision des causes et raisons que allegueroit Bridoye, pour quoy auroit donné certaine sentence contre l'esleu Toucheronde, laquelle ne sembloit du tout æquitable à icelle Court centumvirale[2]. Pantagruel entre volontiers, et là trouve Bridoye on mylieu du parquet assis, et, pour toutes raisons et excuses, rien plus ne respondent, si non qu'il estoit vieulx devenu, et qu'il n'avoit la veue tant bonne comme de coustume; alleguant plusieurs

1. **A** : chapitre 37. — 2. **A** : biscentumvirale.

miseres et calamitez que vieillesse apporte avecques soy, lesquelles not. *per Archid. d. lxxxvj. c. tanta.* Pourtant ne congnoissoit il tant distinctement les poinctz des dez comme avoit faict par le passé. Dont povoit estre qu'en la façon que Isaac, vieulx et mal voyant, print Jacob pour Esaü, ainsi, à la decision du procés dont estoit question, il auroit prins un quatre pour un cinq; notamment referent que lors il avoit usé de ses petits dez. Et que par disposition de droict les imperfections de Nature ne doibvent estre imputées à crime, comme apert, *ff. de re milit. l. qui cum uno. ff. de reg. jur. l. fere. ff. de edil. ed. per totum. ff. de term. mo. l. divus Adrianus. resolu. per Lud. Ro. in l. si vero. ff. solu matri.* Et qui aultrement feroit, non l'home accuseroit, mais Nature, comme est evident *in l. maximum vitium C. de lib. præter.*

«Quels dez (demandoit Trinquamelle, grand Præsident d'icelle court), mon amy, entendez vous? — Les dez (respondit Bridoye) des jugemens, *Alea judiciorum,* des quelz est escript par *Doct. 26. q. ij. c. sors l. nec emptio. ff. de contrah. empt. l. quod debetur. ff. de pecul. et ibi Barthol.*, et des quelz dez vous aultres, messieurs, ordinairement usez en ceste vostre court souveraine, aussi font tous aultres juges, en decision des procés, suyvans ce qu'en a noté D. Henr. Ferrandat, *Et no. gl. in c. fin. de sortil. et l. sed cum ambo. ff. de judi. ubi doct.*, notent que le sort est fort bon, honeste, utile et necessaire à la vuidange des procés et dissentions. Plus encores apertement l'ont dict Bal. Bart. et Alex., *C. communia de l. si duo.*

— Et comment (demandoit Trinquamelle) faictez vous, mon amy?— Je (respondit Bridoye) responderay briefvement scelon l'enseignement de la *l. ampliorem. §. in refutatoriis. C. de appela.*, et ce que dict *Gl. l. j. ff. quod met. caus. Gaudent brevitate moderni.* Je fays comme vous aultres, messieurs, et comme est l'usance de judicature, à laquelle nos droictz commendent tousjours deferer : *ut no. extra. de consuet. c. ex literis. et ibi Innoc.* Ayant bien veu, reveu, leu, releu, paperassé et feueilleté les complainctes, adjournemens, comparitions, commissions, informations, avant procedez, productions, alleguations, intendictz, contredictz, requestes, enquestes, repliques, dupliques, triplicques, escriptures, reproches, griefz[1], salvations, recollemens confrontations, acarations, libelles, apostoles, lettres royaulx, compulsoires, declinatoires, anticipatoires, evocations, envoyz, renvoyz, conclusions, fins de non proceder, apoinctemens, reliefz, confessions, exploictz et aultres telles dragées et espisseries d'une part et d'aultre, comme doibt faire le bon juge, scelon qu'en a *no. Spec. de ordinario. §. iij. et tit. de offi. om. ju. §. fi. et de rescriptis præsenta. §. j*, je pose sus le bout de table, en mon cabinet, tous les sacs du defendeur, et luy livre chanse premierement, comme vous aultres, messieurs. Et est *not. l. favorabiliores. ff. de reg. jur. et in c. cum sunt eod. tit. lib. vj*, qui dict : *Cum sunt partium jura obscura, reo favendum est potius quam actori.* Cela faict, je pose les sacs du demandeur, comme vous aultres, messieurs, sur l'aultre bout, *visum visu*. Car *opposita juxta se posita magis elucescunt, ut not. in l. j. §. videamus. ff. de his qui sunt sui vel alie. jur. et in l. munerum. j. mixta. ff. de muner. et honor.* Pareillement et quant et quand je luy livre chanse.

— Mais (demandoit Trinquamelle), mon amy, à quoy congnoissez vous l'obscurité des droictz prætendus par les parties playdoiantes ? — Comme vous aultres, messieurs (respondit Bridoye), sçavoir est, quand il y a

---

1. A : *griefz* manque.

beaucoup de sacs d'une part et de aultre. Et lors je use de mes petiz dez, comme vous aultres, messieurs, suyvant la loy *semper in stipulationibus. ff. de reg. jur.* et la loi versale versifiée *q. eod. tit. Semper in obscuris quod minimum est sequimur*, canonizée *in c. in obscuris eod. tit. lib. vj.* J'ay d'aultres gros dez bien beaulx et harmonieux, des quelz je use, comme vous aultres, messieurs, quand la matiere est plus liquide, c'est à dire quand moins y a de sacs.

— Cela faict (demandoit Trinquamelle), comment sententiez vous, mon amy? — Comme vous aultres, messieurs, respondit Bridoye : pour celluy je donne sentence duquel la chanse livrée par le sort du dez judiciaire, tribunian, prætorial, premier advient. Ainsi commendent nos droictz *ff. qui po. in pig. l. potior leg. creditor. C. de consul. l. j. Et de reg. jur. in vj. Qui prior est tempore, potior est jure.*

Comment Bridoye expose les causes pourquoy il visitoit les procés qu'il decidoit par le sort des dez.
Chapitre XL[1].

Voyre mais (demandoit Trinquamelle), mon amy, puis que par sort et ject des dez vous faictez vos jugemens, pourquoy ne livrez vous ceste chanse le jour et heure propre que les parties controverses comparent par davant vous, sans aultre delay? De quoy vous servent les escriptures et aultres procedures contenues dedans les sacs?
— Comme à vous aultres, messieurs (respondit Bridoye) : elles me servent de trois choses exquises, requises et autenticques. Premierement, pour la forme, en omission de laquelle ce qu'on a faict n'estre valable prouve trés bien *Spec. tit. de instr. edi. et tit. de rescrip. præsent.*

---

1. A : Chapitre 38.

D'advantaige, vous sçavez trop mieux que souvent en procedures judiciaires les formalitez destruisent les materialitez et substances. Car, *forma mutata, mutatur substantia. ff. ad exhib. l. Julianus ff. ad leg. Falcid. l. Si is qui quadringenta. Et extra. de deci. c. ad audientiam. et de celebra. miss. c. in quadam.*

Secondement, comme à vous aultres, messieurs, me servent d'exercice honneste et salutaire. Feu M. Othoman Vadare, grand Medicin, comme vous diriez, *C. de comit. et archi. Lib. xij*, m'a dict maintes foys que faulte d'exercitation corporelle est cause unique de peu de santé et briefveté de vie de vous aultres, messieurs, et tous officiers de justice. Ce que trèsbien avant luy estoit noté par Bart. *in l. j. C. de senten. quæ pro eo quod.* Pourtant sont comme à vous aultres, messieurs, à nous consecutivement, *quia accessorium naturam sequitur principalis. de reg. jur. lib. vj et l. cum principalis. et l. nihil dolo. ff. eod. titu. ff. de fidejusso l. fidejussor. et extra de off. de leg. c. j.*, concedez certains jeulz d'exercice honneste et recreatif, *ff. de al. lus. et aleat. l. solent. et autent. ut omnes obediant, in princ. coll. vij et ff. de præscript. verb. l. si gratuitam. et l. j. C. de spect. lib. xj.* Et telle est l'opinion D. Thomæ, *in secunda secundæ, quæst. clxviij,* bien à propous alleguée *per* D. Alber. de Ros., lequel *fuit magnus practicus* et docteur solennel, comme atteste Barbatia *in prin. consil.* La raison est exposée *per gl. in proœmio. ff. §. ne autem tertii.*

Interpone tuis interdum gaudia curis.

De faict, un jour, en l'an 1489, ayant quelque affaire bursal en la chambre de messieurs les Generaulx, et y entrant par permission pecuniaire de l'huissier, comme vous aultres messieurs sçavez[1] que *pecuniæ obediunt*

---

1. A : *comme vous savez.*

omnia, et l'a dict Bald. *in l. Singularia. ff. si certum pet. et Salic. in l. recepticia. C. de constit. pecun. et Card. in Cle. j. de baptis.*, je les trouvay tous jouans à la mousche par exercice salubre, avant le past ou après, il m'est indifferent, pourveu que *hic no*, que le jeu de la mousche est honneste, salubre, antique et legal, à *Musco inventore. de quo C. de petit. hæred. l. si post motam. et Muscarii i.* ceulx qui jouent à la mousche sont excusables de droict, *l. j. C. de excus. artif. lib. x*. Et pour lors estoit de mousche M. Tielman Picquet, il m'en soubvient, et rioyt de ce que messieurs de la dicte chambre guastoient tous leurs bonnetz à force de luy dauber ses espaules ; les disoit ce nonobstant n'estre de ce deguast de bonnetz excusables au retour du Palais envers leurs femmes, par *c. i. extra de præsump. et ibi gl.* Or, *resolutorie loquendo*, je diroys, comme vous aultres messieurs[1], qu'il n'est exercice tel, ne plus aromatisant en ce monde Palatin, que vuider sacs, feuilleter papiers, quotter cayers, emplir paniers et visiter procés, *ex Bart. et Jo. de Prä. in l. falsa. de condit. et demon. ff.*

Tiercement, comme vous aultres, messieurs, je consydere que le temps meurist toutes choses ; par temps toutes choses viennent en évidence ; le temps est pére de vérité, *gl. in l. j. C. de servit. autent. de restit. et ea quæ pa. et Spec. cit. de requis. cons.* C'est pourquoy, comme vous aultres, messieurs, je sursoye, delaye et differe le jugement, affin que le procés, bien ventilé, grabelé et debatu, vieigne par succession de temps à sa maturité, et le sort par aprés advenent soit plus doulcettement porté des parties condemnées, comme *no. glo. ff. de excu. tut. l. Tria onera*

Portatur leviter, quod portat quisque libenter.

1. A : *comme ... messieurs* manque.

Le jugeant crud, verd et au commencement, dangier seroit de l'inconvenient que disent les Medicins advenir quand on perse un aposteme avant qu'il soit meur, quand on purge du corps humain quelque humeur nuysant avant sa concoction. Car, comme est escript *in Autent. Hæc constit. inno. const. in prin.* et le repete *gl. in c. Cæterum. extra. de jura. calum. Quod medicamenta morbis exhibent, hoc jura negotiis,* nature d'adventaige nous instruict cuillir et manger les fruictz quand ilz sont meurs. *Instit. de re. di. §. is ad quem. et ff. de acti. empt. l. Julianus,* marier les filles quand elles sont meures, *ff. de donat. int. vir. et uxo. l. cum hic status. §. si quia sponsa*[1]. *et 27. q. j. c. Sicut* dict *gl.*

> *Jam matura thoris plenis adoleverat annis*
> *Virginitas.*

Rien ne faire qu'en toute maturité. *xxiij q. ij §. ult. clxxxiij*[2]. *d. c. ult.*

Comment Bridoye narre l'histoire de l'apoincteur de procès. — Chapitre XLI[3].

Il me soubvient à ce propous (dist Bridoye continuant) que, on temps que j'estudiois à Poictiers en droict, soubs *Brocadium Juris,* estoit à Semervé un nommé Perrin Dendin home honorable, bon laboureur, bien chantant au letrain, home de credit et aagé autant que le plus de vous aultres, messieurs, lequel disoit avoir veu le grand bon home Concile de Latran, avecques son gros chappeau rouge ; ensemble la bonne dame Pragmaticque Sanction, sa femme, avecques son large tissu de satin

---

1. La fin de cette ligne et les trois lignes suivantes manquent dans A. — 2. A : xxxij. — 3. A : Chapitre 39.

pers et ses grosses patenostres de gayet. Cestuy home de bien apoinctoit plus de procés qu'il n'en estoit vuidé en tout le palais de Poictiers, en l'auditoire de Monsmorillon, en la halle de Parthenay le Vieulx. Ce que le faisoit venerable en tout le voisinage. De Chauvigny, Nouaillé, Croutelles, Aisgne, Legugé, la Motte, Lusignan, Vivonne, Mezeaulx, Estables et lieux confins, tous les debatz, procès et differens estoient par son devis vuidez, comme par juge souverain, quoy que juge ne feust, mais home de bien. *Arg. in l. sed si unius. ff. de jureju. et de verb. oblig. l. continuus.* Il n'estoit tué pourceau en tout le voisinage dont il n'eust de la hastille et des boudins, et estoit presque tous les jours de banquet, de festin, de nopces, de commeraige, de relevailles, et en la taverne; pour faire quelque apoinctement, entendez : car jamais n'apoinctoit les parties qu'il ne les feist boyre ensemble, par symbole de reconciliation, d'accord perfaict et de nouvelle joye, *ut no. per doct. ff. de peri. et comm. rei vend. l. i*

Il eut un filz nommé Tenot Dendin, grand hardeau et gualant home, ainsi m'aist Dieu, lequel semblablement voulut s'entremettre d'apoincter les plaidoians, comme vous sçavez que

Sæpe solet similis filius esse patri,
Et sequitur leviter filia matris iter.

Ut ait gl. vj. q. j. c. Si quis. g. de cons. d. v. c. j. ff. et est no. per doct. C. de impu. et aliis subst. l. ult. et l. legitimæ ff. de stat. hom. gl. in l. quod si nolit. ff. de edil. ed. l. quis. C. ad le. Jul. majest. Excipio filios a moniali susceptos ex monacho. per gl. in c. Impudicas. xxvij. q. j. Et se nommoit en ses tiltres : l'apoincteur des procès. En cestuy negoce tant estoit actif et vigilant, car *vigilantibus jura subveniunt, ex l.*

pupillus. ff. quæ in fraud. cred. et ibid. l. non enim. et instit. in procemio, que incontinent qu'il sentoit, ut ff. si quad. pau. fec. l. Agaso. gl. in verbo. olfecit. i. nasum ad culum posuit, et entendoit par pays estre meu procés ou debat, il se ingeroit d'apoincter les parties. Il est escript : Qui non laborat, non manige ducat : et le dict gl. ff. de dam. infect. l. quamvis. et Currere plus que le pas vetulam compellit egestas. gl. ff. de lib. agnos. l. Si quis. pro qua facit l. si plures. C. de cond. incer. Mais en tel affaire il feut tant malheureux, que jamais n'apoincta different quelconques, tant petit feust il que sçauriez dire ; en lieu de les apoincter, il les irritoit et aigrissoit d'adventaige. Vous sçavez, messieurs, que

Sermo datur cunctis, animi sapientia paucis.

gl. ff. de alie. ju. mu. caus. fa. l. ij. Et disoient les taverniers de Semarvé que soubs luy en un an ilz n'avoient tant vendu de vin d'apoinctation (ainsi nommoient ilz le bon vin de Legugé) comme ilz faisoient soubz son pere en demie heure. Advint qu'il s'en plaignit à son pere, et referoit les causes de ce meshaing en la perversité des homes de son temps, franchement luy objectant que, si on temps jadis le monde eust esté ainsi pervers, playdoiart, detravé et inapoinctable, il son pere n'eust acquis l'honneur et tiltre d'Apoincteur tant irrefragable comme il avoit. En quoy faisoit Tenot contre le droict, par lequel est és enfans defendu reprocher leurs propres peres, per gl. et Bart. l. iij. §. Si quis ff. de condi. ob caus. et autent. de nup. §. sed quod sancitum. coll. iiij. Il faut (respondit Perrin) faire aultrement, Dendin, mon filz. Or quand *oportet* vient en place, il convient qu'ainsi se face. gl. C. de appell. l. eos etiam. Ce n'est là que gist le lievre. Tu n'apoincte jamais les differens. Pourquoy? Tu les prens dès le commencement, estans encores verds et cruds. Je les apoincte tous. Pourquoy? Je les prens sur leur fin, bien meurs et digerez. Ainsi dict *Gl.*

Dulcior est fructus post multa pericula ductus.

l. non moriturus. C. de contrah. et commit. stip. Ne sçais tu qu'on dict, en proverbe commun, heureux estre le medecin qui est appelé sus la declination de la maladie? La maladie de soy criticquoit et tendoit à fin, encores que le medecin n'y survint. Mes plaidoieurs semblablement de soy mesmes declinoient on dernier but de playdoirie, car leurs bourses estoient vuides; de soy cessoient poursuyvre et solliciter : plus d'aubert n'estoit en fouillouse pour solliciter et poursuyvre.

Deficiente pecu, deficit omne, nia.

Manquoit seulement quelqu'un qui feust comme paranymphe et mediateur, qui premier parlast d'apoinctement, pour soy saulver l'une et l'aultre partie de ceste pernicieuse honte qu'on eust dict: Cestuy cy premier s'est rendu, il a premier parlé d'apoinctement, il a esté las le premier : il n'avoit le meilleur droict, il sentoit que le bast le blessoit. Là (Dendin) je me trouve à propous, comme lard en poys. C'est mon heur, c'est mon guaing, c'est ma bonne fortune. Et te diz (Dendin mon filz jolly) que par ceste methode je pourrois paix mettre, ou treves pour le moins, entre le grand Roy et les Venitiens, entre l'Empereur et les Suisses, entre les Anglois et Escossois, entre le Pape et les Ferrarois. Iray je plus loing? Ce m'aist Dieu, entre le Turc et le Sophy, entre les Tartres et les Moscovites. Entends bien : je les prendrois sus l'instant que les uns et les aultres seroient las de guerroier, qu'ilz auroient vuidé leurs coffres, expuisé les bourses de leurs subjectz, vendu leur dommaine, hypothequé leurs terres, consumé leurs vivres et munitions. Là, de par Dieu ou de par sa mere, force forcée leurs est respirer et leurs felonnies moderer. C'est la doctrine *in gl. xxxvij. d. c. Si quando.*

Odero si potero; si non, invitus amabo.

Comment naissent les procés, et comment ilz viennent à perfection. — Chapitre XLII[1].

'est pourquoy (dist Bridoye continuant), comme vous aultres, messieurs, je temporize attendant la maturité du procés et sa perfection en tous membres : ce sont escriptures et sacs. *Arg. in l. si major. C. commu. divi. et de cons. d. 1. c. Solennitates. et ibi. gl.* Un procés à sa naissance premiere me semble, comme à vous aultres, messieurs, informe et imparfaict. Comme un ours naissant n'a pieds ne mains, peau, poil, ne teste, ce n'est qu'une piece de chair rude et informe; l'ourse à force de leicher la mect en perfection des membres, *ut no. doct. ff. ad leg. Aquil. l. ij. in fi.* Ainsi voy je, comme vous aultres, messieurs, naistre les procés, à leurs commencemens, informes et sans membres; ilz n'ont qu'une piece ou deux : c'est pour lors une laide beste. Mais, lors qu'ilz sont bien entassez, enchassez et ensachez, on les peut vrayement dire membruz et formez. Car *forma dat esse rei. l. si is qui ff. ad. leg. falci. in c. cum dilecta. extra. de rescrip. Barbatia. consil. 12. lib. 2, et davant luy Bald. in c. ult. extra. de consue. et l. Julianus, ff. ad exib. et l.*

---

1. A : Chapitre 40.

quæsitum ff. de lega iij. La maniere est telle que dict *gl. p. q. j. c. Paulus.* :

Debile principium melior fortuna sequetur.

Comme vous aultres, messieurs, semblablement les sergens, huissiers, appariteurs, chiquaneurs, procureurs, commissaires, advocatz, enquesteurs, tabellions, notaires, grephiers et juges pedanées, *de quibus tit. est lib. iij Cod.*, sugsants bien fort et continuellement les bourses des parties, engendrent à leurs procés teste, pieds, gryphes, bec, dents, mains, venes, arteres, nerfz, muscles, humeurs : ce sont les sacs. *gl. de cons. d. iiij. c. accepisti.*

Qualis vestis erit, talia corda gerit.

Hic no. qu'en ceste qualité plus heureux sont les plaidoyans que les ministres de justice : car *beatius est dare quam accipere. ff. comm. l. iij. et extra. de celebra. miss. c. cum Marthæ*[1]. *et 24 q. j. c. Odi. gl.*

Affectum dantis pensat censura tonantis.

Ainsi rendent le procés perfaict, gualant et bien formé, comme dict *gl. can.* :

Accipe, sume, cape, sunt verba placentia Papæ.

Ce que plus apertement a dict Alber. de Ros. *in verb.* Roma :

Roma manus rodit ; quas rodere non valet, odit.
Dantes custodit, non dantes spernit et odit.

Raison pourquoy ?

Ad præsens ova, cras pullis sunt meliora.

1. La fin de cette ligne et la ligne suivante manquent dans A.

ut est glo. in l. quum hi ff. de transac. L'inconvenient du contraire est mis *in gl. C. de allu. l. fi.* :

Cum labor in damno est, crescit mortalis egestas.

La vraye etymologie de procés est en ce qu'il doibt avoir en ses prochatz prou sacs. Et en avons brocards deificques : *Litigando jura crescunt. Litigando jus acquiritur. Item gl. in c. illud ext. de præsumpt. et C. de prob. l. instrumenta. l. non epistolis. l. non nudis.*

Et cum non prosunt singula, multa juvant.

—Voyre mais (demandoit Trinquamelle), mon amy, comment procedez vous en action criminelle, la partie coupable prinse *flagrante crimine?*—Comme vous aultres, messieurs. (respondit Bridoye) : je laisse et commande au demandeur dormir bien fort pour l'entrée du procés ; puys davant moy convenir, me apportant bonne et juridicque attestation de son dormir[1] scelon la *gl. 32. q. vij. c. Si quis cum.*

. . . . . *Quandoque bonus dormitat Homerus.*

Cestuy acte engendre quelque aultre membre ; de celuy là naist un aultre, comme maille à maille est faict le aubergeon. En fin, je trouve le procés bien par informations formé et perfaict en ses membres. Adoncques je retourne à mes dez. Et n'est par moy telle interpollation sans raison faicte et experience notable.

Il me soubvient que on camp de Stokolm, un Guascon nommé Gratianauld, natif de Sainsever, ayant perdu au jeu tout son argent, et de ce grandement fasché, comme vous sçavez que *pecunia est alter sanguis, ut ait Anto. de Butrio in c. accedens. ij. extra ut*

---

1. La fin de cette ligne et les deux suivantes manquent dans A.

*lit. non contest. et Bald. in l. si tuis. C. de op. li. per
no. et l. advocati. C. de advo. div. jud. Pecunia est
vita hominis, et optimus fidejussor in necessitatibus*, à
l'issue du berland, davant tous ses compaignons, disoit
à haulte voix : Pao cap de bious, hillotz, que maulx de
pippe bous tresbyre; ares que pergudes sont les mies
bingt et quouatte baguettes, ta pla donnerien picz,
trucz et patactz. Sey degun de bous aulx, qui boille
truquar ambe iou à belz embiz[1]? Ne respondent personne;
il passe on camp des Hondrespondres, et reïteroit
ces mesmes parolles, les invitant à combattre
avecques luy. Mais les susdictz disoient : Der Guascongner
thut schich usz mitt eim jedem ze schlagen, aber
er ist geneigter zu staelen ; darumb, lieben frauven,
hend serg zu unserm hausraut. Et ne se offrit au combat
personne de leur ligue. Pourtant passe le Guascon
au camp des adventuriers François, disant ce que dessus,
et les invitant au combat guaillardement avecques
petites gambades Guasconiques. Mais persone ne luy
respondit. Lors le Guascon au bout du camp se coucha,
prés les tentes du gros Christian, chevallier de
Crissé, et s'endormit. Sus l'heure un adventurier, ayant
pareillement perdu tout son argent, sortit avecques son
espée, en ferme deliberation de combattre avecques le
Guascon, veu qu'il avoit perdu comme luy :

Ploratur lachrymis amissa pecunia veris,

dict *glos. de pœnitent dist. 3. c. sunt plures*[2]. De faict,
l'ayant cherché par my le camp, finablement le trouva
endormy. Adoncques luy dist : « Sus ! ho ! Hillot de tous
les diables, leve toy : j'ay perdu mon argent aussi bien
que toy. Allons nous battre guaillard, et bien à poinct

1. A : *à belz embiz* manque. — 2. A : *Ploratur... plures*
manque.

frotter nostre lard. Advise que mon verdun ne soit poinct plus long que ton espade. » Le Guascon tout esblouy luy respondit : « Cap de Sainct Arnault, quau seys tu, qui me rebeillez? Que mau de taouerne te gyre! Ho! Sainct Siobé, Cap de Guascoigne! ta pla dormie ïou, quand aquoest taquain me bingut estée. » L'adventurier le invitoit derechef au combat; mais le Guascon lui dist : « Hé paovret, ïou te esquinerie, arcs que son pla reposat. Vayne un pauc qui te posar com ïou, puesse truqueren. » Avecques l'oubliance de sa perte il avoit perdu l'envie de combatre. Somme, en lieu de se batre et soy par adventure entretuer, ilz allerent boyre ensemble, chascun sus son espée. Le sommeil avoit faict ce bien, et pacifié la flagrante fureur des deux bons champions. Là compete le mot doré de Joan. And. *in c. ult. de sent. et re judic. libro sexto: Sedendo et quiescendo fit anima prudens.*

Comment Pantagruel excuse Bridoye sus les jugemens faitz au sort des dez. — CHAPITRE XLIII[1].

Atant se teut Bridoye. Trinquamelle luy commanda issir hors la chambre du parquet, ce que feut faict. Alors dist à Pantagruel : « Raison veult, Prince tresauguste, non par l'obligation seulement en laquelle vous tenez par infinis bienfaictz cestuy parlement et tout le marquisat de Myrelingues, mais aussi par le bon sens, discret jugement et admirable doctrine que le grand Dieu dateur de tous biens a en vous posé, que vous presentons la decision de ceste matiere tant nouvelle, tant paradoxe et extrange de Bridoye, qui, vous present, voyant et entendent, a confessé juger au sort des dez. Si vous prions

---

1. A : Chapitre 41.

que en veueillez sententier comme vous semblera juridicque et æquitable. »

A ce respondit Pantagruel : « Messieurs, mon estat n'est en profession de decider procès, comme bien sçavez ; mais, puys que vous plaist me faire tant d'honneur, en lieu de faire office de juge, je tiendray lieu de suppliant. En Bridoye je recongnois plusieurs qualitez, par les quelles me sembleroit pardon du cas advenu meriter : premierement vieillesse, secondement simplesse, ès quelles deux vous entendez trop mieulx quelle facilité de pardon et excuse de mesfaict nos droictz et nos loix oultroyent. Tiercement, je recongnois un aultre cas pareillement en nos droictz deduict à la faveur de Bridoye : c'est que ceste unicque faulte doibt estre abolie, extaincte et absorbée en la mer immense de tant d'equitables sentences qu'il a donné par le passé, et que par quarante ans et plus on n'a en luy trouvé acte digne de reprehension : comme si en la riviere de Loyre je jectois une goutte d'eaue de mer, pour ceste unique goutte, persone ne la sentiroit, persone ne la diroit sallée. Et me semble qu'il y a je ne sçay quoy de Dieu qui a faict et dispensé qu'à ces jugemens de sort toutes les precedentes sentences ayent esté trouvées bonnes en ceste vostre venerable et souveraine court, lequel, comme sçavez, veult souvent sa gloire apparoistre en l'hebetation des saiges, en la depression des puissans et en l'erection des simples et humbles. Je mettray en obmission toutes ces choses ; seulement vous priray, non par celle obligation que pretendez à ma maison, laquelle je ne recongnois, mais par l'affection syncere que de toute ancienneté avez en nous congneue, tant deçà que delà Loyre, en la mainctenue de vostre estat et dignitez, que pour ceste fois luy veueillez pardon oultroyer, et ce en deulx conditions : premierement, ayant satisfaict ou protestant satisfaire à la partie condemnée par la sentence dont est question, à cestuy article je donneray bon ordre et contentement ; secondement, qu'en subside de son office vous lui bailliez quelqu'un plus jeune, docte, prudent, perit et vertueux conseiller, à l'advis duquel dorenavant fera ses procedures judiciaires. En cas que le voulussiez totalement de son office deposer, je vous priray bien fort me en faire un present et pur don. Je trouveray par mes royaulmes lieux assez et estatz pour l'employer et me en servir. A tant suppliray le bon Dieu createur, servateur et dateur de tous biens, en sa saincte grace perpetuellement vous maintenir. »

Ces motz ditz, Pantagruel feist reverence à toute la court et sortit hors le parquet. A la porte trouva Panurge, Epistemon, Frere Jan et aultres. Là monterent à cheval pour s'en retourner vers Gargantua. Par le chemin, Pantagruel leur comptoit de poinct en poinct l'histoire du jugement de Bridoye. Frere Jan dist qu'il avoit cogneu Perrin Dendin on temps qu'il demouroit à la Fontaine le Conte, soubs le noble Abbé Ardillon. Gymnaste dist qu'il estoit en la tente du gros Christian, chevallier de Crissé, lors que le Guascon respondit à l'adventurier. Panurge faisoit quelque difficulté de croire l'heur des jugemens par sort, mesmement par si long temps. Epistemon dist à Pantagruel : « Histoire parallele nous compte l'on d'un prevost de Monslehery. Mais que diriez vous de cestuy heur des dez continué en succés de tant d'années ? Pour un ou deux jugemens ainsi donnez à l'adventure je ne me esbahirois[1], mesmement en matieres de soy ambigües, intrinquées, perplexes et obscures. »

1. A : *esbahirois* poinct.

Comment Pantagruel racompte une estrange histoire des perplexitez du jugement humain.
CHAPITRE XLIIII[1].

Comme feut (dist Pantagruel[2]) la controverse debattue davant Cn. Dolabella, proconsul en Asie. Le cas est tel : Une femme, en Smyrne, de son premier mary eut un enfant nommé Abecé. Le mary defunct, aprés certain temps elle se remaria, et de son second mary eut un filz nommé Effegé. Advint (comme vous sçavez que rare est l'affection des peratres, vitrices, noverces et meratres envers[3] les enfans des defuncts premiers peres et meres) que cestuy mary et son filz occultement, en trahison, de guet à pens, tuerent Abecé. La femme, entendent la trahison et meschanceté, ne voulut le forfaict rester impuny, et les feist mourir tous deux, vangeante la mort de son filz premier. Elle feut par la justice apprehendée et menée davant Cn. Dolabella. En sa presence, elle confessa le cas, sans rien dissimuler; seulement alleguoit que de droict et par raison elle les avoit occis : c'estoit l'estat du procés[4]. Il trouva l'affaire tant ambigu, qu'il ne sçavoit en quelle partie incliner. Le crime de la femme estoit grand, laquelle avoit occis ses mary second et enfant; mais la cause du meurtre luy sembloit tant naturelle, et comme fondée en droict des peuples, veu qu'ilz avoient tué son fils premier, eulx ensemble, en trahison, de guet à pens, non par luy oultragez ne injuriez, seulement par avarice de occuper le total heritage, que pour la decision il envoya és Areopagites, en Athenes, entendre quel seroit sur ce leur advis et jugement. Les Areopagites feirent re-

1. *Comment...... Chapitre XLIIII* manque. — 2. A : *(dist Pantagruel)* manque. — 3. A : *l'affection des privings et meratres envers.* — 4. A : *c'estoit... procès* manque.

sponse que cent ans aprés personnellement on leurs envoiast les parties contendentes, affin de respondre à certains interroguatoires qui n'estoient on procés verbal contenuz. C'estoit à dire que tant grande leurs sembloit la perplexité et obscurité de la matiere, qu'ilz ne sçavoient qu'en dire ne juger. Qui eust decidé le cas au sort des dez, il n'eust erré, advint ce que pourroit. Si contre la femme, elle meritoit punition, veu qu'elle avoit faict la vengence de soy, laquelle apartenoit à Justice. Si pour la femme, elle sembloit avoir eu cause de douleur atroce. Mais en Bridoye la continuation de tant d'années me estonne.

— Je ne sçaurois (respondit Epistemon[1]) à votre demande categoricquement respondre, force est que le confesse. Conjecturallement je refererois cestuy heur de jugement en l'aspect benevole des cieulx et faveur des Intelligences motrices, les quelles, en contemplation de la simplicité et affection syncere du juge Bridoye, qui, soy deffiant de son sçavoir et capacité, congnoissant les antinomies et contrarietez des loix, des edictz, des coustumes et ordonnances, entendent la fraulde du Calumniateur infernal, lequel souvent se transfigure en messagier de lumiere, par ses ministres, les pervers advocats, conseilliers, procureurs et aultres telz suppoz, tourne le noir en blanc, faict phantastiquement sembler à l'une et l'autre partie qu'elle a bon droict ; comme vous sçavez qu'il n'est si maulvaise cause qui ne trouve son advocat : sans cela jamais ne seroit procès on monde, se recommanderoit humblement à Dieu le juste juge, invoqueroit à son ayde la grace celeste, se deporteroit en l'esprit sacrosainct du hazard et perplexité de sentence definitive, et par ce sort exploreroit son decret et bon plaisir, que nous ap-

---

1. A : *respondit* Pantagruel.

pellons Arrest; remueroient et tourneroient les dez
pour tomber en chance de celluy qui, muny de juste
complaincte, requeroit son bon droict estre par Justice
maintenu. Comme disent les Talmudistes, en sort
n'estre mal aulcun contenu; seulement par sort estre
en anxieté et doubte des humains manifestée la volunté divine.

Je ne vouldrois penser ne dire, aussi certes ne
croy je, tant anomale est l'iniquité et corruptelé tant
évidente de ceulx qui de droict respondent en icelluy
parlement Myrelinguois en Mirelingues, que pirement
ne seroit un procés decidé par ject des dez, advint ce que
pourroit, qu'il est passant par leurs mains pleines de
sang et de perverse affection; attendu, mesmement,
que tout leur directoire en judicature usuale a esté
baillé par un tribunian, home mescreant, infidele, barbare, tant maling, tant pervers, tant avare et inique,
qu'il vendoit les loix, les edictz, les rescriptz, les constitutions et ordonnances en purs deniers, à la partie
plus offrante. Et ainsi leurs a taillé leurs morseaulx
par ces petitz boutz et eschantillons des loix qu'ilz ont
en usaige, le reste supprimant et abolissant qui faisoit pour la loy totale, de paour que, la loy entiere re-
stante et les livres des antiques Jurisconsultes veuz sus
l'exposition des douze tables et edictz des prætleurs,
feust du monde apertement sa meschanceté cogneue.
Pourtant seroit ce souvent meilleur (c'est à dire moins
de mal en adviendroit) és parties controverses marcher
sus chausses trapes, que de son droict soy deporter en
leurs responses et jugemens; comme soubhaitoit Caton de son temps, et conseilloit que la court judiciaire
feust de chausses trappes pavée.

Comment Panurge se conseille à Triboullet.
Chapitre XLV[1].

Au sixieme jour subsequent, Pantagruel feut de retour, en l'heure que par eaue de Bloys estoit arrivé Triboulet. Panurge à sa venue luy donna une vessie de porc bien enflée, et resonnante à cause des poys qui dedans estoient; plus, une espée de boys bien dorée; plus, une petite gibbessiere faicte d'une cocque de tortue; plus, une bouteille clissée, pleine de vin breton, et un quarteron de pommes Blandureau. « Comment! (dist Carpalim) est il fol comme un chou, à pommes? » Triboullet ceignit l'espée et la gibbessiere, print la vessie en main, mangea part des pommes, beut tout le vin. Panurge le reguardoit curieusement, et dist : « Encores ne veids je oncques fol, et si en ay veu pour plus de dix mille francs, qui ne beust voluntiers et à longs traictz. » Depuys luy exposa son affaire en parolles rhetoriques et eleguantes. Davant qu'il eust achevé, Triboullet luy bailla un grand coup de poing entre les deux espaules, luy rendit en main la bouteille, le nazardoit avecques la vessie de porc, et pour toute responce luy dist, branslant bien fort la teste : « Par Dieu, Dieu, fol enraigé, guare moine, cornemuse de Buzançay! » Ces parolles achevées, s'esquarta de la compaignie, et jouoit de la vessie, se delectant au melodieux son des poys. Depuys ne feut possible tirer de luy mot queconques. Et, le voulant Panurge d'adventaige interroger, Triboullet tira son espée de boys et l'en voulut ferir.

« Nous en sommes bien, vrayement! (dist Panurge[2]) Voylà belle resolution! Bien fol est il, cela ne se peult

---

1. A : Chapitre 42. — 2. A : Nous (**dist Panurge**) en sommes bien, vrayement.

nier ; mais plus fol est celluy qui me l'amena, et je
tresfol, qui luy ay communicqué mes pensées.— C'est
(respondit Carpalim) droict visé à ma visiere. — Sans
nous esmouvoir (dist Pantagruel)[1], considerons ses
gestes et ses dictz. En icculx j'ay noté mysteres insignes ; et plus tant que je souloys ne m'esbahys de
ce que les Turcs reverent telz folz comme Musaphiz
et Prophetes. Avez vous consideré comment sa teste
s'est, avant qu'il ouvrist la bouche pour parler, crous-
lée et esbranslée? Par la doctrine des antiques Philosophes, par les ceremonies des Mages et observations
des Jurisconsultes, povez juger que ce mouvement
estoit suscité à la venue et inspiration de l'esprit fati-
dicque, lequel, brusquement entrant en debile et petite substance (comme vous sçavez que en petite teste
ne peut estre grande cervelle contenue), l'a en telle
maniere esbranslée, que disent les Medicins tremblement advenir ès membres du corps humain, sçavoir
est : part pour la pesanteur et violente impetuosité du
fays porté, part pour l'imbecillité de la vertus et organe portant. Exemple manifeste est en ceulx qui à
jeun ne peuvent en main porter un grand hanap plein
de vin sans trembler des mains. Cecy jadis nous
præfiguroit la divinatrice Pythie, quand avant respondre par l'oracle escroulloit son laurier domesticque.
Ainsi dict Lampridius que l'empereur Heliogabalus,
pour estre reputé divinateur, par plusieurs festes de
son grand Idole, entre les retaillatz fanaticques, bransloit publicquement la teste. Ainsi declare Plaute en
son Asnerie que Saurias cheminoit branslant la teste,
comme furieux et hors du sens, faisant paour à ceulx
qui le rencontroient. Et ailleurs, exposant pourquoy
Charmides bransloit la teste, dict qu'il estoit en ecs-

---

1. A : Sans (dist Pantagruel) nous esmouvoir.

tase. Ainsi narre Catulle en Berecynthia et Athys du lieu on quel les Mænades, femmes Bacchicques, prebstresses de Bacchus, forcenées, divinatrices, portantes rameaulx de lierre, bransloient les testes. Comme en cas pareil faisoient les Gals escouillez prebstres de Cybele, celebrans leurs offices. Dont ainsi est dicte, scelon les antiques Theologiens : car Κυϐίϴαι signifie rouer, tortre, bransler la teste et faire le torti colli. Ainsi escript T. Live que, és Bacchanales de Rome, les hommes et femmes sembloient vaticiner, à cause de certain branslement et jectigation du corps par eux contrefaicte. Car la voix commune des Philosophes et l'opinion du peuple estoit vaticination ne estre jamais des cieulx donnée sans fureur et branslement du corps, tremblant et branslant, non seulement lors qu'il la recevoit, mais lors aussi qu'il la manifestoit et declairoit. De faict, Julian, Jurisconsulte insigne, quelques foys interrogé si le serf seroit tenu pour sain lequel en compaignie de gens fanaticques et furieux auroit conversé, et par adventure vaticiné, sans toutesfoys tel branslement de teste, respondit estre pour sain tenu. Ainsi voyons nous de præsent les præcepteurs et pædagogues esbransler les testes de leurs disciples (comme on faict un pot par les anses) par vellication et erection des aureilles (qui est (scelon la doctrine des saiges Ægyptiens) membre consacré à Mémoire) affin de remettre leurs sens, lors par adventure esguarez en pensemens estranges, et comme effarouchez par affections abhorrentes, en bonne et philosophicque discipline. Ce que de soy confesse Virgile, en l'esbranslement de Apollo Cynthius.

Comment Pantagruel et Panurge diversement interpretent les parolles de Triboullet.
Chapitre XLVI[1].

Il dict que vous estes fol. Et quel fol? Fol enragé, qui sus vos vieulx jours voulez en mariage vous lier et asservir. Il vous dict : Guare moine. Sus mon honneur, que par quelque moine vous serez faict coqu. Je enguaige mon honneur, chose plus grande ne sçauroys, fusse je dominateur unicque et pacificque en Europe, Africque et Asie. Notez combien je defere à nostre Morosophe Triboullet. Les aultres oracles et responses vous ont resolu pacificquement coqu, mais n'avoient encores apertement exprimé par qui seroit vostre femme adultere et vous coqu. Ce noble Triboullet le dict. Et sera le coquage infame et grandement scandaleux. Faudra il que vostre lict conjugal soit incesté et contaminé par moynerie? Dict oultre que serez la cornemuse de Buzançay, c'est à dire bien corné, cornard et cornu. Et ainsi comme il, voulant au roy Loys douzieme demander pour un sien frere le controlle du sel à Buzançay, demanda une cornemuse, vous pareillement, cuydant quelque femme de bien et d'honneur espouser, espouserez une femme vuyde de prudence, pleine de vent, d'oultrecuydance, criarde et mal plaisante, comme une cornemuse. Notez oultre que de la vessie il vous nazardoit, et vous donna un coup de poing sus l'eschine. Cela præsagist que d'elle serez battu, nazardé et desrobbé, comme desrobbé aviez la vessie de porc aux petitz enfans de Vaubreton.

— Au rebours (respondit Panurge). Non que je me

1. A: Chapitre 43.

vueille impudentement exempter du territoire de follie ; j'en tiens et en suys, je le confesse. Tout le monde est fol. En Lorraine Fou est prez Tou par bonne discretion. Tout est fol. Solomon dict que infiny est des folz le nombre. A infinité rien ne peut decheoir, rien ne peut estre adjoinct, comme prouve Aristoteles. Et fol enraigé serois si, fol estant, fol ne me reputois. C'est ce que pareillement faict le nombre des maniacques et enraigez infiny. Avicenne dict que de manie infinies sont les especes. Mais le reste de ses dictz et gestes faict pour moy. Il dict à ma femme : Guare moyne. C'est un moyneau qu'elle aura en delices, comme avoit la Lesbie de Catulle, lequel volera pour mousches et y passera son temps autant joyeusement que feist oncques Domitian le croquemousche[1]. Plus, dict qu'elle sera villaticque et plaisante comme une belle cornemuse de Saulieu ou de Buzançay. Le veridicque Triboullet bien a congneu mon naturel et mes internes affections : car je vous affie que plus me plaisent les guayes bergerottes eschevelées, ès quelles le cul sent le serpoulet, que les dames des grandes cours avecques les riches atours et odorans perfums de mauljoinct ; plus me plaist le son de la rusticque cornemuse que les fredonnemens des lucz, rebecz et violons auliques. Il m'a donné un coup de poing sus ma bonne femme d'eschine : pour l'amour de Dieu soit, et en deduction de tant moins des poines de Purgatoire. Il ne le faisoit par mal ; il pensoit frapper quelque paige. Il est fol de bien, innocent, je vous affie, et peche qui de luy mal pense. Je luy pardonne de bien bon cœur. Il me nazardoit : ce seront petites follastries entre ma femme et moy, comme advient à tous nouveaulx mariez.

1. A : *le croquemousche* manque.

Comment Pantagruel et Panurge deliberent visiter l'Oracle de la Dive Bouteille.—CHAPITRE XLVII[1].

Voycy bien un aultre poinct, lequel ne consyderez. Est toutesfoys le neu de la matiere. Il m'a rendu en main la bouteille. Cela que signifie? Qu'est ce à dire?— Par adventure (respondit Pantagruel), signifie que vostre femme sera ivroigne.—Au rebours (dist Panurge), car elle estoit vuide. Je vous jure l'espine de sainct Fiacre en Brye que nostre Morosophe, l'unicque, non lunaticque, Triboullet, me remect à la bouteille. Et je refraischiz de nouveau mon veu premier, et jure Styx et Acheron, en vostre præsence, lunettes au bonnet porter, ne porter braguette à mes chausses, que sus mon entreprinse je n'aye eu le mot de la Dive[2] Bouteille. Je sçay homme prudent et amy mien qui sçait le lieu, le le pays et la contrée en laquelle est son temple et oracle; il nous y conduira seurement. Allons y ensemble. Je vous supply ne me esconduire. Je vous seray un Achates, un Damis, et compaignon en tout le voyage. Je vous ay long-temps congneu amateur de peregrinité et desyrant tous jours veoir et tous jours apprendre. Nous voirons choses admirables, et m'en croyez. — Voluntiers (respondit Pantagruel); mais avant nous mettre en ceste longue peregrination, plene de hazard, plene de dangiers evidens....— Quelz dangiers? dist Panurge, interrompant le propous. Les dangiers se refuyent de moy, quelque part que je soys, sept lieues à la ronde; comme, advenent le prince, cesse le magistrat, advenent le Soleil esvanouissent les tenebres, et comme les maladies fuyoient à la venue du corps sainct Martin à Quandé.—A propous, dist Panta-

1. A : Chapitre 44. — 2. A : *dive* manque.

gruel. avant nous mettre en voye, de certains poincts nous fault expedier. Premierement, renvoyons Triboullet à Bloys (ce que feut faict à l'heure, et luy donna Pantagruel une robbe de drap frizé). Secondement, nous fault avoir l'advis et congié du Roy mon pere. Plus, nous est besoing trouver quelque Sibylle pour guyde et truchement. » Panurge respondit que son amy Xenomanes leur suffiroit, et d'abondant deliberoit passer par le pays de Lanternoys, et là prendre quelque docte et utile Lanterne, laquelle leurs seroit pour ce voyage ce que feut la Sibylle à Æneas descendent ès champs Elisiens. Carpalim, passant pour la conduicte de Triboullet, entendit ce propous et s'escria, disant : « Panurge, ho! monsieur le quitte, pren Millort Debitis à Calais, car il est goud fallot, et n'oublie Debitoribus, ce sont lanternes. Ainsi auras et fallot et lanternes[1].

— Mon prognostic est (dist Pantagruel)[2] que par le chemin nous ne engendrerons melancholie. Ja clairement je l'apperçois ; seulement me desplaist que ne parle bon Lanternoys. — Je (respondit Panurge) le parleray pour vous tous : je l'entends comme le maternel ; il m'est usité comme le vulgaire :

> *Briszmarg d'algotbric nubstzne zos,*
> *Isquebfz prusq alborcz*[3] *crinqs zacbac.*
> *Misbe dilbarlkz morp nipp stancz bos,*
> *Strombtz, Panrge walmap quost grufz bac.*

Or, devine, Epistemon, que c'est ?

— Ce sont (respondit Epistemon) noms de Diables errans, diables passans, diables rampans. — Tes parolles sont brayes (dist Panurge), bel amy. C'est le courtisan

---

1. A : *Ainsi... lanternes* manque. — 2. Mon proguostic (dist Pantagruel) est. — 3. A : albok.

languaige Lanternoys. Par le chemin je t'en feray un beau petit dictionaire, lequel ne durera gueres plus qu'une paire de souliers neufz. Tu l'auras plus toust aprins que jour levant sentir. Ce que j'ay dict, translaté de Lanternoys en vulgaire, chante ainsi :

> Tout malheur, estant amoureux,
> M'accompaignoit, oncq n'y eu bien.
> Gens mariez plus sont heureux :
> Panurge l'est, et le sçait bien.

—Reste doncques (dist Pantagruel) le vouloir du Roy mon pere entendre, et licence de luy avoir.»

Comment Gargantua remonstre n'estre licite és enfans soy marier sans le sceu et adveu de leurs peres et meres. — CHAPITRE XLVIII[1].

Entrant Pantagruel en la salle grande du chasteau, trouva le bon Gargantua issant du Conseil, luy feist narré sommaire de leurs adventures, exposa leur entreprinse, et le supplia que par son vouloir et congié la peussent mettre en execution. Le bon home Gargantua tenoit en ses mains deux gros paquetz de requestes respondues et memoires de respondre; les bailla à Ulrich Gallet, son antique maistre des libelles et requestes[2], tira à part Pantagruel, et, en face plus joyeuse que de coustume, luy dist : « Je loue Dieu, filz trescher, qui vous conserve en desirs vertueux, et me plaist tresbien que par vous soit le voyage perfaict; mais je vouldroys que pareillement vous vint en vouloir et desir vous marier. Me semble que dorenavant venez en aage à ce competent. Panurge s'est assez efforcé rompre les diffi-

---

1. A : Chapitre 45. — 2. A : *et requestes* manque.

cultez qui luy pouvoient estre en empeschement; parlez pour vous. — Pere tresdebonnaire (respondit Pantagruel), encores n'y avoys je pensé; de tout ce negoce je m'en deportoys sus vostre bonne volunté et paternel commendement. Plus tost prie Dieu estre à vos piedz veu roydde mort en votre desplaisir, que sans vostre plaisir estre veu vif marié. Je n'ay jamais entendu que par loy aulcune, feust sacre, feust prophane et barbare, ayt esté en arbitre des enfans soy marier, non consentants, voulens et promovens leurs peres, meres et parens prochains. Tous Legislateurs ont ès enfans ceste liberté tollue, és parens l'ont reservée.

— Filz trèschier (dist Gargantua), je vous en croy, et loue Dieu de ce que à votre notice ne viennent que choses bonnes et louables, et que par les fenestres de vos sens rien n'est on domicile de vostre esprit entré fors liberal sçavoir. Car de mon temps a esté par le continent trouvé pays on quel ne sçay quelz pastophores taulpetiers, aultant abhorrens de nopces comme les pontifes de Cybele, en Phrygie, si chappons feussent et non galls pleins de salacité et lascivie, les quelz ont dict loix ès gens mariez sus le faict de mariage. Et ne sçay que plus doibve abhominer, ou la tyrannicque præsumption d'iceulx redoubtez taulpetiers, qui ne se contiennent dedans les treillis de leurs mysterieux temples, et se entremettent des negoces contraires par diametre entier à leurs estats, ou la superstitieuse stupidité des gens mariez, qui ont sanxi et presté obeissance à telles tant malignes et barbaricques loigs. Et ne voyent (ce que plus clair est que l'estoille matute) comment telles sanxions connubiales toutes sont à l'advantaige de leurs Mystes, nul au bien et prouffict des mariez; qui est cause suffisante pour les rendre suspectes comme iniques et fraudulentes. Par reciprocque temerité pourroient ilz loigs establir à leurs Mystes

sus le faict de leurs ceremonies et sacrifices, attendu
que leurs biens ilz deciment et roignent du guaing
prouvenent de leurs labeurs et sueur de leurs mains,
pour en abondance les nourrir et entretenir[1]. Et ne seroient (scelon mon jugement) tant perverses et impertinentes comme celles sont les quelles d'eulx ilz ont
receup. Car (comme trésbien avez dict) loy on monde
n'estoit qui ès enfans liberté de soy marier donnast
sans le sceu, l'adveu et consentement de leurs peres.
Moyenantes les loigs dont je vous parle, n'est ruffien,
forfant, scelerat, pendart, puant, punais, ladre, briguant, voleur, meschant, en leurs contrées, qui violentement ne ravisse quelque [2] fille il vouldra choisir,
tant soit noble, belle, riche, honneste, pudicque, que
sçauriez dire, de la maison de son pere, d'entre les bras
de sa mere, maulgré tous ses parens, si le ruffien se y
ha une foys associé quelque Myste, qui quelque jour
participera de la praye. Feroient pis et acte plus cruel
les Gothz, les Scythes, les Massagetes en place ennemie, par longtemps assiegé, à grands frays oppugnée,
prinse par force? Et voyent les dolens peres et meres
hors leurs maisons enlever et tirer par un incongneu,
estrangier, barbare, mastin, tout pourry, chancreux,
cadavereux, paouvre, malheureux, leurs tant belles,
délicates, riches et saines filles, les quelles tant cherement avoient nourriez en tout exercice vertueux,
avoient disciplinées en toute honesteté, esperans en
temps oportun les colloquer par mariage avecques les
enfans de leurs voisins et antiques amis, nourriz et
instituez de mesme soing, pour parvenir à ceste felicité
de mariage, que d'eulx ilz veissent naistre lignaige
raportant et hæreditant non moins aux mœurs de leurs
peres et meres que à leurs biens meubles et hæri-

---

1. A : *Nourrir* et en aise les *entretenir*. — 2. A : quelle.

taiges. Quel spectacle pensez vous que ce leurs soit?
Ne croyez que plus enorme feust la desolation du
peuple Romain et ses confæderez entendens le decés de
Germanicus Drusus. Ne croyez que plus pitoyable
feust le desconfort des Lacedemoniens, quand de leurs
pays veirent par l'adultere troian furtivement enlevée
Helene Grecque. Ne croyez leur dueil et lamentations
estre moindres que de Ceres, quand luy feust ravie
Proserpine sa fille; que de Isis à la perte de Osyris, de
Venus à la mort de Adonis, de Hercules à l'esguarement de Hylas, de Hecuba à la substraction de Po-
lyxene. Ilz toutesfois tant sont de craincte du dæmon et
superstitiosité espris, que contredire ilz n'ausent, puis
que le taulpetier y¹ a esté præsent et contractant. Et
restent en leurs maisons privez de leurs filles tant ai-
mées, le pere mauldissant le jour et heure de ses
nopces, la mere regrettant que n'estoit avortée en tel
tant triste et malheureux enfantement, et en pleurs et
lamentations finent leur vie, laquelle estoit de raison
finir en joye et bon tractement de icelles. Aultres tant
ont esté ecstaticques et comme maniacques, que eulx
mesmes de dueil et regret se sont noyez, penduz,
tuez, impatiens de telle indignité.

Aultres ont eu l'esprit plus heroicque, et, à l'exemple
des enfans de Jacob vengeans le rapt de Dina, leur
sœur, ont trouvé le ruffien associé de son taulpetier²
clandestinement parlementans et subornans leurs
filles, les ont sus l'instant mis en pieces et occis fe-
lonnement, leurs corps après jectans ès loups et
corbeaux parmy les champs. Au quel acte tant viril et
chevaleureux ont les Symmystes taulpetiers fremy et
lamenté miserablement, ont formé complainctes horribles, et en toute importunité requis et imploré le

1. A : *le Myste y*. — 2. A : *de son Myste*.

bras seculier et Justice politicque, instans fierement et
contendens estre de tel cas faicte exemplaire punition.
Mais, ne en æquité naturelle, ne en droict des gens, ne
en loy imperiale quelconques, n'a esté trouvée rubricque, paragraphe, poinct ne tiltre par lequel feust
poine ou torture à tel faict interminée, Raison obsis-
tante, Nature repugnante. Car homme vertueux on
monde n'est qui naturellement et par raison plus ne
soit en son sens perturbé, oyant les nouvelles du rapt,
diffame et deshonneur de sa fille, que de sa mort. Ores
est qu'un chascun, trouvant le meurtrier sus le faict
de homicide en la personne de sa fille iniquement et de
guet à pens, le peut par raison, le doibt par nature,
occire sus l'instant, et n'en sera par Justice appre-
hendé. Merveilles doncques n'est si, trouvant le ruffien, à la promotion du taulpetier[1], sa fille subornant,
et hors sa maison ravissant, quoy qu'elle en feust con-
sentente, les peut, les doibt à mort ignominieusement
mettre, et leurs corps jecter en direption des bestes
brutes, comme indignes de recepvoir le doulx, le de-
syré, le dernier embrassement de l'alme et grande
mere la Terre, lequel nous appellons Sepulture.

Fils trescher, aprés mon decès, guardez que telles
loigs ne soient en cestuy royaume receues; tant que
seray en ce corps spirant et vivent, je y donneray ordre tresbon, avec l'ayde de mon Dieu. Puis doncques
que de vostre mariage sus moy vous deportez, j'en
suis d'opinion, je y pourvoiray. Aprestez vous au
voyage de Panurge. Prenez avecques vous Epistemon,
frere Jan et aultres que choisirez. De mes thesaurs
faictez à vostre plein arbitre. Tout ce que ferez ne
pourra ne me plaire. En mon arsenac de Thalasse prenez equipage tel que vouldrez, telz pillotz, nauchiers,

---

1. A : *du* Myste.

truschemens que vouldrez, et à vent oportun faictes voile on nom et protection du Dieu servateur. Pendent vostre absence, je feray les apprestz et d'une femme vostre, et d'un festin que je veulx à vos nopces faire celebre, si oncques en feut.»

Comment Pantagruel feist ses aprestz pour monter sus mer, et de l'herbe nommée Pantagruelion.
CHAPITRE XLIX[1].

Peu de jours aprés, Pantagruel, avoir prins congié du bon Gargantua, luy bien priant pour le voyage de son filz, arriva au port de Thalasse, près Sammalo, acompaigné de Panurge, Epistemon, frere Jan des Entommeures, abbé de Theleme, et aultres de la noble maison, notamment de Xenomanes, le grand voyagier[2] et traverseur des voyes perilleuses, lequel estoit venu au mandement de Panurge, par ce qu'il tenoit je ne sçay quoy en arriere fief de la chastellenie de Salmiguondin. Là arrivez, Pantagruel dressa equippage de navires à nombre de celles que Ajax de Salamine avoit jadis menées en convoy des Gregoys à Troie; nauchiers, pilotz, hespaliers, truschemens, artisans, gens de guerre, vivres, artillerie, munitions, robbes, deniers et aultres hardes print et chargea, comme estoit besoing pour long et hazardeux voyage. Entre aultres choses, je veids qu'il feist charger grande foison de son herbe Pantagruelion, tant verde et crude que conficte et præparée.

L'herbe Pantagruelion ha racine petite, durette, rondelette, finante en poincte obtuse, blanche, à peu de fillamens, et ne profunde en terre plus d'une coubtée. De la racine procede un tige unicque, rond, fe-

---

1. A : Chapitre 46. — 2. A : voyageur.

rulacée, verd au dehors, blanchissant au dedans, concave comme le tige de smyrnium, olus atrum, febves et gentiane ; ligneux, droict, friable, crenelé quelque peu a forme de columnes legierement striées ; plein de fibres, ès quelles consiste toute la dignité de l'herbe, mesmement en la partie dicte Mesa, comme moyenne, et celle qui est dicte Mylasca. Haulteur d'icelluy communement est de cinq à six pieds. Aulcunes foys excede la haulteur d'une lance, sçavoir est, quand il rencontre terrouoir doulx, uligineux, legier, humide sans froydure, comme est Olone et celluy de Rosea, près Præneste, en Sabinie, et que pluye ne luy deffault environ les feries des pecheurs et solstice æstival. Et surpasse la haulteur des arbres, comme vous dictez Dendromalache par l'authorité de Theophraste, quoy que herbe soit par chascun an deperissante, non arbre en racine, tronc, caudice et rameaux perdurante. Et du tige sortent gros et fors rameaux. Les feueilles alongues trois foys plus que larges, verdes tous jours, asprettes, comme l'orcanette, durettes, incisées au tour comme une faulcille et comme la betoine, finisantes en poinctes de larisse macedonicque, et comme une lancette dont usent les chirurgiens. La figure d'icelle peu est differente des feueilles de fresne et aigremoine, et tant semblable à eupatoire, que plusieurs herbiers, l'ayant dicte domesticque, ont dict eupatoire estre pantagruelion saulvaginé. Et sont par ranes en eguale distance esparses au tour du tige en rotondité, par nombre en chascun ordre ou de cinq ou de sept. Tant l'a cherie nature qu'elle l'a douée en ses feueilles de ces deux nombres impars, tant divins et mysterieux. L'odeur d'icelles est fort et peu plaisant aux nez delicatz. La semence provient vers le chef du tige et peu au dessoubs. Elle[1] est numereuse autant que d'herbe qui

---

1. A : *provient... Elle* manque.

soit, sphæricque, oblongue, rhomboïde, noire claire et comme tannée, durette, couverte de robbe fragile, delicieuse à tous oyseaulx canores, comme linottes, chardriers, alouettes, serins, tarins et aultres. Mais estainct en l'home la semence generative, qui en mangeroit beaucoup et souvent[1]; et[2], quoy que jadis entre les Grecs d'icelle l'on feist certaines especes de fricassées, tartres et beuignetz, les quelz ilz mangeoient aprés soupper, par friandise et pour trouver le vin meilleur, si est ce qu'elle est de difficile concoction, offense l'estomach, engendre mauvais sang, et, par son excessive chaleur, ferist le cerveau et remplist la teste de fascheuses et douloreuses vapeurs. Et comme en plusieurs plantes sont deux sexes, masle et femelle, ce que voyons és lauriers, palmes, chesnes, heouses, asphodele, mandragore, fougere, agaric, aristolochie, cyprés, terebinthe, pouliot, pæone et aultres, aussi en ceste herbe y a masle, qui ne porte fleur aulcune, mais abonde en semence, et femelle qui foisonne en petites fleurs blanchatres, inutiles, et ne porte semence qui vaille, et, comme est des aultres semblables, ha la feuille plus large, moins dure que le masle, et ne croist en pareille haulteur. On seme cestuy pantagruelion à la nouvelle venue des hyrondelles; on le tire de terre lors que les cigalles commencent s'enrouer.

---

1. A ajoute : Et provient vers le chef du tige, et peu au dessous. — 2. Le passage commençant ici par *et*, finissant au mot *vapeurs*, sept lignes plus bas, manque dans A.

Comment doibt estre preparé et mis en œuvre le celebre pantagruelion. — CHAPITRE L[1].

On pare le pantagruelion soubs[2] l'æquinocte automnal en diverses manieres, scelon la phantasie des peuples et diversité des pays. L'enseignement premier de Pantagruel feut le tige d'icelle desvestir de feueilles et semence, le macerer en eaue stagnante, non courante, par cinq jours, si le temps est sec et l'eaue chaulde, par neuf ou douze, si le temps est nubileux et l'eaue froyde ; puys au soleil le seicher, puys à l'umbre le excorticquer et separer les fibres (ès quelles, comme avons dict, consiste tout son pris et valeur) de la partie ligneuse, laquelle est inutile, fors qu'à faire flambe lumineuse, allumer le feu, et, pour l'esbat des petitz enfans, enfler les vessies de porc. D'elle usent aulcunes foys les frians, à cachetes, comme de syphons, pour sugser et avecques l'haleine attirer le vin nouveau par le bondon. Quelques Pantagruelistes modernes, evitans le labeur des mains qui seroit à faire tel depart, usent de certains instruments catharactes composez à la forme que Juno la fascheuse tenoit les doigtz de ses mains liez pour empescher l'enfantement de Alcmene, mere de Hercules. Et à travers icelluy contundent et brisent la partie ligneuse, et la rendent inutile, pour en saulver les fibres. En ceste seule præparation acquiescent ceulx qui, contre l'opinion de tout le monde et en maniere paradoxe à tous Philosophes, guaingnent leur vie à recullons. Ceulx qui à proficti plus evident la veulent avalluer font ce que l'on nous compte du passetemps des troys sœurs Parces, de l'esbatement nocturne de la noble

1. A : *Comment... Chapitre L* manque. — 2. A : *On la pare soubs*.

Circé[1], et de la longue excuse de Penelope envers ses muguetz amoureux, pendant l'absence de son mary Ulyxes. Ainsi est elle mise en ses inestimables vertus, des quelles vous expouseray partie (car le tout est à moy vous expouser impossible) si davant vous interprete la denomination d'icelle.

Je trouve que les plantes sont nommées en diverses manieres. Les unes ont prins le nom de celluy qui premier les inventa, congneut, monstra, cultiva, aprivoisa et appropria : comme mercuriale, de Mercure; panacea, de Panace, fille de Æsculapius; armoise, de Artemis, qui est Diane; eupatoire, du roy Eupator; telephium, de Telephus; euphorbium, de Euphorbus, medicin du roy Juba; clymenos, de Clymenus; alcibiadion, de Alcibiades; gentiane, de Gentius, roy de Sclavonie. Et tant a esté jadis estimée ceste prærogative de imposer son nom aux herbes inventées, que, comme feut controverse meue entre Neptune et Pallas de qui prendroit nom la terre par eulx deux ensemblement trouvée, qui depuys feut Athenes dicte, de Athene, c'est à dire Minerve, pareillement Lyncus, roy de Scythie, se mist en effort de occire en trahison le jeune Triptoleme, envoyé par Cerés pour ès homes monstrer le froment, lors encore incongneu, affin que par la mort d'icelluy il imposast son nom, et feust en honneur et gloire immortelle dict inventeur de ce grain tant utile et necessaire à la vie humaine. Pour laquelle trahison feut par Cerés transformé en Oince ou Loupcervier; pareillement. grandes et longues guerres feurent jadis meues entre certains roys de sejour en Cappadoce pour ce seul different, du nom des quelz seroit une herbe nommée, laquelle pour tel debat feut dicte Polemonia, comme Guerroyere.

1. A : *de l'esbatement... Circé* manque.

Les aultres ont retenu le nom des regions desquelles feurent ailleurs transportées, comme pommes medices, ce sont poncires de Medie, en laquelle feurent premierement trouvées; pommes punicques, ce sont grenades, apportées de Punicie, c'est Carthage; ligusticum, c'est livesche, apportée de Ligurie, c'est la couste de Genes; rhabarbe, du fleuve barbare nommé Rha, comme atteste Ammianus; santonicque, fœnu grec, castanes, persicques, sabine, stœchas, de mes isles Hieres, anticquement dictez Stœchades; spica celtica et aultres.

*Les aultres ont leur nom par antiphrase et contrarieté : comme absynthe, au contraire de pynthe, car il est fascheux à boire; holosteon, c'est tout de os, au contraire, car herbe n'est en nature plus fragile et plus tendre qu'il est.

Aultres sont nommées par leurs vertus et operations, comme aristolochia, qui ayde les femmes en mal d'enfant; lichen, qui guerit les maladies de son nom, maulve, qui mollifie; callithrichum, qui faict les cheveulx beaulx; alyssum, ephemerum, bechium, nasturtium, qui est cresson alenoys; hyoscyame, hanebanes et aultres.

Les aultres par les admirables qualitez qu'on a veu en elles, comme heliotrope, c'est souleil, qui suyt le Soleil : car, le soleil levant, il s'espanouist; montant, il monte; declinant, il decline; soy cachant, il se cloust; adiantum, car jamais ne retient humidité, quoy qu'il naisse près les eaues, et quoy qu'on le plongeast en eaue par bien long temps; hieracia, eryngion et aultres.

Aultres par metamorphose d'homes et femmes de nom semblable; comme Daphne, c'est laurier, de Daphne; myrte, de Myrsine; pytis, de Pytis; cynara, c'est Arichault; narcisse, saphran, smilax et aultres.

Aultres par similitude, comme hippuris (c'est prelle), car elle ressemble à queue de cheval ; alopecuros, qui semble à la queue de renard ; psylion, qui semble à la pusse ; delphinium, au daulphin ; buglosse, à langue de beuf ; iris, à l'arc en ciel, en ses fleurs ; myosota, à l'aureil de souriz ; coronopous, au pied de corneille, et aultres. Par reciprocque denomination sont dictz les fabies, des febves ; les pisons, des poys ; les lentules, des lentiles ; les cicerons, des poys-chices. Comme encores par plus haulte resemblance est dict le nombril de Venus, les cheveulx de Venus, la cuve de Venus, la barbe de Juppiter, l'œil de Juppiter, le sang de Mars, les doigtz de Mercure, hermodactyles[1], et aultres.

Les aultres de leurs formes, comme trefeueil, qui ha trois feueilles ; pentaphyllon, qui a cinq feueilles ; serpoullet, qui herpe contre terre ; helxine, petasites, myrobalans, que les Arabes appellent Been, car ilz semblent à gland et sont unctueux.

Pourquoy est dicte Pantagruelion, et des admirables vertus d'icelle. — CHAPITRE LI[2].

Par ces manieres (exceptez la fabuleuse, car de fable ja Dieu ne plaise que usions en ceste tant veritable histoire) est dicte l'herbe Pantagruelion, car Pantagruel feut d'icelle inventeur ; je ne diz pas quant à la plante, mais quant à un certain usaige, lequel plus est abhorré et hay des larrons, plus leurs est contraire et ennemy, que n'est la teigne et cuscute au lin, que le rouseau à la fougere, que la presle aux fauscheurs, que oro-

---

1. A : *hermodactyles* manque. — 2. A : Chapitre 47.— 3. Ce qui suit, jusqu'à *murailles*, trois lignes plus bas, manque dans A.

banche aux poys chices, ægylops à l'orge, securidaca aux lentilles, antranium aux febves, l'yvraye au froment, le lierre aux murailles; que le nenufar et nymphea heraclia aux ribaux moines; que n'est le ferule et le boulas aux escholiers de Navarre; que n'est le chou à la vigne, le ail à l'aimant, l'oignon à la veue, la graine de fougere aux femmes enceinctes, la semence de saule aux nonnains vitieuses, l'umbre de if aux dormans dessoubs, le aconite aux pards et loups, le flair du figuier aux taureaux indignez, la cigüe aux oisons, le poupié aux dents, l'huille aux arbres. Car maintz d'iceux avons veu par tel usaige finer leur vie haut et court, à l'exemple de Phyllis, royne des Thraces; de Bonosus, empereur de Rome; de Amate, femme du roy latin; de Iphis, Auctolia, Lycambe, Arachne, Pheda, Leda[1], Acheus, roy de Lydie, et aultres; de ce seulement indignez que, sans estre aultrement malades, par le Pantagruelion on leurs oppiloit les conduictz par les quelz sortent les bons motz et entrent les bons morseaulx, plus villainement que ne feroit la male angine et mortelle squinanche.

Aultres avons ouy, sus l'instant que Atropos leurs couppoit le fillet de vie, soy griefvement complaignans et lamentans de ce que Pantagruel les tenoit à la guorge. Mais (las!) ce n'estoit mie Pantagruel[2]: il ne feut oncques rouart; c'estoit Pantagruelion, faisant office de hart et leurs servant de cornette. Et parloient improprement et en solœcisme. Si non qu'on les excusast par figure synecdochique, prenens l'invention pour l'inventeur, comme on prent Cerés pour pain, Bacchus pour vin. Je vous jure icy par les bons motz qui sont dedans ceste bouteille là, qui refraischist de-

1. *Pheda, Leda,* manque dans A. — 2. A : *ce n'étoit mie lui.*

dans ce bac, que le noble Pantagruel ne print oncques à la guorge, si non ceulx qui sont negligens de obvier à la soif imminente.

Aultrement est dicte Pantagruelion par similitude : car Pantagruel, naissant on monde, estoit autant grand que l'herbe dont je vous parle, et en feut prinse la mesure aisement, veu qu'il nasquit on temps de alteration, lors qu'on cuille ladicte herbe, et que le chien de Icarus, par les aboys qu'il faict au Soleil, rend tout le monde Troglodyte, et contrainct habiter és caves et lieux subterrains.

Aultrement est dicte Pantagruelion par ses vertus et singularitez : car, comme Pantagruel a esté l'idée et exemplaire de toute joyeuse perfection (je croy que personne de vous aultres Beuveurs n'en double), aussi en Pantagruelion je recongnoys tant de vertus, tant d'énergie, tant de perfection, tant d'effectz admirables, que, si elle eust esté en ses qualitez congneue lors que les arbres (par la relation du Prophete) feirent election d'un Roy de boys pour les regir et dominer, elle sans doubte eust emporté la pluralité des voix et suffrages. Diray je plus ? Si Oxylus, filz de Orius, l'eust de sa sœur Hamadryas engendrée, plus en la seule valeur d'icelle se feust delecté qu'en tous ses huyct enfans tant celebrez par nos Mythologes, qui ont leurs noms mis en memoire eternelle. La fille aisnée eut nom Vigne, le filz puysné eut nom Figuier, l'autre Noyer, l'aultre Chesne, l'autre Cormier, l'autre Fenabregue, l'autre Peuplier ; le dernier eut nom Ulmeau, et feut grand chirurgien en son temps.

Je laisse à vous dire comment le jus d'icelle exprimé et instillé dedans les aureilles tue toute espece de vermine qui y seroit née par putrefaction, et tout aultre animal qui dedans seroit entré. Si d'icelluy jus vous mettez dedans un seilleau de eaue, soubdain vous verrez l'eaue prinse, comme si feussent caillebotes, tant est grande sa vertus. Et est l'eaue ainsi caillée remede præsent aux chevaulx coliqueux et qui tirent des flans. La racine d'icelle, cuicte en eaue, remollist les nerfz retirez, les joinctures contractes, les podagres sclirrhotiques et les gouttes nouées. Si promptement voulez guerir une bruslure, soit d'eaue, soit de feu, applicquez y du Pantagruelion crud, c'est à dire tel qui[1] naist de terre, sans aultre appareil ne composition. Et ayez esguard de le changer ainsi que le voirez deseichant sus le mal. Sans elle seroient les cuisines infames, les tables detestables, quoy que couvertes feussent de toutes viandes exquises; les lictz sans delices, quoy que y feust en abondance or, argent, electre, ivoyre et porphyre. Sans elle ne porteroient les meusniers bled au moulin, n'en rapporteroient farine. Sans elle comment seroient portez les playdoyers des advocatz à l'auditoire? Comment seroit sans elle porté le plastre à l'hastelier? Sans elle comment seroit tirée l'eaue du puyz? Sans elle que feroient les tabellions, les copistes, les secretaires et Escrivains? Ne periroient les pantarques et papiers rantiers? Ne periroit le noble art d'imprimerie? De quoy feroit on chassis? Comment sonneroit on les cloches? D'elle sont les Isiacques ornez, les Pastophores revestuz, toute humaine nature couverte en premiere position. Tous les arbres lanificques des Seres, les Gossampines de Tyle en la mer Persicque, les Cynes des Arabes, les vignes de Malthe, ne vestissent tant de personnes que faict ceste herbe seulette; couvre les armées contre le froid et la pluye, plus certes commodement que jadis ne faisoient les peaulx; couvre les theatres et amphitheatres contre la chaleur, ceinct

1. A : qu'il.

les boys et taillis au plaisir des chasseurs, descend en eaue, tant doulce que marine, au proficf des pescheurs. Par elle sont bottes, botines, botasses, houzeaulx, brodequins, souliers, escarpins, pantofles, savattes, mises en forme et usaige. Par elle sont les arcs tendus, les arbalestes bandées, les fondes faictes. Et comme si feust herbe sacre, verbenicque et reverée des manes et lemures, les corps humains morts sans elle ne sont inhumez.

Je diray plus. Icelle herbe moyenante, les substances invisibles visiblement sont arrestées, prinses, detenues et comme en prison mises. A leur prinse et arrest sont les grosses et pesantes moles tournées agillement à insigne profict de la vie humaine. Et m'esbahys comment l'invention de tel usaige a esté par tant de siccles celé aux antiques Philosophes, veue l'utilité impreciable qui en provient, veu le labeur intolerable que sans elle ilz supportoient en leurs pistrines. Icelle moyenant, par la retention des flotz aërez sont les grosses orchades, les amples thalameges[1], les forts guallions, les naufz chiliandres et myriandres de leurs stations enlevées et poulsées à l'arbitre de leurs gouverneurs. Icelle moyennant, sont les nations que Nature sembloit tenir absconses, impermeables et incongneues, à nous venues, nous à elles : chose que ne feroient les oyseaulx, quelque legiereté de pennaige qu'ilz aient, et quelque liberté de nager en l'aer que leurs soit baillée par Nature. Taprobrana a veu Lappia ; Java a veu les mons Riphées ; Phebol voyra Theleme ; les Islandoys et Engronelands boyront Euphrates. Par elle Boreas a veu le manoir de Auster ; Eurus a visité Zephire. De mode que les Intelligences celestes, les dieux tant marins que terres-

---

1. A : Telamons.

tres, en ont esté tous effrayez, voyans par l'usaige de cestuy benedict Pantagruelion les peuples Arcticques en plein aspect des Antarcticques franchir la mer Athlanticque, passer les deux Tropicques, volter soubs la Zone torride, mesurer tout le Zodiacque, s'esbattre soubs l'Æquinoctial, avoir l'un et l'autre Pole en veue à fleur de leur orizon. Les dieux olympicques ont en pareil effroy dict : Pantagruel nous a mis en pensement nouveau et tedieux plus que oncques ne feirent les Aloïdes, par l'usaige et vertus de son herbe. Il sera de brief marié ; de sa femme aura enfans. A ceste destinée ne povons nous contrevenir, car elle est passée par les mains et fuseaulx des sœurs fatales, filles de Nécessité. Par ses enfans (peut estre) sera inventée herbe de semblable energie, moyenant laquelle pourront les humains visiter les sources des gresles, les bondes des pluyes et l'officine des fouldres, pourront envahir les regions de la Lune, entrer le territoire des signes celestes, et là prendre logis, les uns à l'Aigle d'or, les aultres au Mouton, les aultres à la Couronne, les aultres à la Herpe, les aultres au Lion d'argent ; s'asseoir à table avecques nous, et nos Déesses prendre à femmes, qui sont les seulx moyens d'estre deïfiez. En fin, ont mis le remede d'y obvier en deliberation et conseil.

Comment certaine espèce de Pantagruelion ne peut estre par feu consommée. — CHAPITRE LII[1].

Ce que je vous ay dict est grand et admirable ; mais si vous vouliez vous hazarder de croire quelque aultre divinité de ce sacre Pantagruelion, je la vous dirois. Croyez la ou non, ce m'est tout un ; me suffist vous avoir dict

---

1 A : *Comment... Chapitre LII* manque.

verité. Verité vous diray. Mais pour y entrer, car elle est d'accès assez scabreux et difficile, je vous demande : Si j'avois en ceste bouteille mis deux cotyles de vin et une d'eaue, ensemble bien fort meslez, comment les demesleriez vous? comment les separeriez vous de maniere que vous me rendriez l'eau à part sans le vin, le vin sans l'eau, en mesure pareille que les y auroys mis? Aultrement, si vos chartiers et nautonniers amenans pour la provision de vos maisons certain nombre de tonneaulx, pippes et bussars de vin de Grave, d'Orleans, de Beaulne, de Myrevaulx, les avoient buffetez et beuz à demy, le reste emplissans d'eau, comme font les Limosins à belz esclotz, charroyans les vins d'Argenton et Sangaultier, comment en housteriez vous l'eau entierement? comment les purifieriez vous? J'entends bien : vous me parlez d'un entonnoir de lierre. Cela est escript, il est vray, et averé par mille experiences, vous le sçaviez desja; mais ceulx qui ne l'ont sceu et ne le veirent oncques ne le croyroient possible. Passons oultre.

Si nous estions du temps de Sylla, Marius, Cæsar et aultres Romains empereurs, ou du temps de nos antiques Druydes, qui faisoient brusler les corps mors de leurs parens et seigneurs, et voulussiez les cendres de vos femmes ou peres boyre en infusion de quelque bon vin blanc, comme feist Artemisia les cendres de Mausolus, son mary, ou aultrement les reserver entieres en quelque urne et reliquaire, comment saulveriez vous icelles cendres à part, et separées des cendres du bust et feu funeral? Respondez. Par ma figue, vous seriez bien empeschez. Je vous en despesche, et vous diz que, prenent de ce celeste Pantagruelion autant qu'en fauldroit pour couvrir le corps du defunct, et ledict corps ayant bien à poinct enclous dedans, lié et cousu de mesmes matiere, jectez le on feu tant grand, tant ardent que vouldrez : le feu à travers le Pantagruelion bruslera et redigera en cendres le corps et les oz ; le Pantagruelion non seulement ne sera consumé ne ards, et ne deperdera un seul atome des cendres dedans encloses, ne recepvra un seul atome des cendres bustuaires, mais sera en fin du feu extraict plus beau, plus blanc et plus net que ne l'y aviez jecté. Pourtant est il appellé Asbeston. Vous en trouverez foison en Carpasie et soubs le climat Dia Cycnes, à bon marché. O chose grande ! chose admirable ! Le feu, qui tout devore, tout deguaste et consume, nettoye, purge et blanchist ce seul Pantagruelion Carpasien Asbestin. Si de ce vous defiez et en demandez assertion et signe usual, comme Juifz et incredules, prenez un œuf frais et le liez circulairement avecques ce divin Pantagruelion. Ainsi lié, mettez le dedans le brasier tant grand et ardent que vouldrez : laissez le si long temps que vouldrez. En fin, vous tirerez l'œuf cuyt, dur et bruslé, sans alteration, immutation ne eschauffement du sacré Pantagruelion. Pour moins de cinquante mille escuz Bourdeloys amoderez à la douzieme partie d'une pithe vous en aurez faict l'experience. Ne me parragonnez poinct icy la salamandre, c'est abus. Je confesse bien que petit feu de paille la vegete et resjouist ; mais je vous asceure que en grande fournaise elle est, comme tout aultre animant, suffoquée et consumée : nous en avons veu l'experience. Galen l'avoit long temps a confermé et demonstré, *Lib. 3 de temperamentis*, et le maintient Dioscorides, *Lib. 2*[1]. Icy ne me alleguez l'alum de plume, ne la tour de boys en Pyrée, laquelle L. Sylla ne peut oncques faire brusler, pource que Archelaus, gouverneur de la ville pour le roy

---

1. A : *et le... lib. 2* manque.

Mithridates, l'avoit toute enduicte d'alum[1]. Ne me comparez icy celle arbre que Alexander Cornelius nommoit Eonem, et la disoit estre semblable au chesne qui porte le guy, et ne povoir estre ne par eau ne par feu consommée ou endommagée, non plus que le guy de chesne, et d'icelle avoir été faicte et bastie la tant celebre navire Argos. Cherchez qui le croye; je m'en excuse. Ne me parragonnez aussi, quoy que mirificque soit, celle espece d'arbre que voyez par les montagnes de Briançon et Ambrun, laquelle de sa racine nous produit le bon agaric; de son corps nous rend la resine tant excellente que Galen l'ause æquiparer à la terebinthine; sus ses feueilles delicates nous retient le fin miel du ciel, c'est la manne; et, quoy que gommeuse et unctueuse soit, est inconsumptible par feu. Vous la nommez *Larrix* en Grec et Latin; les Alpinois la nomment Melze; les Antenorides et Venitians, Larége, dont feut dict *Larignum* le chasteau en Piedmont, lequel trompa Jule Cæsar venent és Gaules. Jule Cæsar avoit faict commendement à tous les manens et habitans des Alpes et Piedmont qu'ilz eussent à porter vivres et munitions és estappes dressées sus la voie militaire, pour son oust passant oultre. Au quel tous feurent obeïssans, exceptez ceulx qui estoient dedans Larigno, les quelz, soy confians en la force naturelle du lieu, refuserent à la contribution. Pour les chastier de ce refus, l'Empereur feist droict au lieu acheminer son armée. Dàvant la porte du chasteau estoit une tour bastie de gros chevrons de Larix, lassez l'un sus l'autre alternativement comme une pyle de boys, continuans en telle haulteur que des machi-

---

1. Ce qui suit, jusqu'au mot *excuse*, sept lignes plus bas, manque dans A.

coulis facilement on povoit avecques pierres et liviers
debouter ceulx qui approcheroient. Quand Cæsar entendit que ceulx du dedans n'avoient aultres defenses
que pierres et liviers, et que à poine les povoient ilz
darder jusques aux approches, commenda à ses soubdars jecter au tour force fagotz et y mettre le feu. Ce
que feut incontinent faict. Le feu mis ès fagotz, la
flambe feut si grande et si haulte qu'elle couvrit tout
le chasteau. Dont penserent que bien tost après la
tour seroit arse et demollie; mais, cessant la flambe et
les fagotz consumez, la tour apparut entiere, sans en
rien estre endommagée. Ce que consyderant, Cæsar
commenda que, hors le ject des pierres, tout au tour
l'on feist une seine de fossez et bouclus. Adoncques
les Larignans se rendirent à composition ; et par leur
recit congneut Cæsar l'admirable nature de ce boys, lequel de soy ne fait feu, flambe, ne charbon, et seroit
digne en ceste qualité d'estre on degré mis de vray
Pantagruelion; et d'autant plus que Pantagruel d'icelluy voulut estre faictz tous les huys, portes, fenestres,
goustieres, larmiers et l'ambrun de Theleme. Pareillement d'icelluy feist couvrir les pouppes, prores, fou-
gons, tillacs, coursies et rambades de ses carracons,
navires, gualeres, gualions, brigantins, fustes et aultres vaisseaulx de son arsenac de Thalasse ; ne feust
que Larix, en grande fournaise de feu provenant
d'aultres especes de boys, est enfin corrumpu et dissi-
pé, comme sont les pierres en fourneau de chaulx.
Pantagruelion Asbeste plus tost y est renouvelé et
nettoyé que corrumpu ou alteré. Pourtant,

> Indes, cessez, Arabes, Sabiens,
> Tant collauder vos myrrhe, encent, ebene.
> Venez icy recongnoistre vos biens
> Et emportez de nostre herbe la grene ;

Puis, si chez vous peut croistre, en bonne estrene
Graces rendez ès cieulx un million,
Et affermez de France heureux le regne,
On quel provient Pantagruelion.

*Fin du troisiesme Livre des faits
et dicts heroïcques du
bon Pantagruel.*

TABLE DES MATIÈRES

CONTENUES DANS CE VOLUME.

                                                Pages.

Avertissement du Libraire VII

Livre I. — Pantagruel.

Dizain aux Lecteurs. 2
Prologe de l'auteur. 3
De la genealogie et antiquité de Gargantua. Chapitre I. 9
Les fanfreluches antidotées trouvées en un monument antique. Chapitre II. 11
Comment Gargantua fut unze mois porté ou ventre de sa mère. Chapitre III. 15
Comment Gargamelle, estant grosse de Gargantua, mengea grant planté de tripes. Chapitre IV. 17
Les propos des bienyvres. Chapitre V. 18
Comment Gargantua nasquit en façon bien estrange. Chapitre VI. 22

Comment le nom fut imposé à Gargantua et comment il humoit le piot. Chapitre VII. 25

Comment on vestit Gargantua. Chapitre VIII. . 27

Les couleurs et livrée de Gargantua. Chapitre IX. 31

De ce qu'est signifié par les couleurs blanc et bleu. Chapitre X. 33

De l'adolescence de Gargantua. Chapitre XI. .. 38

Des chevaulx factices de Gargantua. Chapitre XII. 40

Comment Grandgousier congneut l'esperit merveilleux de Gargantua à l'invention d'un torchecul. Chapitre XIII. 43

Comment Gargantua feut institué par un sophiste en lettres latines. Chapitre XIIII. 47

Comment Gargantua feut mis soubz aultres pedagoges. Chapitre XV. 49

Comment Gargantua fut envoyé à Paris, et de l'enorme jument qui le porta, et comment elle deffit les mousches bovines de la Beauce. Chapitre XVI 51

Comment Gargantua paya sa bien venue ès Parisiens, et comment il print les grosses cloches de l'eglise Nostre-Dame. Chapitre XVII. ... 53

Comment Janotus de Bragmardo feut envoyé pour recouvrer de Gargantua les grosses cloches. Chapitre XVIII. 56

La harangue de maistre Janotus de Bragmardo, faicte à Gargantua pour recouvrer les cloches. Chapitre XIX. 57

Comment le Sophiste emporta son drap, et comment il eut procès contre les aultres maistres. Chapitre XX. 60

L'estude de Gargantua, selon la discipline de ses precepteurs sophistes. Chapitre XXI 63

CONTENUES DANS CE VOLUME.

Les jeux de Gargantua. Chapitre XXII. 65

Comment Gargantua feut institué par Ponocrates en telle discipline qu'il ne perdoit heure du jour. Chapitre XXIII. 70

Comment Gargantua employoit le temps quand l'air estoit pluvieux. Chapitre XXIV. 78

Comment feut meu entre les fouaciers de Lerné et ceux du pays de Gargantua le grand debat dont furent faictes grosses guerres. Chapitre XXV. 81

Comment les habitans de Lerné, par le commanmandement de Picrochole, leur roy, assallirent au despourveu les bergiers de Gargantua. Chapitre XXVI. 83

Comment un moine de Seuillé saulva le cloz de l'abbaye du sac des ennemys. Chapitre XXVII. 85

Comment Picrochole print d'assault la Roche Clermauld, et le regret et difficulté que feist Grandgousier de entreprendre guerre. Chapitre XXVIII. 91

Le teneur des lettres que Grandgousier escripvoit à Gargantua. Chapitre XXIX. 93

Comment Ulrich Gallet fut envoyé devers Picrochole. Chapitre XXX. 95

La Harangue faicte par Gallet à Picrochole. Chapitre XXXI. 95

Comment Grandgousier, pour achapter paix, feist rendre les fouaces. Chapitre XXXII. 98

Comment certains gouverneurs de Picrochole, par conseil precipité, le mirent au dernier peril. Chapitre XXXIII. 102

Comment Gargantua laissa la ville de Paris pour secourir son païs, et comment Gymnaste rencontra les ennemys. Chapitre XXXIV. 106

Comment Gymnaste souplement tua le capitaine

Tripet et aultres gens de Picrochole. Chapitre XXXV.. 108

Comment Gargantua demollit le chasteau du gué de Vede, et comment ilz passerent le gué. Chapitre XXXVI.................................... 110

Comment Gargantua soy peignant faisoit tomber de ses cheveulx les boulletz d'artillerye. Chapitre XXXVII................................. 113

Comment Gargantua mangea en sallade six pelerins. Chapitre XXXVIII......................... 115

Comment le moyne feut festoyé par Gargantua, et des beaulx propos qu'il tint en souppant. Chapitre XXXIX................................ 118

Pourquoy les moines sont refuis du monde, et pourquoy les ungs ont le nez plus grand que les aultres. Chapitre XL......................... 121

Comment le moyne feist dormir Gargantua, et de ses heures et breviaire. Chapitre XLI......... 124

Comment le moyne donne couraige à ses compaignons, et comment il pendit à une arbre. Chapitre XLII...................................... 126

Comment l'escharmouche de Picrochole fut rencontré par Gargantua, et comment le moyne tua le capitaine Tyravant, et puis fut prisonnier entre les ennemis. Chapitre XLIII...... 128

Comment le moyne se desfist de ses guardes et comment l'escarmouche de Picrochole feut deffaicte. Chapitre XLIV............................ 131

Comment le moyne amena les pellerins, et les bonnes parolles que leur dist Grandgousier. Chapitre XLV..................................... 134

Comment Grandgousier traicta humainement Toucquedillon prisonnier. Chapitre XLVI........ 137

Comment Grandgousier manda querir ses legions, et comment Toucquedillon tua Hastiveau, puis

fut tué par le commandement de Picrochole.
Chapitre XLVII 140

Comment Gargantua assaillit Picrochole dedans
la Roche Clermaud, et defist l'armée dudict
Picrochole. Chapitre XLVIII 143

Comment Picrochole fuiant feut surprins de males
fortunes, et ce que feit Gargantua après la bataille. Chapitre XLIX. 145

La condition que feist Gargantua ès vaincus. Chapitre L. 146

Comment les victeurs gargantuistes feurent recompensez après la bataille. Chapitre LI. . . 150

Comment Gargantua feist bastir pour le moyne
l'abbaye de Theleme. Chapitre LII. 152

Comment feut bastie et dotée l'abbaye des Thelemites. Chapitre LIII 154

Inscription mise sus la grande porte de Theleme.
Chapitre LIV. 156

Comment estoit le manoir des Thelemites. Chapitre LV. 159

Comment estoient vestuz les religieux et religieuses de Theleme. Chapitre LVI 160

Comment estoient reglez les Thelemites à leur
manière de vivre. Chapitre LVII 163

Enigme en prophetie. Chapitre LVIII. 165

Livre II. — Pantagruel.

Dizain de Maistre Hugues Salel à l'auteur. . . . 172

Prologue de l'auteur 173

Dixain nouvellement composé à la louange du
joyeulx esprit de l'autheur 178

De l'origine et antiquité du grand Pantagruel.
Chapitre I. 179

De la nativité du très redouté Pantagruel. Chapitre II................................	186
Du dueil que mena Gargantua de la mort de sa femme Badebec. Chapitre III.............	190
De l'enfance de Pantagruel. Chapitre IV......	193
Des faictz du noble Pantagruel en son jeune eage. Chapitre V..............................	196
Comment Pantagruel rencontra un Limosin qui contrefaisoit le langage françoys. Chapitre VI.	200
Comment Pantagruel vint à Paris, et des beaulx livres de la librairie de Sainct Victor. Chapitre VII...................................	203
Comment Pantagruel, estant à Paris, receut letres de son pere Gargantua, et la copie d'icelles. Chapitre VIII..............................	211
Comment Pantagruel trouva Panurge, lequel il ayma toute sa vie. Chapitre IX.............	217
Comment Pantagruel equitablement jugea d'une controverse merveilleusement obscure et difficile, si justement que son jugement fut dict fort admirable. Chapitre X.................	223
Comment les seigneurs de Baisecul et Humevesne plaidoient devant Pantagruel sans advocatz. Chapitre XI................................	228
Comment le seigneur de Humevesne plaidoie davant Pantagruel. Chapitre XII.............	232
Comment Pantagruel donna sentence sus le different des deux seigneurs. Chapitre XIII....	237
Comment Panurge racompte la maniere comment il eschappa de la main des Turcqs. Chapitre XIV...................................	240
Comment Panurge enseigne une manière bien nouvelle de bastir les murailles de Paris. Chapitre XV..................................	246
Des meurs et conditions de Panurge. Chapitre XVI....................................	253

Comment Panurge guaingnoyt les pardons et maryoit les vieilles, et des procès qu'il eut à Paris. Chapitre XVII. 259

Comment un grand clerc de Angleterre vouloit arguer contre Pantagruel et fut vaincu par Panurge. Chapitre XVIII. 264

Comment Panurge feist quinaud l'Angloys qui arguoit par signe. Chapitre XIX. 270

Comment Thaumaste racompte les vertus et sçavoir de Panurge. Chapitre XX. 276

Comment Panurge feut amoureux d'une haulte dame de Paris. Chapitre XXI. 278

Comment Panurge feist un tour à la dame parisianne qui ne fut poinct à son adventage. Chapitre XXII 283

Comment Pantagruel partit de Paris, ouyant nouvelles que les Dipsodes envahyssoient le pays des Amaurotes, et la cause pourquoy les lieues sont tant petites en France. Chapitre XXIII. 286

Lettres que un messagier apporta à Pantagruel, d'une dame de Paris, et l'exposition d'un mot escript en un anneau d'or. Chapitre XXIV. . . 288

Comment Panurge, Carpalim, Eusthenes, Epistemon, compaignons de Pantagruel, desconfirent six cens soixante chevaliers bien subtilement. Chapitre XXV. 292

Comment Pantagruel et ses compagnons estoient fachez de manger de la chair salée, et comme Carpalim alla chasser pour avoir de la venaison. Chapitre XXVI. 295

Comment Pantagruel droissa un trophée en memoire de leur prouesse, et Panurge un autre en memoire des levraulx; et comment Pantagruel de ses petz engendroit les petitz hommes et de ses vesnes les petites femmes; et comment Panurge rompit un gros baston sur deux verres. Chapitre XXVII. 299

Comment Pantagruel eut victoire bien estrangement des Dipsodes et des géans. Chapitre XXVIII. 304

Comment Pantagruel deffit les trois cens geans armez de pierres de taille, et Loupgarou, leur capitaine. Chapitre XXIX. 310

Comment Epistemon, qui avoit la coupe testée, feut gueri habillement par Panurge, et des nouvelles des diables et des damnez. Chapitre XXX. 316

Comment Pantagruel entra en la ville des Amaurotes, et comment Panurge maria le roy Anarche et le feist cryeur de saulce vert. Chapitre XXXI. 325

Comment Pantagruel de sa langue couvrit toute une armée, et de ce que l'auteur veit dedans sa bouche. Chapitre XXXII. 328

Comment Pantagruel feut malade, et la façon comment il guerit. Chapitre XXXIII. 333

La conclusion du present livre et l'excuse de l'auteur. Chapitre XXXIV 336

Le tiers Livre. — Pantagruel.

François Rabelais à l'esprit de la royne de Navarre 340

Privilege du roy 341

Prologue de l'autheur. 343

Comment Pantagruel transporta une colonie de Utopiens en Dipsodie. Chapitre I 355

Comment Panurge feut faict chastellain de Salmiguondin en Dipsodie, et mangeoit son bled en herbe. Chapitre II. 359

Comment Panurge loue les debteurs et emprunteurs. Chapitre III................ 363

Continuation du discours de Panurge à la louange des presteurs et debteurs. Chapitre IIII. 368

Comment Pantagruel deteste les debteurs et emprunteurs. Chapitre V............... 372

Pourquoy les nouveaulx mariez estoient exemptz d'aller en guerre. Chapitre VI 374

Comment Panurge avoit la pusse en l'aureille et desista porter sa magnificque braguette. Chapitre VII. 376

Comment la braguette est premiere piece de harnois entre gens de guerre. Chapitre VIII. ... 379

Comment Panurge se conseille à Pantagruel pour sçavoir s'il se doibt marier. Chapitre IX ... 382

Comment Pantagruel remonstre à Panurge difficile chose estre le conseil de mariage, et des sors homeriques et virgilianes. Chapitre X .. 385

Comment Pantagruel remonstre le sort des dez estre illicite. Chapitre XI. 389

Comment Pantagruel explore par sors virgilianes quel sera le mariage de Panurge. Chapitre XII. 391

Comment Pantagruel conseille Panurge prevoir l'heur ou malheur de son mariage par songes. Chapitre XIII. 395

Le songe de Panurge et interpretation d'icelluy. Chapitre XIV. 400

Excuse de Panurge et exposition de caballe monastique en matière de beuf salé. Chapitre XV. 405

Comment Pantagruel conseille à Panurge de conferer avecques une sibylle de Panzoust. Chapitre XVI. 408

Comment Panurge parla à la sibylle de Panzoust. Chapitre XVII 411

Comment Pantagruel et Panurge diversement exposent les vers de la sibylle de Panzoust. Chapitre XVIII. 414

Comment Pantagruel loue le conseil des muetz. Chapitre XIX. 418

Comment Nazdecabre, par signes, respond à Panurge. Chapitre XX 422

Comment Panurge prend conseil d'ung vieil poëte françois nommé Raminagrobis. Chapitre XXI. 426

Comment Panurge patrocine à l'ordre des fratres Mendians. Chapitre XXII. 430

Comment Panurge fait discours pour retourner à Raminagrobis. Chapitre XXIII 433

Comment Panurge prend conseil de Epistemon. Chapitre XXIV. 437

Comment Panurge se conseille à Her Trippa. Chapitre XXV 441

Comment Panurge prend conseil de frère Jan des Entommeures. Chapitre XXVI 446

Comment frère Jan joyeusement conseille Panurge. Chapitre XXVII 452

Comment frère Jan reconforte Panurge sus le doubte de Coqüage. Chapitre XXVIII. 454

Comment Pantagruel fait assemblée d'un theologien, d'un medicin, d'un legiste et d'un philosophe, pour la perplexité de Panurge. Chapitre XXIX. 462

Comment Hyppothadée, theologien, donne conseil à Panurge sus l'entreprinse de mariage. Chapitre XXX 464

Comment Rondibilis, medicin, conseille Panurge. Chapitre XXXI. 467

CONTENUES DANS CE VOLUME. 555

Comment Rondibilis declare Coqüage estre naturellement des apennages de mariage. Chapitre XXXII. 472

Comment Rondibilis, medicin, donne remede à Coqüage. Chapitre XXXIII. 476

Comment les femmes ordinairement appetent choses defendues. Chapitre XXXIV. 479

Comment Trouillogan, philosophe, traitte la difficulté de mariage. Chapitre XXXV. 482

Continuation des responses de Trouillogan, philosophe ephectique et pyrrhonien. Chapitre XXXVI. 485

Comment Pantagruel persuade à Panurge prendre conseil de quelque fol. Chapitre XXXVII. . . . 489

Comment Panurge est par Triboullet blasonné. Chapitre XXXVIII 492

Comment Pantagruel assiste au jugement du juge Bridoye, lequel sententioit les procès au sort des dez. Chapitre XXXIX. 496

Comment Bridoye expose les causes pourquoy il visitoit les procés qu'il decidoit par le sort des dez. Chapitre XL. 499

Comment Bridoye narre l'histoire de l'apoincteur de procés. Chapitre XLI 502

Comment naissent les procés et comment ilz viennent à perfection. Chapitre XLII 506

Comment Pantagruel excuse Bridoye sus les jugemens faictz au sort des dez. Chapitre XLIII. 510

Comment Pantagruel racompte une estrange histoire des perplexitez du jugement humain. Chapitre XLIIII 513

Comment Panurge se conseille à Triboullet. Chapitre XLV 516

Comment Pantagruel et Panurge diversement interpretent les parolles de Triboullet. Chapitre XLVI.................................. 519

Comment Pantagruel et Panurge deliberent visiter l'oracle de la Dive Bouteille. Chapitre XLVII................................. 521

Comment Gargantua remonstre n'estre licite ès enfans soy marier sans le sceu et adveu de leurs pères et mères. Chapitre XLVIII 523

Comment Pantagruel feist ses appretz pour monter sus mer, et de l'herbe nommée Pantagruelion. Chapitre XLVIIII.............. 528

Comment doibt estre preparé et mis en œuvre le celebre Pantagruelion. Chapitre L...... 531

Pourquoy est dicte Pantagruelion, et des admirables vertus d'icelle. Chapitre LI....... 534

Comment certaine espece de Pantagruelion ne peut estre par feu consommée. Chapitre LII. 539

FIN DE LA TABLE DU TOME I.